アメリカ民主主義の衰退とニーチェ思想

【ツァラトゥストラの経済的帰結】

山田由美子
Yumiko Yamada

人文書院

目次

アメリカ民主主義の衰退とニーチェ思想

――ツァラトゥストラの経済的帰結

ロレンツォ　爾来私は民衆を軽蔑することにしている。
僧院長［サヴォナローラ］　名声は軽蔑の学校なのです。
ロレンツォ　名声とは、すなわち大衆の体面の下落に他ならない！　大衆は貧しく、力なく、私利私欲に関心がない……（中略）支配されるだけの知恵しかないのだ……（中略）連中が、あれほど嬉しそうに頭を下げるのを見ると、目を疑いながらも、満足を覚える。

——トーマス・マン『フィオレンツァ』

彼らは言う、「君のいう理想は貴族が推進したものだ。貴族は民主的ではないから、君の理想は民主的とはいえない。」この批判には既に回答済みだ。自由教育が貴族的だというのは、余暇と政治権力を持つ者のための教育だったからである。もし自由教育が余暇と政治権力を持つ人間に適しているのなら、［主権在民の現在、］余暇を持ち、参政権を持つ全国民にも適しているはずではないか。

——ロバート・ハッチンズ『大いなる会話——自由教育の本質』（『西洋の名著』第一巻）

序章　ノーベル賞作家の二〇〇〇年問題

1　剣より弱し

二〇〇〇年四月二三日、米国人作家ソール・ベローの「スキャンダル」を、英国最古の伝統を誇る日曜紙『オブザーバー』が取り上げた。(1)

ベローの裏切り、経歴を汚す
ノーベル賞作家、サッチャーの御用学者の同性愛を暴き、謝罪を強いられる

「同性愛を暴露して、悪かった。それが巻き起こした煽情と、自分の迂闊さに辟易している。アラン［・ブルーム］に対する悪意は、全くなかったのだから」――ベロー

ソール・ベローといえば、アメリカ文化に懐疑的な英国の知識人でさえ「現存する英語圏最大の作家」と認めざるを得ない「文豪」であり、「当代最も定評ある作家にして米英語典範の守護者」と同紙も形容している。(2) 大学教授を兼任し、アメリカ本土よりは人文学を尊重するヨーロッパでの評価が高

い。西洋思想史全体を統括した視野から現代社会の諸相を分析する知的規模の広大さゆえに、都塵と静謐、卑俗と高雅、喜劇と荘厳を自在に操る気韻生動《きいんせいどう》の文体と相俟って、ウンベルト・エコ、サルマン・ラシュディ等を含む多極的な追随者を、数世代にわたって輩出してきた。[3]

代表作には『オーギー・マーチの冒険』(一九五三)、『雨の王ヘンダーソン』(一九五九)、『ハーツォグ』(一九六四)、『サムラー氏の惑星』(一九七〇)等があり、一九七六年に『フンボルトの贈り物』(一九七五)でノーベル賞を獲得した。その後も筆力は衰えず、『学生部長の十二月』(一九八二)、『傷心死亡率の方が高い』(一九八七)他、長・中・短編を次々に完成させ、今回も八四歳という高齢で、新作小説『ラヴェルスタイン』を上梓して注目を浴びたところである。

――あるいは「注目を浴びすぎた」というべきか。ベローとしては例外的に「実録小説」と銘打ったこの作品の中で、保守派の看板学者の同性愛嗜好を初公表したことから道義的責任を追及され、それがノーベル賞作家としての「経歴を汚す」に至ったらしい。

「サッチャーの御用学者」というのは、ベローのシカゴ大学勤務時代の同僚アラン・ブルームのことである。一九八七年に出版された『アメリカン・マインドの終焉』で一躍有名になったが、五年後の一九九二年に六二歳で病死した。

ブルームが普通の学者なら、これほどの大騒ぎにはならなかったであろう。第一、記事が出た二〇〇〇年までには、LGBTに対する旧弊な偏見はほぼ消滅していたはずである。それに作者のベロー自身、「異性愛者」とはいえ、他人の行状に口出しできるほど謹厳実直ではない。『ラヴェルスタイン』出版の前年に、八四歳で五人目の妻との間に一児をもうけたばかりであり、作品の所々で自認しているように、「ドン・ファン症候群」を疑われるほどラブ・アフェアは数知れない。[4]小説『ラヴェルスタイン』でも、ブルームと日常フランクに行っていた会話をそのまま書いただけなのに、同性愛を問題視するのは、まるで中世ではないかとベローはいぶかって見せる。

ところがブルームは、大学教育改革を論じた自著『アメリカン・マインドの終焉』の中で同性愛者の市民権運動を批判し、自身が加担する新保守主義（ネオコンサーバティブ）陣営も、反同性愛をその倫理綱領としていた。[5] さらにブルームは、アメリカ人学生——特に新左翼——の性解放と（性解放の「元凶」としての）ロック・ミュージックを痛烈に非難して一夫一婦制の美徳を前面に押し出しており、結婚の神聖さを強調した「功績」によって、『全国カトリック時報』が「ローマ教皇パウロ六世（在位一九六三－七八、産児制限を禁じた回勅で知られる）の再来」と讃えるほどの「堅物」と見做されていた。[6] 反ＰＣ（政治的公正）カリキュラム、エリート主義教育、親レーガン軍事政策等も盛り込んで保守派を魅了した『アメリカン・マインドの終焉』は十週連続で売り上げ一位を記録し、印税で巨万の富を獲得したブルームは、レーガンからホワイトハウスへ招かれ、サッチャーからは週末用地方官邸に招待され、一躍セレブ学者にして保守派のイコンへと祀り上げられた。[7]

それがベローの『ラヴェルスタイン』では、同居の男性愛人とおぼしき青年以外にも複数の男性と交渉を持ち、ロック歌手を嫌悪するどころか、パリの最高級ホテル、オテル・ドゥ・クリヨンで実物のマイケル・ジャクソンを見たというだけで雀躍狂喜する——「性的悪戯には目がなく」「いかがわしくも怪しげな」「いわく言い難い品行というより不品行のためにはパリが一番」と豪語する「ラヴェルスタインの禿頭を」「有名なパリの灯がライトアップした」（三一頁）——「乱脈な性生活の結果」ＨＩＶ複合感染症で亡くなる直前にも、最後の「慰安」のためにパリへ飛んだことまで示唆されているのである。[8]

三・四世代の教え子を含むブルームの「崇拝者」にとっては、まさに寝耳に水の出来事で、四月十六日の『ニューヨークタイムズ・マガジン』（『ニューヨークタイムズ』日曜版の付録雑誌）は、「何人の右翼がブルームに貢いだ金を返してほしいと思ったことだろう」と保守派への「気配り」も忘れない[9]。

話は約半年前に遡る。一九九九年十一月一日、十三年ぶりのベローの新作と銘打ち、『ニューヨーカー』誌に『ラヴェルスタイン』からの抜粋が掲載された[10]。そこでは、ベストセラーで一山当てた成金学者のラヴェルスタインが、若い東洋人の男性愛人とパリのクリヨンのスイートルームに逗留し、親友チックとその若妻をベストセラーの祝賀会に招き、グルメやブランド品漁り等、桁外れの大豪遊を展開する……

翌日、カナダの『グローブ・アンド・メール』紙が、ラヴェルスタインのモデルがブルーム、語り手のチックは作者のベローであり、生前秘密とされていたブルームの同性愛が新作小説で暴かれているとスクープした[11]。

年明けの二〇〇〇年一月二四日、カナダの『トロント・スター』紙がこれを追認し、三ヵ月後に発売予定の『ラヴェルスタイン』は、フィクションではなく実録小説であり、ブルームの同性愛を公にしたものであると報じ、全米の新聞がこれに追随した[12]。

その三日後に『ニューヨークタイムズ』が「ブルームの死因はエイズだった」というベローのインタビュー記事を載せ、火に油を注ぐ（一九九二年の公式発表では、「内出血と肝不全」とされていた）[13]。――以来、ベローは一切の取材を拒否するようになっていた[14]。

ところが三月中旬、ベローが突然、抜粋を掲載した『ニューヨーカー』のD・T・マックスを呼び出し、ブルーム＝エイズ死説が、自分の「思い違い」であったと「告白」した。極度に脅え、喉を掻き切るジェスチャーを交えたベローの様子から、大きな圧力が働いていることは一目瞭然であった。

この時の取材の一部始終が『ニューヨークタイムズ・マガジン』の四月十六日号に掲載されることになる。[15]ベローのスポークスマンを務める次男のアダム（当時四三歳）は、同記事の中で、ブルームの同性愛と死因としてのエイズが、シカゴ大学関係者の間では公然の秘密であったと証言している。アダムは、一九八〇年代にシカゴ大学でブルームの下に学び、保守系雑誌『フリープレス』の編集にも携わっていたので、内部事情には精通していた。[16]

ベローとの会見を終えたマックスが帰宅すると、出版元のヴァイキング社から『ラヴェルスタイン』の完成本が届いていた。マックスが所有していたベローの初校と校合すると、同居男性との愛人関係が曖昧にされ、「ＨＩＶ」が「ＨＩＶ合併症」になるなど、ラヴェルスタインの同性愛と病気に関する部分が数箇所にわたって削除もしくは修正されている。

ペンはやはり剣より弱いのか――『ニューヨークタイムズ・マガジン』誌上でマックスは嘆息する。

詩人（小説家）を殺せるほど強大な権力を有するこの国は、ベローを殺さず、代わりに書き直しを命じた。事実は小説よりも強い。事実に手出しをしたからには、落とし前をつけろというのである。せめては筋を通すために、いつの日にか伝記作家が出現して検閲された個所を元に戻してくれればと筆者は切に願った。[17]

冒頭の英国『オブザーバー』紙の趣旨は、一週間前に出た『ニューヨークタイムズ・マガジン』の緊急報道を受けて、ベローをノーベル賞作家の「面汚し」として責めるというよりも、言論統制問題が米国内に留まらないことを訴える点にあった。

有体に言えば、米英両国共に言論・出版の自由というものが久しく存在しなかった——あるいはもはや存在しないらしいのである。

大物著作家アラン・ブルームの私生活の内部にまで立ち入った人物像をめぐって発生した言論の嵐は、たちまち大西洋の対岸に到達した。二人の文筆家は、米国保守派の双璧であるがゆえに、英国の著作家は、敵も味方も、いずれの肩を持つか決定を迫られている。（中略）かつてはベローもブルームも権勢を極めていたため、政治上の敵対者でさえ不承不承褒めさせられていた。ところが、片方がもう一方を裏切った。しかも今週、ベローが負けを認め始めたのである。

かつての宗主国大英帝国が「大米帝国」を自称する元植民地の支配下に入った現在、中道リベラルを謳う『オブザーバー』紙も、権威筋の忌避を逃れるためには、「負けを認め始めた」ベローを叩いてタカ派に迎合せざるを得ないというのが実情らしい。

「政治上の敵対者でさえ不承不承褒めさせられていた」というのは、誇張ではない。ベローの小説は、ベストセラー（『アメリカン・マインドの終焉』を指す）を出したラヴェルスタイン〔ブルーム〕が、左翼の面々から「極悪指名手配犯」並みの扱いを受け、学界で四面楚歌の立場に追いやられたが、政界のコネを駆使して非難の声を制圧したこと、またサッチャーが〔ラヴェルスタインを〕週末の地方官邸に呼び寄せると、「『賢明な』若手左翼までが支持し始めた」ことなどに言及している（四八頁）。

しかしながら、二〇〇〇年の時点では、サッチャーもレーガンも政権を離れて十年以上経ち、ラヴェルスタインのモデルのブルームも没して久しい。労働党のブレアと民主党のクリントンの時代にあって、この「検閲騒動」は一体何事なのだろうか。

2　「粋な」裏切り

ここで注目されるのは、英国『オブザーバー』紙で、ベローがブルームと共に「米国保守派の双璧」と形容されていることである。レーガンとサッチャーを喜ばせた『アメリカン・マインドの終焉』の出版に協力し、推薦文まで書いたとなれば、ソール・ベローがブルームと同じ政治系統——「ネオコン」という略称で知られる新保守主義——に分類されるのはまず避けられない。

しかもブルームが病没するまで十三年間続いた交友は、想像をはるかに上回る親密なものであった。一九六二年からシカゴ大学社会思想委員会に勤務していたベローは、一九七九年に転任してきたブルームと、翌年から共同講義を担当し、ブルーム主催の学会にも出席し、週に何度も食事を共にし、電話で長話をし、互いの住居を足繁く行き来し、前述したように、二男のアダムをブルームに師事させていた。ブルームが病に倒れてからは、毎朝スープを運び、病室で最期を看取るほどの「献身」ぶりを示し、葬儀の際には弔辞も読み上げている[18]。

ブルームに敬意を表するために回想記を小説の形で発表した、とベローはオウム返しに主張する。ところが各紙誌が報じるように、その中味は故人の賞賛どころか、「名誉棄損」に近い。ベロー自身、「一線を越えてしまったのではないか」、「アラン［・ブルーム］は嫌がったかもしれない」と認める始末である[19]。

『オブザーバー』は保守派追随型の「義憤」を装って見せる——「ノーベル賞作家ともあろうものが、

親友の私生活をあそこまで暴き出していいものか？」

しかしながら、ベローの「暴露行為」は現在に始まったものではない。四月二二日の『ニューヨークタイムズ』の社説は、小説中で親しい者を誰彼かまわず取り上げるのがベローの習性だったと指摘している。

ベローがシカゴ大学で教鞭を取っていた約三〇年間、シカゴ大学関係者や近隣の住民は、新作小説が出るたびに、作中で戯画化されているのは、前妻（複数）、大学の同僚、元友人の誰に当たるのかと呑気にゴシップの花を咲かせていたらしい。だが今回、「ネオコンの牙城」シカゴ大学でブルームを強力な「英雄」と仰ぐ右翼の面々が、崇拝の対象を跡形もなく粉砕され、怒り心頭に達した。しかし「張本人」のベローが七年前の一九九三年に抜かりなく遙か彼方のボストン大学に「脱出」していたので手も足も出ず、切歯扼腕するしかなかったという。[20]

ノーベル賞作家なら「裏切り」が許されるというわけではないはずだが、諜報組織の長い伝統を誇る英国の『オブザーバー』紙は、スパイ小説家ジョン・ル・カレとの類似性を指摘し、このたびのベローの行為を「粋な裏切り」と呼んでいる。[21]

ル・カレは自伝的小説『素朴で感傷的な愛人』の中で友人夫婦との泥沼化した三角関係を公にしたことがあり、ベローも二五年前の『フンボルトの贈り物』でこの種のジャンルに参入したと同紙は主張する。ベローはこの作品中で、かつての恩人で文学上の指導者でもあったデルモア・シュウォーツ（一九一三－六六）のロマンティックな「悲劇の天才詩人」像を覆し、金と名声に臆面もなく恋い焦がれる俗悪な偏執狂としての「実像」を暴き出した。

とはいえ友愛や恩義を仇で返す「裏切り」が、「悪趣味」な暴露から「粋」に転じるためには、並大抵の事由では済まされそうにない。ベローは「良心の呵責」を感じなかったのであろうか。『ラヴェルスタイン』事件から十四年後の二〇一四年、『オブザーバー』紙が類似性を指摘したル・カレが、奇しくもベローの動機を解明する事件を引き起こすことになる。国家機密の開示に伴って、ル・カレの『寒い国から帰ってきたスパイ』(一九六三)、『ティンカー、テイラー、ソルジャー、スパイ』(一九七四)他、数多くの作品の主人公として有名なジョージ・スマイリーが、実在の元英国諜報員ジョン・ビンガム(一九八八年没)をモデルにしていたことが判明した。ビンガムは、ル・カレ(実名デービッド・コーンウェル)の英国秘密情報部時代(一九五〇-六〇年代)の上司で友人に当たる。その直後にスマイリーの人物像がビンガムの名誉を著しく損なっているという抗議が、保守派の歴史家から寄せられた。

これに答えてル・カレは、「愛国心が強く、優秀で尊敬に値する」旧友のビンガムに「敬意を表するため」スマイリーという人物を作り上げたと取り繕いながらも、諜報機関への絶対的忠誠を愛国心と履き違えるビンガムの性向が、仮想敵国に劣らず民主主義を脅かす危険性があったからだと釈明している。(22)瞠目されるのは、ブルームに敬意を表するという名目で暴露小説を書き、保守派の攻撃に晒されたベローも、ル・カレと同様、民主主義に対する脅威をその理由として挙げていることである。二〇〇〇年二月七日、『ラヴェルスタイン』報道合戦の最中に英国人作家のマーティン・エイミスに宛てた私信の中で、ベローは、マスコミの「過剰反応」を警戒しながらも、ブルームの赤裸々な私生活を暴いた目的が、「民主主義の危機」を世に知らしめることにあったと打ち明けている。

ラヴェルスタインほどの大物の性格から顔を背けたら、自分自身に顔向けできなかっただろう。

小説という芸術は、かなり前から衰退している。なぜなら――そう、なぜなら、現代の民主主義が卑劣な(unheroic)ものに成り下がってしまったから。

だが僕は、卑劣な民主主義の実体を、ジャーナリズムや大衆に向かって説明する責任を一身に背負っているという信念に駆り立てられたんだ。(23)

「大物」ラヴェルスタイン[ブルーム]の性格こそが現代の「卑劣な民主主義の実体」であると示唆するベローは、ブルームの放埒な私生活と、「教育とはエロティシズムである」(『アメリカン・マインドの終焉』)と主張するプラトン主義的(=反民主主義的)政治・教育論との密接な関係を意識していたのであろうか。

この問題については、後の章で詳しく検討することになるが、いずれにしても、「父は小説中で悪人の正体を暴くことを何とも思っていない」――誰を指すともなく次男のアダムが『ニューヨークタイムズ・マガジン』のマックスに発した言葉は、極めて意味深長である。(24)

そして当然のことながら、書きたいことを書いて無事でいられるはずがない。このことを重々承知していたベローの手紙は続く――

そのために途方もない絶望感に襲われた。この年齢では早晩年貢の納め時が来ると言われても、気休めになるわけがない。先週、老齢の姉を見舞ってシンシナティまで飛んだ。……その時アラスカ航空機が太平洋岸に墜落したニュースを知り、「デルタ航空機もオハイオ川に墜ちるのでは」と脅え続けた。(25)

つまるところ『ラヴェルスタイン』は、ベローの全存在を賭けた一大企図だったのである。

『ニューヨークタイムズ・マガジン』は、執筆中からベローが圧力を受けていたと報じている。ブルームの学生時代以来の友人で、「ブルームのイデオロギー上の心の友」であった政治哲学者、ワーナー・ダンハウザーが、自分はどれほどひどく描かれても気にしないが（女出入りの激しい「モリス・ヘルプスト」のモデルにされている）、ブルームの私生活に立ち入った部分だけは修正するよう強要していた。しかしベローは、「ブルームを守ることを敬虔なる義務とする」「筋金入りの保守派があの本を気に入るはずがない」と知りながら、最終的に介入を無視してそのまま描き続けたという。

一九九九年十月六日付けのダンハウザー宛の手紙の中で、ベローは元のままの形で出版を敢行する決意を伝えている。


君が反対した資料を削って『ラヴェルスタイン』の修正版を書いた。大変な作業だったし、非常な抵抗を覚える作業だった。出来上がりは、救いようのない駄作だ。〔ブルームの〕罪科を削ると、作品から伸びやかさが消え失せてしまった。この果てしなく時間を食う糠《ぬか》働きのさなかに思い出したのは、『学生部長の十二月』がブルームの不興を買ったことだ。〔「ミナ」として登場するベローの四番目の妻〕アレクサンドラの〔極度に理想化された〕性格が虚妄だと憤慨し、執念深く責め立てた。今回、立場が逆転した〔ブルーム自身がモデルになった〕からといって、旧作でアランが猛反対したことを『ラヴェルスタイン』で行う理由はない。アランの望みを叶えてやろうとすれば〔小説中、ラヴェルスタインは、「柔軟剤や甘味料抜きの」実像を描くようチックに何度も指示を出す〕、二股は無理だ。写実と偽装は両立しない。そこで僕はアランの希望を汲み取り、それに沿って書いた。このことでシュトラウス派の友人の大部分を敵に回すことも承知している。別れても惜しくない旧友は何人かいるが、君は違う。君を失うのは断腸の思いだ。決して作家の軽挙妄動ではないことを信じてほしい。すべては腹を括ってやったことだ。(26)

この数行後、本気とも冗談ともつかぬウルグアイへの亡命を仄めかしてベローの手紙は終わっている。エイミスとダンハウザーにそれぞれ宛てられた上記二通は、いずれも「『ラヴェルスタイン』騒動」の十年後（ベローの死から五年後）まで出版されなかったが、このような手紙の存在は知らなくても、教養ある中道ジャーナリストなら、小説『ラヴェルスタイン』を一読しただけでベローの真意が手に取るように理解できたはずである。あからさまな言述の「危険」を思い知る業界ゆえに、持って回った表現を用いた過ぎない。

英国『オブザーバー』紙は、体制への媚びを装った記事の最後に、ベローのラヴェルスタインがブルームの「実像」であるという元閣僚の証言を載せている。

一九八〇年代後半にブルームをサッチャーに引き合わせた当時の文部大臣ウォルデンは、「ベローは（小説中で）ブルームを貶めているのではなく、ベロー一流の現実描写を達成しただけである」――「『ラヴェルスタイン』は明らかに回想録であり、ブルームのどもり癖やマンションの細部に至るまで正確に再現されている」――「二人の間で下半身の話題は日常茶飯事だったから」「ベローの罪はそれほど大したものではなく、ブルームも、斟酌されることなど期待していなかっただろう」と語っている。

片や婉曲法が通用しないので、直説法に頼らざるを得ない米国『ニューヨークタイムズ・マガジン』

のD・T・マックスも、フラッシュバック方式の多用で論点を攪乱させる「安全策」を取りながら、検閲の詳細と「粛清」の過酷さを暴露することによって、社会の木鐸としての面目を施し、さらに、改竄された箇所を一部「修復」している。

「いつの日か伝記作家が出現して検閲された個所を元に戻してくれれば」と書いた時、マックスは、ベローの伝記を執筆中のジェームズ・アトラスを念頭に置いていたらしい（アトラスは二〇〇〇年一月二七日の『ニューヨークタイムズ』の「ブルームの死因＝エイズ説」記事において、証人の一人になっている）(27)。これを受けてアトラスは、九ヵ月後に出版した『ベロー——伝記』の中で、ブルームが近隣の黒人青年を「調達した」こと等、欠落部分のいくつかを修復している(28)。

異例の支援は、サッチャリズムとレーガノミクスへの忠義心からベローを貶めたとしても誰一人咎めないはずの経済畑からも寄せられた。公正な報道で定評のある英国経済紙『フィナンシャルタイムズ』は、ゲイレン・ストローソンの書評を掲載し、「ベローは、天地神明にかけて、ブルームの前ですら、気に病む必要はない。何より本人がそのことを心の奥底で承知している」と断言している(29)。

3　殉葬行進曲

「卑劣な民主主義の実体」を広く知らしめる使命感に駆られたベローは、シュトラウス派の手が回らないうちに、ダンハウザーに詫びを入れるや否や一九九九年十一月一日号の『ニューヨーカー』誌への『ラヴェルスタイン』抜粋掲載の手筈を整え、各種紙誌を通して実録小説の予告を仕掛け花火のごとく打ち上げ、鮮やかな手並みで既成事実を確立してしまった。

こうした状況から誰しも思い描くのは、右翼の弾圧から言論の自由を守るべく決死の執筆を敢行する英雄的な作者像であろう。

ところが作品で見る限り、語り手のチックは文弱に流れ、勇猛果敢どころか優柔不断極まりない。ベローがあれほど苦労して出版に漕ぎ着けた伝記であるはずなのに、作者と同一視されるチックは、書くことに対してなぜか頑なに抵抗を示すのである。

なるほど風采は上がらなくても、ラヴェルスタインだって「お偉方」の一員であったことに間違いはない。だがラヴェルスタインを描写するという努力目標が……私には次第に重荷になってきた。（一六一頁）

……何年も経つうち、書けないことが明白になった……（一六二頁）

この問題の究明に入る前に、小説の「あらすじ」を概観しておこう。

シカゴの某大学に勤める語り手のチックは、収入以上の生活をするために同僚や教え子から寸借を重ねる友人ラヴェルスタインの悪癖を見かねて、本を出版して不足分を捻出するよう進言する。完成した著作（『アメリカン・マインドの終焉』を指す）が偶然ベストセラー入りを果たし、ラヴェルスタインは保守の双頭サッチャーとレーガンから目をかけられ、一夜にして世界的セレブ学者に成り上がる。

濡れ手に粟の巨万の富を、地区随一のマンション、それに見合った家具調度、美術品、ブランド物の衣装や装身具、愛人の服飾と海外留学、特注のＢＭＷ、さらに不特定多数の同性との交友等々に惜しげもなく投じるラヴェルスタインであったが、栄華の絶頂でＨＩＶに感染する。不治の患者となったラヴェルスタインは、チックを自分の伝記作者に指名し、著書の出版から五年後に生を終える。

ところがチックにとって伝記を書く約束が次第に重荷となり、ラヴェルスタインの没後六年経っても手付かずのままである。気分転換という名目でカリブ海バカンスを新妻にせがまれたチックは、現地で食中毒に罹って心肺不全に陥り、あわやラヴェルスタインの後追いをしそうになるが、奇跡的に助かる。長期闘病生活の末、社会復帰を果たしたチックは、ようやく伝記を綴り始めるのであった。

なぜチックはこれほどまでに書くことを嫌がるのか。

通常考え付くのは、「役不足」という理由であろう。「〔私は書かされるが、〕こちらが先に死んだとしても、ラヴェルスタインは一頁の弔辞すら書いてくれそうにない」（十四頁）とチックはかこつが、文化的貢献度や知名度の規模からすると、立場が逆なのではないか。

現役のノーベル賞作家として世界的知名度を保ち続けているベローと、『アメリカン・マインドの終焉』によって一時的に名を挙げたが、『ラヴェルスタイン』が出た時点でほぼ忘れかけられていたブルームとでは、格が違いすぎる。年齢から見てもベローはブルームより十五歳年上であるのに、作中では明らかに序列が逆転している。作中語り手のチック〔ベロー〕はほとんど無名に等しい存在で、ラヴェルスタイン〔ブルーム〕の単なる取り巻きとして意図的に「小物化」されているのである。四月二三日の英国『オブザーバー』紙は、言論弾圧を取り上げた前出の記事と同時に、『ラヴェルスタイン』の書評も掲載している。評者のマーズ・ジョーンズは、ベローの立場からはブルームを賛美仕様がないと、歯に衣着せぬ見解を示している。[30] 実際、後述するように、瀕死のタイトル・ヒーローの頭部を何度もハネデューメロンに例えるのは尋常の冷淡さではない。

それほど気乗りがしないのなら、なぜ伝記など引き受けたのか。これについて多くの批評家は、執拗さに負けて心ならずも約束させられてしまうという、ベロー一流の気弱な主人公の性格に帰している。[31] しかしながら、『オブザーバー』紙のマーズ＝ジョーンズは、より深刻な「威嚇強要説」を採っている。確かに〔保身のための〕喜劇的文体に惑わされずに『ラヴェルスタイン』を読めば、「頼みではない」、「義務として課しているんだ」（一二九頁）という言葉にも現れている通り、ラヴェルスタインによる伝記の「注文」は、チックの自律性を無視した権柄尽くであることが理解できる。

著書のベストセラーを祝し、第一功労者のチックをねぎらうために三ツ星レストランのリュカ・カルトンで催した大饗応から一夜明けた朝、ラヴェルスタインはオテル・ドゥ・クリヨンのスイートルームにチックを呼び寄せ、最後通牒を突き付ける。（一九八八年、ベローは実際にブルームと共にクリヨンに滞在したが、後述の湾岸戦争は一九九一年であるから、小説の時間は三年繰り下げられている。[32]）

「いくらかまととぶっても、本性はお見通しだ。俺の人物伝を書けば、助かるかもしれんぞ」

「助かるって、何から？」

「お前を取り締まっているものからだ。ダモクレスの剣とでもいったところかな」（十三頁）

周知の通り「ダモクレスの剣」という表現は、シュラクサイの僭主ディオニュシオスが、宴席で僭主の特権を羨む廷臣ダモクレスを王座に座らせ、その頭上に馬の毛一本で剣を吊ることによって、権力の危うさを諭した故事に来歴している。

「僭主」という地位は、作中のチックにふさわしくはないが、実在のベローは「文壇の帝王」と呼び慣わされていた。ラヴェルスタインによると、「帝王」たるチック＝ベローには「一命に拘わる習性」があり、頭上に吊るされた「剣」がそれに目を光らせているというのである。

ラヴェルスタインは伝記を書かせることで、一命に拘わる（pernicious）習性から私［チック］を救おうとしていた。私が個人プレーばかりするので、集団に引きずり込んで矯正せねばという魂胆である。「単独でこそこそやるにもほどがある！」といつも言っていた。何としてもこの私を政治に関わらせたいらしい……（九頁）

端的に言えば、チック［ベロー］は「政治的粛清」の一環として伝記を課されている。後述するように、チックは「帝王」の「特権」を駆使してラヴェルスタイン［ブルーム］のいう「集団」の利害に対立して個々人を擁護する内容の作品を書き続けており、ここではそれが「粛清」の対象となっている。ただし、［ラヴェルスタインを賛美する］伝記を書くなら、チック［ベロー］が「集団」に加盟した証拠となるので、「ダモクレスの剣」を吊るした毛を切るのは待ってやろうというのである。

「俺の人物伝を書けば、助かるかもしれん」――ラヴェルスタインの先の台詞は、虚仮威《こけおど》しではない。

というのも、ラヴェルスタインはただの大学教師ではないからだ。
キモノをだらしなくはだけたままスイートルームでふんぞりかえるエイブ・ラヴェルスタインの膝の間には、当時まだ珍しかった携帯電話が挟まれている。ラヴェルスタインは、三〇年がかりで育て上げた「エイブの民」――フルネーム「アブラハムの民」(イスラエル民族)に掛けている――と呼ばれる米英仏伊総計数百人の弟子集団(一二頁)を抱えており、各弟子からの連絡に備えている。

だがラヴェルスタインは、一族(set)の価値を知り、自分の一族を抱えていた。政治哲学を訓練した弟子から成る集団で、長年親交を保っている。大多数はラヴェルスタインがダヴァール教授から受けた方法で訓練され、そのエソテリック[秘教的]な語彙を用いていた。年長の弟子の何人かは全国紙の重要な地位にあり、相当数が国務省入りしていた。士官学校の教官もいれば、国家安全保障問題顧問もいる。ポール・ニッツェの配下、それに『ワシントンタイムズ』のコラムを担当している一匹狼もいた。一部の有力者が全員を情報通にしている。それれば緊密な「共同体」[community――[外交]政策集団]を形成する一大組織であった。(十頁)

「君は影の政府の黒幕に違いない」というチックの発言に、ラヴェルスタインは、何を今さらという顔をする(十二頁)。毎日数時間を弟子と電話のやり取りに充てるのがラヴェルスタインの最優先事項であり、自宅には最新の技術を駆使した電話ゼミのための通信パネルが備わっている。
米政府の日々の動向が――必要とあればクレムリン、ダウニング街、パリ等からも――逐一寄せられ、政策上の問題が生じた場合、弟子たちは、ラヴェルスタインの実況ゼミを受ける慣わしになっていた。

目下（ブッシュ［父］政権時）の焦点は、弟子の一人が中心になって遂行中の湾岸戦争であり、刻々と変化する戦況が届けられている（十二頁）。

文化的ステータスはいざしらず、米政府の外交政策を左右する一族郎党を抱えるラヴェルスタイン［ブルーム］と、一介の物書きに過ぎないチック［ベロー］とでは、勝敗は始めから決定している。「鳥に例えればラヴェルスタインは鷲で私は［体長がスズメ位の］タイランチョウ」（二〇一頁）と本人も自覚している通り、チックがラヴェルスタインの「餌食」になっても、その逆は断じて起こり得ない。「ダモクレスの剣とでも言ったところかな」――ラヴェルスタインに王手をかけられたチックが取るべき態度は（いやしくも生命が惜しければ）、ディオニュシオスの威容ではなく、臣下ダモクレスの恭順であろう。

「それを言うならアホクレス（Dimwitocles）では？」チックがお抱え道化の愚鈍（dimwitness）ぶりで自らを卑しめると、ラヴェルスタインは後ろにのけぞり、ピカソの『ゲルニカ』に描かれている馬のように歯を剝き出して満悦のいななき笑いを発する。

『オブザーバー』のマーズ＝ジョーンズは、チック［ベロー］の人物の卑小化をいみじくも「王位の放棄」に譬え、「ブルームがベローに残した最後の贈り物は……小説家が果たす賢者の役割を手放すこと」であったと指摘している。(33)

さらに、マーズ＝ジョーンズによると、チック［ベロー］の危機は、生命と引き換えに伝記を書かされることだけではない。書き上げた時点で命が終わるというチックの強迫観念が、ブルームの伝記が完成した時点で、チックを「殉死」させる手筈になっていたことを示唆している。

書き上げたら、自分［チック］を死から護ってくれる［防御］壁はなくなるだろう。（『ラヴェルスタイン』一六三頁）

約束を守るためには、生き［生かされ］続ける必要がある。だが無論、そこには必然的帰結が伴う——すなわち一旦書いてしまうと、私［チック］の安全を保障するものがなくなり、この私が、誰とでも取り換え可能な消耗要員に成り下がるのだ。（一二二頁）

作中ラヴェルスタインは、自分の後で真っ先に死ぬのはチックだという「通告」を行っており、それがチックの頭を片時も離れない。


「なあ、チックよ、来世がどんなものか、俺たち二人共、もうすぐわかるぞ」

「なぜ？　この顔に［死］相が現れているとでも？」

「はっきり言えば、その通り」（一三八頁）

ラヴェルスタインは、親しい者全員の中で私［チック］が真っ先に付いてきそうだと本音を漏らした——どこへ付いていくというんだ？（一六三頁）

「アブラハムの民」を率いるラヴェルスタインからすれば、自分の死後、伝記の完成と同時にチックを「殉葬」させるのは、さほど困難なことではない。

チック［ベロー］は、一体いかなる経緯でラヴェルスタイン［ブルーム］の従者に成り下がり、最後まで顎でこき使われるという理不尽な役割を背負う羽目になったのか。また、書いても書かなくても殺されるという絶体絶命の窮地を脱する手段は、果たして存在するのだろうか。

第1章　ノーベル賞作家「生け捕り」計画

1　不穏な人事

アラン・ブルームをシカゴ大学に採用する計画は、三年前から根回しが行われていたようである。一九七六年の秋、ベローは社会思想委員会の最有力者エドワード・シルズから推薦状を受け取った。

アラン・ブルームの名前は何度か挙げたと思うが、現在トロント大学にいる。レオ・シュトラウス門下の筆頭格で、シュトラウスの主張を悉く狂信する傾向が玉に瑕だ。だがその流儀も多少は改善され、うまく順応できるだろうという話を聞いている。(1)

シカゴ大学生え抜きのブルームは、学際的な大学院の社会思想委員会で、政治哲学者のレオ・シュトラウスと古典学者のデービッド・グリーン、リチャード・マッキーオンに学んだ後、一九五三年にパリに渡って国立高等師範学校で学びつつ教鞭を取り、帰国後は、イェール、コーネル、トロントの各大学を渡り歩いた。(2) 学位論文はイソクラテス。主要業績にはプラトンの『国家』とルソーの『エミール』の註解付き英語訳があり、シュトラウスと同様、古代ギリシアから近代ドイツに至る政治哲学史を原語で網羅できる異才である。

シルズは一九六二年にベローを社会思想委員会に引き抜いてくれた恩人であり、ブルームの師シュトラウス（一八九九－一九七三、シカゴ大学教授一九四九－六七）は、ベローの元同僚に当たる。

だがベローの反応はなぜか煮えきらない。ブルームの師でもある古典学者のグリーンと専門分野が重なるというのが表向きの理由であったが、(3)正直な話、「レオ・シュトラウス門下の筆頭格で、シュトラウスの主張を悉く狂信する」という点に危惧を感じたに違いない。

シュトラウスは、小説『ラヴェルスタイン』ではダヴァール教授として登場し、「悪魔のような異端者」と形容されている。

私［チック（ベロー）］は通りでダヴァール［シュトラウス］と何度も出くわしたが、つかみどころがなく、「三重に」抽象的で、烈火のごとき批判力を温和そうな丸縁の眼鏡で包み隠していた。この人物が、あろうことか、悪魔のような異端者として米国全土だけでなく海外の学者の憎悪の的となっていたのである。ダヴァール派の代表格として、ラヴェルスタイン［ブルーム］も同様に忌み嫌われていた。（二〇一－二〇二頁）

シュトラウスが一九五八年に出版した『マキアヴェリ省察』は、各界から疑惑と嘲笑を招いた。マキアヴェリを専制者に権謀術数を教唆する「悪の教師」と見做す定説に逆らい、同著がマキアヴェリを、哲学と神学の集大成を行った近代政治学の祖として美化したからである。(4)

シュトラウスは、ナチスが政権を獲得する一年前にフランスに留学し、イギリスを経由して一九三七年に渡米したユダヤ人亡命学者であった。

シュトラウスの特殊性は、ファシズムに弾圧された者として自由主義を擁護するのではなく、むしろファシズムの反自由主義への共感を深めた所にある。

ヒトラーが台頭し、反ユダヤ立法が成立した直後の一九三三年五月十九日、シュトラウスは友人のカール・レーヴィットに次のような手紙を書き送っている。

ドイツ人の右翼が我々〔ユダヤ人〕を許容しないからというだけで、右翼の原理に反対する理由にはならない。むしろその逆だ。右翼の原理——権威主義、ファシズム、帝国主義——に基づいてこそ、このみすぼらしい厄介者〔ヒトラー〕に、不文律の人権を求めて愚かしくも嘆かわしい懇願をするような醜態を曝さず、品位を保った抗議ができるのだ。

ヴァイマル共和国（一九一九‐三三）の自由主義がユダヤ人を迫害から守れなかったのであれば、対抗策はただ一つ、新ローマ帝国イデオロギー（反ユダヤ主義以前のムッソリーニのファシズム）しかないとシュトラウスは主張している。(5)

シュトラウスの留学時の推薦者は、一九三三年の「大統領緊急令」を草案したカール・シュミットであった。(6)「大統領緊急令」は、ヴァイマル憲法で保障されていた基本的人権——言論・出版・報道の自由、郵便物・電話の秘密保持、集会・結社の自由、私有財産の不可侵性等——を悉く停止することにより、ナチス政権に理論的根拠を与えた法令である。

シュトラウスがシュミットの歓心を買ったのは、その著書『政治的なるものの概念』（一九三二）の書評を担当した縁による。シュトラウスは、人間の邪悪性が生来備わった「無垢な」ものであるというホッブズの観点に基づいて、シュミットが同書で主張する国家的全体主義をさらに非人道的に徹底化すべきであると書評中で提言したのである。これに感銘を受けたシュミットが、シュトラウスの論考の出版を援助し、さらに外国でホッブズの研究を継続できるよう、ロックフェラー財団の留学生として推薦したのであった。(7)

またシュトラウスは、フライブルク大学の研究生時代に、後ほどナチスに積極的に関与するハイデガーの心酔者でもあったことから、(8)人種政策以外の大筋においてはナチズムに共感していた可能性が極めて高い。

留学先のフランスで、シュトラウスはロシア系ヘーゲル学者のアレクサンドル・コジェーヴ（一九〇二‐六八）と親交を結び（後述するように、ヘーゲル哲学は全体主義的傾向が非常に強い）、後年門下生のアラン・ブルームがその指導を受け、その弟子のフランシス・フクヤマも影響を受ける布石を打った。そしてイギリスでは、君主制を擁護し、個人間・国家間の交戦を正当化するホッブズの研究にますます傾倒していくと同時に、紳士階級に憧れ、階級制の積極的な擁護者となったのである。(9)

――以上の経歴を概観しただけでも、シュトラウスが極度に反民主主義的で好戦的な思想の持ち主であることが十分確認できよう。「シュトラウスの主張を悉く狂信する」からには、シカゴ大学教員候補のブルームが師と同じ政治的傾向を有することは火を見るよりも明らかである。

これに対して「人文主義作家」を標榜するベローは、シュトラウスやブルームとは対照的に、アメリカ合衆国憲法の権利章典（修正第一‐十条）を信奉し、独立宣言に謳われた自由・平等・幸福の追求を天賦の人権として楽天的に行使する平和と民主主義の申し子であり、当然のことながら両者のマキアヴェリズムなど御免蒙りたいと考えている（『ラヴェルスタイン』一一五－一一六頁、一一二頁）。
ベローはまた、第二次大戦を扱ったデビュー作『宙ぶらりんの男』（一九四四）の中で、シュトラウスが信奉するホッブズを、政権の中枢から市中の隅々に至る人心を蝕む元凶として批判していた。人間を野獣と見做し、大小あらゆる規模の犯罪を正当化するホッブズ的発想が、測り知れぬ価値を持つかけがえのない個々の国民を、無意味な存在として戦場に駆り立てているというのである（二六、八六頁）。
こうした理由からベローはブルームの人事に消極的であったが、推薦者のシルズは、いつものことながら自説を頑なに押し通す。今やシカゴ大学社会思想委員会は時代の流れに取り残され、入学志望者が激減して危機に瀕している。ここは何としても新しい血を導入して起死回生を図るべきだ。[10] 二六年前のレオ・シュトラウス人事でも、シルズは、他の選考委員の頭越しに学長に直訴してこれを強行していた。[11]
後述するように、ベローの不安は見事に的中し、ブルームの師レオ・シュトラウスは、没後約四半世紀を経過した一九九〇年代半ば以降、米国の右翼政治に最も大きな影響を及ぼした人物の一人として『タイム』誌その他に大きく浮上する。[12]
ベローが『ラヴェルスタイン』の中にシルズを「ラクミエル・コーゴン」として登場させ、「独裁を焼き固めたような顔」（一三三頁）と形容し、さらにブルーム同様、隠れた同性愛嗜好を暴いているのも（一三四頁）、この辺りの事情と関係があるように思われる。[13]
とにもかくにも一九七九年の秋、「悪魔のような異端者」の弟子アラン・ブルームがシカゴ大学に着任してきた。
ベローはこの思想上の「宿敵」をどう迎えたのだろうか。普通なら激しく対立するか、少なくとも冷淡に疎んじるところであろう。

ところが意外にも事態は正反対の方向に進展する。二人はたちまち意気投合して次年度から共同講義を開始し、その関係は「ソウル・メート」の様相を呈した。[14] 毎日連絡を取り合い、ブルームの寿命が尽きるまでベローが手厚く面倒を見たというのだから、人生はわからない。『ラヴェルスタイン』にも、両者は「これ以上ないほど緊密な」友人だったと書かれている（十四頁）。

しかしながら、ラヴェルスタイン〔ブルーム〕が先立ち、嵐のような「交友期間」が過ぎ去ってみると、チック〔ベロー〕は狐につままれたような気分になり、なぜあれほど親しく付き合ったのか、どうしても思い出せない。

この時点で私とラヴェルスタインが互いにとって何者だったのかを示す証拠書類がある程度出てきてもいいはずだった。この重要事項というやつを、双方共もう一つ理解していなかった。（中略）机の引き出しには、ラヴェルスタイン関係の分厚いホルダーがぎっしり詰まっている。だがこれだけのデータを以てしても、核心に届きそうで届かないのだ。（九四頁）

「年寄りは愛着など抱かないものよ」――『ラヴェルスタイン』の中でチック〔ベロー〕の新妻ロザモンド〔五番目のベロー夫人ジャニス〕は二人の関係を不思議がる。人間年を取ると利害関係抜きでは付き合わないという意味らしい（一六四頁）。

とすれば両者は互いに何らかの「見返り」を期待して付き合っていたということになる。

ブルームの側からすれば、「ノーベル賞作家」ソール・ベローとの交友から測り知れない利益を見込める。米・英・仏・伊に数百人の弟子を抱える学派の領袖にして「影の政府の黒幕」であるブルームにとって（『ラヴェルスタイン』一一二、十二頁）、ベローを陣営に引き込めば、この上ないプロパガンダの「看板」となる。しかも『アメリカン・マインドの終焉』の出版に協力させて、一躍セレブ学者にして億万長者になるというサプライズが加わり、さらに死後には伝記まで書かせるというのだから笑いが止まらない。

一方「現存する二〇世紀最大の作家」と謳われたベローの方はどうか。交友の後に残されたのは、人文主義作家として築き上げた読者の信望を根底から覆す「ネオコン作家」の烙印と、三番目の妻への天文学的な財産分与に続く四番目の妻への莫大な財産分与、そして五番目の妻にせがまれてのこのこ出かけたカリブ海豪遊で罹った食中毒の後遺症による体力と筆力の著しい衰え、さらには前述した「伝記を書いても書かなくても処分される」という理不尽な運命だけであった。

一体ベローは何を考えて、明々白々たる実損を伴う交友へと踏み切ったのであろうか。

2　フライパン（ルーマニア旧右翼）から火（米国新右翼）の中へ

『ラヴェルスタイン』には、交友に至った経緯をいみじくも示唆している箇所がある。

チックの助言によって書いた本がベストセラーとなり、金欠状態から身を起こしたラヴェルスタイン［ブルーム］は、世界の国賓ご用達のホテル、クリヨンのスイートに陣取り、偶然同宿中のスーパースター、マイケル・ジャクソンと世界を二分するセレブ学者へと成り上がった。出待ちを狙って幾重にもホテルを取り巻く少年少女の黄色い歓声は、政財界の大物がラヴェルスタインに送る熱いエールの反映でもある。

このラヴェルスタインが、ベストセラーの恩人チック〔ベロー〕を招くために選んだのは、マドレーヌ通りの三ツ星レストラン、リュカ・カルトン――ラヴェルスタインと後ほどその相続人になる愛人青年ニッキ〔マイケル・ウー〕[15]、チックとロザモンド〔ベロー夫人ジャニス〕の四人に対して、ソムリエと四人のウェイターが付き、コースごとにワインが変わる。

ラヴェルスタインの専門であるギリシア哲学にちなんだメインディッシュは、先頃エーゲ海の遺跡から発掘・再現された古代ギリシアのレシピによる「チキンの蜂蜜風味テラコッタ焼き」（十八頁）。つまり、チック（チキンの略称でもある）が「ハニー」（ダーリンの意味あり）におびき寄せられて夢中になっているところを（ラヴェルスタインに）料理して食べられるという図式になっているのである。

人生最高の贅沢に顔を紅潮させたロザモンドが、勘定書きのトレーに載ったチョコレート・トリュッフを、感極まってパーティバッグの中に忍ばせると、「不品行」に目がないラヴェルスタインは、これが殊の外気に入り、「生まれつき好んで老人と付き合いたがるタイプの女性がいるものだ」と言い放つ（十八、二三頁）。（「祝賀会」は『アメリカン・マインドの終焉』出版の翌年、一九八八年に行われたが、二人が実際に結婚したのは一九八九年、ベローが七四歳、ジャニスが三一歳の時であった。[16]）

ベローの長男（最初の妻アニータとの間に生まれた息子）グレゴリー・ベローは、父親の回想録の中で、いつ頃かはわからないが、ブルームがベローと前妻アレクサンドラ（四人目の妻）の結婚生活に直接介入し、ジャニスとの仲を焚きつけたと証言している。[17]

ベローがこの種の「誘惑」に滅法弱いことは、前回の結婚で「証明済み」であった。

最初に近付いてきたのはブルームだったようだ。「最初の一・二年ラヴェルスタインはしつこく私を追い回した」とチックは回想する――「ヴェラ〔四番目の妻アレクサンドラ〕と私がしきりにラドゥ・グリエレスク［ミルチヤ・エリアーデ］と会っていたものだから」（一六四頁）。

ブルームがエリアーデに代わってベロー夫妻と昵懇《じっこん》にできれば、ベローの取り込みに成功しそうだが、エリアーデはベローの妻アレクサンドラの絶大なる信頼を獲得していたので、それは不可能であった。

一九七三年、ベローは、シカゴ大学の同僚でルーマニア出身の宗教学者ミルチヤ・エリアーデ（一九〇七－八六）宅で、同じくルーマニア出身の数学者アレクサンドラ・イヨネスク・トゥルチヤを紹介された。[18] バナッハ空間を専門とするノースウェスタン大学の教授で、ベローより二〇歳年下である。当時五八歳のベローは、三番目の妻スーザンとの離婚後、七年間の独身生活を続けていた。[19]

東欧で生まれ育ったヴェラ［アレクサンドラ］は、ジョルジョーネのヴィーナスやマドンナを連想させる美貌の持ち主で、プロポーションも非の打ち所がなく、歩き方、話し方、肩のすくめ方、微笑み方はヨーロッパのエレガンスの極致を示し、独特のぎこちなさがかえって魅力を引き立てる。これが「メジャーリーグ級の頭脳」を備えた国際的数学者というから、アメリカ中の女性が束になってもかなわない（『ラヴェルスタイン』一〇八、一二〇頁）。

さらに、数奇な身の上が限りない哀愁を誘う。十一歳で厚生大臣の父親を亡くし、母親がその地位を継ぐが、連合軍の支援を受けたかどで共産党幹部から要注意人物として冷遇されている。アレクサンドラはやがて結婚し、米国留学許可を得た夫に随伴してそのまま亡命した。[20] だがその夫とも別れた今、故国には帰れず、米国にも寄る辺がない……

翌一九七四年、ベローは、前妻スーザンとの財産分与をめぐる係争も解決せぬまま、五九歳で四度目の結婚に踏み切った。[21]

『ラヴェルスタイン』によると、チック［ベロー］はヴェラ［アレクサンドラ］を通して紹介者のグリエレスク〔エリアーデ〕夫妻とその後も親しく交際していたようである。

実はグリエレスク〔エリアーデ〕には、元鉄衛団員という暗黒の履歴があった。チックはこの事実に気付きながら、ラヴェルスタインには黙っていた。鉄衛団とは、ドイツのナチスに準じるルーマニアの反ユダヤ・国粋主義のファシスト団体である。一九四一年一月のブカレストの大虐殺の際には、ユダヤ人の身体を生きたまま食肉用の鉤に吊るし、生皮を剝ぐという残虐な手口で世界中を震撼させた。ベロー自身、父親から鉄衛団に斬殺された死体の惨状を聞かされ、耳を塞いだというエピソードを、前出の『宙ぶらりんの男』の中に盛り込んでいる（八六－八七頁）。

チックが元鉄衛団員と付き合って何になるというのか。無論グリエレスクにしてみれば、ユダヤ人のチックと人目に付く場所で親しさを演出しておくと、「前科」の格好のカムフラージュになる。

厄介なことに、チックは、人間観察に夢中になるあまり、肝心な所を見逃し、そのためまんまと相手の術中に陥るという習性を持っていた。それなのに、作家として、あらゆる種類の人間に会う必要があると信じ込んでいたのである――スポーツ選手、映画俳優、ミュージシャン、商品先物ブローカー、そして犯罪者とも（一二四－一二五頁）。チック〔ベロー〕は、相手が同族のユダヤ人の殺戮に関与した人間だということを意識したことはなかったのであろうか。

交流の様子を見ると、一種の「催眠術」をかけられていたようにも解釈できる。

アメリカ流の野蛮さに辟易していたヴェラは、チックを連れてグリエレスク夫妻と二週間に一度、ハイグレード・レストランで会食し、古き良きヨーロッパの社交界の雰囲気に浸ることを殊の外《ことほか》楽しみにしていた。

新参者のチックは、淑女に対する作法を徹底的に叩き込まれる。手にキスをして、最敬礼、厳かな乾杯の儀式、女性が少し身動きするたびに相手の希望を推し量って奉仕する。そして会話はフランス語――チックがグリエレスク夫人につつがなく礼を尽くすと、ヴェラから合格点をもらえる（一二五頁）。そう、ここはもはやイリノイ州シカゴではないのだ。

グリエレスク教授は、サンスクリット語、タミール語を究め、ソルボンヌ大学で神話学を教えたこともある。テーブルでは、ディナージャケットの下に白いシルクのタートルネックを着た教授が、気ぜわしくパイプの灰を掻き出しては煙草を詰めかえながら、シベリアのシャーマニズムやアボリジニの結婚観等に関する蘊蓄《うんちく》を傾け、それをチックはかしこまって拝聴する。食事が終わると、グリエレスクは、目にもとまらぬ早業で勘定書きを摑みとり、新札の束を数えもせずに黙って差し出し、釣りはいらないと身振りで示す（一二六－一二七頁）。

「作家としての人間観察」と称して愛妻ヴェラ［アレクサンドラ］の言いなりに「社交ごっこ」に興じるうちに、チック［ベロー］は不用意にも自分自身をグリエレスクの「隠れ蓑」として差し出していたのであった。グリエレスク［エリアーデ］の様子を見ていると、どうしてもその暗い過去と結びつかないとチックは言う（一二四－一二五頁）。

――ルーマニアの元鉄衛団に靡くくらいだから、アメリカの新右翼に取り込むことなど造作もないはずだ。ブルームがベローのこうした「習性」を利用しない手はない。

ブルームがシカゴ大学に来た一九七九年、ベローは結婚して五年経っていたが、ブルームにとってはまことに「好都合」なことに、この時までにベローとアレクサンドラとの間には深刻な齟齬《そご》が生じていたと長男のグレゴリー・ベローは回顧している。[22]

その前年、アレクサンドラの母の末期を看取るため、ベロー夫妻はチャウシェスク政権下のルーマニアを訪れていた。委細は小説『学生部長の十二月』(一九八二)に描かれているが、グレゴリー・ベローも指摘しているように、主人公のコルド[ベロー]は、母の死を前に動揺する妻ミナ[アレクサンドラ]を慰めようと下手な長口舌を振るったために、かえって激怒させてしまい、それ以後ミナはコルドが身体に触れることを拒絶する。(23)帰国後、天文学者ミナの心は地球を離れ、パロマ天文台から見える悠久の宇宙空間へと浮遊するのである。

またグレゴリーによると、旧世代に属するベローが学究肌のアレクサンドラに対して「家庭的な妻」の役割を望みすぎたことも不和を招いたようである。(24)勢いヴェラ[アレクサンドラ]は書斎に長時間閉じこもるようになり、朝は挨拶もせず、すさまじい勢いで玄関の扉を閉めて仕事に飛び出していく。チック[ベロー]が溜息混じりに机に向かって執筆を始めると、勘の鋭いラヴェルスタイン[ブルーム]が一・二時間の長電話をかけてきて、二人の関係を探り出そうとする(『ラヴェルスタイン』一二一頁)。

夏季休暇中、ラヴェルスタイン[ブルーム]が、二人の生活実態を直接確認しようと、ニューハンプシャーにあるチック[ベロー]のサマーハウスに押しかけたことがあった。

果たして二人は、ピクニック、水泳、パーティーといったカントリーライフを夫婦揃って楽しむことなどなく、ヴェラ[アレクサンドラ]は息を潜めて部屋に閉じこもっているかと思えば、白いジャガーで東海岸の学会へ出かけていく。田舎嫌いで運転が人一倍苦手なラヴェルスタインが、都会の生活を捨てて命がけではるばるシカゴからレンタカーを飛ばして来たことを、おめでたいチック[ベロー]は「友情の印」と極め付ける(一〇八−一〇九頁)。

やがてラヴェルスタインは予言する――「ヴェラはまもなくお前を見捨てるだろう。国際会議で世界中を飛び回り、一週間と家に居たことはないじゃないか」(八四頁)。

ラヴェルスタインは私［チック］を操り、ヴェラに関する自分の見方を受け入れるように仕向けた。賛成すべきか反対すべきか迷っている間に、説得されてしまうのだ。（一〇二－一〇三頁）

グレゴリーはまた、ブルームが実際にベローとアレクサンドラのホテルの寝室に押し入ったことがあると証言している。[25] 小説の中でラヴェルスタインは、夫婦が泊まっているパリのホテルに返事も待たずにいきなり乱入してきて、下着姿のヴェラが部屋中逃げ回り、バスルームに閉じこもった。周章狼狽しているヴェラの存在を忘れて、チックはラヴェルスタインと久しぶりに会った喜びで長話に打ち興じ、事後のヴェラの抗議に耳も貸さない（一〇四頁）。

ラヴェルスタイン［ブルーム］はさらに情報ネットワークを駆使してヴェラ［アレクサンドラ］の行状を追跡する。それほどおいそれと学会があるはずはなく、学会と称して複数の男性と遊び歩いていたようだ——その中にはチックのライバルも含まれているという（一一三－一一四頁）。

人間は他人の秘密を知った途端にその人物に対する支配力を強める（中略）……ラヴェルスタインは友人や学生について知れる限りのことはすべて知らなければ承知しなかった。医者も診断に当たっては患者を裸にする必要がある。ただ、両者の類似はここまでで、医者は倫理規定に縛られているから患者のゴシップを触れ回らないが、ラヴェルスタインは縛られていない［ので触れ回る］。（一一五頁）

そしてついに最悪の事態が訪れた。病気の兄の壮絶な最期に立ち会ったチックが、葬儀を控えて苛立ち、ヴェラが（恐らくは念入りな化粧のために）籠っているバスルームのドアを思わず蹴とばしてしまった。その日、ヴェラは友人宅に泊まり、二日後チックが兄の葬儀から帰ると、留守中に二人の所有物がすべて段ボールに梱包され、持ち主を識別するために箱の一つ一つにピンクとグリーンのシールが貼られている。かくしてチックは二世帯続きの瀟洒なマンションを追い出され、ラヴェルスタインの住居に近い小さなアパートへと引っ越す羽目になった（一二一－一二二頁）。

チック［ベロー］にとってヴェラ［アレクサンドラ］は、もはやジョルジョーネの女性の面影をとどめず、「女ヒトラー」・「女スターリン」にしか見えない。ラヴェルスタイン［ブルーム］は、グリエレスク［エリアーデ］と鉄衛団の話を蒸し返し、チックがヴェラに追い出されて「正解」だったと納得させる（一二三－一二四頁）。アレクサンドラはほどなくスペイン系の数学者のアルベルト・カルデロンと三度目の結婚生活に入る(26)。

一九八五年にベローがアレクサンドラと別居したことで、ベローに対するブルームのフリー・アクセスが確保された。

この二年前、ブルームはベロー夫妻に秋風が立ち始めていることを確認してから、女性関係にルーズなチックの習性を利用して、数年来の教え子ジャニスを秘書として自宅に送り込み(27)、亀裂を深めておいた。ロザモンド［ジャニス］は一週間に一度以上チック［ベロー］宅を訪れるのだが、なぜか毎回水着を持参してくる（『ラヴェルスタイン』一一九頁）。

二人の仲も進展しているようで――結婚までは予想しなかったようであるが、妻が弟子なら夫も弟子扱い――ラヴェルスタイン［ブルーム］にとってこれほど「幸先のいい」話はない。

ベローの次男（二番目の妻ソンドラとの息子）アダム・ベローの証言によると、ブルームはベローのサマーハウスへ（堂々と）乗り込み、キッチン・テーブルで『アメリカン・マインドの終焉』の原稿の大部分を書き上げ、それをベローは訪問客全員に読ませ、出版エージェントまで紹介したという。[28]いよいよ「世紀のベストセラー」の誕生である。

3　親愛なるエリート諸君――『アメリカン・マインド』の衝撃

一九八七年、ブルームの『アメリカン・マインドの終焉』が出版され、予想外の反響を引き起こした。サブタイトルは「高等教育がいかに民主主義の原理を損ない、現代の学生の精神（魂）を磨滅させたか」。表紙には「緒言　ソール・ベロー」と書かれている。

当時のアラン・ブルームは無名に等しく、ノーベル賞作家ソール・ベローの推薦付きということで同書を手に取った人は少なくなかったであろう。「緒言」の結びの部分を見るかぎり、ベローはブルームを相当高く評価しているようだ。

本書は重要な意見を表明しており、熟読に値する。結論に対する賛否はさておき、本書が提示するのは議論に不可欠な指針である。伝統の上面をなぞるのではなく、民主主義国アメリカにおける高等な精神生活の展開を、理路整然と正確な歴史に基づいて要約した、信憑性の高い総括である。[29]

四月五日、『ニューヨークタイムズ』紙に『アメリカン・マインドの終焉』の書評が掲載され、大学教育が「惨状」に陥った過程を、プラトンからハイデガーに至る思想に基づいて精緻に分析している点において、「現代の知的・倫理的風土の中で、大学生になるとはどういうことかという問題全体を総括した比類なき論考」であると激賞された。

同書の要旨は、一九六〇年代の紛争以来、大学教育における質の低下が「理性の府」としての大学の機能を損ない、民主主義国家をかつてない危機に陥れているというものである。過去二五年間にアメリカの大学で主流になった「文化的相対主義」または「価値の相対主義」（あらゆる文化または価値観を等価値とする見方）に基づくカリキュラム変革は、一九六〇年代の暴力と喧騒による押し付けで、研究の自由を侵害するものであり、著者のブルーム自身、コーネル大学の教員時代に銃を持った黒人学生に脅迫された経験から、この問題を痛感しているという。[30]

大学教育の「改悪」が民主主義の危機を招いているという警句に幅広い読者が飛び付き、『アメリカン・マインドの終焉』はハードカバーで五〇万部近くを売り上げ、『ニューヨークタイムズ』のノンフィクション部門で四ヵ月間のベストセラーを記録した。[31]

しかしながら、『ニューヨークタイムズ』の書評は、最も肝心な点を言い落としている。善意に解釈すれば――つまり意図的に曲解したのではないとすれば――締め切りに追われ、まえがきと序章と結論、それに索引にざっと目を通しただけで、一知半解のまま『アメリカン・マインドの終焉』が民主主義擁護の立場に立っていると要約したのかもしれない。

「プラトンからハイデガーに至る思想に基づいて」いるだけあり、『アメリカン・マインドの終焉』は、紀元前から二〇世紀に至る思想史にある程度通暁している者でなければ一朝一夕には読みこなせない難物である。しかも、おそらくは戦略的に――シュトラウス用語を使えば「エソテリック」（秘儀的）に

——病弊の症状をあれこれ並べるだけで明確な診断を下さず、論理の一貫性に欠け、攻撃的なまでに危機感を煽り立てる傾向がある。(32)

ドイツ思想の専門家なら、同書の「真の」骨子が、「二〇世紀後半におけるアメリカの教育・政治・外交問題は、戦中戦後にドイツからもたらされた諸思想に発していること」であり、その目的が、アメリカに蔓延するアメリカナイズされた「似非」ドイツ思想を排斥し、ギリシア哲学（特にプラトン）を用いて「真正ドイツ」の伝統を復活させることにあると即座に「解読」できるであろう。(33)だが、後述するように、「価値の相対化」以後の大学教育を受けた知識人に向かって、短時間のうちにここまで要約せよと求めるのは、およそできない相談といわねばならない。

実のところブルームは、「プラトンからハイデガーに至る」数十人の思想家の煩瑣な考察によって「煙幕」を張り巡らしながら、矛盾に満ちた論を展開し、民主主義擁護という「建前」とは正反対の主張を行っているのである。

現代の大学教育における「文化的相対主義」・「価値の相対主義」によって「マイノリティ」が「マジョリティ」に変化した結果、非西欧の文化すべてに排他的な「自民族中心主義」が認められる一方で、西欧文化だけが（白人男性を中心とした）西欧中心主義的偏見に毒されたものとして貶められ、学生は各文化の長所短所を論じることが許されず、各文化の多様性を無批判に眺めることしかできないというブルームの現状分析それ自体には、(34)民主主義に反する要素はなさそうに見える。

ところがブルームのいう「アメリカン・マインド」とは、アメリカ建国当時の初期民主主義——「未発達の民主主義」と言い換えてもよい——において存在した価値観である。そこには、出身国こそ違え、「共通の利害を持つ同胞」という意識が各人に規則を課していたが、市民全員の自律性を認めるものではなく、階級制や不平等が文化を「豊かに」していた。しかし今やアメリカには千差万別の価値観を持つ個人が無秩序に散漫しているだけで、国家としての精神統一ができていないとブルームは嘆く。

実はブルームが対象としているのは、アメリカ全土の大学生ではなく、上位二〇-三〇大学の知的・物質的・精神的に恵まれた数千人の権門勢家の子弟に限られている（女子は含まれていない）。こうした学生こそが、最大の倫理的・知的影響力を国家に及ぼす可能性が最も高いからだとブルームは弁明する。[35]

今日伝統的な「紳士道」がすたれ、代々の家柄や財産による差別化を行わなくなったために、民主主義社会における「貴族」志向の最後の砦ともいうべきハーバード、イェール、プリンストン三大学に昔日の面影はない。第二次世界大戦後の復員兵援護法（復員兵に大学への優先入学、授業料減免等の特典を与えた）によって、入学者の選別に学力主義が適用されたために、階級と性差がなくなり、文化への感受性も消滅してしまった。合理主義と平等主義がもたらした近代民主主義は、息をすること同然に受け取られているが、これは人類史上決して正常な状態ではなく、文明という名において「畜群」が引き起こした、創造性を否定する極めて異常な事態だとブルームはかこつ。[36]

つまりブルームは、大学教育における「文化的相対主義」を批判することによって、近代民主主義を廃絶し、初期民主主義の階級社会を再現する提案を行っているのである。

それではアメリカ国家がどのように変貌を遂げるべきだと言うのか。

レーガンはソ連を「悪の帝国」と呼び、ニューレフトはこれに対して「価値の相対主義」を振りかざし、一斉に反対の声を上げた。ブルームは、レーガンの「卓見」を褒める一方で、ニューレフトが自らの信念を全く理解していないと批判する。

ニューレフトが信奉する「価値の相対主義」は、ニーチェの『善悪の彼岸』に由来する。しかしニーチェは、ニューレフトが支持する自由主義的な民主主義に断固反対して、善悪についての新しい信念を考案したのだ。芸術家や英雄タイプの「高貴な」人間は、自らが作った理想のために命を捧げることを最も気高い行為と見做す。「善き戦争はほとんどの大義をも神聖化する」というのが「価値の相対主義」・「文化的相対主義」の本来の意味なのだ。[37] したがってレーガンは正しく、ニューレフトは間違っているというのである。

「悪の帝国」ソ連に対する強硬姿勢を貫くレーガンの外交政策と並んで、ブルームは、サッチャー・レーガンの新自由主義経済政策の擁護も試みる。

新自由主義的市場原理は、政府が直接失業と不況の緩和を図る経済政策を廃絶し、原初資本主義の自由競争を復活させることによって、「強者」に有利な状況を作り、格差を助長するので、階級制の消失を嘆くブルームにとっては、資本主義の「望ましい」形態である。

だが〔ハイエクやフリードマンその他、共産主義やケインズ型の政府介入主義に反対して〕新自由主義経済を主導する人々は、十七・十八世紀の自由思想家や数式・チャート等、何でも手当たり次第に武器にするという全くの無手勝流で、説得力ある理論武装に欠けている。

そこでブルームは、〔格差を助長し、階級制を復活する原初〕資本主義を防衛するという唯一の目的のためにも、新時代の「宗教」を発明せよと進言する。[38]

「宗教」の導入に当たってブルームが推奨するのは、ニーチェの「超人」から影響を受けたウェーバーの「カリスマ」という概念である。ウェーバー自身は無神論者であったが、政治における「宗教」の有用性を重視していた。[39]

『プロテスタンティズムの倫理と資本主義の精神』の中で、ウェーバーは、国家を「合法的な暴力」

の上に築かれた支配関係と分析している。「暴力」を「合法化」するためには、国民〔被支配者〕に内心からそれを確信させることが必要である。支配の三つの類型として伝統型、合理（合法）型、カリスマ型があるが、このうちカリスマ型支配が最も目覚ましい効力を発揮する。(40)

「カリスマ」（Charisma）は元来、「神の恩寵」（予言や超能力）が人格化されたものをいうが、近代においては、大衆を心酔させる独創的な価値の創始者がそれに取って代わる。これは「神」よりはるかに恣意的かつ不可解な「自我」に発しているため、良否・正否を判定するのは不可能である。そして「理性を捨て、『善悪の彼岸』に自己を定立せよ」というニーチェ的発想が広く行き渡った結果、それを極限にまで推し進めたカリスマ中のカリスマ、ヒトラーの出現を招いた。(41)

第二次世界大戦でヒトラーと戦った連合諸国は、ヒトラーを反面教師として政治を再考する方向には動かなかった。事実はその逆で、アメリカを始めとする連合国は、ヒトラーのカリスマ性に圧倒され、それに先行するニーチェやウェーバーの思想に征服されたとブルームは言う。「デマゴーグ」としてのヒトラーがカリスマの「カリカチュア」に過ぎなかったとしても、秩序だった共同体においては、「聖なるもの」への欲求も――食物や性に対する欲求と同等に――満たされなければならないことを、右翼も左翼も一様に納得させられてしまったというのである。(42)

つまるところ、資本主義を防衛するために「宗教」を発明せよとブルームが言う時、サッチャリズム、レーガノミクスという新自由主義（原初資本主義型）経済政策を支持させるためにサッチャーとレーガンが用いた「鉄の女」・「名大統領役」という「カリスマ性」を追認し、それをこの上ない神算鬼謀として褒め称えているのである。英米国民が両カリスマの威力にわけもわからず打ち靡いた結果、強者に有利な「大多数の弱者の権利を切り崩す」経済政策が滞りなく実行されることになった。

自分たちの政策に対して、かくも大いなる学識と鮮やかな理論に裏打ちされた美辞讃評を耳にしたことのないサッチャーとレーガンがいたく感激したのも無理はない。

特筆すべきは、ダウニング・ストリートやホワイトハウスまでがラヴェルスタイン［ブルーム］の本を大真面目に受け取ったことだ。ラヴェルスタインは週末サッチャー女史の地方官邸のゲストに招かれた。米大統領だって放ってはおかない。レーガンがディナーに招待すると、ラヴェルスタインは礼装、カマーバンド、ダイヤのカフス、エナメルの靴に一財産はたいたのである。（中略）この国の巨大な油圧計はラヴェルスタインを押し上げたが、私（チック［ベロー］）を押し上げることはなかった。（『ラヴェルスタイン』十五頁）

前出二〇〇〇年四月二三日の『オブザーバー』紙に掲載された、当時の文部大臣ウォルデンの証言によると、サッチャー首相は『アメリカン・マインドの終焉』を午前二時半まで夢中になって一気に読み通し、ブルームを地方官邸に招いた時には、独断専横の首相にしては珍しく相手の話に耳を傾け、熱心に質問を浴びせたという。(43)

一方、リベラルな知識人は、この『アメリカン・マインドの終焉』をどのように受け取ったのであろうか。前述したように、「プラトンからハイデガーに至る」思想家群は、西洋の古典的著書を「権威主義」として斥けた後の大学教育を受けた世代にとってあまりにもハードルが高く、保守的な内容ということまでは見抜いても、それを整然と理論化するには、何ヵ月もの日数を必要としたようなのである。

「何だ、これは右翼反動ものじゃないか。こいつはエリート主義者で、しかも権威主義者だ！」――

『ニューヨークタイムズ』紙が当初の「『アメリカン・マインドの終焉』＝民主主義擁護論」を「訂正」し、同書の本質を突いた批評を紹介したのは、出版から一年後、ペーパーバック版が発売された四月のことであった。(44)

しかも『アメリカン・マインドの終焉』は今なお売れに売れ続けている。現代教育批判の裏には、隠れた政治的策定が潜んでいるのに、ほとんどの読者は同書の行間に隠された裏の意味を読み取ろうとはしない。レオ・シュトラウスの一派に特徴的な「エソテリック」（秘教的）な書かれ方をしており、建国の父や啓蒙主義思想家がいつの間にか専制主義者になるなど、議論は矛盾だらけで、表面的な意味とはほとんど正反対のことを述べる傾向がある——と急に指摘されても、どこがどう矛盾し、何がどう「エソテリック」なのか、理解できる人は一握りであろう。「敵の方」が、圧倒的に役者（学者）が上のようである。

一九八八年十二月七日、ブルームは「凱旋式」ともいうべき「ハーバード講演」を行い、(45)開口一番聴衆にこう呼びかけた——

「親愛なるエリート［主義者］諸君（Fellow elitists）」——この呼称は、ローズヴェルト大統領が国民に向かって発した「親愛なる移民諸君」の対極に位置するものである。しかもそれは、旧家出のローズヴェルトが、自分の階級を裏切るために身を貶めて民主主義的統治をしてやっているという貴族特有の［偽善的な］自己卑下の中で行った「冗談」に過ぎなかったとブルームは揶揄する。(46)

世界最高の大学といわれるこのハーバードにいるのは、エリート階級に属することの疚《やま》しさから、反エリート主義者になった人間ばかりだ。しかし、ブルームは、人間の平等というものを信じない。トックビルも、バークも、プラトンも民主主義に代わる制度を真剣に模索しているではないか。(47)

PC（政治的公正――社会少数派を傷つける言動を排除しようとする運動）全盛の時代に、ブルームは、『アメリカン・マインドの終焉』でエリート主義を貫いたがために、「異端審問」にかかって学界から追放されてしまった（いわばエリート主義の殉教者である）(48)。

しかし、ブルームを追放したニューレフトやポストモダンの面々は、論理的に破綻している。『アメリカン・マインドの終焉』でも指摘したように、ヨーロッパ右翼の思想がアメリカの左翼の中に流れ着き、彼らの言語は、ファシズムの用語で毒されているからである。ナチズムと関連の深いハイデガーは、ポストモダン運動に最も知的に貢献した人物であるし、アメリカにデコンストラクションをもたらした（イェール［脱構築］学派を築いた）ポール・ド・マンは、若い頃、ベルギーの新聞に親ナチス記事を書いていたことが発覚している（後に左転回したことは言い訳にはならない）(49)。

ベローの『ラヴェルスタイン』に登場する心臓病専門医スライは、ラヴェルスタイン［ブルーム］の崇拝者である。

「ハーバード講演」で、大学の面々に対して、諸君は人道主義者の仮面をかぶったエリート主義者だと一喝してセンセーションを巻き起こして以来、スライはラヴェルスタインを「知識人の最高位」・「本物のVIP」・「文化・イデオロギー闘争の偉大なる戦士」と崇めるようになった。

「他の誰が、ああいったことを平然と言ってのけるだけの学識と、自信と権威を身に着けているというんだ。しかも軽々と、いとも自然に！」ラヴェルスタインと比べたら、チック［ベロー］など、「知識人のはしくれ」に過ぎない……（七五－七六頁）。

前述したように、『アメリカン・マインドの終焉』が出た時、ブルームは無名に等しかったので、アマースト大学哲学教授のロバート・ポール・ウルフは、ソール・ベローが「アラン・ブルーム」というペンネームで「新作パロディ小説」を発表したと信じ込み、その「書評」を全米大学教授連盟の機関誌に投稿した。主人公は五〇台半ばの「ブルーム」といういわくありげな名前の反動主義者のシカゴ大学教授で、過去二〇年間の教育傾向に対して、衒学的に憤懣《ふんまん》のかぎりをぶちまけるという内容になっている……[50]。

世論がウルフの「パロディ説」に同調していたら、ブルームの試みは一笑に付され、時代の流れは変わっていたかもしれない――だが直情径行型のアメリカの読者にそこまでソフィスティケートされた反応を期待するのは無い物ねだりというものである。

かくしてノーベル賞作家のソール・ベローは「知識人のはしくれ」へと身を落とし、無名学者のブルームは「本物のＶＩＰ」へとのし上がったのであった。

4 ノーベル賞作家の「変節」

ベローの長男グレゴリーは、父親が推薦文を寄せ、賞賛している『アメリカン・マインドの終焉〔閉塞（Closing）〕』を読んで愕然とした。

要旨を一言でいえば、過度の自由主義が「開放」（open）の名の下にアメリカ精神を「閉塞」（close）させているというものである。だが、よくよく読んでみると、同書にはベローから聞かされた覚えのある内容がいくつも見当たったので、ベローとの合作であるようにも思われた。しかもブルームはレーガンの政策を全面的に支持し、政権内の社会的・文化的・政治的保守派に取り入るような見解を並べている。

グレゴリーはベローに詰め寄り、問い質《ただ》した――貴族意識の固まりではないか、こんなものに本心から賛同しているのか――ベローは押し黙ったまま否定しようとしない。グレゴリーはそれを暗黙の了解と捉え、情けなくてたまらないと訴えた(51)。

若い頃の父は理想に燃え、世界を改革できると信じていた。そうした父を私は大いに尊敬もしていた。しかし今や父は、当時反対していた思想家の肩を持つようになってしまった。それが「現実に対する」深い幻滅から生じたものであるにせよ、限りなく心が痛んだ(52)。

ロシア系ユダヤ人移民の子の常として、思春期から青年期にかけてのベローは、ロシア革命に夢中になっていた。

一九一七年、ロマノフ王朝が倒れ、レーニンの指揮下にボルシェビキがソビエト政権を成立させた時、ベローは二歳であった。帝政下のポグロム（ユダヤ人略奪・虐殺）を逃れたベロー一家がペトログラードからモントリオールへ移住したのは、一九一三年のことである。ロシアにはベローの両親の親兄弟が残っていたため、食卓の主な話題は変わり行くロシアの情勢であり、言葉を覚えたばかりのベローの耳には、「レーニン」、「トロツキー」等の名がたえず飛び込んできた(53)。

父母の親族内でも皇帝派、メンシェビキ等に立場が分かれ、ロシアの内情に精通していた父親は、革命の行く末に懐疑的であり、不用意に加担するなと子供たちに警告していた。しかし、シカゴに移住し、ハイスクールに通い出したベローは、同級生の影響もあって、マルクス、エンゲルス、レーニン、トロツキー等の著作を競うように読み漁った。市内では街頭演説や公開討論会が盛んに催され、学校のディベート・クラブでも、大人を真似て革命に関する熱い討議が交わされた。

ロシア革命は、理論家のレーニンが率いる知識人の小グループが民衆のために実現させた世界史上初の社会主義革命である。当時はまだ人類のために尽くしたいという使命感に本気で燃えていた西側の知識人の多数が、「輝かしい範例」に熱狂し、ロシア系ユダヤ人の子供たちは、父母が「ロシア人」であったという自負から、トルストイやドストエフスキーに親しむと同時に、自分たちが革命を背負っているような面映ゆい気分になるのであった。(54)

一九三三年、ベローはシカゴ大学でトロツキーの『ロシア革命史』を読んで感銘を受け、入党はしなかったがトロツキストとなった。(55)(トロツキーはレーニンの死後、永久革命論を唱えて、スターリン等の党主流と対立し、一九二九年に国外に追放されていた。)

一九三五年に家庭の経済事情が悪化したため、ベローはシカゴ大学を二年次で退学して、授業料の負担が比較的少ないノースウェスタン大学へと転入する。しかしながら、ベローが本業と定めていた文学の方は順調に進まなかった。ユダヤ人は英語の機微が理解できないという偏見を持たれていたため、英文学の大学院には受け入れられないという方針を告げられ、人類学への転向を余儀なくされたのである。最終学年でベローは労働組合の組織役を始め、皿洗い係や客室係の組合加入を精力的に斡旋し、雇用者側が差し向けた暴力団に付きまとわれた上、単位まで落としそうになった。(56)

ベローは卒業と同時にウィスコンシン大学大学院に入るが、必修の自然人類学と考古学が性に合わずに一年で退学する。翌一九三八年、ノースウェスタン大学在学中に知り合った活動家のアニータ・ゴシュキン(一人目の妻、グレゴリーの母)と、経済的見通しが立たぬまま二三歳で結婚した。(57)

作家への道を目指すベローは、教員養成大学で文学と人類学の非常勤講師、雇用推進局提供の「ライターズ・プロジェクト」等のパートタイムに従事しながら、生活費の大半を、進学を断念して就職した妻の収入に頼りながら、小説を書き続ける(58)。

一方ベローが尊敬するトロツキーは、一九三八年にパリで（国際共産主義運動推進を目的とする）第四インターナショナルを創設したが、一九三九年、スターリンがヒトラーと独ソ不可侵条約を結び、ソ連はファシスト国の様相を呈した。この一月後にナチス・ドイツがポーランド侵攻を決行し、英仏がこれに宣戦布告を行って、第二次世界大戦が勃発する。

共産国ソ連に託した希望は風前の灯火となったが、十代の頃から傾倒していたトロツキーへの追慕の念は消えなかった。

一九四〇年の夏、亡母が掛けていた生命保険金五〇〇ドルを偶然入手したベローは、妻を伴い、トロツキーの亡命先メキシコへ三ヵ月間の旅行を決行した。メキシコ各地を回った後、ベローは、タスコで出逢った元護衛役の知人の女性の手引きで、友人のハーバート・パッシンと共に、メキシコシティのコヨアカン地区にあるトロツキーのヴィラでと八月二一日に面会する許可を取り付ける。しかしその直前、トロツキーは、スターリンが派遣した暗殺者に登山用のピッケルで頭部を襲撃され、病院に搬入されていた。新聞記者を装ったベローとパッシンが病院に案内されると、トロツキーは血塗れになってこと切れていた(59)。

地球の裏側にまで及ぶ「独裁者」の威力に背筋が凍ると同時に、世界革命に託した一縷《る》の望みが消滅した瞬間であった。

トロツキーの遺体と対面した年の冬、今度はベロー自身の生命が脅かされる。一九四〇年十二月、二五歳のベローは、連邦選抜徴兵登録庁から召集予告を受け取った。待機番号は二八三番――一年以内に予備訓練を経て実戦へと駆り出される数字である。[60]

アメリカは当初、孤立主義を掲げて中立を保っていたが、一九四〇年五月にドイツがオランダとベルギーを侵略し、六月にフランスが降伏すると、ファシズムへの危機意識に駆られ、九月に選抜徴兵法を施行する。ベローに召集予告が届いたのはそれから三ヵ月後のことであった。

親友オスカー・ターコフへの手紙の中で、ベローは、よりにもよって「殺し」や「粉砕」を人一倍憎み、恐れてきた自分が選抜の対象になるのは最大の皮肉だと嘆いている。[61]

妻に経済的負担を強いながら、作家として鳴かず飛ばずのまま、砲弾炸裂する戦場に斃《たお》れゆく自分の姿を想像するにつけ（『宙ぶらりんの男』八三頁）、さすがのベローも、命ある間に、「作家として生きた証」をこの世に残したいという思いに駆られたようである。

徴兵の時期を多少先送りすることは可能であった。当時ベローの国籍はまだカナダに放置され、有体に言えば「不法滞在者」の身分にあった。これを「合法化」すれば、帰化申請から認可までの期間中は正式の「在留外国人」として軍役が猶予される。役所の手続きに一年はかかると踏んだベローは、年明け早々カナダへ行って国籍変更手続きを開始した。（正式に米国人として認められたのは、申請から二年半後の一九四三年八月である。[62]）

これと前後してベローは、ニューヨーク大学大学院に進学した友人のアイザック・ローゼンフェルドを頼って度々シカゴとニューヨークを往復している。グリニッチヴィレッジのユダヤ系知識人と交わり、一九三六年にフィリップ・ラーヴとウィリアム・フィリップスが創刊した『パーティザン・レビュー』の編集部にも出入りするようになった。同誌は当初、ソビエト共産主義に歩調を合わせていたが、ソ連がスターリン崇拝に傾くと、一九三六－三八年にピークを迎えた「大粛清」および一九三九年の独ソ不可侵条約を契機に脱ソ路線を辿り始める。

当時の『パーティザン・レビュー』は文学にも重点を置き、広く海外の作家に寄稿を依頼していた。英国のジョージ・オーウェル、T・S・エリオット、アーサー・ケストラー（代表作『真昼の暗黒』）、イタリアのイグナチオ・シローネ（代表作『パンと葡萄酒』）、フランスのアンドレ・マルロー、スペイン内乱時のピカソ等々、錚々《そうそう》たる顔ぶれで、新進作家のソール・ベローは、図書館の書棚でしかお目にかかったことのない「大御所」と並んで、一九四一年から連続三年、習作が掲載されるごとに高揚感を覚えた[63]。

一九四一年三月、アメリカはイギリスに対する武器貸与法を制定し、八月にはイギリスと共にファシズム国家との交戦を可能にする大西洋憲章を発表する。十二月八日、日本海軍がハワイ真珠湾のアメリカ太平洋艦隊を奇襲し、アメリカが宣戦布告を行った。

「執行猶予中」のベローが「遺書」代わりに心血を注いだ小説のタイトルは、『宙ぶらりんの男』――ベロー自身をモデルとした徴兵待機者を主人公とする。真珠湾襲撃直後の一九四一年十二月十五日から一九四二年四月九日までの四ヵ月間、二七歳の元会社員が徴兵に応じるまでの心境を、人間関係と世情変化を交えながら日記風に綴った小説である。

アメリカの参戦によって、ベローの死亡危険率はさらに高まり、小説の主人公ジョーゼフは、台所で食用に絞め殺された鶏を見ただけでも、我が身の行く末を思い浮かべてしまう（『宙ぶらりんの男』十四頁）。

戦争景気に沸き立つアメリカ国内では、ヘミングウェイ流のハードボイルドが全盛を極め、「万人の万人に対する戦いという」ホッブズの政治的リアリズムが、国家間だけでなく、市井の人々の人間関係や日常生活まで蝕んでいる。主人公のジョーゼフは、共産主義に首まで浸かっていたが、今ではカール・マルクス風に世界を転覆させるのではなく、傷口に一つ、二つと包帯を巻いて治していこうとする温和なリベラル派へと転じている（二一頁）。反戦・博愛を説く十八世紀の啓蒙思想家たちの伝記を総まとめする作業に一年来従事してきたジョーゼフは、ホッブズの影響に毒されたディドロの『ラモーの甥』の下劣な品性を前にして、あえなく中断している（五頁、九二頁）。

人文主義者に育てようとした結婚相手［最初の妻アニータ］の俗悪な趣味に幻滅し、知識人グループの友人たちとも意見が噛みあわず、さらには自分すらも信用できなくなった主人公が、心の内の内、底の底を見つめ直した時に出てきたのは、「生命以外に価値あるものは存在しない、生命以外に何もない」（一二一頁）という結論であった。

完全な善と完全な悪に世界を二分するのは、何と愚劣な理論か（中略）……あらゆるものが生きているだけで善しとされる。つまり、善きものも善くないものも、生きているだけで畏れ多く、それゆえ奇跡的なことなんだ。（『宙ぶらりんの男』十八頁）

主人公は、アメリカの読者に向かって問いかける。

「善き人間はいかに生きるべきか。何を為すべきか。」（『宙ぶらりんの男』二五頁）

この問いからすべてが始まるはずなのに、残念ながら真の結論は出てきそうにない……　誰もが戦争の受益者になる一方で、かけがえのない個々の生命が過小評価され、無意味な存在として次々に消耗されている。

しかし、この感覚と矛盾するように、ジョーゼフ［ベロー］は、一方で自分が参戦すべきだとも考えている。前出のルーマニアの鉄衛団によって屠殺場の鉤に吊るされたユダヤ人の悪夢（八六－八七頁）は、間接的にナチスの暴虐を反映したものである。『宙ぶらりんの男』執筆までに、ベローはヒトラーのユダヤ人殲滅作戦を知り、大陸のユダヤ人のために自分一人でも何とかしなければという心境に追い込まれていた。(64)

相手（ファシズム）の帝国主義と自国（民主主義）の帝国主義のどちらを取るか——究極の二者択一の中で、世界の問題を一身に背負い込み、私生活にも破綻を来したジョーゼフ［ベロー］は、敢えて後者を選択し、召集に応じる決意をする（五九頁）。ただし、殺すよりは殺される方を選ぶであろう……

一九四三年、『宙ぶらりんの男の覚書』が『パーティザン・レビュー』に掲載され、翌年ヴァンガード・プレスから『宙ぶらりんの男』として出版された。『ニューヨークタイムズ』、『ニューヨークタイムズ・ブックレビュー』その他がこれを書評に取り上げ、『ニューヨーカー』では批評家・作家のエドマンド・ウィルソンが、有無を言わせぬ国家の強圧を前に、あくまでも自律性を保持しようとする主人公の苦闘、すなわち西洋の運命が集団的行動にかかっているという意見が大勢を占めていた危機の只中にあってさえ、個人の価値を擁護しようとする果敢な試みと高く評価し、後年「ネオコンのゴッドファーザー」と呼ばれるアービング・クリストルまでが、ベローの小説を礼賛し、「慎み深く威厳と洞察に富んだ」「わが国最大の戦争［反戦］小説」と呼んだ。(65)

一九四五年四月、ベローは、『宙ぶらりんの男』の主人公と同じく自ら志願して商船隊に応募し、採用された。大戦中の死亡率は二六分の一である。[66] 撃沈を想定した訓練に励んでいるうち、長崎と広島に原爆が落とされて日本が降伏し、その一ヵ月後に兵役免除となった。[67]

一九四六年にベローはミネソタ大学の准教授に採用される。しかし二年間後にグッゲンハイム奨学金を獲得すると、職を辞して一九四八年九月にパリへと出発し、二年余り執筆に専念できる態勢を整えた。その成果は、「ぼくはアメリカ人——シカゴ生まれだ」という有名な書き出しで始まる自伝的教養［自己形成］小説『オーギー・マーチの冒険』（一九五三）に余すところなく反映されている。『宙ぶらりんの男』において、ベローは既に「アメリカ小説のヨーロッパ化」に成功した——スタンダール、フロベール、ロシア小説家等が打ち立てていた伝統にアメリカ言語を導入した——との定評を得ていた。[68] しかしながら『オーギー・マーチの冒険』では、少数の知識人を対象とするヨーロッパ小説の傾向に反旗を翻し、ヨーロッパ文学の質を保ったまま小説を大衆化するという難業に成功した。本格派文学を「万人」に届けるべく、俗語と雅語の融和、ストリート・ランゲージとオートクチュールの混合を達成したのである。[69]

処世術の苦手なスラム生まれの少年が、自力で人生を切り開き、教養を身に着けながら、金銭にも、思想にも、人間関係にも縛られない自由闊達の境地へと至る、まさに「自由の国」アメリカにふさわしい同作品は、全米図書賞を受賞した。

『オーギー・マーチの冒険』から二三年後のノーベル賞受賞記念講演においても、六一歳のベローは、作家としての理想と信念を保っていた。授賞理由は「作中に見られる人間性の理解と現代文化の絶妙な分析の融合」。[70] 人間性不在の世界に人間性を再確立しようとするあくなき試みである。

講演の司会者は、感極まってこう紹介した——「氏の主人公は、人間（man）が人間性を備えた人間

(a human) になるという信条を決して手放さないのです。[71]」

これに応えてベローは力説する。

小説は、叙事詩や詩劇の記念碑的大作に比べると見劣りするかもしれません。しかし、今の［殺伐たる］時代には、小説が最も適しているのです。小説は、現代における差し掛け小屋のようなもので、精神が避難できる場所なのです。（中略）小説は、人間一人一人に様々な存在の可能性があること、存在方法が一通りしかないというのは幻想に近いこと、そしてこの存在の多様性が確たる意味を持ち、何かに専念し、何事かを成し遂げることを教えてくれるのです。小説は、我々に意義と静謐と、そして正義すらも約束してくれるのです。[72]

「人文主義作家」としての自覚と自負がない限り、決して発し得ない言葉である。

――以上のような人間味溢れる作家像に比して保守反動的なブルームの『アメリカン・マインドの終焉』を推薦するベローは、「別人」のように変わり果てて見える。

幼児期からロシア革命の話を聞きながら成長し、思春期には革命書に読み耽って討論に参加し、大学時代には危険を冒し、単位も落としそうになりながらレストラン・ホテル従業員のために組合加入を斡旋し、卒業してからは生活苦を物ともせず有り金をはたいてトロツキーの亡命先に駆け付けた若者が、半世紀も経つと巨大資本家に味方して「規制なき自由競争」を持ち上げ、プロレタリアート（生産手段を持たず、資本家に労働力を売って生活する賃金労働者）を見捨てるようになるのか。

『宙ぶらりんの男』で、国家の集団圧力を前に個人の自立性を守ろうとする反戦小説を物にした勇気ある若者が、ソ連を「悪の帝国」と呼ぶレーガンの好戦政策に加担する老人となるのか。「あらゆるものが生きているだけで善しとされ」「奇跡的なこと」だと宣言した作家が、体制の「御用学者」ブルームに追随して「代々の家柄や財産による差別化」と「『貴族』志向」の回復を叫ぶのか。また「人間一人一人に様々な存在の可能性がある」と断言し、それを脅かされている人々に、「意義と静謐と、そして正義すらも約束」する自作の小説の中に避難せよと呼びかけたノーベル賞作家が、その十二年後、同じ人々に向かって、「カリスマ」の威力に平伏し、「『合法的暴力』の上に築かれた支配関係」に屈従せよと勧めるのか。

もしそうであれば、これは独り息子のグレゴリーのみならず、読者全員、ひいては人類全体への「裏切り」ということになるであろう。それでもベローはグレゴリーの詰問に対して頑なに沈黙を押し通し、決して口を開こうとはしなかった。

第2章　「保守派ルネサンス」と民主主義の黄昏

1　旧左翼から新右翼へ――新保守主義（ネオコンサーバティズム）の誕生

アラン・ブルームがソール・ベローを「リクルート」する際に、アクセスの妨げになるものとして、ルーマニア人の妻アレクサンドラと同僚ミルチヤ・エリアーデの「バルカン・フィックス」を断ち切った次第については、既に述べた通りである。

しかしながら、家庭環境をいくら変えてみても、肝心の思想が食い違っていたのでは、完全に取り込むのは無理な相談というものであろう。ベローはリベラルな人文主義主義者であり、ブルームが標榜するエリート主義とは相容れそうにない。

だがブルームの算定からすると、ベローには「右旋回」を見込める大きな要因があった――「元トロツキスト親派」という経歴である。

前述したように、二〇代のベローは、グリニッチヴィレッジの『パーティザン・レビュー』の編集部でトロツキストのユダヤ系知識人と交流していたが、そのうちの一部が一九六〇年代後半あたりから本格的に右傾化を始めたのである。

「ニューヨーク知識人」とも呼ばれるこのグループは、やがて「新保守主義者」（ネオコンサーバティスト）を名乗り、一九七〇年代前半にかけて共和党を蘇生させ、レーガン政権への道を拓き、四半世紀を超える保守派支配の確立に貢献する。[1]

「ネオコンサーバティブ」（略称「ネオコン」）という語は、最初、右転した左翼に対する蔑称として、一九四五年にマイケル・ハリントンが『ディセント』誌で使用したとされるが、後ほどアービング・クリストルが、肯定的な意味で、自分と政治観を共有する人々を指すために使用するようになった。[2]

若き日のベローには、後にネオコンの「ゴッドファーザー」と呼ばれるアービング・クリストル（一九二〇‐二〇〇九）並びにネオコンの「第二の顔」ノーマン・ポドレッツ（一九三〇‐）の両人との交流関係があった。クリストルはベローの『宙ぶらりんの男』（一九四四）について前出の好意的な書評を書き、ポドレッツも、『オーギー・マーチの冒険』（一九五三）を書評している。[3] またベロー自身、一九四九年からクリストルの『コメンタリー』誌や『ニューリーダー』誌に小説の書評を何度か投稿していた。[4]（『コメンタリー』は一九六〇年にポドレッツを編集長に迎えてから次第にネオコンの機関誌へと発展していく。）

クリストルを代表とするネオコンの原形は、一九三〇年代終わりから一九四〇年代初めにかけて「ユダヤ人プロレタリアートのハーバード大学」（当時アイビーリーグは労働者階級の子女に門戸を閉ざしていた）と呼ばれるニューヨーク市立大学カフェテリアの「アルコーブ1」にたむろしていた少数派トロツキストの学生で、「アルコーブ2」のスターリニスト・グループと激しく対立していた。初期の顔ぶれは、クリストル、ダニエル・ベル、アービング・ハウ（クリストルをトロツキー派へと勧誘した）、シーモア・マーティン・リプセット、ネーサン・グレーザー、ダニエル・パトリック・モイニハン等であり、[5] ここに後ほどコロンビア大学卒のポドレッツが主力として加わる。

「現実「の厳しさ」に襲われたリベラル派」――クリストルはネオコンをこう定義している。[6] このグループは当初、ベローと同じく（というよりはベローがそれと連動して）ソ連共産主義に共感していたが、一九三九年、スターリンがヒトラーと独ソ不可侵条約を締結すると、共産主義に幻滅し、第二次世界大戦までにはマルクス主義を脱却していた(7)。

二〇〇四年頃までネオコンに所属していたブルームの弟子フランシス・フクヤマ（一九五二－）は、これ以後クリストルの一派が右傾化していった理由として、スターリン体制への恐怖と、ドイツ・日本を打ち破ったアメリカ資本主義に対する畏敬を挙げている(8)。

それ以外の隠れた要因として考えられるのは、一九四一年から一九四四年まで陸軍機甲歩兵部隊の二等軍曹として大陸に派遣されたクリストル個人の人間観の激変であろう。

戦争の壮絶さもさることながら、隊員はいずれも、強烈なユダヤ人差別意識の持ち主で、厳しい軍紀がなければ、略奪、レイプ、捕虜の射殺を平然と行うような連中ばかりであったという。ブルックリンに生まれ育ち、苦学の末大学を卒業したクリストルではあるが、経済状態を別にすれば、左翼のユートピア思想に浸る楽観的な若者であった。クリストルは自らの世間知らずを痛感し、人類同胞主義に基づく革命への憧れを喪失した(9)。（後にクリストルがアメリカ中産階級の倫理感を強く称揚するのも、この辺に起因するのかもしれない。）

冷戦下におけるソ連の脅威が反共産主義へと転ずるのに時間はかからなかった。一九四七年、クリストルは『コメンタリー』の編集長になり、一九五二年に「市民的自由――一九五二年」を発表し、その中で「赤狩り」を推進する上院議員ジョーゼフ・マッカーシーを批判しながらも、共産主義者には市民的自由がなく、それを擁護するリベラル派は間違っていると明言し、深刻な物議を醸した(10)。

同年クリストルは騒ぎを避けるようにロンドンへと逃れ、詩人のスティーブン・スペンダーと共に

『エンカウンター』誌を創刊する。その後五年間クリストルは編集に従事していたが、一九六七年、CIAが反共プロパガンダのために同誌に対して資金を提供し、編集員の中にもCIA局員が加わっていたことが暴露された。『エンカウンター』発刊の目的は、民主社会主義者の知識人の間に親米と反共主義を宣伝するためだったのである。[11]（『エンカウンター』と時を同じくして、経営不振に陥っていた『パーティザン・レビュー』も、CIAの名目組織アメリカ自由文化委員会から資金提供を受けていたことが後年発覚した。[12] CIAの介入を機に同誌は文学を軽視するようになり、政治色を深めていく。）

ネオコンの活動が正式に始まったのは『パブリック・インタレスト』の創刊によるとクリストルは言う。[13] 帰国後の一九五九年から反共系『レポーター』誌、『ニューリーダー』誌の編集員を経て、ニューヨーク大学経営学部大学院社会思想教授、出版社ベーシック・ブックスの副社長等を兼任しながら、クリストルは一九六五年にダニエル・ベルと共同で『パブリック・インタレスト』誌を立ち上げた。（ベルはクリストルが共和党支持に傾いた時点で隊列を離れる。[14]）

同誌の特徴は、ローズヴェルト時代の「ニューディール」（政府の財政支出を中心とする経済の復興・安定策）のリベラルな精神が主流であった一九六〇年代に、これを正面から批判する論陣を張ったことにある。[15]

『パブリック・インタレスト』は、リプセット、グレーザー、モイニハン、エドワード・バーンフィールド、ジェームズ・Q・ウィルソン等を動員して、当時優勢であったニューレフトが標榜する大規模な社会福祉計画、反戦運動、人種問題への取り組み、累進課税、道徳的相対主義、カウンターカルチャーによる社会的変革等々を、大学紛争と相俟ってアメリカの文化・社会的後退を招くものとして批判した。[16]

このような「危険性」に対する防止策として同誌は、減税、軍事予算の増大、保守的社会政策、憲法

修正第一‐十条（権利章典）の規制緩和［規制撤廃］等、反自由主義的な強硬策を次々と打ち出した。(17)

牽強付会な所も目立つ『パブリック・インタレスト』は、リベラル派の間に轟々たる非難を頻繁に巻き起こすが、次第に『ウォールストリート・ジャーナル』紙の若手の注目を引き付けるようになる。(18)それまでの保守派右翼の論説は、商工会議所の（身も蓋もない）自己推奨宣伝の域を出ず、左翼に比べて知的にはるかに見劣りするものであった。(19)

左翼を凌ぐ知性的な思想に裏打ちされた『パブリック・インタレスト』の内容が高く評価された結果、クリストルは、ネオコンの意見媒体として一九七二年から『ウォールストリート・ジャーナル』の社説を担当するようになる。(20)

一九六八年の大統領選挙まで、クリストルは民主党のヒューバート・ハンフリーを支持していたが、ハンフリーが共和党のニクソン（在任一九六九‐七四）に敗れると、次第にニクソンの元に歩み寄った。

一九七〇年四月、ニューヨーク大学教授としてニクソンのディナーに招かれたクリストルは、共和党を通してニューレフトの鎮圧を図る。トロツキストとしてかつて革命を志向し、革命史に通暁していたクリストルは、過激派ニューレフトの多数を構成する中産階級の白人の若者たちを、農民の中に入り込んでテロ活動を指導し、一八八一年に皇帝アレクサンドル二世を暗殺した貴族階級の青年から成るナロードニキに喩え、過激派フェミニストや武装派黒人と手を組んだニューレフトの「危険性」に注意を促した。『ニューヨークタイムズ』がこの会見の模様を一面に取り上げ、世論を喚起した結果、ニューレフトに対する監視体制が強まることになった。(21)

一九七二年の大統領選でクリストルは、ニューレフトが推すマクガバン候補を嫌ってニクソン支持に切り換え、一九七〇年代後半には共和党へと鞍替えする。この頃にはカリフォルニア知事のレーガンの

知己も得て、下院議員のジャック・ケンプを通してレーガンをサプライサイド経済説に転向させたという。(22)

フォード（共和党、在任一九七四－七七）、カーター（民主党、在任一九七七－八一）を経て共和党のレーガン（在任一九八一－八九）が政権を掌握すると、ネオコンのメンバーが最も強力なイデオロギー・パワーとして行政の中に入り込む。ポドレッツ（国際通信機関顧問）、ウィリアム・ベネット（教育長官、全国人文科学基金理事長）、ポール・ウォルフォウィッツ（国務次官補）、リチャード・パール（防衛次官補）、ジーン・カークパトリック（国連大使）等が内政・外交・防衛の各方面で影響を奮うようになり、(23)クリストルの存在が大きくクローズアップされた。

パールはクリストルの一番弟子に当たり、クリストルの妻ガートルード・ヒンメルファーブは全国人文科学基金理事、息子のウィリアム・クリストルは、教育長官ベネットの補佐官になった。(24)クリストル自身は、シンクタンクや各種圧力団体とネオコンのメンバーを結び付け、保守派基金とワシントンのシンクタンクとのブローカー役を果たす。一九八八年、クリストルはアメリカン・エンタープライズ研究所の特別研究員になった。(25)

ネオコンの歴史的使命並びに目標は、共和党とアメリカの保守各派（オールドライト、キリスト教原理主義派、リバタリアン等）の主義主張の違いを宥和して、現代の民主主義体制を統治できる新種の保守政治へと転換することであった。(26)

アービング・クリストルの信念は、奇しくもアラン・ブルームと同様、レオ・シュトラウスの見解に基づいている。(27)（クリストルは影響を受けた人物として、シュトラウス以外にライオネル・トリリングの名を挙げているが、トリリングも、シュトラウス同様リベラルな民主主義に対して懐疑的であった。(28)）

一九五二年にクリストルは『コメンタリー』誌でシュトラウスの『迫害と著述法』（一九五二）の書評を行い、「やがてシュトラウス教授が勝てば、まさしく知的世界において革命を引き起こすことであろう」と「予言」した。[29] 約半世紀後の二〇〇九年、ネオコン系雑誌『ウィークリー・スタンダード』は、同書評において「三二歳のクリストルが期せずして将来の自分が知的世界において達成する革命を予告し、それを推進していたのである」とコメントしている。[30]（ちなみに『迫害と著述法』は、本書第4章で詳述するプラトンの『国家』におけるトラシュマコスの「邪論」の「有用性」を指摘したものである。）

また、前述したように、ベローの小説『ラヴェルスタイン』に、ラヴェルスタイン［ブルーム］の弟子の「相当数が国務省入りしていた」という記述があることから（十頁）、ブルームの人脈とアービング・クリストルの人脈が多々重なっていたことは、想像に難くない。一例を挙げると、クリストルの息子ウィリアムは、ハーバード大学大学院でシュトラウス派のハーベー・マンスフィールドに師事し、ブルームの弟子フランシス・フクヤマ（ランド研究所顧問）と大学院時代の同級生であった。[31]

親ネオコン学者のダグラス・マレーは、クリストルが「シュトラウス思想の種子」を公共政策という形で政界に開花させたとすれば、ブルームは「シュトラウスの遺産」を継承し、『アメリカン・マインドの終焉』においてそれを学問的に発展させたといみじくも指摘している。[32]

ここに文学界の大御所ソール・ベローが加われば、広く一般人を「啓蒙」することが可能となり、向かうところ敵なしであろう。『ラヴェルスタイン』によると、チック［ベロー］はシュトラウスを読むようラヴェルスタイン［ブルーム］から強要されたらしい。

ダヴァール［シュトラウス］の崇拝者は、古典的な意味での哲学者だったと言う。私［チック］にはそれを判定する資格がない。哲学に取り組むのは難しく、興味は全く別の方向にあった。ただ私［チック］の限られた頭で推し量っても、ダヴァールが偉いということはわかる。ラヴェルスタインがあまりダヴァールの話ばかりするものだから、とうとう何冊か読む羽目になった。（『ラヴェルスタイン』一〇一頁）

2 ダブルスタンダードの民主主義——ネオコンとレオ・シュトラウスの接点

チック［ベロー］がラヴェルスタイン［ブルーム］から読まされたというシュトラウスの著書のうち、最も広く知られているのが『自然権と歴史』（一九五三）である。シカゴ大学に移ってから書かれた同著は、『迫害と著述法』（一九五二）と共に、それまで無名の学者であったシュトラウスを一挙にアメリカ政治哲学の権威へと押し上げた(33)。

ブルームの『アメリカン・マインドの終焉』は、『自然権と歴史』の大衆版あるいは現代版と言われ、ネオコンの政策論（特に外交）も同書の影響が著しいと言われている。さらに、後述するブルームの弟子フランシス・フクヤマの『歴史の終わりと最後の人間』（一九九二）も、同書との類似性が非常に高い(34)。

近代の自然法論によれば、「自然権」とは、国家以前に存在し、国家ですら侵すことのできないものとされ、すべての人間が生まれながらにして持っている権利（ロックによれば生命、身体、財産への権利）を意味し、アメリカ独立宣言ならびにフランス人権宣言に成文化されている。

シュトラウスは、ナチスの迫害からユダヤ人としての自分を保護してくれたアメリカの民主制度に深く魅せられ、リベラルな民主主義が、現代人にとって唯一穏当な選択であるということを認識した(35)。

しかしながら、本書第1章で確認したように、渡米以前のシュトラウスの政治思想は、民主主義ではなく、ナチスの立法学者カール・シュミットよりも過激な国家全体主義であった。また、ナチスの反ユダヤ立法が成立した後も、前出の友人宛の手紙で、ヒトラーに対抗するには、ヴァイマル共和国の無力な民主主義よりも、「権威主義、ファシズム、帝国主義」等の「右翼的原理」——具体的にはムッソリーニの新ローマ帝国主義——に頼るべきだと断言していた。(36)

ところがムッソリーニもその後反ユダヤ主義に傾き、第二次世界大戦で民主主義陣営の連合国側が勝利を収め、自分自身もアメリカに救われたとなると（義母を始めとするシュトラウスの近親者はホロコーストの犠牲となった(37)）、民主主義擁護に転向せざるを得ない。

とはいえヴァイマル共和国の例に見られるように、民主主義はその性質上、「権威主義、ファシズム、帝国主義」等の右翼的体制に対しては、脆弱極まりない。戦勝国の強制手段により人為的に作り上げられたドイツのヴァイマル共和国は、最初は理性を保持し、新たな基準を提供するように見えたが、無制限の自由が価値観の相対性をエスカレートさせて価値判断の基準を消失させ、理性をも棄却した結果、ファシズムの到来を防ぐことができなかった。(38)したがって民主国アメリカも、自由主義を容認しすぎると、ヴァイマル共和国と同じ運命を辿ることになるというのである。

この問題を解決するためには、世界の大国となったアメリカの民主主義を強化するしかないとシュトラウスは考えた。方法はただ一つ、民主主義体制を出来うる限り右翼化（帝国主義化）することである。ただし、この見解をアメリカで直截的に公表してしまうと、集中砲火を浴びるのは必至である。そこでシュトラウスは晦渋極まる迂遠的な修辞と論法を意識的に採用することになった。

『自然権と歴史』の序章で、シュトラウスは、アメリカ独立宣言に関する「生命、自由、幸福の追求」

といった自明の事柄を列挙しておいて、意味ありげに問いかける――「アメリカ人はこうした自明の真実をまだ信じているのだろうか?」

シュトラウスはこの問いには直接答えず、プロテスタント神学者エルンスト・トレルチ(一八六五-一九二三)を引用する。アメリカ人は自然権を信じ込み、その存在を当然のことと考えているが、「歴史主義」に影響されて相対的な思考法をするようになってしまったドイツ人は、アメリカ人から改めて説明してもらわなければ、その前提が理解できないという謎めいた発言をする。(39)

ギリシアからドイツに至る政治哲学史を網羅しながら、シュトラウスは、敗戦国が戦勝国に思想的な影響を与えることによって戦勝国の勝利の価値を弱めるという「法則」を見出し、より最近の例として敗戦国ドイツの思想が戦勝国アメリカを「逆占領」したと指摘する。その結果、アメリカの旧世代が自明のこととしている自然権がドイツの(後出の「進化」の「最終段階」の「古代」的)「歴史主義」に覆い隠されると主張するのである。(40)

非常に佶屈聱牙《きっくつごうが》な論法ではあるが、これこそシュトラウスの真骨頂とする「エソテリシズム」(秘儀性)の特徴であり、述べにくい「真理」(あるいは「底意」)を難渋なものにすることによって「迫害」を回避する技術なのである。

ベローは『ラヴェルスタイン』の中で、ラヴェルスタイン[ブルーム]が、特に優れた弟子に対して、ダヴァール[シュトラウス]に教わった通り、プラトン、マイモニデスを通ってマキアヴェリ、さらにはニーチェとそれ以降に関する「エソテリック」(秘儀的)な意味を伝授したことに言及している。(十、二六頁)(41)。

ラヴェルスタインに少しでもあやかりたいと思えば、研究と学識に加えて、かの有名で物議の多い恩師、故ダヴァールの下でラヴェルスタインが潜り抜けたエソテリックな解釈法という粉骨砕身の苦行を積まなければならない。（五〇‐五一頁）

本書第1章で検討した通り、ブルームの『アメリカン・マインドの終焉』の解釈も一筋縄ではいかない。問題点を並べ立てて危機感を煽るが、論理に首尾一貫性がなく、民主主義を前面に押し出しながら、いつの間にかエリート主義や専制主義の擁護にすり替わっている。

これは、シュトラウスが『迫害と著述法』の中で扱ったエソテリックな書き方に、ブルームが意図的に従ったからに他ならない。

ブルームのシュトラウス追悼論文「レオ・シュトラウス」（一九七四）によると、古来、哲学者の文章は、門外漢や一般大衆（部外者）にも理解できる字義通りの「エクソテリック」（公教的）な側面と、奥義に達した少数の者だけに授けられる「エソテリック」（秘儀的）な側面から成り立つ両義性を持っている。シュトラウスはオランダのユダヤ系哲学者スピノザ、中世のユダヤ人神学者マイモニデスの熟読を通してプラトンに遡り、「秘儀性」を発見したという。[42]

最もよく知られているのが、プラトン『国家』第七巻における「洞窟の比喩」であろう。洞窟の中で入り口に背を向けて繋がれた囚人は、背後の光によって生じた影を実在と思い込む。

シュトラウスの解説によると、洞窟の譬え話は、人は皆それぞれが属する時代と場所における権威的な臆見（意見、社会通念——フランシス・ベーコンの「イドラ」に近い意味を持つ）の中に閉じ込められている状態を指すもので、それに従っている限り社会的安全が保障されるので、大多数の人間がその臆見に囚われたまま生を終える。教育は、この軛からの解放であり、ソクラテスは、洞窟が外から見える場所に立つことで、「自分は無知だ」という社会にとって危険な真理を悟り、それを弟子に広めた結果、処刑されたという。(43)

哲学者がエソテリックな書き方をするのは、ソクラテスが被ったような迫害から身を守るためであり、字義通りにはエクソテリックな(一般通念に即した)方法で解釈されるが、奥義を授けられた少数の優れた者だけには、エソテリックな意味に理解できるような方法を用いる。後者の秘儀的な書き方が迫害から哲学者を守ると同時に、「危険な真実」から社会を守るというのである。(44)

実を言うとシュトラウスは、『自然権と歴史』の「自然権」を、万人が持つ生与の基本的な人権という意味では用いていない。「自然権」を「自然」と「権利」に分割し、「自然」と「歴史」を対比——というよりは対決——させているのである。

ブルームの解説によると、シュトラウスの「自然」とは、近代科学出現以前の反近代、反科学、反理性を主張する古代哲学の世界観を指す。(45)「歴史」は、近代以降の実証主義歴史学が、科学的方法論に基づいて史料や原典を吟味し、価値判断を除外することから、比喩的に近代哲学の科学主義、理性主義、自由主義につながる啓蒙的な近代哲学の観点を意味する。つまり、「自然」と「歴史」は、それぞれ「古代」(古い見方)および「近代」(新しい見方)という語と置き換えが可能ということになる。(ただし「近代」的な「価値判断の除外」がさらに進展して「最終段階」[ポストモダン]に至ると、「歴史」は、「近代」から、啓蒙時代の理性や倫理をも「除外」したニーチェ的「古代」へと回帰するというから、「エソテリック」極まりない論理である。(46))

「エソテリック」と「エクソテリック」に加えて、「古代」と「近代」、さらに「エルサレム」(宗教)

と「アテネ」(哲学)の対比も、シュトラウス生涯の大テーマとされており[47]、チック[ベロー]は、これについてもラヴェルスタイン[ブルーム]から伝授を受けたようである。

ラヴェルスタインは、ダヴァールから、近代人は——ある意味では私[チック]も近代人だったのであるが——物事を安易に単純化してしまうと教わった。(『ラヴェルスタイン』一五八頁)

ラヴェルスタインにとってエルサレムとアテネは、文明の双子の源泉なのであった。(『ラヴェルスタイン』十五頁)

こうした二項対立の中で、シュトラウスは「自然」派、「古代」派の立場を採っている。「自然」の状態では、強者が弱者を支配するから、「少数の上位者」が「劣れる多数」を支配する仕組みが自然の法則に適った「安定性のある」政体を作るとシュトラウスは考える。

——以上を総合したシュトラウスの代表作『自然権と歴史』のエソテリック(秘儀的)な読み方を、シュトラウス研究者のシャディア・ドルディーは、次のように要約している。

アメリカ独立宣言にある自然権を前面に押し出してはいるが、同書の論旨は平等思想全体および自然権の概念を崩壊させるものである。これに代わり、シュトラウスは「劣れる多数」を支配する「少数の上位者」の自然権を擁護する。[48]

ブルームの『アメリカン・マインドの終焉』が、アメリカの建国精神を称揚するかのように見せかけながら、初期民主主義の時代にまで立ち帰って近代民主主義を廃絶し、「少数の上位者」が「劣れる多数」を支配する階級社会を再現させるよう主張しているのも、シュトラウスの『自然権と歴史』に倣ったものである。

また前述したように、ブルームが初期民主主義の精神を保全するために政治における宗教の発明の必要性を説いているのは、シュトラウスの「アテネ」（哲学）と「エルサレム」（宗教）の概念に由来する。選ばれた少数者が哲学的秘儀（危険だが甘い真実）に与かるのに対して、大多数の劣れる者には宗教を用いて縛りをかけておくべしというのである。[49]

ブルームに代表されるシュトラウス派の理念を現実政治に応用したのが、アービング・クリストルのネオコンサーバティズムであった。

クリストルは、ブルームのいう「エリート」（貴族）を「ブルジョア」に置き換え、現代アメリカのブルジョア社会が、才能に従って富を分配する点において、最も「平等な」システムであると主張する。[50]才能の正規分布曲線は、所得分布と相関関係にあり、不平等は「自然」の産物なのである。企業資本主義に基づくブルジョア経済は、「健全」であるから、リベラルな政府が干渉すべきではない。[51]

クリストルは、善き市民、善き夫、善き業者、正直、真面目、勤勉、倹約といったブルジョア・エートスを、社会的成功につながるものとして称揚し、カウンターカルチャーの自由奔放性を、既成宗教や法や家庭生活を脅かすものとして弾劾する。カウンターカルチャー支持者による無制限の平等を求める闘いは、資本主義ブルジョア文明の平等の概念とはそぐわない。ブルジョア社会が抱える真の問題は不平等ではなく、カウンターカルチャーがもたらすニヒリズムだとクリストルは断言する。[52]

一九七三年頃までクリストルは国家主義には懐疑的であったが、一九八三年には国家主義を採択して外政は国家主義的傾向を反映しなければならないと主張し、一九九三年には「現代の保守主義の三本柱は宗教、国家主義、経済成長である」と宣言した。(53)

資本主義経済は生来勤勉にできてはいない人間にインセンティブとして作用し、宗教と国家主義は、生来倫理的でもなく、政治にも興味のない人間に動機づけを与えるために必要だというのである。(54)

クリストルはまた、シュトラウスに倣って、「近代哲学」（啓蒙主義）の説く理性万能主義から倫理的・政治的な責務を期待できないと指摘する。国民が国家から利益を被っていることは意識できても、そこからは国家のために生命を犠牲にする精神が育たないからである。(55)

クリストルは、さらに、シュトラウスの説に従ってプラトンの『国家』における「エルの神話」を引き合いに出して、これによって大多数の人間にこの世の不正が来世で是正されると信じ込ませることができるとし、この種の「嘘」を国益につながる「高貴なる嘘」として奨励する。(56)

その上でクリストルは、一九八三年に、外交は国の安全を保障するだけでは不十分であり、世界の大国の利益と国家の運命も考慮すべきだと述べた。一九八五年には論争誌『ナショナル・インタレスト』を発刊し、レーガンですらネオコンにとっては時に手緩く、外交政策は、宇宙的巨悪を具現するソ連に対する深い妥協なき憎しみに基づき、地球上のあらゆる場所でその影響力を殲滅《せんめつ》せねばならないと喧伝する。(57)

かくして「エソテリック」と「エクソテリック」、「古代」と「近代」、「エルサレム」と「アテネ」を縦横無尽に駆使した非平等主義に基づく全体主義的内政とアメリカ的価値を唯一の価値とする好戦的外交政策が完成したのである。

3 CPD（現在の危機に関する委員会）とレーガンの「政略クーデター」

アラン・ブルームとベローがシカゴ大学で共同講義を始めた一九八〇年は、大統領選挙の年でもあった。民主党の現職カーター（在任一九七七‐八一）と共和党候補レーガンの対決は、ハト派対タカ派の印象を与えがちだが、実際には外交・防衛の両面で、どちらに投票しても結果的に大差はなかった(58)。

つまり共和党と民主党の立場がいつの間にか「逆転」していたのである。ニクソン・フォードの共和党政権（一九六九‐七七）が三五％も国防費を削減したのに対して、「人権外交」を掲げて当選したカーターは、任期中に国防費を十％増大させ、二期目が実現した暁には、さらに二五％増大させる予定になっていた(59)。

一九七〇年代にニューレフトに対抗するため共和党へと鞍替えしたネオコンは、ニクソンの政策（一九六九‐七四）が、ラオス、カンボジア、チリにおける「代理戦争」を除いて、どれもこれも共和党的保守主義のイメージを裏切るものであることに苛立ちを覚えていた。

中国を訪問して米中の緊張を緩和し（一九七二年二月）、ソ連を訪れてSALTⅠ（第一次戦略核兵器制限交渉）に調印し（一九七二年五月）、ベトナムとの和平協定を締結させた（一九七三年一月）のみならずSALTⅡの交渉まで開始した（一九七四年二月）。また財政面でも金本位制を廃止し、ケインズ経済を積極的に採用して賃金や価格を統制し、労働衛生基準局と環境保護庁を創設し、所得保障政策を推進するなど、ウォーターゲート事件で辞任するまで右派を唖然とさせ続けたのである(60)。（ただしウォーターゲート事件は、ベトナムとの和平協定後も爆撃を続けていた事実が発覚するのを恐れたことが契機となっている(61)。）

この「変則的な」現象は、ひとえにイデオロギーを廃し、デタント（緊張緩和政策）に基づく現実主義外交を展開した大統領補佐官（一九六九－七二）・国務長官（一九七三－七七）キッシンジャーの働きによる。（キッシンジャーは一九七三年にノーベル平和賞を受賞した。）

こうした流れに業を煮やした政府内外の対ソ強硬派は、ネオコンの「第二世代」と手を組んだ。その中心となったのが、序章で引用した『ラヴェルスタイン』の箇所に言及されている行政官ポール・ニッツェ（一九〇七－二〇〇四）であった。

［ラヴェルスタインの］年長の弟子の何人かは全国紙の重要な地位にあり、相当数が国務省入りしていた。士官学校の教官もいれば、国家安全保障問題顧問もいる。ポール・ニッツェの配下、それに『ワシントンタイムズ』のコラムを担当している一匹狼もいた。（十頁）

「ポール・ニッツェの配下」というのは、小説中で「フィリップ・ゴーマン」として言及されるブルーム［ラヴェルスタイン］の筆頭格の教え子、ポール・ウォルフォウィッツ（一九四三－）を示唆している。コーネル大学でブルームに師事したウォルフォウィッツは、シカゴ大学大学院で核戦略研究者アルバート・ウォールステッターの下で中東の核拡散に関する論文で博士号を取り（一九七二）、ジョンズ・ホプキンズ大学ポール・H・ニッツェ高等国際問題研究大学院で教鞭を取った。[62]（後述するようにウォルフォウィッツは湾岸戦争並びにイラク戦争の推進に関わる。）

一九五〇年、トルーマン政権下で国務省の対ソ政策企画室長に任命されたニッツェは、NSC68（国家安全保障会議第六八号文書）を作成し、「ソ連がいかなる行動を起こしそうか」というよりも、「ソ連が最悪の場合いかなる事態を引き起こす力を持つか」という前提に基づいて、それが地球規模に拡大するという想定から、軍事費を五年間で四倍にし、GNPの二〇%をこれに充当する案を提出した。[63] この途方もない軍事予算案は反対に遭って実現しなかったが、ニッツェはその後国防次官補、国防副長官、海軍長官等を歴任しながら、数十年にわたって軍備拡張の執念を燃やし続ける。

ニッツェはニクソン政権下でウォールステッターと組んで慎重防衛政策持続委員会を立ち上げ、ウォルフォウィッツおよびウォールステッターの女婿リチャード・パール（一九四一－）他二名を引き入れ、行政監査委員会を率いる民主党の硬派ヘンリー・ジャクソンの元に送り込み、SALTⅡの修正条項を可決させてその内容を骨抜きにしてしまった。[64]

ニクソン失脚後、CIAのアナリスト（チームA）を対ソ強硬派に仕立てる目的でハーバード大学ロシア史教授リチャード・パイプスを中心に作られた「チームB」に、ニッツェはウォルフォウィッツと共にスカウトされる。[65]「チームB」は、（事実に反して）ソ連が世界制服を目論んでいると主張しないアナリストをCIAから一掃すべく、当時のブッシュ長官（任期一九七六－七七――後の第四一代大統領）にも働きかけた。[66]

しかしながら穏健派のフォードは、デタント主義者のキッシンジャーを引き続き国務長官に任命する。これに猛反発したニッツェは、一九七六年、二六年前にお蔵入りとなったNSC68を再生するために、圧力団体のCPD（現在の危機に関する委員会）を起ち上げた。

CPDの設立声明には、ソ連が軍縮の影に隠れて「比類のない軍備増強による世界制覇を目論んでいる」という一文が盛り込まれていた。百数十名から成るこの委員会には、ニッツェ、パイプス、ウォルフォウィッツその他の「チームB」のメンバー、ネオコンからは『コメンタリー』誌のノーマン・ポドレッツ、その妻ミッジ・デクター、ジーン・カークパトリック、リチャード・パール等、さらに後の大統領レーガンと、将来のCIA長官ウィリアム・ケーシーも加わり[67]、この中から数十名が後にレーガン政権入りを果たすことになる[68]。

CPD（現在の危機に関する委員会）を財政的に支えたのは、スケイフ家、クアーズ家、ジョン・M・オーリン財団（アラン・ブルームはここから莫大な研究費を受け取っていた）[69]が設立した財団やシンクタンク――ヘリテージ財団、アメリカン・エンタープライズ研究所、ハドソン研究所、マンハッタン研究所、フェデラリスト・ソサエティ、ワシントン法律財団、インスティテュート・フォー・ジャスティス、フーバー研究所、フリーダムハウス、倫理・公共政策センター等――である。これらはまた、『ナショナル・インタレスト』、『パブリック・インタレスト』、『コメンタリー』、『アメリカン・スペクテーター』その他右翼系の刊行物を助成した[70]。

ニクソン政権を受け継いだフォードは、CPDの圧力は辛うじてかわしたものの、第一次石油危機（一九七三-七四）によるスタグフレーションの余波には勝てなかった。大恐慌以来のインフレ・失業問題を背負い込み、一九七五年から一九七六年にかけて支出削減と減税を行い、インフレ率は九・二％から四・八八％へ、失業率は九％から七・八％にまで低下させたが、一九七六年の中間選挙には間に合わず、人権外交と完全雇用を掲げたカーターに僅差で敗れた[71]。

一九七六年の選挙期間中、カーターは、「ベトナム戦争の教訓に学べ」と説き、「今後アメリカに対する直接的な脅威がない限り、他国の内政に軍事的に関与してはならない」と明言していた。ところがその翌年にはニクソンの北ベトナム爆撃を支持する発言を行い、やがてベトナムに従軍した兵士を「自由の戦士」と讃えるようになる[72]。

純朴なジョージアの農園出身のカーターを豹変させたのは、コロンビア大学の政治学教授のズビグネフ・ブレジンスキー（一九二八‐二〇一七）とチェースマンハッタン銀行会長のデービッド・ロックフェラー（一九一五‐二〇一七）であった。カーターの選挙対策副委員長ピーター・ボーンによると、ソ連による支配に反感を持つポーランド出身のブレジンスキーと、ニクソンが採用したケインズ主義的な経済政策に不満を抱くロックフェラーは、出馬以前からカーターを鍛えがいのある「有望な」人物と見做していたという。(73)

ブレジンスキーはカーターの選挙演説を担当し、カーターが政権の座に就いてからは、国家安全保障問題担当補佐官として影響力を高めていく。ＣＩＡの高官が書く慣わしになっていた日報を、単独で作成して外交戦略に関する方針を反ソ寄りへと誘導し、また特別に国家安全保障会議レポートを毎週作成することによって、カーターを傀儡《かいらい》化していった。(74)

この間疎外され続けていたハト派のサイラス・ヴァンス国務長官は、一九八〇年に「国家安全保障問題担当補佐官が意見調整役の域を超えて、国家の外交政策を左右してはならない」と抗議し、任期途中で異例の辞任をすることになる。(75)

カーターは一九七八年に「キャンプデービッド合意」でエジプト・イスラエル間の和平を仲介し、翌年には中国との国交を樹立し、ソ連との間にＳＡＬＴⅡの調印を行ってＣＰＤの期待を「裏切る」が、次第に対ソ強硬派へと転じ、ついにはＳＡＬＴⅡが未発効のまま一九八五年に失効する事態を招く。

一九七八年四月、アフガニスタンでタラキとアミンによる親ソ軍部のクーデターが発生し、タラキが政権の座に就くと、翌年ブレジンスキーは、ソ連の介入を誘発するために、イラン・パキスタンの諜報機関と連携して反政府の右翼イスラム原理主義運動を活性化させた。(76)

ソ連は当初デタントの棚上げを恐れて静観を極め込んでいたが、アミンがタラキを暗殺してアメリカに支援を求めると、国境の南側に米軍が進駐することを恐れ、アミンを殺害してカールマルを擁立する。ソ連の軍部は介入すれば泥沼化すると反対したが、三・四週間で片付くと楽観したブレジネフは迂闊《うかつ》にもアメリカの挑発に乗り、一九七九年十二月に八万人を超える部隊を派遣した。サウジアラビア、エジプト、パキスタンのイスラム原理主義者が集結し、アフガニスタンの反乱勢力に加わると、アメリカ側はただちにパキスタンとサウジアラビアに経済援助を申し出た。(77)

カーターはその一方でソ連のアフガニスタン侵攻の「非人道性」を国際世論に訴え、モスクワからアメリカ大使を引き揚げ、対ソ経済制裁を発動し、一九八〇年開催予定のモスクワオリンピックのボイコットを呼びかけ、ＳＡＬＴⅡを無効化し、国防費を増額させた。リベラルな民主党に属するはずのカーターは、共和党のタカ派も顔負けしそうな政策によって、ＣＰＤの面々を満足させたのである。(78)

カーターはまた、中米においてもレーガン政権への「橋渡し的政策」を採用する。一九七九年九月にニカラグアで親米右翼独裁政権を倒したサンディニスタ（サンディーノ民族解放戦線）政権が、当初はアメリカ寄りの姿勢を見せたので緊急援助を行ったが、ニカラグアがキューバから提供された武器をエルサルバドルに譲渡していたことが判明したため、一九八一年一月に援助を打ち切った。また一九七九年十月、一世紀近く寡頭支配が続いてきたエルサルバドルでクーデターが発生し、翌年ロメロ大統領が暗殺されると、カーターは、再度独裁政権への援助を再開し、十二年にわたる内戦を誘発する。(79)

中東政策において、カーターは、イランの親米派パーレビ国王（在位一九四一－七九）を武器の売渡し等によって積極的に支援し、「世界で最も親密な独裁者と専制君主」と形容されるようになった。(80)

しかしイラン国内では経済停滞に伴って富の分配の不平等を批判する反国王運動が全国的に広がり、

一九七九年一月にパーレビ国王が国外に脱出する。翌月、米政府によって追放されていたホメイニ師が帰国し、革命政府が全権を掌握してイラン革命が成立した。CIA本部からは国王をアメリカに受け入れない限り現地の米大使館は無事だという分析結果が出されたが、カーターはキッシンジャー、ロックフェラー、ブレジンスキー等に押されて国王を受け入れてしまう[81]。

一九七九年十一月、イランの学生がテヘランのアメリカ大使館に侵入して五二人の米人を人質に取り、その身柄を四四四日間拘束することになった。ソ連の介入を恐れたカーターは、軍艦二五隻と海兵隊員一八〇〇人をペルシャ湾に派遣し、在米イラン資産の凍結、イランからの石油輸入の停止等の手段に訴えたが、人質が解放される気配はない。国民がやきもきしながら見守る中、カーターはようやく一九八〇年四月に救出用のヘリコプターを送り込んだが、砂漠の上空で給油機と衝突して米人八人の死亡者を出し、救出は失敗に終わった[82]。

米政府は一方で、イランの革命政府を牽制しようとイラクの独裁者サダム・フセインに近付き、一九八〇年九月、フセインがイランへ侵攻した時、これを黙認した。イラン・イラク戦争の勃発である[83]。

一週間以内に国連が停戦を求めると、大統領選挙を控えたカーターは、「オクトーバー・サプライズ」を狙ってイラン政府と交渉し、人質を解放すれば前国王政権が購入した三億ドルから五億ドルの武器をイランに譲渡すると提示した。しかしながら、レーガン陣営はこれを出し抜き、選挙が終わるまで人質を拘束しておけば、イスラエルからイランへ、カーター側を大幅に上回る武器・軍需品を提供すると申し出た。（一九九二年、「防衛・国家安全保障問題に関するソ連最高会議委員会」は、下院議員リー・ハミルトンの質問に対して、後のCIA長官ケーシーと副大統領候補ブッシュを含むレーガン側の要人が出席したと答えている[84]。）

カーターに追い討ちをかけたのが、イラン革命による第二次石油危機である。内政面では完全雇用を掲げて当選したカーターであったが、英国労働党のジェームズ・キャラハン首相（在任一九七六－七九）同様、深刻なスタグフレーションに襲われ、身動きが取れなくなった。一九七八年に一九四五年以来の完全雇用法案を承認しておきながら、同年十月には政府による雇用創出を凍結し、緊縮財政、経済活動の規制緩和、企業への減税、国家財政赤字の削減等、反インフレ政策を導入したが、一九七九年の石油危機で、翌年の選挙までに物価を安定させることができなかった。[85]

人質を救えず、インフレも止められず、大統領らしい威厳にも欠けるカーターの支持率が低下し続けるのを尻目に、ハンサムで物腰の柔らかな元俳優のレーガンが、サプライサイド・エコノミクスという響きのよさそうな経済政策を掲げつつ眼を輝かせて登場し、自信たっぷりに有権者に問いかける。「皆さんの暮らしは四年前よりも豊かになりましたか？」――「ノー」という声が一斉に上がった。[86] ここに軍備増強政策を訴えて、イランの人質をすぐにでも解放できそうなポーズを見せれば、勝負は決まったも同然である。

レーガンが大統領に就任した一九八一年一月二一日、大使館の人質が全員解放された。カーター政権でイラン関係顧問を務めたコロンビア大学政治学教授ゲーリー・シックは、レーガン陣営の裏工作を「政略クーデター」と名付けた。[87]

4 帝国の逆襲――スターウォーズから『ランボー3』まで

カーターに勝利したレーガンは、反共産主義者で対ソ強硬派だったが、ラテンアメリカの地理に至るまで、国外情勢には驚くほど無知・無関心であり、外交は様々な政索担当者の思惑が交錯する「魔女の寄せ鍋」と呼ばれた[88]。

その中で群を抜いていたのがネオコンである。ブルームの弟子で元ネオコンのフランシス・フクヤマによると、一九七〇年代後半にはネオコンの思想がリバタリアン、宗教的保守主義（キリスト教原理主義）、国家主義等、アメリカの伝統的保守主義諸派に広く採用された結果、各派間の主張の区別が解消し、一九八〇年代には渾然一体となってレーガン（さらには次期大統領のブッシュ）の陰に隠れて各々の政策を推進したという。ついにはレーガン自身が完全にネオコン化したとフクヤマは証言している[89]。

レーガン外交の最も著しい特徴は、CIAと国務省の「チームB化」・「CPD化」――つまり「ネオコン化」――であろう。新CIA長官のウィリアム・ケーシーは、「ソ連に宣戦布告するために」着任したと豪語した[90]。

しかしながら、当時は歴史の大きな転換期に当たり、ソビエト帝国も、ソビエト連邦も、大きく崩壊しかけていたのである。一九六六年から八六年までCIAのソ連担当シニア・アナリストを務めたメルヴィン・グッドマンは、その重大な事実に注意を促したにもかかわらず、CIA幹部がこれを無視して対ソ強硬策を推進したことを後年暴露している[91]。

グッドマンによると、ケーシーCIA長官、ロバート・ゲーツ副長官、アレクサンダー・ヘイグ国務長官、ウォルフォウィッツを含む国務省官僚は、クレア・スターリングの著書『テロ・ネットワーク――国際テロ組織の秘密戦争』（一九八一）[92]を読み、ソ連がすべての国際テロの元締めと信じ込んでいた。実はスターリングが論拠として挙げたのは、悉くCIAが反共工作の一環としてヨーロッパのメディアに流した「偽情報」ばかりであり、グッドマンがそれを指摘しても、一同は頑として見方を変えなかった。ソ連が実際にはテロを防止する方向に動いていたにもかかわらず、ソ連＝国際テロ元凶説に従わ

ないアナリストを排除し、報告書を改竄したとグッドマンは告発している。(93)

ＣＩＡと国務省の面々は、スターリングの著書を本気で信じていたのであろうか。あるいは信じているふりをする必要があったのだろうか。

いずれにせよ当時の世界情勢を見ると、ＣＩＡのソ連優勢説は、事実と異なっているにもかかわらず、実情を知る一握りの人間以外に対しては説得力を持ったことであろう。一九七五年のサイゴン陥落に続く翌年の共産主義政権によるベトナム統一と歩調を合わせるかのように東南アジア、アフリカ、中米においてソ連を後ろ盾とする共産主義国が誕生し、一九七九年には（アメリカが誘発したにせよ）ソ連がアフガニスタンに侵攻している。

レーガンに残された仕事は、カーター政権が敷いたレールの上をさらなるハイスピードで突き進み、カーターが困惑顔で行ったこと──対ソ軍備強化、第三世界の親米独裁政権を支援する代理戦争の拡大──を、ネオコンの理論に後押しされて「正々堂々」と推し進めることだけであった。

一九八〇年、ノーマン・ポドレッツの『コメンタリー』誌が、国際紛争の武力的解決に対して「過剰な」アレルギー反応を示す「ベトナム症候群」（ベトナム戦争の後遺症）を批判する記事を連載し、選挙前のレーガンは、これに応えて「我々はあまりにも長い間ベトナム症候群に罹っている」と演説して「弱いアメリカ」を「強いアメリカ」に変える必要性を説いた。(94)

「今日我々は真珠湾後の時代よりも大きな危険に面しており、米軍には到底国を守りきる力がない」──一九八〇年六月にこう議会で訴えたレーガンの「恫喝《どうかつ》」が効を奏し、一九八五年に軍事予算は一九八〇年の五一％増加し、不足分の約七〇〇〇億ドルは、福祉手当を中心とする内政関連の支出を三〇％削減して捻出された。(95)

一九八三年、対ソ軍備競争において、アメリカは核弾道ミサイル迎撃システムの研究開発構想SDI（戦略防衛構想）を打ち出す。ICBM（大陸間弾道ミサイル）やSLBM（潜水艦発射弾道弾）を、宇宙空間から強力なレーザー光線を発射して破壊するという防衛構想であるが、アメリカ本土の上空のみならず、宇宙も舞台になることから俗に「スターウォーズ計画」と呼ばれた。

折しも一九八〇年と一九八三年に映画『スター・ウォーズ』の第二編『エピソード5　帝国の逆襲』と第三編『エピソード6　ジェダイの帰還』がそれぞれ上映され、宇宙戦争の幻想をいやが上にも膨らませる。

一九八三年十一月、アメリカはイギリスと西ドイツにミサイルをそれぞれ配備し、核兵器使用のシミュレーションを含む軍事訓練を実施し、年末にかけて、米ソ関係は過去二〇年以上の間で最悪の事態に陥ってしまった。[96]

第三世界におけるソ連との「代理戦争」に当たっては、当該国の国民の人権よりも、当該国が反共主義になる「脅威」が第一に優先され、国連大使のジーン・カークパトリックは、右翼独裁政権を支持しやすくするため、「全体主義」政権ではなく「権威主義」政権と呼ぶよう推奨した。[97]

本土の「裏庭」と見做されていた中米において、アメリカはエルサルバドル、グアテマラの政府軍、またニカラグアの反乱軍（コントラ）を支援するが、これらの軍隊では、民間人の手足の切断、斬首その他あらゆる暴虐が日常化していた。[98]

グアテマラ政府軍は一九八一年から三年間にマヤ族の農民を約十万人虐殺したと言われるが、レーガンは軍人大統領のリオス・モントを「民主主義の護り手」と賞賛し、[99]また、民間人を大量殺戮し、学校、病院その他の公共施設を破壊するコントラを「アメリカ建国の父」に譬えて褒めそやした。[100]『ニューヨークタイムズ』のアンソニー・ルイスは、レーガンがこれ以外にも韓国、フィリピン、パキスタンの「独裁者」をホワイトハウスで歓待したことを非難している。(101)

カーター以来の「課題」であったニカラグアとエルサルバドルでは、体制側と反体制側間の「内乱」[代理戦争]が長期化し、アメリカは「面目」を施すことができずに焦っていた。

そこへ降って湧いたのが、一九八三年、カリブ海の人口十万程度の小国グレナダで発生したクーデターである。社会主義のビショップ政権が過激派に倒されると、レーガンは即刻、現地に滞在しているアメリカ人医学生を救出するという口実で（実際には学生たちは危険に曝されていなかった）、国連その他の強い反対を押し切って軍隊を派遣し、一九八四年に親米新政権を樹立した。「アメリカが弱かった時代は終わりました」――レーガンは、誇らしげにこう宣言し、小規模ながらも南米の代理戦争に勝利したことで「ベトナムの雪辱」を果たしたと大々的にアピールしたのである。(102)

この間、国民の反応はいかなるものであったのか。ジャーナリストのデービッド・ハルバースタムは、一九八〇年代前半に映画『ランボー』（原題 *First Blood* [1982]; *Rambo: First Blood II* [1985]）が、「事実に反して」「その気になればベトナム戦に勝っていたのに」という「負け惜しみ根性」を一般大衆に蔓延させたと指摘する。

この映画は、アメリカが負けたのは、政治家が軍隊に思う存分戦わせなかったからだと示唆するだけでなく、シルベスター・スタローン扮する筋骨逞しいベトナム帰還兵ランボーが、昔の第二次世界大戦映画に登場するようなのろまで漫画的なアジア人風のベトコン歩兵隊をたった一人で壊滅させるシーンをフラッシュバックさせることにより、（士気が不足していたと仄めかすことで）元従軍兵士たちの名誉を傷つけているという。大統領が自ら率先してランボーの勇猛果敢さを嘆称し、国民もそれに倣った。かくしてアメリカ人は、ベトナム戦争の教訓を目にしながらそこから学ぶことはせず、ヒステリックな好戦的愛国主義に身を任せ、レーガンは一九八四年に再選を果したのであった[103]。

レーガンはまた、ペルシャ湾岸の石油を確保すべく、カーターに続いてイラン・イラク戦争にも介入する。一九八二年中頃まではイランに武器を提供していたが、同年後半にイラクへと方向転換し、一九八三年十二月にドナルド・ラムズフェルドを特使としてサダム・フセインの元に差し向けた。翌年三月には二度目の会見が行われて数十億ドルの資金と軍事機密の提供を申し入れた。米英独の軍需関連会社はこれを歓迎し、アメリカ企業が生物兵器用の炭疽菌や、化学兵器用の殺虫剤を販売し、一九八八年にはダウ・ケミカル社の殺虫剤百五〇万ドル分の売却が認可されることになる。一九八四年十一月、アメリカとイラクとの国交が正常化した[104]。

とかくするうち、ソビエト連邦では、一九八五年三月、反ブレジネフで改革派のユーリー・アンドロポフ（在任一九八二-八四）、反改革派のコンスタンチン・チェルネンコ（在任一九八四-八五）の相次ぐ死去に伴って、アンドロポフ派に属していたゴルバチョフ（在任一九八五-九一）が共産党書記長に当選し、グラスノスチ（情報公開）、ペレストロイカ（改革政策）を掲げる国内経済の再建、民主化に向けた大胆な政治改革を打ち出した――あるいは打ち出さざるを得なかったというべきか。

ソ連では、アメリカ以上に軍備が国民の生活を圧迫していた。軍事産業自体は西側との競争によって発達していたが、GNP比率では、アメリカの二倍近い額を軍備に注ぎ込んだ結果、民間経済に振り向けるべき膨大な科学・技術者、機械類、投下資本が犠牲になり、生活必需品の供給は、市場価格や消費者の要求を無視した生産の中央集権化によって効率が損なわれていた[105]。また病院の老朽化、医療制度の質の低下、下水処理や公衆衛生の悪化等に伴い、就労年齢の男性の平均寿命は、一九六〇年代半ばより六歳も短い六〇歳となり、[106] 幼児死亡率もアメリカの三倍に達していた。[107]

そこへアメリカのSDI構想が打ち出され、ソ連では、テクノロジーの旧式化が問題になっただけでなく、防衛予算をさらに拡大して、数の上だけでもそれに匹敵するミサイルや核弾頭を製造する必要に迫られたのである。[108]

就任早々、ゴルバチョフはレーガンに書簡をしたため、和平交渉を提案する。「〔資本主義・共産主義〕どちらの社会制度にも生存する権利があります。互いの優劣を証明したいというのなら、それは力尽く——軍事手段——ではなく、平和な手段で行うべきです。」両人は十一月にジュネーブで会談を開き、軍縮交渉は順調に滑り出したかに見えた。[109]

翌一九八六年四月二六日、ウクライナのチェルノブイリ原子力発電所で第四号炉が爆発する。推定八〇〇〇人の死者を出し、何十万の人が直接影響を受け、西ヨーロッパ諸国にまで放射性物質が降り注いだ。小型核爆弾の三分の一程度の被害と発表されたが、核戦争の脅威を物語るには十分な事故であり、[110] それは同時に、ソ連の技術と国力の衰微を象徴するものでもあった。

同年十月、両首脳はアイスランドのレイキャビクで再度会談する。ゴルバチョフは、戦略核兵器の半減、米ソがヨーロッパに配備中の中距離弾道ミサイルの全廃、短距離ミサイルの製造凍結、核実験の停止等、大胆な提案をした上で、ソ連の現地査察も認めるので、SDIを今後十年間研究室での実験段階に止めてほしいと訴えた。世界平和の千載一遇の機会であったにもかかわらず、そこまでの譲歩に対する答えが準備できていなかったアメリカ側は当惑するばかりで、レーガンは半ば衝動的にネオコンの強硬派パールの進言を受け入れ、国民の期待を背負って「スターウォーズ」の夢を追い続ける道を選んでしまう（実はSDIは研究室にすら入る段階ではなく、技術的に十年で完成させることは不可能であった）。かくして首脳会談は物別れに終わり、核兵器全廃に向けての合意は立ち消えとなった。[111]

帰国後のレーガンを待っていたのは、「イラン・コントラ事件」の発覚であった。イラン・イラク戦争において、表向きにはイラクを支援していたはずのアメリカが、イスラエル経由で密かにイランに対戦車ミサイルを売却し、その利益でニカラグアのコントラを支援していたというのである。この裏には、レバノンの内戦で米軍兵士がイスラム教シーア派の過激派ヒズボラに誘拐され、これを救出するため、ヒズボラの後ろ盾であるイランへの接触を余儀なくされたという事情があった。十月五日、ニカラグアのサンディニスタがコントラへの武器を搭載していた飛行機を撃墜し、生存者がＣＩＡの諜報員であることを自白したことから、一部始終が明らかになった。ヒズボラは人質の一部を開放し、いなくなるとまた拉致することの繰り返しで、イスラエルは以後十四ヵ月間武器の売却を仲介し続けた。[112]

上院では大統領特別調査委員会が結成されたが、レーガンは「監督不行き届き」で不問に付され、副大統領のブッシュも訴追を逃れる一方、国家安全保障補佐官ロバート・マクファーレンとジョン・ポインデクスター、国家安全保障会議軍政部次長オリバー・ノース中佐、エリオット・エイブラムズその他が弾劾されることになった。マクファーレンは自殺を試みるが未遂に終わり、ＣＩＡ長官ケーシーは、議会の公聴会が決定した翌日、脳腫瘍のために死亡した。[113]

この騒ぎで米ソ軍縮交渉は暗礁に乗りかけたが、ゴルバチョフは、たとえ一種類の核兵器でも全廃できれば画期的なことだと思い直し、翌一九八七年十二月にワシントンを訪問して中距離核戦力全廃条約を締結した。[114]

ゴルバチョフは就任当時からアフガニスタンへの軍事介入停止の意向を表明していたが、アメリカはこれを無視するかのようにサウジアラビアやパキスタンと連携してソ連軍をアフガニスタンに足止めにし、国連の和平交渉も妨害した。ソ連のアフガニスタンへの介入が終わりに近付いていたにもかかわらず、レーガンは、総額三〇億ドルをパキスタン大統領ジア＝ウル＝ハクを通してアフガニスタンの最も過激な「ムジャヒディン」（イスラム戦士団）のヘクマティヤル派に送るという、過去最大のCIA秘密工作を進めた。その際CIAは、二〇〇〇発から二五〇〇発のアメリカ製スティンガー・ミサイル（歩兵携行式地対空ミサイル）も献上し、この時に備蓄された兵器がやがてアメリカに襲いかかることになる。(115)

一九八八年二月、ゴルバチョフはアフガニスタンからのソ連軍の撤退を発表した。五月十五日から撤退が開始されたが、その十日後の五月二五日、映画『ランボー』シリーズ第三弾として、『ランボー3 怒りのアフガン』（原題 *Rambo III*）が公開される。アフガニスタンの村人に武器を提供する目的で潜入してソ連軍に拉致されたベトナム戦争時の元上官を、ランボーがムジャヒディンのゲリラに助けられて救出するという内容である。ソ連軍が自主的に撤退を進めている最中、何とも間の悪い封切りで、この作品とスタローンは、その年の最悪の映画と俳優に与えられるゴールデン・ラズベリー賞に選ばれた。

同年十二月、ゴルバチョフは冷戦の終結を宣言し、「ゴルビー」として一躍西側のメディアの寵児になる。『ニューヨークタイムズ』だけでなく、右寄りの『ワシントンポスト』紙までが、「かつて国連で行われた最も素晴らしい演説」と褒め称えた。(116)

それにひきかえ、ゴールデン・ラズベリー賞の「最悪主演男優」よろしくホワイトハウスを去るレーガンは、周囲に何が起こったかも理解できず茫然自失するただの老人に過ぎなかった。(117)

5　甦るレーガン神話と「歴史の終わり?」

皮肉のきいたユーモアで知られるジャーナリスト・コラムニストのアーサー・バックウォルドが、レーガン再選直後、ＣＥＯの大規模な集会に招かれて行った講演の最中に、こう問いかけた。「この中でレーガンに投票した方は何人いますか?」——すると、ほぼ全員が手を挙げた。次に「それではレーガンをご自分の会社のＣＥＯにしたいと思う方は?」と尋ねたところ、誰一人手を挙げなかったという。[118]

おそらくレーガンは、ＣＥＯとその会社を儲けさせてくれたのだろう。最高所得者層の税率は、一九八一年の七〇％から一九八八年の二八％に軽減され、法人税も二八％から二〇％に引き下げられ[119]、規制緩和［原語の deregulation は「規制撤廃」であるが、日本ではなぜか「規制緩和」という「緩和化」された訳語が流通している］に伴って、環境対策にも従業員の待遇や労働基準への人権的な配慮にも、気を配る必要がなくなった。

しかし、その分レーガンは、「米国株式会社」を食い潰していたのである。

フリードマン主導のサプライサイド経済の名の下にトリクルダウン効果を狙って富裕層・企業向けの最高所得者層の税率を引き下げたために税収が大幅に低下し、レーガンは富裕層に対する他の優遇措置を急遽見直す。これによってサプライサイド・エコノミクスの根拠となったラッファー曲線の信憑性も一緒に下落した。[120]

また景気回復の観点からすると、確かにインフレ率は一九八一年の十一・八％から一九八三年の三・七％まで下がり、失業率は、一九八〇年に七・一％、一九八三年と八四年に九％台（大恐慌以来の高水準）

を記録した後、レーガン退任時の一九八九年一月には五・三％まで低下している。「税率を下げ、規制緩和を推進するというレーガンの措置によって、自由市場の本来的な力が解き放たれ、一九八三年以来相対的に上向きになってきている」――カリフォルニア時代からレーガンの経済顧問を勤めたフリードマンは、勝ち誇ってこう豪語した。[121]

しかしながら、フリードマンは、レーガンが軍事に膨大な公的費用を注ぎ込むことで総需要を拡大するという政治的「トリック」を弄したことを完全に黙殺している。そもそもフリードマン経済の本質は、公的費用の傾注を禁じる「小さな政府」政策であり、公的費用によって景気の拡大を図る「巨大な政府」政策は、フリードマン自身が真っ向から批判していたケインズ主義経済の最大の特徴である。[122]（ただしこの種の「軍事ケインズ主義」は、真正のケインズ主義ではない。）

一九八五年に一九八〇年時の二六七〇億ドルから五一％増加したアメリカの軍事予算は、一九八八年になっても一向に減ずる気配がなかった。国債は、一九八〇年にGDPの三分の一に相当する九〇〇〇億ドルであったのに対して、一九八八年にはGDPの二分の一を超える二兆八〇〇〇億ドルと、三倍以上に膨らんだ。レーガン就任時には世界最大の債権国であったアメリカが、引退時には史上最大の債務国へと転落したのである。[123]

大統領候補をめぐってレーガンと対立した時、ブッシュはレーガンの掲げる経済政策を「ブードゥー・エコノミクス」と呼んで揶揄していた。[124]（ただし大統領着任後はブッシュも「ブードゥー・エコノミクス」を実践することになる。）

二期目にレーガンに投票したが、レーガンに会社は任せられないと意思表示したCEOは、一人残らず、レーガン方式で会社を経営すると確実に潰れることを知っていたのである。

一方でレーガンは「小さな政府」という題目に従って、福祉予算を大幅に削減する。一九八三年には四〇万八〇〇〇の低所得世帯が児童扶養手当を打ち切られ、二九万九〇〇〇人が給付金を減額された。また、フードスタンプ（無料食糧配給券）の予算を一二〇億ドルから二〇億ドル減縮し、学校給食の予算も三五億ドルから十億ドル減少させた。その他、低所得者医療補助制度、小児栄養、住宅手当、住宅・光熱費の補助も削減し、さらには各都市に対する助成金を約五〇％減額した。[125] こうした「緊縮財政」は、軍事費の増強に比べると焼け石に水であり、同じ赤字を出すのであれば、実体のないソ連の「脅威」に巨額の無駄金を投じるよりは、福祉予算に振り向けておいた方がはるかに実質的な景気の回復を期待できたはずである。

皮肉なことに、国を傾けるほど軍事に金をかけ、低所得者層を虐げても、その分アメリカの安全と軍備が強化されたわけではなかった。ポール・ケネディは『大国の興亡』（一九八七）の中で、レーガン政権が一期目にカーター政権より七五％以上多い予算を新型軍用機に計上したにもかかわらず、軍用機の機数はわずか九％しか増えなかったという驚くべき事実を暴き出している。[126]

より高価でより精密で量産が利かない軍備品の購入は、国防省と特別な関係を持つ少数の大企業に集中し、企業は品質とコストパーフォーマンスを同時に競う市場の競争原理から保護されている。独占契約や予算超過を認める環境下では、往々にして浪費・詐欺・転用等の申し立てが日常化するのは避けられない。[127]

その上、科学技術者や研究開発に従事すべき人材の大多数が防衛産業に吸い取られて、他の国内産業の空洞化を招いた。[128] 金を稼ぐことだけを目的とするアメリカ式資本主義は、良質の製品を作ることをも目的とする日本式資本主義に、先進工業国の地位を奪われてしまう。レーガンが政権を担当した一九八〇年代は、アメリカ人が生産性とドルの低下という厳しい現実から目を背け、日本から一兆ドルの借金をして盛大な宴会に打ち興じつつ将来を切り売りするという「狂った」十年間であった。(129)

レーガン在任中の諸政策は、通常「レーガン革命」と呼ばれているが、前述したように、基本的には外交も内政も、カーター路線を踏襲したもので、「革命的」というほどの目新しさはない。

国内においては緊縮財政、規制緩和、企業・富裕者に対する減税等――を「レーガノミクス」の名の下に公然と理論化して収入格差を拡大し、人口の大多数を占める広義のプロレタリアート（賃金労働者）の発言力を弱めた点で、むしろ「レーガン反革命」と呼ぶべきかもしれない。

外交面では、実体のない「ソ連陰謀説」に踊らされて軍備を強化し、第三世界の親米右翼独裁政権・軍事勢力を支持して人民の虐殺・迫害や国土の荒廃を招き、「ベトナムの雪辱」という名目で小国グラナダへあらずもがなの侵攻を行い、交戦中のイラン・イラクの両国を支援して戦争を不必要に長引かせ、ソ連がアフガニスタンから撤退を始めてからもアフガニスタンの過激派を援助し、将来に不安の種を撒いた。

かくも多くの失政を重ねたレーガンであったにもかかわらず、その人気は不思議と衰えなかった。ジョンソン、ニクソン、フォード、カーターという見栄えのしない大統領が続いた後で、「強いアメリカ」を演出し、失われたアメリカの自信を取り戻してくれたと評価されたのである。(130)

一般常識では理解不能なレーガン外交を「正当化」したのが、ソ連を「悪の帝国」と呼ぶレーガンを讃えたアラン・ブルームの『アメリカン・マインドの終焉』であった。弟子のフランシス・フクヤマは、現代民主主義の弱点をいち早く究明したブルームが、一九八七年に『アメリカン・マインドの終焉』を出版する頃までにはネオコンと一体化していたと指摘している。(131)

奇妙なことに、ブルームの説に従えば、事実を無視してソ連との融和を拒み、軍事費の増強によってアメリカを史上最大の債務国にまで貶めたレーガンは、まさに「理想的為政者」ということになる。

政治学は、他の学問とは異なり、情念に支配されるので、経済的帰結を度外視すべきだとブルームは主張する。正義・栄光・支配への愛という人間の根本的な情念（後出フクヤマの「認知への欲望」を参照）を作動させ、それを満足させれば事足りるというのである。(132)

平時において理性的とされるもの――ロックのいう社会契約［経済を含む］――は、戦時において理性的とされるもの――武力や欺瞞等――とは異なる。戦争は市民社会の出現に先立つ「人間の条件」であるから、人間はいつも交戦状態に立ち戻る可能性がある。(133)

社会契約以前の個人がそうであったように、国家は互いに原始的な交戦状態にあり、共通の裁判官というものを持たないから、勝つことによって正しさを証明しなければならない。(134)

社会学でまともに戦争と向き合うのは政治学だけであり、暴力的な死を恐れるブルジョアだけを対象とする経済学者は、好戦的な政治学者を理解できない。（――これにより代理戦争における戦死や人民の虐殺や国土の破壊が「正当化」される。）政治学は、戦争というものを、リスク、恐怖、スリル、重大さと共に企図しなければならない。したがって政治的行動は、市場にもたらす結果の如何にかかわらず経済行動に優先されなければならない。（――アメリカが世界一の債務国になっても一向に差支えない。）政治学は自らの政治本能［戦争本能］に支配される非科学的な領域である。しいて科学的な点といえば、現実の政治家の味方・同盟者となって国の政策を左右できることくらいであろうとブルームは言う。(135)

「政治学者」を「政策顧問」と置き換えてもよいであろう。政策に携わる者は、理性ではなく原始的本能に支配された「好戦的な」存在であり、その役目は、「暴力的な死」のもたらす「リスク」や「スリル」を味わいながら、「市場にもたらす結果の如何にかかわらず」戦争ゲームに打ち興じることだとブルームは示唆している。そしてこの主張がそのままレーガン政権下で実施されたようなのである。

また、福祉予算の削減と富裕層を利する税制改革は、レオ・シュトラウス、アラン・ブルーム、アービング・クリストルが主張する「少数の上位者」が「劣れる多数」を支配する構造を作り出す点で、非常に「好ましい」政策ということになる。ブルームに従えば、低所得者をさらに貧困化すると同時に各都市への補助金を削減することで都市の荒廃が進んでも、それは政治学の関知するところではない。一将功成りて万骨枯る——冷戦が終結したのはゴルバチョフの功績かもしれないが、「アメリカが勝った」ことに変わりはなく、「悪の帝国」を滅ぼした「正義の英雄的大統領」レーガンの名が歴史に残れば政治学の目的は果たされたことになる。

……常識を持つ人々は、ブルームの考えは「正気」ではなく「狂気」に近いのではないかと問い返すことであろう。また、ブルームの根本的発想は、レーガンが愛好し、全米を興奮の渦に巻き込んだ映画『ランボー』と大差がないのではと疑念を抱くかもしれない。

結論から言うと、いずれも答えは「イエス」——後の章で解説するように、ブルームの政治学の根底には、「プラトン」「哲学」に裏打ちされた「神聖な狂気」が存在する。ただし、その「狂気」はごく一部のエリートだけに許された「特権」であり、一般人の与り知るところではないとブルームは考えている。

ブルームの「エソテリック」な思想のメカニズムを比較的「エクソテリック」にまとめたのが、言論界におけるブルームの一番弟子フランシス・フクヤマの『歴史の終わりと最後の人間』(一九九二)である。

コーネル大学時代にブルームの下で政治哲学を学び、イェール大学でポストモダンの比較文学を専攻し、パリでデリダやロラン・バルトに接して幻滅したフクヤマは、ハーバード大学大学院でシュトラウス派のハーベー・マンスフィールド、サミュエル・P・ハンティントン等の指導でソ連の中東政策に関する博士論文による学位を取得し、出版時には国務省政策企画本部を経てランド研究所顧問となっていた(136)。

東欧各国での民主化革命を背景にベルリンの壁が崩壊し、年末にかけて冷戦が終結する一九八九年の夏、『ナショナル・インタレスト』誌にフクヤマの「歴史の終わり?」という論文が掲載され、アメリカのみならず広く世界中で反響を呼ぶ(137)。

一九九一年八月、反ゴルバチョフ・クーデターが発生して十二月にソビエト連邦が崩壊した。その翌年、フクヤマは論文「歴史の終わり?」を核とした『歴史の終わりと最後の人間』を出版し、唯一の世界超大国へとのし上がったアメリカの自由民主主義――政治的自由主義と自由主義経済――の勝利を宣言した。

一九九二年十月、フクヤマの師ブルームは病気のために他界するが、その数カ月前に出現した『歴史の終わりと最後の人間』は、『アメリカン・マインドの終焉』の灰の中から甦り、たちまちベストセラーとなって世界に羽ばたいたのである。

同著でフクヤマは、まずアメリカが勝ち残った原因として、アメリカが標榜する自由民主主義体制が、それ以前の諸体制――奴隷制、神権制、君主制、貴族制、ファシズム、そして共産主義体制――に比べて根本的な欠陥や内部矛盾がなかったからだと指摘する(138)。

ここだけを見ると、同著は自由民主主義の勝利を祝福しているように映る。しかしフクヤマの真意は別の所にある。

師のブルームが師事したシュトラウスの旧友で新ヘーゲル主義者のアレクサンドル・コジェーヴを引き合いに出して、フクヤマは民主主義の勝利が同時に「歴史の終わり」でもあると主張する。ヘーゲルによると、民主主義国家（ヘーゲル左派のマルクスにとっては共産主義国家――ただしこちらは「間違い」であることが「判明」したとフクヤマは考えている）は、歴代の問題がすべて解消された状態にあり、原理や制度にそれ以上の進歩も発展もなくなるからである。(139)

ヘーゲル史観は、人類の歴史の数千年にわたる歴史の過程を、自然科学の発達や経済発展の観点から捉えるのではなく、政治に反映された人間の「認知への欲望」（優越願望）の栄枯盛衰として解釈する。(140)ヘーゲルは「認知への欲望」を、人間にあって動物にないもの――人間を人間たらしめる尊いものと定義した。「認知への欲望」は、シュトラウス派の「聖典」ともいうべきプラトンの『国家』第四巻で言及される魂の三つの部分（欲望、理性、気概）のうち第三の「気概」（thymos）に発している。この心理学的現象は、その後「栄光への欲望」（マキアヴェリ）、「誇りや虚栄」（ホッブズ）、「自尊心」（ルソー）、「栄誉心」（アレクサンダー・ハミルトン）、「野心」（ジェームズ・マディソン）、「赤い頬の野獣」」（ニーチェ）と様々に呼び名を変えながらも連綿と続き、これが順次政治に反映されて歴史を動かしてきたというのである。(141)ここに、前出のブルームの「正義・栄光・支配への愛という人間の根本的な情念」を加えることができよう。

ヘーゲルによると、優位の人間として見られたいという欲望が、歴史の最初の段階において威信を賭けた死闘へと人間を駆り立て、その結果、社会が戦いに命を賭ける「主人」（領主）の階級と、死への恐怖に屈した「奴隷」階級とに分かれた。しかしながら、歴史の大半を占める主人と奴隷の関係は、主従いずれにとっても「認知への欲望」を満足させるものではなかった。奴隷側は、人間として扱われず、主人の側は、他の主人からは認められず、主人に対する奴隷の「認知」は、奴隷が人間として「不完全」である以上、不十分なものであった。「認知」作用におけるこのような欠陥が「矛盾」を作り出し、歴史の次の発展段階を順に生み出したとヘーゲルは主張する。(142)

ヘーゲルは、主従関係に内在する「認知」の「矛盾」がフランス革命（とアメリカ独立革命）によって解消され、同時に歴史が終結したと考えた。このような民主革命が元奴隷を「自らの主人」に変え、主権在民・法の統治という原則を打ち立てることで「主従の区別」が解消された。本質的に不平等な主人と奴隷の認知関係は、普遍的で相互的な「認知」に変わり、すべての市民が互いの尊厳と人間性を認知し合い、その尊厳が「権利」という形で国家からも認知されることになったというのである。(143)

二〇世紀に生きたヘーゲル学者のコジェーヴは、第二次世界大戦後に西ヨーロッパ諸国が物質的豊かさと政治的安定を達成した時点を、現実世界にフランス革命の原理が具現化した「歴史の終わり」と見做し、教職から身を引いた。コジェーヴにとって「歴史の終わり」は同時に「哲学の終わり」でもあったようである。(144)

フクヤマはここで自由民主主義の善し悪しおよびその存亡を問題化する――「最終形態」としての民主主義社会がそのまま持続するのか、あるいは内的矛盾を抱えたまま崩壊していくのか。言い換えると、現代の民主主義国家における「認知」は、市民に完全な充足を与えるのか、それとも不満を残したまま別の体制に取って代わられるのか。(145)

左右いずれの側からも、不満が蓄積され、自由民主主義は解体するとフクヤマは主張する。

左翼の側からすると、自由民主主義における自由経済［資本主義］が経済的不平等を作り出し、不平等な「認知」に基づいた分業を課するので、「認知」が不完全な状態にならざるを得ない。国家全体が繁栄しても、貧富の差が残る限り、「認知」問題は解決しない。[146]

しかしフクヤマは、右翼の強力な擁護者ニーチェを引き合いに出して、こうした左翼側の言い分は「奴隷道徳」的発想であると批判する。アングロサクソン的伝統（特にロックの見解）では、ヘーゲル流の誇り高い「認知への欲望」ではなく、露骨な「私利」の追求（プラトンの魂三分説でいえば「気概」ではなく「理性」と「欲望」）――特に「保身」の欲望――を尊重し、ヘーゲル的な尊厳としての「権利」を個人の生活を守るための手段へと還元してしまった。[147]

ニーチェによると、アングロサクソン的民主主義とは、かつての「奴隷」が「主人」になった状態ではなく、「奴隷」と「奴隷道徳」が全面的に勝利を収めた状態なのである。近代民主主義の典型的な市民は、（ロックのような）自由主義の創始者に「調教」され、快適な「自己保存」のために「気概」を捨て去った「最後の人間」――人間であることをやめ、普遍的出平等な「認知」だけで満足している「見下げ果てた存在」――なのである。[148]

「気概」（「ニーチェ語」でいうと「［権］力への意志」）は、現在の自由民主主義の「平和と繁栄」によっては決して満たされない。人々が軽蔑すべき「最後の人間」になることを恐れて自己を主張し、再度「野獣」のような「最初の人間」に戻って、今回は近代兵器を手に取って威信を賭けた血腥い戦いに参加すべきではないかとフクヤマは締め括る。[149]

政治学は自らの「政治本能」［戦争本能］に支配される非科学的な領域であり、経済を度外視して戦争というものを企図しなければならないという前出のブルームの主張を彷彿とさせる内容である。ただ、戦争を優先させ、経済的結果は無視してよいというブルームに対して、フクヤマは、経済的効果も重視している（ように見える）。

フクヤマによると、民主制度と自由経済は必ずしも両立しない。民主国の有権者は、一般論としては自由主義経済に賛成するが、自分自身の経済的利益が脅かされると、誰もが自由主義経済の原則を破棄するからである。

政権は各種圧力団体の意向を反映して福祉に多額の費用を投じたり、斜陽産業を保護したりした結果、一層大きな財政赤字やインフレをもたらす。たとえば一九八〇年代には年々赤字が累積していったにもかかわらず、支出が生産をはるかに上回ることになった[150]。（上述の通り、軍事支出が劇的に増大したことが財政赤字の最大の原因であったにもかかわらず、フクヤマはこの点を故意に無視している。）

これに対して権威主義政権は、原則的に［労働者に対する］所得の再分配などという［国全体の］経済成長を害するような条件に歪められることなく真に「自由な」経済政策を推し進めることができる。民主主義は経済成長を妨げる。経済成長を国家の第一目標とするなら、それに最も適した体制は、市場志向型の権威主義体制である。史上最も顕著な経済的成長を遂げた国家の例として、フクヤマは、帝政ドイツ、明治時代の日本、ヴィッテとストルイピン指導下の帝政ロシア、一九六四年の軍事政権成立後のブラジル、ピノチェト政権下のチリ、そしてアジアのＮＩＥＳ（新興工業経済地域）を挙げる[151]。

アメリカの産業政策が競争力の立て直しに成功しそうにないのは、ひとえにアメリカの国家体制がアジアのＮＩＥＳ諸国よりも民主的であるからだとフクヤマは力説する[152]。つまり、アメリカが民主的でなくなれば経済発展が期待できる――したがって経済発展のためにはアメリカの民主主義を失くせばよいというわけである。

フクヤマのいう「自由経済」は、強者が弱者を駆逐するハイエク＝フリードマン式の「無政府主義的」古典〔原始〕経済であり、ＧＤＰの表面的な数値を上げることだけを目標とし、その過程で「経世済民」的経済（国家の構成員全員の経済状況）を無視してよいとする点でブルームの見解と一致している。『歴史の終わりと最後の人間』を通して、フクヤマは、ヘーゲルとニーチェ（そしてプラトン）の説が無条件に正しいことを前提にして、その他無数の思想家を縦横無尽に引用することにより、こうした哲学原理に精通していない「無知な」あるいは生半可な知識しか持たない読者を攪乱しつつ、「主従関係」を解消した現在の民主主義制度を、かつての「主従関係」に近いものに戻した方が、より充実した「認知」を獲得できるのではないか、あるいは、「平和と物質的安定」に甘んじた「奴隷」として生きるより、武器を取って「認知」を求める戦いに身を投じる「最初の人間」に戻った方が「人間らしい」生き方（死に方）ができるのではないか、などと読者が考え始めるように誘導している。

前章で引用した『アメリカン・マインドの終焉』の部分でブルームは、〔格差を助長し、階級制を復活する原初〕資本主義を防衛するという唯一の目的のためにも、新時代の「宗教」を発明せよと進言したが、(153) フクヤマはヘーゲルの「歴史の終わり」、ニーチェの「最後の人間」、並びに両者の「主人と奴隷」という「神話」を掘り起こすことにより、まさしく「出藍の誉れ」を得たといえよう。

ベストセラーになったと理由だけで時代の動きに取り残されぬよう『歴史の終わりと最後の人間』と「格闘」した多くの知識人は、その難解な理論に付いていくことができたというだけで「認知への欲望」を満足させた気分になり、得々と同書の思想を無批判に伝道し、自分が優越意識を抱く一般人に向かって、「奴隷」になるか「兵士」になるかの二者択一を迫ったのであった。

第3章　ソフトボイルド・アクション――「公的作家」とは何か

1　「ネオコン作家」と呼ばれて

かくしてネオコン陣営は、アメリカ合衆国憲法の修正第一条から第十条までの権利章典が保障する自由・平等・幸福の追求等、基本的人権の規制を徐々に「緩和」しながら、アメリカ・リベラリズムの伝統を打ち破るに至った。

しかしながら、そもそもこういうイデオロギーがなぜアメリカで支持されるに至ったのであろうか？シュトラウス専門家のシャディア・ドルリーは、『レオ・シュトラウスとアメリカの右翼』（一九九七）の中で、その要因を四つばかり挙げている。(1)

第一に、ネオコンが広範囲の反リベラリズム陣営と手を組んだこと。その対象となったのは、福祉政策に反対するリバタリアン、共同体に個人を従属させるコミュニタリアン、個人的欲求よりも公共の福利を優先する共和主義者、反ポルノの立場から言論の規制を主張するフェミニスト等、意外な団体も含まれている。(2)

第二に、「リベラリズム」という語が民主党の政治家にとってさえ「禁句」となり、それを守る政治家がいなくなってしまったこと。一九八八年の大統領選で、民主党のマイケル・デュカキスが、共和党のジョージ・ブッシュから「リベラル」のレッテルを貼られかけた時、あわててそれを否認し、民主党の立場を曖昧にして敗退した。また一九九六年の大統領選でも、民主党のビル・クリントンが、共和党のボブ・ドールから「隠れリベラル」と非難され、強くそれを打ち消した[3]。

第三に、宗教と国家主義の絆による「同質のアメリカ」を目指す右翼と対立すべき左翼側において、リベラリズムの概念が空洞化していたこと。

ニーチェ＝ハイデガーの子孫であるポストモダンの左翼（ニューレフト）が「理性」を容認しないため、右翼との間に効率的な議論を成立させることができない。ポストモダンの左翼は、「理性」を「白人男性の神話」・「権力」の権化と捉え、人間を「植民地化」する「理性」を「脱構築」することで政治体制も脱構築できると考えている。「個人」とは「理性」の想像力の断片であり、文化、歴史、言語の網に捉えられてもがく存在に過ぎないという立場から、限りなく細分化された少数者のグループが発生したが、それぞれが「周辺」に追いやられ、無視され、取り残されて発言力を奪われた状態を、「最大の災い」と声高に訴えているだけであり、ここに個々の人間を解放しようとする姿勢は見られない。少数派のグループに所属し、社会に受け入れられることだけを求めている態度からは、社会規範に敢然と抵抗して個人の自由を主張する誇り高いノンコンフォーミストの精神が育たないとドルリーは指摘する。

ネオコンの第四の勝因として、ドルリーは、「ポピュリスト的術策」を用いて概ね穏健で保守的な「サイレント・マジョリティ」を取り込んだことを挙げている。

ただし、シュトラウスの遺産を受け継いだネオコンの根底にある発想は、ポピュリスト的民主主義と人民嫌悪の融合である。アメリカ人の多くが「自由」よりも「徳」を追求するピューリタン精神を潜在的に保持しているが、この「麗しい」伝統は、宗教の自由を含む「サイレントではないマジョリティ」

（ニューレフト）のリベラリズムに「汚されて」しまった。そこでネオコンは、民主主義からリベラリズムを切り捨て、右翼のエリートに権力を掌握させれば、人民を「健全な」方向へと導くと説得したのである。

アメリカと西洋文明の救済のために、敵対する諸力はすべて「悪魔の手先」として死闘により排斥せねばならないと主張し、政治における宗教の重要性、国家主義の必要性、敵か味方かの二者択一的メンタリティ、近代性の拒絶、過去へのノスタルジア、自由への嫌悪を主張することによってネオコンは、共和党の支配的イデオロギーとして地位を確立したとドルリーは結論付ける。(4)

民主党も左翼もリベラリズムに背を向け、「サイレント・マジョリティ」もアメリカの保守化潮流に呑み込まれてしまったとあっては、いかなる個人もこの流れに逆らうのは不可能である。

それにしても、人間らしさを多少でも持ち合わせた者なら躊躇するに違いないこのような思想を、人々はいかなる信念をもって推し進めることができたのであろうか？

この謎を解く鍵は、ネオコンサーバティズムを理論的に支えるアラン・ブルーム自身が受けた「教育方法」に見出されるように思われる。

ブルームの人生を変えたのは、シカゴ大学大学院におけるレオ・シュトラウスとの邂逅《かいこう》であった。幼児期より父親のＤＶの対象とされ（『ラヴェルスタイン』十六頁）、トラウマと劣等感で混乱を来していたブルームの自我を、シュトラウスは批判することなくそのまま受け入れ、古典古代の書物を通して自己を再発見するすべを教えてくれた。爾来ブルームはシュトラウスの言うことを一言一句、絶対的なものとして信じるようになり、フロイト（ブルームとフロイトの関係については第４章第４節で言及する）に始まりプラトンに至る新たな人生が始まったと告白している。(5)

「徳」と「倫理」と「知性」が調和した「人格者」シュトラウスは、公私にわたって手厚く学生の面倒を見たので、何世代にもわたる弟子はいずれもシュトラウスの熱烈な信奉者であったとブルームは言う(6)。

ベローの小説『ラヴェルスタイン』によると、ダヴァール［シュトラウス］と同じくラヴェルスタイン［ブルーム］も、学生の私生活のすべてを掌握し、就職口から男女の仲に至るまでこまめに面倒を見たので、信望は大層厚かったらしい（『ラヴェルスタイン』八三－八四頁）。

その教育方法は、一般常識からすれば、異様なほど徹底している。インディアナ州クローフォーズビルやイリノイ州ポンティアックといった人口一万人台の小さな町の商店出身の世間知らずの学生たちにプラトンやトゥキュディデスを叩き込み、（ラヴェルスタイン自身がダヴァールから指示されたように）家族を忘れ、親の意見を無視し、ついには親を捨て、ラヴェルスタインを父親と思うように命じる（二五－二七頁）。

自分を信用させておいて私生活の秘密を打ち明けさせ、性的嗜好（異性愛、同性愛、レギュラー、イレギュラー等々）の特徴に従って学生同士を組み合わせ、「より高尚なる生活」へと至る訓練を施し、形成する（二七頁）。かくして学生たちはラヴェルスタインの敬虔な弟子となり、その一言一句を絶対的なものとして信じるようになるのである。

ここで我々は、チック［ベロー］も、ラヴェルスタインの弟子たちとよく似た運命を辿ってきたことに気付く。親ではなく妻を捨てる（というよりは妻に捨てられる）ように仕組まれ、代わりにラヴェルスタインの弟子の若い女性を秘書として差し向けられ、それまで自分で掌握してきた女性関係を完全に管理されるのである。

チックは既に作家として大成し、十数歳も年上だが、その程度でラヴェルスタインの教師根性は挫けない。ラヴェルスタインはチックに「奥義」を叩きこもうとし（一七三頁）、チックは相当の碩学なので、どんな難しい哲学的な話題にも付いてくることができる（九四頁）。あとはダヴァールの信奉者に仕立て上げたら、一丁上がりというわけだ。

　肝心の「素質」の方はどうか。グレゴリー・ベローによると、一九五〇年代の前半、ベローは、共産党に所属したことはなかったが、マッカーシーの「赤狩り」の対象になるのではないかと戦々恐々としていたというから、作中で相当リベラルな発言をしていたことが推測される。[7] 一九六〇年代前半までは、当時の進歩的知識人と歩調を合わせて、核実験反対と国際平和を唱えるＳＡＮＥやＣＯＲＥ（人種平等会議）にも積極的に関与し、ベトナム戦争やドミニカへの軍事介入にも反対を表明していた。[8]

　しかしながら、ＳＡＮＥの示威行為やベトナム反戦運動が次第に過激化してくると、ベローは次第に距離を置き始める。一九六五年一月、ジョンソンの大統領就任式に招かれた時は、文化人として添え物にされることを避け、招待を固辞したが、同年六月、ジョンソンが文化人懐柔のためにホワイトハウスで芸術祭を催した時には、辞退者が相次ぐ中、声高に辞退を要求するニューレフトのヒステリックな圧力を振り切って出席した。[9] この事件が通常ベローの「右傾化」のターニング・ポイントと見做されている。

　ベローはやがて学生運動にも反感を抱くようになる。

　一九六八年五月、ベローは、学生ストライキ突入寸前のサンフランシスコ州立大学で講演を行った。演題は「大学における作家の活動」。講演そのものは滞りなく終わったが、質疑応答時に、会場に入りきれなかった一団がなだれ込み、その中の一人が声を荒げて質問した。

――おまえは、大学が同時代の俗悪さから作家を保護する避難場所だと言うのか？　場内に笑いが巻き起った。後から入って来て講演全体を聞いていない者には答える必要がないとベローが回答を拒否すると、乱入者は声を荒げて言い放った。

――大学をお上品なオールドミスの学校にするというのだな？

ベローが無視して別の質問者を指名すると、その男は悪口雑言の限りを尽くす。

――時代遅れの石頭、くそ野郎、老いぼれベロー、去勢爺め。

こう罵ったのは、元ボクサーの小説家で州立大の創作演習の講師、前科のある三七歳のフロイド・サラスである。ベローはただちに散会を宣言し、州立大文学部の教授の誘導で会場から出て車に乗り、事なきを得た。(10)

サラスはメキシコ系アメリカ人で、中産階級的な白人男性の文化主流の風潮を変革しようという闘志に燃えていたのであろうが、この頃の運動家の常として、何分やり口が荒過ぎた。当時五三歳のベローは、［事実に反して］性的能力を人前で否定されたことに強く憤慨し、州立大でのエピソードを、二年後に出版された『サムラー氏の惑星』（一九七〇）で形を変えて取り上げた。(11)（サムラー氏は七〇歳台という設定になっているので、上の暴言の内容の一部には当てはまるかもしれないが、だからといってこうした失礼が許されるというものでは決してない。）

大学紛争はやがてシカゴ大学にも飛び火し、一九六九年に学生が建物を占拠する。ベローは同僚のシルズやグリーンと共に断固たる態度を崩さず、占拠中の学生と大学当局との取り成しを申し出た大学院生に向かって、それ以上関与すると、特別研究員の資格を剥奪すると申し渡した。(12)

こうした経緯から、ベローはニューレフトの学生運動家を一九三〇年代のファシストやスターリン主義者に喩え、ブルームやネオコンと同様、反ニューレフトの立場を表明するようになる。

ニューレフトへの反感に加えて、ブルームやネオコンと共通していたのが、スターリニズムに対する反感から生じた反ソ感情である。何の因果か、前章で言及した圧力団体ＣＰＤ（現在の危機に関する委員会）の一九七六年の設立メンバーの中に、「ソール・ベロー」が名を連ねている。[13] ＣＩＡの調査結果など知る由もないベローは、おそらく旧知のノーマン・ポドレッツやその妻ミッジ・デクターの「ソ連陰謀説」に踊らされて名を貸したのであろう。ベローを引き入れようとしているブルームにとって、自分と関連が深いジョン・Ｍ・オーリン財団が支援しているＣＰＤにベローが所属していることは、何とも都合のいいことであった。

さらにベローは、ミッジ・デクターを事務局長として一九八一年に結成された「自由世界委員会」にも加入していた。同委員会は、ポドレッツの『コメンタリー』誌の編集員や寄稿者を中心とし、メロン財団のカーセッジ基金から十万ドルの補助金を受け取って設立された反共主義の圧力団体である。[14] ベローは、晩年までリベラルな立場を貫いた友人の批評家アルフレッド・ケージンへの手紙の中で、活動家連は気に食わないが、ソ連のグロムイコ外相がボンで武装解除工作をしていることもあり、ミッジ・デクターに押し切られて名前を貸したと釈明している。[15]

一九八三年二月、ケージンはデクターに招かれてプラザホテルで開催された学会「我らの国、我らの文化」に出席し、翌月『ニューヨーク・レビュー・オブ・ブックス』で参加者一同を酷評した。レーガン政権と人的・政治的に密接に結び付いて悦に入っているが、実権はなく、体よく利用されているだけの馬鹿者揃いだというのである。[16]

ベローは学会に出席しなかったが、シンポジウムでジョーゼフ・エプスタインが、（民主国の）アメリカには作家のために大した主題がないので、全体主義政権を生き抜いた作家でないとまともなものは書けないという内容をベローの説として紹介し、それが委員会の機関誌『コンテンションズ』誌に掲載され、大いに面目を潰した。同誌には他にも一九八三年のピュリッツァー賞受賞作品を悪し様に誹謗する論文があり、こういう輩と同一視されたくないという理由で、翌年二月、ベローはミッジ・デクターに辞任状を提出した――「政治が絡めば枕を並べる友（bedfellow）ができ、枕を並べたら蚤も湧く。だから咬まれたところは黙って掻いておくことにするよ。」捨て台詞はスタンダールの言葉「悪趣味は犯罪につながる」であった。(17)

しかしながらベローは、ブルームとは依然として仲良く共同講義を続け、一九八四年の八月にはオーリン・センター後援によるブルーム主催の学会にも出席した。(18)

ベローと四番目の妻アレクサンドラとの仲は、目に見えて悪化し、それと反比例するようにブルームの教え子ジャニスとの仲が進展していく。また、二番目の妻ソンドラとの間の息子アダムを一年間ブルームの下で学ばせたのもこの頃であり、(19) 長男のグレゴリーは、アダムがジャニスと同じクラスに出席していたと述べている。(20) 一九八五年、ベローがアレクサンドラと別居し、翌年離婚したことで、ベローに対するブルームのフリー・アクセス権は完全に確保された。前述したように、ベローはブルームに『アメリカン・マインドの終焉』を書かせるためにサマーハウスも提供している。

一九八七年に出版されたブルームの『アメリカン・マインドの終焉』は、ベローの「緒言」がなければベストセラーに入っていたかどうか疑わしい。またベローは同書の「緒言」を書いたことで、ブルームと完全に意見を同じくすると広く見做されるようになった。

一九八八年九月、ノースカロライナ大学で開催された将来の一般教育を考える学会で、リベラル系の学者たちが、黒人、女性、ラテンアメリカ系住民、同性愛者等の文化を時代に合わせて積極的に取り入れる必要性を再確認した。その際、『アメリカン・マインドの終焉』の著者ブルーム、「緒言」を寄せたベロー、当時の教育長官のウィリアム・ベネットの三人が——姓のイニシャルが揃ってBであることから——三匹の「殺人蜂」(Killer B's [Bees]) と呼ばれ、教育の現代化を阻止して旧態依然たる西洋古典教育中心主義に戻そうと企む反動主義者として槍玉に上げられた。(21)

同年ベローは、レーガン大統領から文民最高位の勲章「大統領自由勲章」を受けた。これは、アメリカの「自由」に貢献した人間に対して被推薦者のリストから大統領が選ぶものであり、『アメリカン・マインドの終焉』の推薦文が「評価された」可能性が極めて高い。

叙勲者を招いた昼食会のスピーチで、レーガンはソ連の「抑圧的な」政治体制に比してアメリカの「自由」を賛美し、ベローの『サムラー氏の惑星』からサムラー氏の最後の台詞「それが真実だということを(中略)私たちは全員知っているのです」が、まさにそういう意味で述べられていると曲解した引用を行った。(22) ベローと並んで新自由主義経済学者のフリードマンが勲章を授けられたことも極めて示唆的で、まさしく「自由の女神」が苦笑いするような出来事であった。

一九九〇年六月、オックスフォード大学で講演を済ませ、ロンドンに滞在していたベローは、サッチャーの首相官邸に呼ばれて食事を共にする。これも『アメリカン・マインドの終焉』「緒言」の「効用」というべきであろう。帰りの飛行機で新聞を開くと、新作小説『盗み』のヒロインで「ファッション界の女帝」クララはサッチャーがモデルになっている——つまりサッチャーはベローの隠れ愛人だ——という諷刺記事が目に飛び込んできた。(23)

レーガンとサッチャーに招かれたのは、ラヴェルスタイン[ブルーム]だけではなかった。英語圏の二大保守派首脳が、揃ってベローとブルームを「同じ穴のムジナ」として公認したというわけである。
一九六五年、旧友のアルフレッド・ケージンは、ベローのことを「名著という名著を悉く読破した、あの恐るべきシカゴ大学型の学者で、古代ギリシア劇を引用しながらジョークをとばす」と褒め称えていた。[24] しかし一九九四年には、ベローが右傾化して「シカゴ大学の保守派大物思想家たちの仲間入りを果たし」、哀れにも巨大な右翼陰謀団のカモとなり、シカゴ大学とのつながりは知的実績ではなく、政治的・倫理的判断力の喪失となって現れていると糾弾した。[25]

2 目覚めよ、賢明なる反対者──『アメリカン・マインド』「緒言」の警告

ベローが「政治的・倫理的判断力」を「喪失」したと極め付けたケージン、また、「今や父は、当時反対していた思想家の肩を持つように」なったとベローを責めた長男のグレゴリーは、[26]『アメリカン・マインドの終焉』の「緒言」を熟読していなかったらしい。注意深く読めば、こうした批判を軽々しく口にできるはずがないからである。

まず一般に「賛辞」と受け取られ、宣伝にも用いられているベローの結びの文章をもう一度よく見直してみよう。

本書は重要な意見を表明しており、熟読に値する。結論に対する賛否はさておき、本書が提示するのは議論に不可欠な指針である。伝統の上面をなぞるのではなく、民主主義国アメリカにおける高等な精神生活の展開を、理路整然と正確な歴史に基づいて要約した、信憑性の高い総括である。[27]

ここで注意したいのは、ベローが「結論に対する賛否」を度外視している――つまり反対者にも語りかけている――ことである。ブルームの議論が「理路整然と正確な歴史に基づいて要約した、信憑性の高い総括」――論拠のための確たる資料に裏打ちされたもの――だという事実を客観的に指摘しているだけであって、結論それ自体に賛成しているわけではない。

冷静沈着にこの直前の部分を見ると、次のような文言が目に入ってくる。

左翼と右翼の論争は、過去十年間過熱しすぎて、礼儀に適った論議の習慣は焼失してしまった。対立する者同士は、一向に相手の言い分に耳を傾けようとしない。賢明なる反対者がブルーム教授の本を第三者的な立場から熟読しなければ、悔いを残すことになるだろう。(28)

ベローは、（明らかに左翼の）「賢明なる反対者」に向かって、ブルームは手強い相手であるから、同書が提示している膨大な論拠を客観的に精査していかない限り、効果的な論駁への道は拓けないと叱咤激励している。その意味で「本書は……熟読に値する」と言明しているのである。

それではベロー自身、左右どちらの立場に立っているのか？

残念ながら右も左もいただけないというのが本心のようである。

……私は、過激派と右翼双方のテーマの無数の変種を見分ける修練を積んだので、（あまり褒められた才能ではないが）一世紀にわたる革命的修辞法から発生した未処理の下水汚物の臭いを嗅ぎ分けられるようになってしまった［たとえば左翼と見做されている作家に右翼反動的な要素が潜んでいることなど］。[29]

ベローの「左右問題」については再度取り上げるが、ベローはまず、ニューレフトの戦略に対して苦言を呈する。

そもそも『アメリカン・マインドの終焉』のような（反動的な）書物が出版された背景には、ブルームのコーネル大学の教員時代に、人文・社会学系の教育内容が、銃を持った黒人学生の脅迫によって強制的に変革された事件があった。[30] 銃による脅迫は、決して許される行為ではない。

かつては自由民主主義が、あらゆる見解をいかなる制限も受けずに研究できる「知的自由の島」としての大学の立場を保証していたが、今や大学は社会の圧力に屈して関係あろうとなかろうと、社会問題の逆流に巻き込まれ、溺れそうになっているとブルームは訴える。[31]

かくして社会にコミットしない学問は時代遅れとされ、人文学は、黒人や女性の成績を操作しながら教員として積極的に雇用し、マイノリティの社会問題を科目として取り上げ、比較文学においても、サルトル、ゴルドマンに始まりフーコーやデリダに至る左翼思想が「不可謬」のものとして「合法化」された。その結果、学生は勉学への関心を失い、一般国民は大学教育への共感を失い、教授は自分で自分のしていることが信じられなくなり、学問の自由が失われ、人文学は衰退し、大学は解体したとブルームは述べている。[32]

ここまでのブルームの言い分を限定的に認める一方で（詳細については後の章で扱う）、ベローは、家柄や財産による学生の差別化を奨励し、権威主義的な好戦的国家を賛美するブルームが、学生の暴力を非難し、「自由民主主義」を「知的自由の島」を護る盾にするのは、筋違いと考えているらしい。

注目すべきことに、ベローは、八頁ある「緒論」のうち、三頁しか『アメリカン・マインドの終焉』の紹介に割いていない。後の五頁は同書とあまり関係のなさそうなベロー自身の独り舞台であり、「緒言」としてはいささか異常な印象を与える。

「私」を前面に押し出すブルームの論調は、大学教授というより、思想家に近いとベローは「言掛り」を付ける。そして「ブルームが個人的所見を展開する以上、評者である私も匿名に甘んじる必要はないはずだ」という理屈で、さっさと自分自身の話題に切り換えるのである。(33)

『アメリカン・マインドの終焉』の結論部分で、ブルームは、『饗宴』に代表されるプラトン的対話の体験が、歴史と文化、時代と場所に関わりなく、再現できるものだと明言している。(34)にもかかわらず、ブルームは同書が、上位二〇-三〇大学の知的・物質的・精神的特権に恵まれた数千人の権門勢家の子弟のみを対象とすると明記し、(35)人間が「歴史と文化、時代と場所」の影響からは逃れられないと主張している。したがってプラトン的対話の体験が時空を超えるというのは、ブルームが調子に乗る余り、つい口を突いて出た「失言」と考えられよう。

ベローは、このブルームの「失言」をすかさず捉えて、自分こそが「歴史と文化、時代と場所」の制約を克服した実例であると主張する。ブルームの見解によると、「出身地を言えば、君が何者かを言い当てよう」ということになるのだが、ベローは物心がつかないうちから学校教育を含めた「環境」の所産になることに激しく抵抗してきた。(36)

ベローは、シカゴに育ったユダヤ系移民の子である。露骨な物質主義が横行するシカゴでの将来は、功利主義的な実業界と相場が決まっていたが、母親はラビかヴァイオリニストの道を用意してくれていた。しかしベローはいずれの道をも振り捨てて大学に進学する。だが大学においても、熱心な学生ではあったが、カリキュラムに縛られず、経済学の時間中に［社会派の］イプセンやバーナード・ショーを読んだり、詩の講義中に、クロポトキンやレーニンの革命論に夢中になったりしていた――つまりリベラル左派の学生であった――と読者に「告白」する。(37)

ベローはまた作家としては異例な碩学であった。伝記作家のジェームズ・アトラスによると、一九六二年、シカゴ大学社会思想委員会教授の人事候補にベローの名が挙がった時、小説家を採用することに断固反対していた学務長のエドワード・リーヴァイが、不承不承行った面接で、西洋思想史全体を包括した碩才ぶりに圧倒され、即座に意見を翻したという。(38)

ベローの頭の中には、中西部のねぐらで片端から読み尽くした哲学者、歴史家、詩人の言葉がぎっしり詰め込まれているが、それは、ブルームの本が主張するエリート向けの大学教育の成果ではない。バルザックいわく、「世界は私のものだ、私がそれを理解できるから」(39)。

ここでブルームのエリート主義に一撃。

ブルーム教授の本は、独学者がそれほど豊かに学んだ世界という書物が、意見の壁を立てて世界を遮断しようとする「知識人」によって閉じられようとしているのではないかという恐れを私に抱かす。(40)

この箇所の「知識人」は、ブルームが攻撃しているポストモダンの左派よりも、明らかに著者のブルームとその同調者の方に重点が置かれている。

また返す刀でベローは、アメリカの読者にも軽い一突きを与える。無学の度合いが進むにつれて、ベロー小説のヨーロッパ風深識が読みにくいと不平を言う者がいるが、いやしくも読書をするなら、ある程度の知識は、自分で身に着けておくべきではないか(41)。

しかしながら、西洋の名著をむやみやたらに崇拝すればいいというものでもない。片端から詰め込んだ書物――特に思想書――が人生の邪魔をする場合もある。良書と悪書を振り分ける必要があり、しかも悪書の方が多いとベローは「爆弾発言」を行う。

その最たる例を示したのが、ベロー自身をモデルとしたベストセラー小説『ハーツォグ』の主人公であるという。(同書は一九六四年から六五年に四二週連続ベストセラーを記録した(42)――ちなみにブルームの『アメリカン・マインドの終焉』は十週連続である。)

有名大学で哲学史の博士号を取得した学者(モデルはベロー自身)が、親友に妻を奪われて恐慌を来し、突然の発作に駆られて、友人・知人・有名人はもとより、自分の専門とする古今の思想家に向かって、物狂おしい無数の手紙を書き綴る(ただし投函はしない)。思想史概論の難解な試験を受けさせられているようだと不満を漏らした読者もいたが、小説の目的は、衒学者を諷刺することにあったベローは言う(43)。つまり『ハーツォグ』は、ブルームが『アメリカン・マインドの終焉』で守ろうとしている「高等教育」が、錯乱状態に陥った人間にはほとんど役に立たないということを示しているというのである。

最後に主人公は、実人生の送り方に関する教育を受けていなかったことに気付く。大学では性欲への対処法、女性との付き合い方、家族問題の解決法など、誰も教えてはくれなかった。

そこで主人公は、自分で自分を笑う独自の喜劇的感覚に助けられながら、教育を受ける以前の「振り出し」――平衡感覚のある素朴な魂[精神]を有していた本来の自分――を取り戻す。

ベローによると、人間は誰でも、それによって最終判断を下し、すべてを総合できる高度な意識を魂［精神］の深奥部に備えている。その高度な意識は、歴史の雑音や現在の我々を取り巻く数々の攪乱物に対する免疫力を持つ。ところが中年になるまでに受けた教育が藪を生い茂らせ、高度な意識へと通じる水路を覆ってしまう。この水路を開いたままに保ち、意識を確保しておくことが人生の「独立戦争」なのである。(44)

そして詩人［小説家］の役割は、鬱蒼たる固定観念の藪の中でもがいている人間に、常に新鮮かつ柔軟な感覚で世界を捉える眼を新たに与えることにある。しかし、教育による無知と有害な思想が愕然とするほど広まっているため、この企ては非常に困難なものとなっている。身も蓋もない言い方をすれば、我々は思想の世界に住んでいて、しかも、その思想が腐敗しきっているのである。したがって芸術家［小説家］は、知識人と自覚するか否かにかかわらず、最初から思想の戦いに巻き込まれていることになる。(45)

大学で、ベローは資本主義、マルクス主義双方のイデオロギー、心理学、社会学、歴史理論、哲学諸派を読み始めたが、自分の精神が呼吸できるように余計なものをふり捨てることで、存在の根源にある素朴さを守ってきた。(46)つまりベローの膨大な知識は、取捨選択のための下準備だったということになる。

それではどういう思想が有害だというのであろうか。

この問題に対する答えはしばし先送りにすることにして、ベローにはブルームに『アメリカン・マインドの終焉』を出版させる特別な目的があったらしい。

小説『ラヴェルスタイン』には、『アメリカン・マインドの終焉』出版直後のラヴェルスタイン［ブルーム］の友人や弟子たちの反響が描かれている。

［出版されると、］ラヴェルスタインの友人やラヴェルスタインが訓練した三・四世代にわたる弟子は一様に驚いた。反発した者もいる。ラヴェルスタインの教えが大衆化され、値打ちが下がるというのである。（中略）これだけは言及しておく必要がある。ただ言及するだけにしておくが。（『ラヴェルスタイン』二二一頁）

「緒言」の中でベローは、「大衆化され」るべきではなかったと弟子たちが言う「ラヴェルスタインの教え」の核心を読者に披露している。

ベローは、ブルームが『アメリカン・マインドの終焉』を通して学界（学者の共同体）——一般の学者——ではなく「人間の真の共同体」に向かって語りかけているのだと指摘し、ブルームの結論部分を引用する。

「矛盾に満ちた共同体の幻影ばかりの中で、人間の真の共同体は、真理を求める人々と潜在的な知者……すなわち知を求める人なら誰でも入れる共同体である。（中略）これこそ不可解な『哲人王』の謎の意味なのである。しかしながら実際にこうした共同体に入れる人間は少ない」(47)

「本書の至る所で私［ブルーム］はプラトンの『国家』に言及してきた。これは私にとって教育のバイブルであり、人間であり教師である私の経験を的確に説明してくれるからである」(48)

この引用によってベローは、ブルームがプラトンの『国家』で言及される「哲人王」的な存在として「真理を求める」ために弟子たちと形成する閉鎖的な「共同体」に所属していることを、十三年後の小説『ラヴェルスタイン』に先駆けて強調しているのである。

だがラヴェルスタインは、一族の価値を知り、自分の一族を抱えていた。(中略)それば緊密な「共同体」を形成する一大組織であった。(『ラヴェルスタイン』十頁)

本書第2章で言及したフランシス・フクヤマの『歴史の終わりと最後の人間』のキーワードがプラトン『国家』の第四巻にある「気概」であったことを思い出す向きも多いことであろう。『ラヴェルスタイン』でも、『国家』第四巻の重要性が強調され(一一七頁)、ラヴェルスタイン[ブルーム]の教育目標も、チック[ベロー]を「プラトン化」することに置かれている(一八〇頁)。つまりベローは、ブルームに『アメリカン・マインドの終焉』の出版を勧めることによって、その閉鎖的共同体に属する弟子に限定されていた極秘の(エソテリックな)教義をも議論の対象として公の場に引き出したことというわけである。

ではベロー自身は、ブルームが教育のバイブルと仰ぐプラトンをどう評価していたのか。この問題については、ベローの創作理念を扱う中で後ほど包括的に論じることになるが、目下の所は、ノーベル賞受賞作品『フンボルトの贈り物』のチャーリー・シトリーン[ベロー]が、あまり高く買っていなかったということを指摘するに留めておく。

［プラトンのエルの神話について］私はプラトンを完全に信じたことなど一度もない。人間が魚や鳥に生まれ変わるなんて絶対にありえないからだ。人間の魂が蜘蛛の中に閉じ込められてたまるものか。（『フンボルトの贈り物』三三二頁）

［主人公がエレベーターで一目惚れした肉感的な美女とホテルのバーで密会の約束をしようと興奮している時に］その時浮かんだ最も建設的な解釈は、エロスが私の欲望を利用して現在居る悪所から叡智へと導いてくれるというプラトン説であった。それは素晴らしくも高尚な解釈だが、ひとかけらの真実性もないように思われた（一つには［寄る年波で］エロスそのものが大して残っていなかったというのもあるかもしれない）。それに超自然的な力が私ごときに宿り、その御名をお呼びするとなれば、プラトン的エロスではなく、［ゾロアスター教の］暗黒と悪の神アーリマンということになるだろう。（『フンボルトの贈り物』四五〇頁）

後年の『ラヴェルスタイン』においても、ベローは、ラヴェルスタイン［ブルーム］がチック［ベロー］の教育＝「プラトン化」に失敗したと特記している。

だが私はラヴェルスタインの弟子になるには歳を取りすぎていたし、ラヴェルスタインだって成人教育の効用を信じてはいなかった。私をプラトン化するのは手遅れだったのだ。（中略）誰かが非常に大事なことを言うと、私はそれを理解しても、吸収するのはきっぱりと拒む。生半可な頑固さではない。（『ラヴェルスタイン』一八〇頁）

——以上、『アメリカン・マインドの終焉』に付したベローの「緒言」を詳細に検討してみると、結論部分でブルームに挑むよう読者を鼓舞していること、ベロー自身の人生経験を引き合いに出してブルームが主張するエリート主義教育に反論していること、また、ブルームの論の核心がプラトンだと述べておいて、それがある意味で「有害」で棄却すべき思想の中に入るかもしれないと示唆していることなどから、「緒言」が誠心からの賛辞とは到底受け取れないことが確認できよう。さらに、ブルームに出版を奨励することにより、それまで内輪の関係者だけに限られていたブルームの私的「共同体」の存在と思想的背景を広く知らしめたことも、ベローの功績として付け加えておきたい。

真実を貫くためには、時として友人や身内を欺かねばならないこともある。出版を勧め、「緒言」を書いたからと言って、必ずしも著書の内容に全面的に同意したことにはならない。もちろん真っ向から反対することはできないが、搦め手から批判することは可能である。

行動にしても、文章にしても、直説法に慣れ親しんだアメリカの読者にヨーロッパ的迂回法は通じないことが多い。ベロー自身、当の「緒言」の中で、自分の作品でも多用しているそうしたやり方が、簡単には理解されそうにないと半ば諦めの境地で語る。

作品は供物である。作家はそれを祭壇に運び、受け入れられるよう祈る。(中略) おそらくは天真爛漫に、作家は自分の気に入った宝物を作り出しては無造作に積み上げていく。今その価値を認めない人たちも後になって認めるかもしれない。それに、必ずしも同時代人に向かって書いているような気がしない。本物の読者はまだここにいないのかもしれないし、自分の書いた本によって本物の読者が出現するかもしれないのだ。[49]

……ベローは、読者の数には恵まれていたかも知れないが、「本物の読者」には恵まれていなかったのかもしれない。

3 「公的作家」の責務

ソール・ベローがノーベル賞を受賞したのは、一九七六年、六一歳の時であった。シンクレア・ルイス（一九三〇）、ユージン・オニール（一九三六）、パール・バック（一九三八）、ウィリアム・フォークナー（一九四九）、アーネスト・ヘミングウェイ（一九五四）ジョン・スタインベック（一九六二）に次ぐ、アメリカでは七人目の文学賞作家に当たる。

ペトログラード（ペテルブルク）からカナダ、そしてアメリカへと亡命してきたユダヤ人家族の末子として育ったベローは、別名「シカゴのトルストイ」。大恐慌から第二次世界大戦を経て一九七〇年代までのアメリカ都市における世道人心を、ヒューマニズム（人文主義）の立場から探究してきた。

「君が次だ」――一九六二年に受賞したスタインベックは、当時四七歳のベローにこの言葉を贈った。[50]「ヘミングウェイとフォークナーの後継者は誰か」という同年のアンケートでは、ベローが第一位に選ばれたので、[51]スタインベックの「予言」は翌年にも実現しそうな勢いであった。

一九六四年から六五年にかけて思想小説『ハーツォグ』が長期ベスト・セラーを記録した時、「今度こそ」と誰もが思ったことであろう。

一九六四年の秋にはニューヨーク中が「ベロー・フェスティバル」の様相を呈し、J・F・ケネディ未亡人のジャクリーンはベローのことを「『ハーツォグ』の作家」と呼び、後にチェコ［スロバキア］大統領（一九八九－二〇〇三）となる劇作家ヴァーツラフ・ハヴェルも、レジスタンスの獄中でこの小説を愛読したという。[52]

ところが、この年もその後も賞の噂が立っては消え、一向に埒が明かない。虚名を求める性質ではないが、『ハーツォグ』から十年経ち、壮年を通り抜けて老境にさしかかってくると、さすがの「無冠の帝王」も業を煮やしたようである。

一九七五年に出版した『フンボルトの贈り物』の中で、ベローは、ノーベル賞と同じく自分を「黙殺」しているピュリッツァー賞に八つ当たりすべく――自作では『犠牲者』（一九四七）がこれに値すると自負していた――[53]代弁者のチャーリー・シトリーンにピュリッツァー賞を二度も受賞させた。その上で、好敵手フンボルトの口を借りて「ピュリッツァー賞なんて」（本心は『ノーベル賞なんて』）「ペテン師や無知蒙昧な輩が出す賞だ、実に下らん」と毒付いたのである。

ベローの「毒舌」は、「ペテン師や無知蒙昧な輩」の耳を貫いた後、はるか彼方のストックホルムまで鳴り渡ったらしい。翌一九七六年、三〇年間待たせたピュリッツァー賞と十四年間待たせたノーベル賞が、手を携えて馳せ参じた。

同年五月、ベローはピュリッツァー賞の記者会見を回避し、大学研究室の扉に掲示を出した――「賞が取れて満足です」[54]。

ベローが受賞にこだわった最大の理由は、独自の「公的作家」観にある。

シカゴ大学にベローをスカウトしたエドワード・シルズによると、ベローは芸術家（含小説家）を、

「人類の非公式の立法者」として、いかなる人間も達成し得ない「至高の責務」を果たす「聖人」と見做していた。[55]公的指導力を発揮するためには、当然広く名を知られ、読まれる必要がある。

――ここで現代の読者は素朴な疑念を呈するかもしれない。

「最も人類に貢献した」ことがノーベル賞の条件であるにしても、小説は芸術の一分野に過ぎない。作家の本務は作品の「芸術性」に専念することであり、「一介の小説家」が「人類の非公式の立法者」を自任するなど、誇大妄想も甚だしいのではないか？

実は芸術（含小説）の美学的側面だけに目を向け、社会的・倫理的効用を否定する「芸術至上主義」は、十八世紀後半から十九世紀にかけて興ったロマン主義以降の現象に過ぎない。啓蒙・古典主義・ルネサンス・中世、古典古代へと遡る西洋の伝統においては、芸術家に公的責任を負わせることが当然とされていた。

「芸術」・「技術／学問」（art/ars/tekhnē）は、第一に、「自然」――未開発の原野と生物、未分化な状態の人類、作品になる前の未加工の素材等――を矯め直して文明を構築するための手腕を指していたのである。

古典的文献を教材とする人文主義教育は、二〇世紀を境に次第に衰退するまで、二千年以上、いわば西洋知識層の「共通文化」として機能し、その目的は、野獣のように自然界に分散して暮らしていた人類を、「共同体の成員にふさわしい」人間へと形成し、都市の文明生活へと適合させることにあった（キケロ『雄弁家論』第一巻第八章）。

これに対して「芸術至上主義」へと通じるロマン主義は、啓蒙主義が標榜する理性主義への反動として発生したことから、文明を破壊し、野蛮性・残虐性を含めた「自然」の復活を「芸術的」（美的）と見做す。この反理性的傾向が「西洋の没落」その他の様々な概念に変容しながら優勢となり、ポストモダンの新思潮に至るまで連綿と続いているのである。

作中、啓蒙思想家の歴史を総括し（『宙ぶらりんの男』）、ロマン主義の危険性に対する警告を発し（『ハーツォグ』）、人文主義を擁護するベローは、古典古来の伝統に属している「少数派」といえよう。イギリスの批評家兼作家のマルカム・ブラッドベリによると、ベローの小説は（時代との）「闘いのフィクション」である。西洋人文主義の伝統を担うベローは、目まぐるしく移りゆく小説の諸傾向——ポストリアリズム、ポストヒューマニズム、ポストモダニズム等の所産であるアンチ・ノベル［ロマン］、ポスト・フィクション、メタフィクション、サー［シュール］フィクション等——から離脱し、知的・倫理的・哲学的立場からそれに戦いを挑んできた[56]。

ベローがこのような「時代に喧嘩を売る作家」になった経緯を知るには、まず文学が現代社会の中で占める位置を確認しておかねばならない。

青年期のベローが作家を目指していた一九三〇年代、既に小説は「過去の遺物」と見做されていた。特に物質至上主義のシカゴでは、「物書き」などまともな稼業と認められず、そこに大恐慌の余波が加われば、どう転んでも勝ち目はなかった。同じ頃、シュペングラー（『西洋の没落』［一九一八―二二］）を読むと、若者は文学や芸術を捨て、機械化に適応すべく工学を志望せよと書かれている。当時はまだ価値観が未成熟で、大勢に従ってシュペングラーを「大著作家」と崇めていたベローであったが、心の中で秘かに「消え失せろ」と叫んだという（後年の『ハーツォグ』でベローはシュペングラーを「愚昧な不毛思想」家として棄却するに至る）[57]。

シュペングラーに逆らって作家への道を進んだベローは、やがてホワイトハウスに招待されるまでに大成する。果たしてその後、小説家に対する社会の認識が変化したのであろうか。

ノーベル賞受賞の前年の一月、フォード大統領が英国首相ハロルド・ウィルソンのために晩餐会を開催し、政治家以外に、俳優、音楽家、ニュースキャスター、ベローを含む作家等が招かれた。

食事は定席であるが、自由交流の時間になると、知名度だけが物を言い、セレブぶりを誇示するセレブが場を支配する。キッシンジャーとコメディアンのダニー・ケイが互いの姿を認めては大げさに抱き合い、往年の二枚目俳優ケーリー・グラントは、うっとりした上院議員の奥方連に囲まれて脂下《やにさ》がっている。ニュースキャスターはテレビで顔が売れているが、「ヘミングウェイとフォークナーの後継者」と謳われたベローは、ベストセラー直後こそ大騒ぎされたものの、十年近くシカゴに「隠遁」してメディアを避けているので「無名」に等しく、参加者の間を所在なくうろつくばかり。(58)

しかも現役の「公人」たちの会話は、ダイエット、旅行、愛用のビタミン剤、加齢に伴う問題等々、下世話なトピックに限定され、文学、芸術、哲学などという「高尚な」分野は、薬にしたくもない。辟易しているベローに、フルブライト留学制度を提案し、大学総長の経歴もあるウィリアム・フルブライト上院議員が近づいてきた。「確か君は」――渡りに船とばかりに安堵しかけたその瞬間、希望はものの見事に潰える――「エッセイストだったね。昔読んだ記憶があるよ」。ベローは早々に退散し、雨が降りしきる路上で、タクシーを探し回ったという。(59)

アメリカを代表する作家が、アメリカ社会の中心人物の間では、いかなる存在意義も持ち得ない――予測していたはずのこの事実を、ベローは文字通り痛感したのであった。

社会的影響力のある人物が作家を歯牙にもかけないのはなぜか。主たる責任は文学を提供する側にあるとベローは言う。教育や助成の制度にも多少の不備はあるかもしれないが、文学が社会的に重要な問題を提起しなくなったから、社会が作家を蔑視するようになったというのである。(60)

十九世紀から二〇世紀の初頭にかけて、ディケンズ、ショー、ゾラ、H・G・ウェルズ、アプトン・シンクレアなどの作家が一般大衆を相手に、社会制度に関する問題提起を単純明快な形で行い、預言者の如く敬われていた。(61)

ところが大戦が二度も生起し、国土と共に人心が壊滅的打撃を蒙ると、そこから立ち直る努力はおろか、惨事の原因すら究明しようとせず、海綿のように時代の汚水を吸い込んでは読者に向かって吐き出す作家が続出する。

現代文明に「芸術的感性」を踏みにじられた嘆きを連綿と綴り、自ら下した芸術の終焉を人類の終焉と短絡的に結び付けるT・S・エリオット〔『荒地』(一九二二)〕とその追随者「荒地族」、またジョイス、セリーヌ、トーマス・マンのような終末論者等が、政治と結託して文明を破壊しようとする。(62) ジッド、ベケット、サルトル、カミュもベローにかかると、時代の試練に自ら屈服して落ち込んだ「存在の不条理」や「自己疎外」へと読者を巻き込む点において、「神経が麻痺した」「知識人のお荷物」でしかない。(63)

文学の虚無的な傾向を一層深化させたのが、「ポストモダニズム」(構造主義・脱構築主義革命)と呼ばれる現代思潮運動である。

第一次世界大戦の地獄絵図に背を向けたジュネーブで、ソシュールは伝統的な史的言語学を相手に「総力戦」を展開した。歴史よりも構造を、主体よりも恣意的なシステムを一次的なものとして重視し、言語を〔互いに関係が欠如した意味と形式から成る〕記号へと還元することにより、言語からロゴス(言葉=

理性）としての伝達機能を剝奪したのである。[64]

西欧近代の理性主義に反発するソシュールの方法論は、ニーチェ、マルクス、フロイト等の再解釈を通して学問の他領域に敷衍し、人間が言説の産物なら正気と狂気の区別も行うべきではないと主張したフーコーを中心に、一九六〇年代以降大いに気炎を吐く。ソシュールをさらに先鋭化して「構造」をも否定するデリダの脱構築理論が現れると、すべてを一つに「統合」しながら「関係の欠如」を作り上げるという自家撞着的発想が言語学、人類学、神話学、哲学、文学批評その他の分野を席捲し、一九七〇年代半ばには「世界制覇」を果たした。[65]

かくして「中心なき中心」、「現前なき現在」、「作者なきエクリチュール」、「記号なき記号」により、「自己同一性は過去の神話」、「馬は実は魚だった」、「魚は実は玉ネギだった」等の命題（迷題）が大手を振ってまかり通り、[66] ここに「善き人間」などという人文主義的概念を持ち出せば、「権威主義的ナンセンス」として八つ裂きにされるのが落ちである（前述した一九六八年のサンフランシスコ州立大学でのベローの「講演事件」は、まさしくこの実例といえよう）。

七〇年代前半のアメリカを扱った『フンボルトの贈り物』で、ベローは、一夜のうちに五つの新しい認識論が誕生し、それを知識人が自由にアソートして「知的財産のポートフォリオ」として持ち運ぶ現象を取り上げ、いずれも俗受けしそうな理屈を捏ねてはいるが、精神を高揚させるものは一つとしてなく、不渡り手形や悪貨を発行する詐欺行為に等しいと糾弾している。

「思想はあくまでも現実的でなくてはならない。言葉は明確な意味を持ち、人間は自分の発言を裏書きできなくてはならない」というのが、ベローの信念であった（『フンボルトの贈り物』六二五頁）。意味や関係の欠如した千態百様の新思想を大学生にいくら詰め込んでも、哲学の崇高さを教えたことにはならない。また文学教育においても、学生は、作品を読む前に「文化の泥沼」（無数の認識論から群生した各種批評理論）を踏破するよう命じられる。思考停止に陥った学生は、（俄仕込みの）教授の講釈をひたすら暗記し、それオウム返しにすることで、無知と愚かさを露呈せずに「文学的会話」を数分間続ける術を身に着け、一斉に「退屈な俗物」となって卒業していく。ドラッグストアで文学作品を買い求める若い労働者の方が、「大作」を人生の糧としうる可能性がはるかに高い。(67) ベローが一九八七年に小説『傷心死亡率の方が高い』を出版するまでに、大学の人文系は児戯を弄する「託児所」と化してしまった（三二九頁）。

文化の「雪崩現象」に時代の複雑化が加わり、文学は、かつて果たしていた「社会教育」の役割をマスメディアに奪われる。

だが当のマスメディアにしても、「社会の木鐸」とは名ばかりで、刹那的に一過性の事件を追うことだけに汲々とし、未処理の問題は、一般大衆に丸投げする。こうした「責任転嫁策」に気付かぬ一般人は——例えば一九六〇年代であれば、ベトナム戦争、都市計画、ハイウェー、ごみ処理、民主主義、ポップアート、福祉国家、大衆社会のリテラシー、等々——機能の分化によって専門家すら答えられない数々のテーマについての意見を求められ、しかも回答に言われなき責任まで負わされる。感受性の強い人間ほど、真剣に頭を悩ませた結果、意識の錯乱に陥り、肝心の私生活に著しい支障を来すことになるのだ。(68)

今こそ意識の高い作家が、「国家の良心」を代表してペンを執り、「社会的指導力の失地回復」を果たさねばならないとベローは主張する。(69)

ここで前節からの懸案事項を再度検討してみよう——ベローは一体左右どちら側に与するのか。

前出のディケンズ、ショー、ゾラ、ウェルズ、シンクレアという顔ぶれからは、革新的な印象を受けるし、新思潮の批判からは保守的なイメージを受ける。

結論から言うと、物事は右と左で割り切れるほど単純ではないらしい。

作家といえば、大抵が社会問題に全く関心を示さない保守派タイプと、沽券や売名のため何にでも噛みつく急進派タイプに分かれるが、どちらも幼稚すぎて涙が出るとベローは一喝し、『フンボルトの贈り物』のベローの代弁者チャーリー・シトリーンも、左右見境なく論難する。[70]

「文化の泥沼」とベローが毒づいた新思潮は、一切の「権威」を切り崩す「ニューレフト」と連携することで隆盛を迎えるが、「価値を相対化する」過程で言語の「権威」（意味の明確性）を「剝奪」してしまったため、理路整然とした論争能力を喪失する。その間隙を突いて「オールドレフト」の不満分子が「ニューライト」として台頭し、「オールドライト」と手を組んで「政治の泥沼」化を促進していった。

それでは小説家はいかなる姿勢で臨むべきなのか。

人間らしい生き方を不可能にする自我と歴史の危機——存在の暗闇、過剰性の誘惑、狂気の権力、個々人に対する異常なまでの時代や思想の圧力——を、ベローは誰よりも痛切に感じ取っていた。[71]

小説家は、読者を護るために、実社会の喧騒や日常の瑣事という混沌の只中に、嵐の目にも似た静けさを確保し、生命力と正気を喚起しなければならない。巨大権力なるものがそれを妨げるというのなら、闘うことも辞さないが、真に権力に挑むことのできる本物のラディカリズムは、ポーズ、スローガン、シュプレヒコール等の安易な手段で達成できるものではない。そのためには、文明史全体を統括しつつ同時代の具体的細事にも目を配る膨大かつ周到な「下準備」が必要だというのである。[72]

4　怖い奴ほど笑わせろ――ラジカル・アンチヒーロー

「作中に見られる人間性の理解と現代文化の絶妙な分析の融合」――これは前出のベローのノーベル文学賞受賞理由であるが、いささか抽象的で隔靴掻痒《かっかそうよう》の感が否めないのは、「面白い」というキーワードが脱落しているからであろう。

スウェーデン・アカデミーのプレスリリースでは、ベロー作品の「面白さ」が以下のように強調されている。

> ベロー特有の非常に面白いピカレスク小説と現代文化の絶妙な分析の融合、つまり娯楽的な冒険譚、痛烈で悲劇的な数々のエピソードが矢継ぎ早に展開し、その合間合間に読者との哲学的会話が折り込まれている――これがまた滅法娯楽的なのである――狂言回しのコメンテーターが、鋭い眼識の持ち主で、人間を行動に駆り立てたり阻止したりする現代のジレンマともいうべき内外の紛糾を奥の奥まで見通し、しかもそれを軽妙洒脱な語り口で解説してくれる。[73]（傍点は筆者による）

出版社の宣伝とも見紛う推奨文を「お堅い」評者に書かせてしまうほどの「娯楽性」ゆえに、アカデミーは授賞に長年二の足を踏んでいたのだろうか。ローマ詩人ホラティウスの『詩論』に通じた人文主義者にとって、「楽しませつつ教える」のは文学の「鉄則」なのだが、アカデミーは、そうした伝統に馴染みのない現代人が「娯楽的」即「軽佻浮薄」と誤解することを怖れたのかもしれない。

いずれにしても読者は、先々の展開が気になって話の筋を追ううち、いつの間にか百家争鳴の思想とその功罪を学ぶことができる。

物語の舞台は、集団の種類の如何にかかわらず「弱者必滅」の掟が支配する「ジャングル」――元人類学者のベローを代弁する「狂言回しのコメンテーター」が、読者を「フィールドワーク」へと案内する。

> 作品の組立は大まかに見えるが、接合部の間隙は、種々様々な社会集団を詰め込むために活用されている。各集団は、非常な活気と過酷さを呈し、そこには多彩で鮮明な特徴を持つ個々人がひしめいている。背景の描写も怠りなく、スラムや半スラムを裏側から睥睨《へいげい》するマンハッタンの高層建築群、悪徳業者と手練《てだ》れのギャングが鬱蒼と絡み合った「ジャングル都市」シカゴ、あるいは（作者の想像の産物である）アフリカ奥地の文字通りのジャングルが舞台となっている。[74]

このような環境に適した人物といえば、通常ハードボイルド的タフガイと相場が決まっている。ところがベローの「コメンテーター」（主人公または語り手）は、それとは正反対の「アンチヒーロー」タイプで、ガイドとしては甚だ心許ない。

大半の読者よりも世情に疎いくせに、危ない場所へとむやみに顔を出し、「活躍」するどころか格好の「カモ」になる。そのくせ良心と教養だけは人一倍あり、聞く耳持たぬ「野人」に「人の道」を説いては鼻先であしらわれる。アカデミーのいう「読者との哲学的会話」は、数々の失敗から生まれた喜劇的な「後知恵」から成り立っているのである。

典型的なベロー小説は、同時代の「ジャングル」を徘徊する隙だらけの「アンチヒーロー」を、「一枚上手」の読者がやきもきしながら見守るという「ソフトボイルド・アクション」仕立てになっている。アカデミーによると、この種の「アンチヒーロー」を創作し、一九三〇年代を風靡したバイオレンスとニヒリズムのハードボイルド路線からアメリカ小説を「解放した」ことこそ、ベローの主たる功績であるという。

『宙ぶらりんの男』というタイトルが示すように、激震する世界の中で大多数の人間が「足場」――人間らしい生き方の指針――を喪失している。ベローの「アンチヒーロー」は、数々の欠陥を抱えながらも、人類のために「足場」の存在を信じ、それを確保しようと孤軍奮闘する。挫折は必至だが、不動の信念と絶えざる挑戦が、ベローの主人公を不滅にするというのである。(75)

作者の代理をする主人公は、おしなべて「至高の責務」を担わされている。

オーギー・マーチは、自我を喪失した人間の再生に生涯を賭け（『オーギー・マーチの冒険』［一九五三］）、ユージーン・ヘンダーソンは、「救世主症候群」に取り憑かれてアフリカに渡り（『雨の王ヘンダーソン』［一九五九］）、モーゼズ・ハーツォグは、全人類の生命と文明の存続に頭を悩ませ（『ハーツォグ』［一九六四］）、ホロコーストの奇跡的生還者アルトゥール・サムラーは、宇宙開発に浮かれる人類の未来を案じ（『サムラー氏の惑星』［一九七〇］）、チャーリー・シトリーンは、「壊れゆくアメリカ」で生きる意義を探求する（『フンボルトの贈り物』［一九七五］）。

ところが既に見たように、いずれも無類の世間知らずで、大望を果たすどころか、我が身一つ守り切ることができない。

この種の失敗を繰り返す人物――非現実的な理想を振りかざして孤軍奮闘し、現実との著しい落差で失笑を買う人物――といえば、誰もが即座に「ドン・キホーテ」を連想することであろう。「曲がったものを真直ぐにする」と見得を切るドン・キホーテは、年齢のせいで「曲がった」腰を「真直ぐにする」ことさえできない（後編第六章）。

ベロー作品のうち、『オーギー・マーチの冒険』、『雨の王ヘンダーソン』、『ハーツォグ』が『ドン・キホーテ』を典拠としていることが定説になっている。[76] 主人公が見果てぬ夢を追っている点で、ここに『フンボルトの贈り物』と『サムラー氏の惑星』を加えることもできよう。

『ドン・キホーテ』に対するベローの関心は高く、一九三〇年代、下宿の壁にドーミエ作『ドン・キホーテ』のポスターを貼っていた。[77] 一九四七年、ミネソタ大学の学生のヨーロッパ旅行に付き添った折に、セルバンテスの生地アルカラ・デ・エナレスを訪れ、グラナダでは一人の学生をサンチョ・パンサに見立て、ドン・キホーテよろしく閉園後のヘネラリーフェ離宮（アルハンブラ宮殿の一部）の門をよじ登ったという。[78] また一九五八年には友人から『ドン・キホーテ』の原書を贈られ、注釈から再読を始めたと礼状をしたためている。[79]

スウェーデン・アカデミーのいう現代風「アンチヒーロー」は、むしろドン・キホーテのリバイバルと捉えるべきではないだろうか。（ただ、主人公のふがいなさ、信じやすさ・騙されやすさという点では、『オーギー・マーチの冒険』、『ハーツォグ』、『サムラー氏の惑星』、『フンボルトの贈り物』は、ヴォルテールが『ドン・キホーテ』を翻案した『カンディード』［一七五九］にも類似している。[80]『ヴォルテール書簡全集』の諸処に見られるように、『ドン・キホーテ』の熱烈な愛読者ヴォルテールは、「不幸な者のドン・キホーテ」を自称していた。[81]）

またスウェーデン・アカデミーは、人間性に固執するベローの主人公の健気さを称揚しているが、ベロー作品の場合、主人公の言動だけに注目すると、作品の全体構想を見失う恐れがある。

ベローが手本とした『ドン・キホーテ』〔や『カンディード』〕の主人公は、多くの場合、騒々しい冒険や失敗譚の合間に意味深長な政治・哲学・宗教・文化論を紛れ込ませるための「デコイ」（おとり）や「ダミー」として用いられているからである。

『ドン・キホーテ』は、周知のように、「騎士道物語攻撃」を目標として書かれ（前編「序文」）、作中には「騎士道物語」という語で総称される反人文主義的（反理性的）文学の諸ジャンルに対する批判が満載されている。[82] そして人文主義作家のベローも、前節で確認したように、二〇世紀文芸・思想の反理性的な新思潮に対して、「時代の汚水」、「知識人のお荷物」、「文化の泥沼」その他、罵詈雑言の限りを尽くしている。

『ドン・キホーテ』前編では、「騎士道物語」が「失政」を「善政」と錯覚させる点において排撃の対象となり、後編では、国家の「失政」を未然に防ぐための詩人（作家）の責務が中心主題となっている。詳細は紙面の都合上割愛するが、拙著『ベン・ジョンソンとセルバンテス』で検討したように、セルバンテスは、文学作品の優劣を決定する第一の基準を、個人にあっては幸福な生活、国家においては最大多数の福利に貢献できるか否かに置いていた。[83]

ノーベル賞受賞記念講演でベローは、小説の執筆を「現在人間がなしうる最高の活動」と宣言しているが、[84] セルバンテスも詩学（文学）をあらゆる学問の頂点と見做していた。「詩学（文学）は諸学を従え、諸学は詩学より権威を賜る」（後編第十六章）――「狂気の晴れ間」のドン・キホーテの口を借りて、セルバンテスは、詩学が法学や神学さえ屈従させる「学問の女王」だと断言する。

……したがって王侯が、賢明で心正しく冷静な臣下の中に類い稀なる詩才を見出した時には、これを称え、尊び、豊かにするばかりか、何人もこれを侵すべからざる徴として、雷《いかずち》も貫く能わざる木の葉（月桂樹）で編んだ冠をかぶせるのですぞ。（後編第十六章）(85)

セルバンテスのこの詩人像が、「人類の非公式の立法者」として「至高の責務を果たすべく運命づけられた『聖人』」というベローの作家像と一致していることが確認できよう。しかしながら、「聖人」には「殉教」が付き物であり、書きたいことを書くたびに「雷」に見舞われていては、生命がいくつあっても足りない。たとえば『ドン・キホーテ』後編第一章では、二度目の遍歴から帰ったドン・キホーテが、見舞いにきた司祭と床屋を相手に、国家の変革について熱い議論を交わす。

彼らは国家機構をすっかり精錬し直した――それはあたかも国家をまるごと鍛冶屋の炉に放り込み、入れた時とは全く別の形に打ち直すような作業であった。

絶対王制のスペインを火中に放り込み、「全く別の形（文脈から明らかに民主制）に打ち直す」というのであるから、穏やかではない。しかも、近年国王に上程された政策が悉く空理空論か国家に災厄を為すようなものばかりであり、例言すれば、仮想敵国トルコに対して先頃計上された巨額の軍事費など全くの無駄金という「放言」がこれに続く。

当時この種の事項を印刷出版すれば、たちまち叛逆罪で死刑は必至である。

そこで稼働された手段が、英雄風を戯画化した「擬似英雄詩体」（モックヒロイック）という「隠れ蓑」であった。

三人が言いたい放題を尽くした直後に、司祭の不用意な失言から、一旦正気に戻っていたドン・キホーテの狂気がぶり返し、大騒動が持ち上がって国家の改革論は有耶無耶になる。

またセルバンテスは、後編（一六一五）第六五章で、一六〇九年から一六一三年まで（やがてスペイン国力衰退の原因となる）モーロ人追放政策を主導したフェリーペ三世とドン・ベルナルディーノ・デ・べラスコ大佐の実名を挙げてその苛酷さに言及している。[86]それに先立つ第五四章では、追放令に逆らうかのように、追放されたモーロ人のリコーテを「密入国」させ、同章に「この物語に関わりがあり、他のいかなる物語にも決して関わりのないことを扱う章」——つまり物語の核心ともいうべき章——という解説を付けている。さらに第八章では、小説の「原作者」とされているモーロ人シーデ・ハメーテ・ベネンヘーリに「アラーは讃うべきかな！」という祈りを三度も唱えさせるという念の入れようである。

その他『ドン・キホーテ』には、前後編を通して、スペイン王室の失政やカトリック教会の不寛容を揶揄する「危険な」箇所が数限りなく差し挟まれているが、[87]いずれも主人公の狂気をめぐるドタバタによって読者の注意力が巧妙に攪乱されている。『ドン・キホーテ』が汎ヨーロッパ的ベストセラーになったにもかかわらず、所詮「狂人を扱った滑稽本」ということで、権力筋からは見過ごされたらしい。かくして作者は異端審問の、小説は禁書目録の炎を免れたという次第であった。

それから時代は三世紀以上下り、数々の市民革命を経て、世界に冠たる民主国アメリカに居住するベローも、『ドン・キホーテ』の作者セルバンテスの方式に倣って「危ない橋」を渡る。

ベストセラー小説の『ハーツォグ』について、ベローは、アメリカの政治家が文学に無関心だから助かったものの、文学の検閲に余念がないスターリン治下のソ連なら、間違いなく「粛清」の対象になっていただろうと述懐している(88)。

主人公の名はモーゼズ［モーセの英語名］・ハーツォグ――『オーギー・マーチの冒険』の主人公が出現を待ち望んだ「人類を率いて大脱出を決行する「第二のモーセ」」として命名されている。

将来を嘱望された大学の哲学教授ハーツォグは、ロマン主義を批判的観点から研究するが、その目的は、現代にまで及ぶロマン主義思潮の弊害を食い止め、人類に新たな生き方を提起することにある（四五五頁）。（ロマン主義の語源となった騎士道物語の影響を断って全うな人生の歩み方を説く『ドン・キホーテ』の現代版といえるであろう。）

二度目の結婚から数年後、妻マドリンと共に親友ヴァレンタイン・ガーズバッハ一家の住むマサチューセッツの小村に、二〇エーカーの所有地に建つ古びたサマーハウスを父の遺産で購入して居を構え、哲学のライフワークに取り組み、一女も誕生するが、ヘーゲルまで来た時点で研究が行き詰まり（四二二頁）、若い妻も田舎暮らしに一年で音を上げ、妻の勧めでヴァレンタイン一家と共にハーツォグが育ったシカゴへと移住する。

一年後の十一月、妻マドリンが一方的に離婚を申し渡し、ハーツォグは家を追い出される。傷心のハーツォグは、大学を休職してヨーロッパへと旅立つが、四ヵ月後に舞い戻ると、就職口まで世話した親友ヴァレンタインが妻の不倫の相手と判明し、錯乱状態に陥る。ニューヨークへ移ったハーツォグは、夜間大学の成人講座で愛人ラモーナを獲得するが、憤懣やるかたなく、講義もしどろもどろになり、スーツケースに便箋を詰めて、ニューヨーク、マサチューセッツ、シカゴを巡り歩き、友人知己、家族、新聞社、官辺筋、同僚、歴史上の人物に至るまで、出す当てのない無数の手紙を手当たり次第に書きなぐる……

この筋書だけを見ていると主人公に同情したくなるかもしれないが、ハーツォグは元来喜劇的人物――「受難する道化」(四二七頁)――として意図されている。四七歳で新調した夏のジャケットが白地に赤のストライプということから推して知るべし。モリエールの『ジョルジュ・ダンダン』に代表されるように、ヨーロッパ文学の伝統において「寝取られ男」は、年甲斐もなく若い妻を娶った「罰」として、社会的嘲笑の的となるのが定石とされている。(ただしロマン主義以降の読者は、この種の人物やドン・キホーテにまで同情を示す傾向がある。)(89)

ベローのモットーは、ドレフュス事件に取り組んだゾラの「私は弾劾する」ではなく、「私は自分を弾劾する」――小説家は「笑われていくら」の仕事であるという。(90)

ベロー自身をモデルとしたハーツォグは、移民の四人兄弟の末子として過保護に育ったため、一足先に辛酸を嘗めた兄や姉に比べて夢見がちで世事に疎い。寒村では型通り研究と古屋の修理に没頭して若い妻を顧みず、義足を付けながらも精悍な親友と二人きりにさせておけばどういうことになるのかも予想できない。妻との不仲を当の親友に相談し、離婚の傷心を癒すためと称して大学に長期休暇を要求し、その間ヨーロッパを渡り歩くために長兄から金を借り、旅先のアバンチュールで淋病に感染し、不面目な治療によって完治する。不倫が発覚してからも、高圧的な妻と親友に向かって強い態度が取れず、若く美しい妻マドリンに魅せられた弁護士と精神分析医に裏切られ、マドリンの親戚にはいいようにあしらわれる始末。

やがて夏休みに入り、かくなる上は、昔、命を救ったことのある女友達(今は結婚している)に慰めてもらおうと臆面もなくヴィニヤード・ヘイヴンの避暑地を訪ねるが、さすがに我が身のふがいなさを恥じて書置きを残して退去する。ニューヨークのアパートに戻ったところに愛人のラモーナから電話があり、結婚を回避するため遠ざかっていたのに誘惑に乗ってしまう。一方で幼い娘のことが気にかかり、友人のルーカス・アスファルターに仲立ちを頼んで面会にまで漕ぎ着けるが、娘を載せた車で追突事故を起こし、万が一の復讐用にというドン・キホーテ的衝動に任せて（七〇七頁）不法に所持していた父の形見のピストルが警官に見咎められ、駆け付けた妻に嘲笑されながら留置所送りとなる。

次兄に泣きついて保釈金を工面してもらい、サマーハウスへと帰ったハーツォグであるが、精神の不安定をいぶかる次兄から執拗に入院を勧められ、新たな窮地に陥る。そこへ颯爽と登場するのが「白馬の王子」ならぬ「ベンツの麗人」ラモーナ。次兄はこんなにゴージャスな美女がお相手なら「正常」なのだろうと判断し、ハーツォグを放免する。長らく放置して荒れ放題になっていたサマーハウスの修復が進むとともに、ハーツォグは平常心を取り戻していくのであった。

ハーツォグの心に次々と湧き上がる疾風怒濤の中に逐一読者を巻き込んで撹乱しながら、ベローは、当時の政情に関する極度に過激な発言を紛れ込ませている。

ヴィニヤード・ヘイヴンへと向かう列車内で読むために購入した『ニューヨークタイムズ』に漫然と目を通すうち、元来政治に無関心であったハーツォグが突如政治意識に目覚め、「ヴォルテール流の諷刺精神」に駆られて、最も「核心」的な問題を提起すべく、同紙への投書をしたためる。

——［自問自答しながら］核心に触れよ。だが、何が核心というのか？　核心は、［ワシントンとモスクワに］人類を絶滅させうる連中が棲息しており、あいつらが馬鹿で傲慢な狂人であること、しかもそれだけはおやめ下さいと奴らに縋りつかねばならないこと。人類の敵を退陣させせよ！

——「どの社会にも、他の成員にとって危険極まりない輩が存在します。といっても、犯罪者ではありません。犯罪に対しては刑罰が規定されていますから。危険なのは統治する立場にある連中です。最も危険な輩が例外なく権力を欲しがるのです」

——「編集長殿、人類を皆殺しにできる権力層の奴隷となるのが我々の運命なのです」（『ハーツォグ』四六七頁）

米ソの権力者をつかまえてハーツォグは「人類を絶滅させうる」「馬鹿で傲慢な狂人」と呼び、それが人類の「核心」問題であると三度も繰り返しているが、具体的に誰を指すのか、この時点では必ずしも明確にされていない。

ベローは、身の安全のために、この発言を掻き消すため、直後に子供の好きな童謡に始まる様々な心象風景を四六頁ばかり挿入する。そして友人夫婦の別荘に到着したハーツォグが、客間の窓からバーボンのグラスを片手に燃えるような日没を見届けた後、ようやくその正体が特定される。

穏やかな上空をヘリコプターが一機、ハイアニスポートへ向かっていた。ケネディ一家が住んでいた所へ［サマーハウスがあった］。かつてはそこで大きな営みが行われていた。我々が知る由もない国家権力の営みが。ハーツォグは永遠不帰の客となった大統領に思いを馳せ、胸が張り裂けそうであった。（『ハーツォグ』五一三頁）

先の引用で、ハーツォグは二大国の最高権力者がいずれも極め付きの「馬鹿で傲慢な狂人」であると断定した。小説の執筆時、緊張緩和と軍縮政策の推進者であったソ連首相・第一書記のフルシチョフは失墜していなかったので、「権力を欲しがる」「最も危険な輩」は、ケネディ暗殺後、副大統領から大統領へと昇格したリンドン・ジョンソン（在任一九六三－六九）とその陣営を主に指していることになる。「人類の敵を退陣させよ」とハーツォグは叫ぶが、ベローが『ハーツォグ』を執筆していた時、大統領に無制限ともいうべき戦争遂行権限を付与したトンキン湾事件（一九六四年八月）はまだ発生していなかった。アメリカがベトナム戦争に本格介入する以前に、「名誉棄損」になりかねない罵詈雑言を、これほどの確信をもって現職のジョンソン大統領に向かって浴びせうる根拠は一体どこにあったのだろうか。

5　ＪＦＫの悲劇と軍産複合体

一九六三年十一月二二日に起きたジョン・Ｆ・ケネディ大統領暗殺は、その後の世界史を塗り替える大事件であった。

その直前までに米ソは大きく歩み寄り、ほどなく冷戦が終結しようとしていたのである。スターリン個人崇拝を批判し、平和共存路線を打ち出していたニキタ・フルシチョフ首相は、ケネディの訃報に接した瞬間泣き崩れ、何日も執務室の中を徘徊し、職務が手につかなかったという[91]。

着任以来ケネディは、前任者のアイゼンハワーが跳梁を許していた軍部とＣＩＡに対して単独で果敢な戦いを挑んできた。時には圧力に屈することもあったが、総じて見れば華々しい勝利であった。

一九六一年一月、ケネディは、着任早々ピッグズ湾事件に直面する。アイゼンハワーがやり残したキューバ侵攻作戦を押し付けられたケネディは、四月に亡命キューバ人から成る反カストロ軍がピッグズ湾上陸を決行した時に、軍部に逆らって援護のための空爆を禁止し、計画を挫折させた。各方面から「大失態」との非難が巻き起こったが、ケネディは、敗北よりも、アメリカが侵略国としての烙印を押されることを恐れたのである。(92)

ピッグズ湾事件を通して軍事顧問団の頑迷さに不審を抱いたケネディは、人事に大鉈を振るう。統合参謀本部議長のライマン・レムニッツァーとCIA長官のアレン・ダレスを解任し、後任にマックスウェル・テーラーとジョン・マコーンをそれぞれ指名した。またCIA副長官のリチャード・ビッセルとチャールズ・キャベル将軍(ピッグズ湾侵攻の主導者)も罷免し、CIA予算を二〇%削減した上で、弟の司法長官ロバート・ケネディの監視下にCIAを置いた。(93)

一九六二年十月十四日、アメリカの偵察機がキューバに配備されたソ連のミサイルの写真を持ち帰り、キューバ危機が発生する。米国軍部は空爆を進言し、世界は核戦争の瀬戸際まで追い込まれたが、ケネディは頑として応じず、海上封鎖を代用した。そしてフルシチョフと交渉の末、キューバのミサイルを撤去すれば米軍は侵攻を中止するとの約束を取り交わし、奇跡的に危機を回避したのである。(94)

キューバ侵攻の夢が破れた米国軍部はケネディの「手緩さ」に激昂し、ソ連の高官はフルシチョフを臆病者と罵った。(95)米ソの共存を真剣に希求していたケネディとフルシチョフは、まさしくその平和志向のゆえに、前者は暗殺、後者は失脚によってそれぞれの権力を剝奪されることになる。

一九六三年五月、ケネディは、軍部が一万六〇〇〇人以上にまで増員させていたベトナムの米兵を段階的に撤退させる決意を固め、十月十一日、同年末から一九六五年の年末にかけての撤退計画を記したＮＳＡＭ（国家安全保障行動覚書）第二六三号に署名した。[96]

一九六三年六月、ケネディは、アメリカン大学の卒業式で冷戦の終結を訴える演説を行い、七月二五日には米・ソ・英が史上初の核軍縮協約に署名した。九月二四日、大気圏内での核実験を禁止する部分的核実験禁止条約が八〇対十九で米国上院を通過し、十月七日に批准される。[97]

こうした一連の努力の中でキューバのカストロの態度も軟化し、四月にはアメリカが望めば関係の正常化もありうるとの歩み寄りを示すようになっていた。[98]

ピッグズ湾侵攻の頓挫、ＣＩＡの弱体化、キューバ危機の解消、核実験禁止条約の締結、宇宙開発競争の放棄等々、冷戦終結を画策する数々の「背信行為」に軍部とＣＩＡは業を煮やし、一九六三年十一月、タカ派は共和党のネルソン・ロックフェラーを次期大統領候補に立てた。[99]

これに対抗すべく遊説を開始していたケネディは、一九六三年十一月二二日、テキサス州のダラス市内をパレード中に凶弾に斃《たお》れる。

ケネディの死によって副大統領から大統領に昇格したジョンソンは、その四日後に北ベトナムへのアメリカ軍の関与を可能にするＮＳＡＭ第二七三号に署名し、米兵の段階的撤退計画を無効にした。翌一九六四年八月、ジョンソン政権はトンキン湾事件（米国の駆逐艦二隻が北ベトナムの魚雷艇に攻撃されたと報道した）を捏造して、これを口実に本格的な北ベトナム爆撃を開始する。[100]

米ソ関係は急速に悪化し、ケネディの平和の誓いは、ジョンソン、ニクソン、フォード、［カーター］、レーガンによって順次撤回され、アメリカは民主国から抑圧的交戦国へと逆戻りすることになったのである。[101]

ジョンソン大統領が結成したウォーレン委員会の公式見解では、ケネディの暗殺はリー・オズワルド単独の計画による偶発的な事件と発表されている。

しかしながら、犯人とされるオズワルドがその夏ニューオーリンズに滞在していたことから暗殺事件に関わったニューオーリンズ州の地方検事ジム・ギャリソンは、独自に事件を洗い直し、その後長年にわたってウォーレン委員会の不備を順次暴き出し、組織的犯行説を提示するに至った。

ケネディ大統領の暗殺に政府内組織が関わっているというギャリソンの説は、当時、荒唐無稽な「陰謀論」として一笑に付されがちであった。

だが事件から二〇年ばかり経過し、一九七一年のペンタゴン機密文書の漏洩によるベトナム戦争の真相発覚（元国防省研究員ダニエル・エルズバーグが複数の新聞社に同文書を分割して流すことにより、ベトナム戦争が当初からアメリカ側によって仕組まれていたことを暴露した）[102]、一九七二年のウォーターゲート事件（ニクソン大統領が民主党本部の電話盗聴に関与した――ちなみにこの事件によってエルズバーグは不起訴となる）、一九八六年のレーガン政権によるイラン・コントラ事件等、政府による大規模な陰謀が次々に暴かれるに及んで、政府内組織による大統領暗殺計画も、もはや絵空事とは言えなくなった。一九八八年、ギャリソンはそれまでの調査結果を『暗殺犯の追跡』（邦題『ＪＦＫ――ケネディ殺人犯を追え』）として出版し[103]、一九九一年、同書は『ＪＦＫ』として映画化された。

詳細は紙面の都合上割愛するが、ギャリソンの指摘の中で主要な点を以下に挙げておく。

(1)　ダラス市内のパレード・ルートが当初予定されていた見通しのきくメインストリート一直線から倉庫の立ち並ぶ（狙撃犯が隠れやすい）区域へと右折するよう直前に変更されていたこと。さらに、ウォーレン委員会の報告書からパレード・ルートの地図が切り取られていたこと[104]。

(2)行事を司った当時のダラス市長アール・キャベルが、一九六二年二月にピッグズ湾事件の際に罷免され、その後ケネディに対する強い怨嗟を抱いていたCIA副長官チャールズ・キャベル将軍の兄弟であったこと。[105]

(3)複数の銃声を聞いた目撃者が何人も存在するにもかかわらず、ケネディの遺体から脳が持ち去られ、オズワルド単独の犯行とされたこと（単独犯であれば陰謀の可能性がなくなる）。またオズワルドが取調べ前にダラス警察署の地下でジャック・ルビーによって射殺されたこと（オズワルドは一時期FBIの秘密エージェントであった[106]）。

(4)ウォーレン委員会（ケネディに罷免された元CIA長官ダレスを含む）の報告書を不服として一九七八‐七九年に下院暗殺特別委員会が結成され、ケネディが陰謀によって暗殺された可能性が高いという結論を出し、新たな報告書を司法省に提出したにもかかわらず、その後何の動きもなかったこと。[107]

以上の状況から、ギャリソンは、ケネディの暗殺が、アメリカの狂信的反共主義団体があらかじめ教唆扇動した一種の「クーデター」であり、CIAの秘密工作員や政府外の帮助者が実行し、これと意を同じくするFBI、大統領護衛係、ダラス警察の関係者が隠蔽したもので、その目的は、ソ連やキューバとのデタントを通して冷戦を終結させようとしていたケネディの活動を封じることにあったと結論付けている。[108]

ケネディ暗殺直後にベローが『ハーツォグ』を書いていた間、ギャリソンが挙げたような状況証拠はまだ揃うべくもなかったが、ギャリソンが主張するような仮説は、多くの国民が暗黙の裡に想像していたことであった。

ただ、『ハーツォグ』が画期的なのは、ギャリソンが挙げている個人や団体の背後に潜む、さらに大きな力を示唆している点にある。ケネディの前任者アイゼンハワーの時代以前からそれは存在していた。「人類の敵」発言の十五頁後、ヴィニヤード・ヘイヴンに向かう列車の中で、ハーツォグは一九五二年と一九五六年の大統領選挙でアイゼンハワーに敗れた民主党のアドレー・スティーブンソンに手紙を書く。人文主義的精神で知識人を活用し、知性の政治を目指していたスティーブンソンにハーツォグは一票投じたが、大衆受けのする低俗さをアピールしたアイゼンハワー元帥に勝利を奪われてしまったという内容である（四八二頁）。

この三二頁後に前述したケネディの死への言及があり、その後、前妻デイジーとの間の息子、ラモーナ以前の愛人ソノ・オグキ、マドリンとの付き合いから結婚生活まで、デイジーとの別れ、カナダの子供時代、ハーツォグ家の歴史、ラモーナからの誘いの電話と身支度等、六五頁分のエピソードを並べ、ケネディの印象もすっかり薄れ、「安全」になりかけた頃に、ケネディの前任者アイゼンハワー元大統領に宛てた長い手紙が始まる。

ハーツォグは、ジャーナリストでスピーチライターも務めたエメット・ヒューズがアイゼンハワーの退任後に出版した『権力の試練——アイゼンハワー時代の政治回顧録』（一九六三）[109]を読み、同大統領が「精神的価値」の必要性を知りながらも、そうしたものを認めない取巻き連によって「不都合な」情報から遮断され、孤立していたことを知った（五七九頁）。

ハーツォグによると、アイゼンハワー大統領の苦境を如実に物語るのが、一九六〇年、政権の終盤に組織された国家目的委員会の報告書であった。

そもそも大統領が指名した委員会の顔ぶれがいかがわしすぎる——大会社の顧問弁護士、巨大企業の幹部、「産業政治家」と呼ばれる面々――これが国家目的を考えるのに最高の人選と言えるのか。出来上がった報告書を見ると、予想通り、国民にとっては「共産主義の敵」との闘争心が最優先事項とされ、大統領メモにもそう明記されていた。[110]

グレシャムの法則をもじって「公共生活は私生活を駆逐する」とハーツォグは糾弾する。

〔報告書の骨子を〕簡潔にまとめると、国家の目的は、人間の生活には不要だが国家の政治的存続のためには必要な製品〔軍需品〕の製造のためにあるということになります。我々国民はこのGNPという現象に巻き込まれ、欺瞞に満ちた空理空論を神聖なものとして崇めるよう、蔑むべき香具師《やし》――がま〔原語は蛇〕の油売り――から変身したばかりの「大祭司」に強制されているのです。（中略）以上の状況は深刻極まりなく、搾取と支配の策を弄して国民の私生活（性生活を含む）の領域を侵犯しているのです。（五八〇頁）

「国家の目的は、人間の生活には不要だが国家の政治的存続のためには必要な製品の製造にある」――この部分から当時のアメリカ人の多くが、一九六一年一月のアイゼンハワーの退任演説における「軍産複合体」という言葉を想起した可能性が高い。

退任時のアイゼンハワーは、自らが招いた壊滅的な状況を少なくとも理解はしていた。タカ派の科学者と軍事顧問の圧力に屈して、政権中に作り上げた終末兵器の数々を後継者のケネディに移譲することになり、慚愧《ざんき》の念に堪えなかったようである。[111] 初代大統領ジョージ・ワシントンの頃、アメリカ国民は外国の脅威に備えるだけで済んだが、アイゼンハワー大統領の時代には、アメリカの軍隊と関連産業がアメリカ国民の生活を脅かすようになっていた。

「軍産複合体」(military-industrial complex) というインパクトの強い語を用いて、アイゼンハワーはその脅威をアメリカ国民に切々と訴えた。

巨大な軍隊と巨大な軍需産業の結合を、アメリカは史上初めて体験しています。両者を統合した経済的・社会的・政治的影響力は、国内の全都市、全州、全世帯、連邦政府の全局に及んでいます。……我々は、この深刻な状況を見誤ってはなりません。それは我々の労苦、資産、生計のすべてに及び、この社会構造そのものに及んでいるのです。軍産複合体が、政府の各種審議会において、否応なしに不当な影響力を奮わぬよう警戒せねばなりません。……この複合体の圧力に、国民の自由や民主主義の遂行を脅かさせてはなりません。……聡明かつ鋭敏な国民だけが、巨大な防衛産業と軍隊の複合体を平和的な手段及び目的と首尾よく調和させ、安全と自由の共存を実現することができるのです。(112)

「軍産複合体」という言葉は、元ローレンス・リバモア研究所長で物理学者のハーバート・ヨークがアイゼンハワーの退任演説で使用するために提言したものであった。(113)

『ニューヨークタイムズ』はこれを受けて独自の調査を行い、約八一〇億ドルの国家予算のうち軍事費が五九%を占め、国防省が三二〇億ドル相当の不動産を管理していることを指摘した。(114)

第二次世界大戦のノルマンディー上陸作戦の元帥アイゼンハワーが、「軍産複合体」の圧力にひれ伏し、それが「政府の各種審議会において、否応なしに不当な影響力」を奮うままに任せておいたのに対して、文民出身のケネディは、元元帥のアイゼンハワーが怖れてできなかったことを、単独かつ丸腰で敢行した結果、暗殺されたのであった。

『ハーツォグ』は、一九六四年九月、ケネディの死から十カ月後に出版された。ベローはこの作品を三年がかりで書き上げ、ほぼ完成という時点でケネディの惨事が発生したという。[115]

『ハーツォグ』の筋書きのモデルになっているベローの二番目の妻ソンドラ（アレクサンドラ）の不倫問題と離婚騒動は、一九五八－六〇年の出来事であり、小説を執筆していた時、既にベローは三番目の妻スーザンと再婚していた。[116]

一九六二年五月に、ベローは、ド・ゴール政権の文化相で小説家のアンドレ・マルローを囲む晩餐会に、劇作家のアーサー・ミラーとテネシー・ウィリアムズ、作曲家のバーンスタイン、振付家のバランシン、画家のマーク・ロスコーその他の文化人と共にケネディのホワイトハウスに招かれた折、妻のスーザンがケネディをレッドルームの片隅に追い詰めて政治問題で質問攻めにする様子を間近で観察した思い出がある。その折、ただ一つ気にかかったのは、ケネディがゲストそっちのけでチェースマンハッタン銀行のデービッド・ロックフェラーと財政問題の会話に余念がなかったことであった。[117]

『ハーツォグ』で注目されるのは、ハーツォグが突然一方的に妻から家を追い出される日がケネディ暗殺の一九六三年十一月に設定されていることである。小説の時間を、一九六三年十一月のケネディ暗殺事件直後の時期へと意図的に繰り下げることにより、主人公ハーツォグの悲嘆と指導者を失った米国民の悲劇が重なるように設定したのである。[118]

一九六四年九月二〇日、『ニューヨークタイムズ・ブックレビュー』は、『ハーツォグ』に込めた作者の真意を汲み取り、「どん底から這い上がる道」と題した書評を掲載した。評者はジュリアン・モイナハンである。[119]

四〇代半ばの哲学者ハーツォグは、個人の存在および自我の発達の再生を使命とする一大難業に挑むが、親友に妻を寝取られた事件を契機に、当の自分が父親、愛人、夫、学者、著作家、いずれの立場においても落伍者であることを痛感して精神が分裂し、自己崩壊に向かうという皮肉な運命を辿る。猛り狂ったハーツォグは、同時代のリスク論の蔓延、ディオニュソス崇拝のリバイバル、終末論の流行等を痛烈に批判する。そして最後に到達した不条理な結論は、心の平衡がもし得られるとすれば、それは心の不安定な状態からというパラドックス。

ひたすら吹き荒れたところで、朽ち果てたサマーハウスの電気が復旧した途端、ハーツォグは自らの生命力だけを頼りに静まりかえり、立ち直る。最後の言葉は、「誰にも何も言うことはない」……

作品が扱う問題は、主人公のハーツォグ一人に関わるものではない。我々は生きるために恐ろしい深淵だらけの時代を潜り抜けるよう強いられ、古い平衡や精神の健全性の定義はもはや通用しない。しかし、これらが示そうとした理想はわずかながらも残っている。我々が曝されている暴力の脅威に対して、公人や芸術家や理論家が提供する終末論、暴力論、酷評はもう沢山だ。怪奇性やホラーにはつくづく飽きた。［荘厳な嘆きよりも、喜劇の方が「男らしい」というのがベローのモットーであった。[120]］

ハーツォグの「手紙」は、いずれも衒学的な注釈を抜きにして、現代の社会と文化が抱える問題の核心へと斬り込み、読者の知性に直接訴えかける。「手紙」はすべて責任を持って書かれ、時代に対する「クレド」を表明している。ハーツォグの膨大な「手紙」は、図書館という図書館の本はすべて読破したという博識者ベローが後世のために記録した「文明の声」なのである。

評者のモイナハンは以下のように締め括る。

ベローの論議は、最新の問題を扱いながらも永続性を持つ。『ハーツォグ』は斬新にして古典的だ。暗澹たる昨年［のケネディ暗殺事件］の後、今回の出版は、事態がアメリカ及びアメリカ文明にとってまだ上向きであることを証明してくれる。

書評「どん底から這い上がる道」が出た後、『ハーツォグ』は四二週連続のベストセラーを記録した[121]。前述したように、『ハーツォグ』出版の翌年一月、ベローはジョンソン大統領の就任式へ招待され、これを辞退したが、ベトナム戦争反対運動を懐柔する目的でジョンソンが同年六月十三日にホワイトハウスで催した芸術祭には、戦争への反対声明を出していたにもかかわらず、出席している。ジョンソンの人となりを直接観察するために敢えて応じたのかもしれないし、『学生部長の十二月』（一九八二）でジョンソンの「締め上げ手口」に言及していることから（八〇一頁）、何らかの形で強い圧力が働いたのかもしれない。

いずれにしても、ベローがホワイトハウスで朗読したのは『ハーツォグ』の一節であり、この小説にはジョンソンに叩きつけるべき上述の部分が含まれていた。

核心は、人類を絶滅させうる連中が棲息しており、あいつらが馬鹿で傲慢な狂人であること、しかもそれだけはおやめ下さいと奴らに縋りつかねばならないこと。人類の敵を退陣させせよ！

第4章　ツァラトゥストラと共に海を渡る——もう一人のノーベル賞作家

1　アポロ十一号と『六九年のディオニュソス』——権力闘争の下部構造

ケネディ大統領が暗殺された一九六三年十一月二二日は、いわば平和と民主主義の「命日」であった。その余波が「保守派ルネサンス」という現象にまで増幅し、千年紀の変わり目まで尾を引き続けたからである。

二〇〇〇年に出版した最後の小説『ラヴェルスタイン』においてもなお、ベローは「メメント・ケネディ」（ケネディを忘れるな）に読者の注意を喚起している。

死期が近づいたラヴェルスタイン［ブルーム］は、自分の伝記の見本の一つとして、ジョン・F・ケネディの弟ロバートに関するチック［ベロー］のエッセイを挙げる。

「ボビー［ロバート・F・ケネディ］はワシントン中お前［チック］を連れ回ったそうだな」

「そう。丸一週間」

「面白かったのは、随筆のあの部分だ」とラヴェルスタインは言った。

「上院議員会館の執務室が兄の霊廟になっていたというくだりさ——馬鹿でかいジャック［ジョン］

の油彩の遺影を壁一面に掲げて。追悼の仕方がいささか乱暴すぎるというか……」

『復讐心に燃えて』と表現した」

「リンドン・ジョンソンが仇というわけだな。走り使いの副大統領にすることで体よく追い払ったつもりが、まんまとジャックの後釜に居座ってしまった。そこでボビー［ロバート］がホワイトハウスを取り戻すために武器を取って立ち上がろうとしていたわけだ。恨み骨髄に徹して」（一三六－一三七頁）

ラヴェルスタインは、ケネディ兄弟を心底尊敬していたわけではなく、政治的立場からすると「居なくなって幸い」と思っていたはずだが、何分相手が有名人というだけで左右の見境なく興奮する性質である。死後にケネディ兄弟並みの名声が得られるというだけで、死への恐怖もどこへやらという気分になるらしい。（ベローはこの後、慌てて晩年のエリザベス・テーラーの話題に切り換える。）

一九六六年六月、ベローは『ライフ』誌の依頼により、ロバート・ケネディ上院議員を一週間密着取材したことがあった。三年間の司法長官時代を経て一九六四年からニューヨーク州の上院議員を勤めていたロバートは、ベローに心を許し、特にリンドン・ジョンソンのことなど、詳しい内幕まで教えてくれたが、二言目には「オフレコ」と言い出すので仕事にならないこと夥しい。結局ベローはロバートに情が移りすぎたため、『ライフ』の記事は断ることにした。(1)

ところが、このロバートも、取材から二年後の一九六八年六月五日、ロサンゼルスで狙撃され、翌朝死亡する。ベトナム反戦を掲げて民主党の大統領候補選に出馬し、カリフォルニア州の予備選の勝利が決定した数分後のことであった。(2) ＪＦＫの廉潔な精神を継ぐ大統領出現の望みはここに潰え、アメリカは二重の痛手を負うことになった。

この七年後にベローが出版した『フンボルトの贈り物』(一九七五)は、さながらケネディ兄弟の「霊廟」のようになっている。

ベローの代弁者チャーリー・シトリーンの肩書には、「ピュリッツァー賞受賞者」、「レジオンドヌールの勲爵士」、「詩人の故フォン・フンボルト・フライシャーの相棒で共作者」以外に「故ケネディ大統領と故ケネディ上院議員の友人」という一項目が含まれている(六九九頁)。

『フンボルトの贈り物』には、前述したジョン・F・ケネディがホワイトハウスでベローの妻スーザンを眩しそうに見つめていた様子以外に、ベローのロバート取材の様子も活写されている。

取材の間にすっかり打ち解けた二人の間には、好意のようなものが芽生えた。やや垂れ気味の瞼から覗く虚空のような青い瞳、向学心に燃えたロバート・ケネディは、リムジンで移動する途中も、シトリーンから国を代表する政治家としての素養を熱心に学び取ろうとする――「ウィリアム・ブライアン(政治家、一八六〇‐一九二五)についてはどの程度知っておけばよいのか」、「[H・L・]メンケン(ジャーナリスト、一八八〇‐一九五六)のことを教えてほしい」。数台のキャデラックと白バイの警官、ボディガード、テレビカメラ付きの仰々しいブロンクス地区ハーレムの公園視察。バスケットボールを差し出されたスリムなロバートは、さりげない優雅さで二回シュートを試みて外れるが、赤狐色の豊かな髪を縦に振ってにっこり微笑むと、失敗すらも絵になる。対する共和党のジェーコブ・ジャヴィッツ上院議員は、容姿にハンデを負う分、失敗は許されない。真剣勝負のシュートを決めて拍手をもらうが、余裕のなさがかえって痛々しい(三五四頁)。

離婚した妻のデニーズ[三番目の妻スーザン]によると、ケネディ兄弟を亡くして以来、シトリーン

［ベロー］は、もぬけの殻のようになり、作家として長い不振に喘いでいる。

「ケネディ兄弟が生きていたら、あなたもどんどん本を出せていたのにね。あの人たちの行動を見れば、あなただって責任も分別もある人間にならざるを得ないもの」（四六五頁）

「なぜもう一度六〇年代のワシントンの本に取り組まないの？」（四六六頁）

……シトリーンは、ケネディ時代のワシントンの回想録を書いたことは書いたのだが、お蔵入りになったままである。ジョンソン、ニクソン、フォードと大統領も三代変わり、「この数十年間、政府の最高権力者でまともな人間は世界にほとんどいない」（四八八頁）。今さら政治的理想論に取り組んでどうなるというのか。ケネディの時代も、今となっては「カプチン修道会の設立［一五二九］と同じくらい太古の話になってしまった」（四八〇頁）。

ケネディ兄弟の死を、決して修復され得ないトラウマとすべく、ベローは『フンボルトの贈り物』の中に二人の「遺影」を大きく掲げたのであった。

ベローが敬愛する政治家の暗殺に対する義憤を表明したのは、これが初めてではない。前述したように、一九四〇年の八月、面会を目前にしてトロツキーの遺体に対面したベローは、二年後に追悼作品として、短編小説「メキシコの将軍」（一九四二）を『パーティザン・レビュー』に投稿した。（同じ号にカフカの小品も収録されていることから、当時の同誌の水準の高さが窺える。(3)）

「メキシコの将軍」の主人公のモデルは、トロツキーの元護衛隊長レアンドロ・サラサール警視監である。（サラサールは一九五〇年にトロツキー暗殺事件を扱った『メキシコの殺人』を出版した。）ベローは、暗殺事件の数々の報道写真の中央に抜け目なく顔を出していたサラサールが、パックアロで二人の女性を連れ歩いているのを目撃した。(4)「メキシコの将軍」には、護衛隊長としての責任を逃れうる状況の下で暗殺が起こったのを「幸い」とした「将軍」が、事件後のマスコミ対応で自分を「歴史的人物」として印象付けるために苦心惨憺し、その疲れを癒すために三人の「姪」と称する女性を伴い、鼻の下を長くしてメキシコ南西部の観光地パックアロを訪れる様子が描かれている。（この人物がGPUとどの程度関係があったのかは知る由もない。）

それから十一年後に出版された『オーギー・マーチの冒険』（一九五三）の中で、メキシコを訪れた主人公のオーギー［ベロー］は、先の尖った顎鬚をたたえ、元気旺盛で泰然自若とした六〇歳のトロツキーが年齢も感じさせず、一足飛びに教会の階段を駆け上る姿を垣間見て、トロツキーこそは「巨星を目印に航海し、至高の思想を抱き、最も深遠な言葉を平易な論調で語る人物」との思いを新たにする（八一〇 - 一一頁）。鬚を剃って髪を切り、潜伏するには、誇りが高すぎたのである（八五七 - 六〇頁）。小説では、あたかもトロツキーの栄光を不滅のものとするかのように、トロツキーの存命中にオーギーがメキシコを離れる設定になっている。(5)

暗殺事件の背後にあるのは組織であるが、組織もつまるところ人間の集合である。殺人に何らかの形で関与する人間の精神構造は、一体どのようになっているのだろうか。

この問題を徹底的に追求したのが、ロバート・ケネディ暗殺の二年後に出版された『サムラー氏の惑星』（一九七〇）であった。

『サムラー氏の惑星』は、作家としてのベローの「右傾化」の過渡期に当たり、ニューレフトに対する反動という政治的立場を初めて明確にした作品と言われ、特にPC（政治的公正）の視点から、「家父長主義」・「性差別主義」・「人種差別主義」・「反カウンターカルチャー」という批判を浴びる傾向にある。サムラー、エリア・グルーナー医師、ラル博士という旧世代の道徳観の持ち主以外の人物は、すべてベン・ジョンソンのヒューモア・キャラクターのように、いびつで奇矯な描かれ方をされており、当時の社会問題であった公民権やベトナムに一切触れていないというのである。(6)

しかしながら、『サムラー氏の惑星』を熟読玩味してみると、当時巷に氾濫した凡百の書籍や新聞・雑誌記事よりも、はるかに「過激」な視点から時代の本質を突いていることが認識できる。

たとえば、アポロ十一号が月面着陸した翌年に出版された同作品は、当時世界にほとんど知られていなかった事実――科学技術の最先端を象徴するはずの都市ニューヨークが、深刻な通信危機に陥っていたこと――を暴き出している。公衆電話を捜して延々と三ブロック歩いても、電話線は悉く断ち切られ、電話ボックスが公衆トイレと化している（九頁）。パンアメリカン航空が五一二人目の月旅行の予約を受け付けているというのに（一四一頁）、ニューヨーク市内の会社や家庭の電話は混線してほとんど通じず（一九八-九九頁）、電報は配達されずに下水に捨てられ、郵便物も到着に三日もかかる（一〇一頁）という、発展途上国以下の惨状であった。

主人公のアルトゥール・サムラーは、七〇代半ば過ぎのポーランド出身のユダヤ人である。ワルシャワの新聞の特派員として二〇年近く英国に暮らしていたが、家庭の事情で一時帰国した途端に第二次世界大戦が始まり、妻と共に拘引された。七〇-八〇人が一斉に自らの墓穴を掘らされ、完成したところで中に放り込まれて機銃掃射を浴びせられ、上から土を被せられたが、サムラー一人だけが片目を失った状態で奇跡的に脱出した。墓場への潜伏、パルティザンへの参加を経て難民キャンプにいるところを、一九四七年、アメリカ人の篤志家で親戚筋の医師エリア・グルーナーに名前を見出され、修道院に預けていた娘共々ニューヨークで世話になっている。

二〇世紀最大の叫喚地獄から生還した身であれば、多少の試練には耐えうるはずだが、人間を月に送り込もうとする一九六九年のアメリカ人は、サムラーにとってすら理解不可能な「宇宙人」であり、小説は「不思議の国のサムラー氏」とでも名付けられるべき「心理的SF」仕立てになっている。

ブロードウェーのバス停に向かう途中で、サムラーは毎日、様々なタイプの人間の「複製」に出会う――野蛮人風、アメリカインディアン風、フィジー人風、ダンディ風、野牛ハンター風、無法者風、ゲイ風、色情倒錯者風、シスターボーイ風、女学者風、画家風、王女風、詩人風、山師風、吟遊詩人風、ゲリラ風、チェ・ゲバラ風、トマス・ア・ベケット風等々、道行く人の関心を呼び、自分を「神話化」するために「狂気」を装っているらしい（一一四頁）。

権力と金は持ちすぎると当然人間を狂わせる。ならば狂うことにより、権力と富が手に入るはずとみんなが考えるのも無理はない。権力と金と狂気は三位一体なのである。学者ですら、狂気こそはより高度な認識であるとこぞって主張しているではないか（五〇-五一頁）。

さて狂気の徴候はどこに表れるのか――これについては、ベローが愛読した『ドン・キホーテ』が詳らかに教えてくれている。

シエラ・モレーナの山中に入ったドン・キホーテは、最も尊敬する騎士アマディース・デ・ガウラにあやかるため、思い姫に疎まれたアマディースが「ベルテネーブロス」と呼び名を変え、岩山に引き籠もって狂気の内に重ねた苦行を真似ようとする。ドン・キホーテは、自分の狂乱ぶりを綴ったドゥルシネーアへの恋文をサンチョ・パンサに託し、山を下ろうとするサンチョに、今一度、狂乱の「証拠」を確認させようとする。(この箇所は一五四九年、ベルギーのバンシュで、カール五世の長子フェリーペを皇帝の後継者として承認するために、催された祝祭の中で「ベルテネーブロス」に扮した将来のフェリーペ二世を諷刺したものである。(7))

「待て、サンチョ、使徒信経を唱える間に済ませるからな」

こう言うとドン・キホーテは大急ぎでズボンを脱ぎ捨てて下半身裸になり、ただちに二・三回跳び上がったかと思うと、地面の上で二度ばかり、頭と足を逆にしてとんぼ返りを打った。その際に見たくもない物が露わになったので、辟易したサンチョは、手綱を返し、道を急ぐとともに、これなら主人が狂っていると証言できると十分に納得したのであった。(前編第二五章)

ニーチェの「アポロとディオニュソス」(『悲劇の誕生』)と語呂を合わせたのかどうか、一九六〇年代には、アポロ計画と共に、演劇界ではパフォーマンス・グループの『六九年のディオニュソス』(エウリピデス『バッコス〔ディオニュソス〕の信女』の翻案)やリビングシアターによる観客を巻き込んだヌード上演や舞台上の交接が話題を攫った(二二四頁)。

このようなカウンターカルチャー攻勢の中で、ホロコーストの奇跡的な生き残りというサムラーの履歴は、変人ぶりを競うことで「独自のライフスタイル」を確立しようと躍起になっている連中の猟奇趣味の「垂涎の的」となり、年下の一族や知人が、それぞれの倒錯ぶりを「自慢する」ためにサムラーの元を訪れる。

サムラーは、今や、ニューヨークの変人共の腹心の友、ワイルドな男たちの告解僧、ワイルドな女たちの父祖にして狂気の記録係の役割を負わされているのである（九一頁）。

同じホロコーストの犠牲者ブルッフは、泣きながらフェティシズムを告白し、三年来の未亡人マーゴットは、欲求不満に駆られて心の繋がった性生活の夢を延々と語り、元学生運動家のフェファーは、ベッドルームの乱行譚を自慢し、多情な姪のアンジェラは、金と暇に任せたアバンチュールを微に入り細を穿って打ち明けに来るが、その目的は、サムラーに放辟邪侈《ほうへきじゃし》を感染させ、圧迫感を与えるためである（五二頁）。サムラーは、アンジェラから「年配の難民の中で最もヨーロッパ事情に詳しく、野暮な所がなく、多角的な知性と若々しい精神の持ち主で、新しい現象に心底関心を持っている」（五四頁）ものと一方的に誤解されて迷惑を被っているが、その父グルーナーの食客であるから、無碍《むげ》に断ることもできない。

圧巻は、黒人の掏摸《すり》との遭遇である。黒人がバスの中で巧妙に掏摸を働く現場を目撃したサムラーは、それを本人に見咎められて、アパートのロビーまで跡をつけられ、管理人不在の隙を狙って片隅に追いやられ、脅迫される。その方法が常軌を逸したもので、一切声を出さず、おもむろにズボンのファスナーを開けると巨大な中身を引き摺り出し、とくと見せつけた上で、何事もなかったようにしまい込み、黙って立ち去ったのである。（三八－三九頁）

『サムラー氏の惑星』では、通常この黒人掏摸のエピソードのみが、ベローの「差別意識」との関連で問題視される傾向があるが、ベローの真意は、極めて過激ながら、ほとんど注目されることのない（ように仕組まれている）以下の部分にある。

しかし性的狂気は西洋世界に蔓延していた。サムラーは今も、あるアメリカ大統領が新聞記者団に向かって下半身を露出して見せたという噂を漠然と思い出す。（女性記者には退出を願った上で）これほどのモノをぶら下げている男にこの国を任せられないのかよく確かめよと啖呵《たんか》を切ったそうだ。この話の出所は当然怪しいが、あの大統領ならいかにもありそうなことで、世事に疎いサムラーたちの耳にまで達するほど広く行き渡っている。（『サムラー氏の惑星』五一頁）

歴史家のロバート・ダレクは、一九九八年に出版したリンドン・ジョンソンの伝記の中で、ジョンソンが記者に向かって同種の行為に及んだことに言及している。元国連大使のアーサー・ゴールドバーグ（任期一九六五－六八）によると、数人の記者からベトナム戦争の原因を問い詰められたジョンソンは、激昂してズボンのフライを開けて大きな物を引き出し、「原因はコレだ！」と嘯《うそぶ》いたという。(8)事の本質は、アメリカ社会の頂点に居る大統領の「性的狂気」を、底辺に追いやられている黒人が模倣したことにあると言わねばならない。

このエピソードはまた、性的狂気が大量殺人へと変質する可能性をも示唆している。ホロコーストの被害者サムラーの口を通して、ベローは、革命によって貴族階級の「特権」、特に義務を伴わない性の特権が大衆化される（二五頁）と同時に、もう一つの「特権」である殺人もそうなったという歴史上の事実を指摘する。

サムラーの生命が奪われそうになった。生命が奪われるのを目撃した。サムラーが生命を奪ったこともあった「ドイツ兵を一人殺している」。生命を奪うことは、贅沢華侈の一つであった。王侯が免責抜きの殺人権利をあれほど長く固持したがったのも無理はない。社会の最下層においても、誰もそ

こで起こることに注意を払わなかったため、一種の免責殺人が行われていた。（一一一頁）

革命とは一体何だったのだろうとサムラーは考えてみた。革命によって貴族の特権を奪い、再配分する。平等とはどういうものか？　人間はみな兄弟で友人だということなのか？　いや、エリートの特権をすべて平等化することだ。古来殺人はエリートの特権だ。このために革命は流血へと変化した。ギロチンか？　恐怖政治か？　そんなものはほんの手始めで、些細なものだ。そこにナポレオンが登場する——ヨーロッパ中を血でたっぷり洗い流したギャングの首領。そしてスターリン——スターリンにとって権力の最大の褒賞は、誰にも邪魔されずに殺人を楽しめることだった［ヒトラーも然り］。（一一一 - 一一二頁）

それでは社会の中間階層はどうなのか。

そして社会の中間層は、殺す特権を羨み、崇拝した。中産階級出身の［ジョルジュ・］ソレル［『暴力論』（一九〇八）の著者、ファシズムに影響を与えた］や［シャルル・］モーラス［超国粋主義詩人、ヴィシー政権に協力し、終身禁固刑に処せられる］は、この殺人能力がエリートの印と考えていた。（中略）中産階級は、独自の名誉の基準を作らなかったため、殺人者の魅力に抗うことができなかったのである。（一一二頁）

かくして汎ヨーロッパ規模で二〇世紀最大の大虐殺が実施されるに至った。

そして今、人間は、政治家や官僚や軍人になり、あるいは軍需産業に携わることで間接的に殺しの「特権」を享受している。

ここで注目されるのは、以上のような「狂気」を不可避なものとして正当化する哲学が存在することである。

サムラーのファーストネームの「アルトゥール」は、アルトゥール・ショーペンハウアーのような大哲学者になるようにと名付けられたものであり、サムラーは十六歳の誕生日に『意志と表象としての世界』を母から贈られたという。

「表象のみが意志の力によって圧倒されないことを私は知りました――意志とは宇宙の力であり、万物を駆り立てるのです。万物を盲目にする力であり、世界の内奥から激発する創造力なのです。我々に見えるのは、その表象にすぎません。インド哲学にもあるように、マーヤー〔迷妄〕が人間の経験を見せかけのベールで覆っているのです。そう、考えてもごらんなさい、ショーペンハウアーによると、人体に意志の宿る場所は……」

「どこです？」

「生殖器官が意志の座なのです」

ロビーでのあの掏摸も同じ考えを持っていた。掏摸はマーヤーのベールではなく、例の物を覆っている布をかきわけて、形而上学的な証を見せたというわけである。（『サムラー氏の惑星』一六一－六二頁）

ショーペンハウアーの影響を強く受けたニーチェが書いた『権力への意志』の「意志」も同様の意味で使用されている。

社会の上部にあっては特権の独占を保持しようとし、下部は上部に対してその特権を振り回す。「世界の内奥から激発する創造力」に駆られてアポロを月へ飛ばそうとする「意志」と、同じく「万物を盲目にする力」を扱った『六九年のディオニュソス』の上演によってそれに対抗しようとする「意志」——件の掏摸がショーペンハウアーを直接読んだ可能性はかなり低く、権力闘争を下半身闘争へと還元するのは極論に見えるかもしれないが、当時の時代風潮にあっては、そのことが社会の全階層において明確に意識されていた。

次節で詳述するように、六〇年代の諸問題を扱ったブルームの『アメリカン・マインドの終焉』は、有形無形のニーチェの影響を通して果てしなく大衆化される「性の特権」を、エリートのための教育改革によって特権階級の独占へと取り戻す目的で書かれたものである。ここに同書がベストセラーになったもう一つの「秘密」があった。

2　その名は「ニーチェ」——『アメリカン・マインド』の源泉

本書第1章で紹介したように、アラン・ブルームの『アメリカン・マインドの終焉』の骨子は、二〇世紀後半のアメリカの教育・政治問題が、ドイツからもたらされた諸思想に発するということにあり、同書の目的は、アメリカナイズされた「似非」ドイツ思想を排斥し、ギリシア哲学を用いて「真正ドイツ」の伝統を復活させることにあった。(9)

それではブルームのいう「真正ドイツ」の伝統とはいかなるものなのか。そしてそれを復活させるギリシア哲学とは？——前述の通り『アメリカン・マインドの終焉』では「プラトンからハイデガーに至る」数十人の思想家が引用されているため、答えを見つけ出すのはなかなか容易ではない。

しかしながら、ドイツ思想史の専門家にとって、それはさほど困難なことでもないようだ。ウォルフ・レペニーズの『ドイツにおける文化の誘惑』（二〇〇六）並びにジェニファー・ラトナー＝ローゼンハーゲンの『アメリカン・ニーチェ』（二〇一二）は、いずれもブルームのいう「『真正ドイツ』の伝統」をニーチェ一人に集約している（後述するように、ニーチェの思想はゲーテ以来の伝統に基づいているので、これは特に牽強付会な説ではない）[10]。また、ローレンス・ランパートの『レオ・シュトラウスとニーチェ』（一九九六）を参照すると、シュトラウスおよび弟子のブルームの「ギリシア哲学」をプラトン一人に集約することができる[11]。（前述したように、ブルームはプラトンの『国家』の解説付き翻訳を出版している。）

大学院生時代のブルームが、恩師シュトラウスの言うことを一言一句、絶対的なものとして信じるようになった経緯については既に述べたが[12]、そのシュトラウス自身が、熱烈なニーチェ主義者であった。シュトラウスは「二二歳から三〇歳までニーチェに心を奪われ、ニーチェについて理解したことは、文字通り何もかも信じた」と一九三五年六月二三日付のレーヴィット宛の書簡で告白している[13]。ブルームの『アメリカン・マインドの終焉』における「『真正ドイツ』の伝統」がニーチェ一人を指しているとしても不思議ではないことが確認できよう。

ニーチェは当時のドイツで「悪書」としてどの家庭でも禁じられていたが[14]、ギムナジウムに進んだシュトラウスは古典教育に反抗し、ショーペンハウアーとニーチェを隠れて熟読した[15]（周知のようにニーチェの生［性］の観念はショーペンハウアーに発している）。マールブルク大学でヤコブ・クラインと親しく

なったシュトラウスは、談話の途中で度々「ニーチェ！」と叫んで話の腰を折り、クラインを閉口させたという。(16)

このエピソードだけを取り出すと、シュトラウスの言動がいささか異常なものに映るかもしれないが、シュトラウスがギムナジウムに進学する頃には、「ニーチェにあらねば文化人にあらず」という風潮が既に出来上がっていたので、シュトラウスの傾倒も、時代の流れを追ったミーハー的なものに過ぎなかったといえよう。

スティーブン・E・アッシュハイムの『ドイツにおけるニーチェの遺産――一八八〇‐一九九〇年』（一九九二）によると、当時のドイツそのもの――あるいは文明圏全体――が「ニーチェ熱」に浮かされていたと言っても過言ではなかった。(17)

ニーチェ（一八四四‐一九〇〇）が世間の注目を浴びたのは、『ツァラトゥストラかく語りき』（一八八三、一八八五）第四部を完成させてから四年後の一八八九年、トリノで狂気の発作に倒れてからのことである。

一八九〇年代、ニーチェが正体を失くして入院している最中に、その名はドイツ語圏だけでなく、ロシア、フランス、英米、スペイン、日本にまで広く波及した。(18) 新聞・雑誌がニーチェを大きく取り上げ、「権力への意志」、「超人」、「善悪の彼岸」、「奴隷道徳と主人道徳」、「価値の転換」等のニーチェの概念が流行語になり、数限りない小説やドラマが生まれて、ニーチェの影響は、反動的右翼だけでなく進歩的左翼にも広がった。(19)

こうした現象を危惧する声も当然上がった。一八九一年にヘルマン・テュルクは、ニーチェ的な飽くなき本能の追求は、過激なエゴイズムや病的な逸脱、さらには犯罪の衝動まで正当化するものであると非難し、マックス・ノルダウは『堕落』（一八九二）の中で、ニーチェの思想を世紀末現象として位置付け、ニーチェの言葉は霊感による予言ではなく、狂った精神のでたらめなつぶやきに過ぎないと批判した。[20]

一方、心酔者の立場からすると、ニーチェの狂気は「真理」であり、「健康」の始まりなのであった。[21]最初ニーチェは前衛芸術に取り入れられ、数々のモダンミュージック、クラシック音楽ではリヒャルト・シュトラウスの交響詩《ツァラトゥストラかく語りき》（一八九二――ただしバーレスク）[22]、建築ではペーター・ベーレンスの「ツァラトゥストラ的山荘」や一九〇二年トリノ万博におけるニーチェ風ドイツ・パビリオン（前述したようにトリノでニーチェは発狂した）、ブルーノ・タウトのアルプス建築、ル・コルビュジェのツァラトゥストラ体験等があり、モダンダンス部門では、性の解放とエクスタシーを表現したイサドラ・ダンカン、ルドルフ・ラバン、メアリー・ウィグマン、ヴァレンティーヌ・ド・サン＝ポアン、芸術の流派ではドイツ表現主義、イタリアの国家主義から生まれた未来派、超現実主義等がニーチェの影響を受け、大衆文化時代ということも手伝って、ニーチェ関係のキッチュ産業も栄えた。[23]

第一次世界大戦までにニーチェは、文学の分野ではトーマス・マンを筆頭に、フランツ・カフカ、ヘルマン・ヘッセ、フランク・ヴェーデキント、シュテファン・ゲオルゲ、アンドレ・ジッド、アナトール・フランス、ジョルジュ・ソレル、ガブリエレ・ダヌンツィオ、D・H・ロレンス、H・G・ウェルズ、心理学ではフロイトとユング等々、ヨーロッパの知識人に広く影響を及ぼし、フェミニズム、平和主義、アナーキズム、ユダヤ人シオニズム等の社会運動もこれに倣った。（なおムッソリーニは、ソレルの『暴力論』を介してニーチェの影響を受け、イタリアのファシズムの牽引力となる[24]）。

この頃までにニーチェは、ドイツ帝政の「弾圧」に反発するアウトサイダーたちによる前衛芸術に主に取り込まれていたが、[25] レオ・シュトラウスがギムナジウムに進学した二年後に第一次世界大戦が勃発し、それと同時にニーチェが俄然国家主義的色彩を帯びてくる。

一九一四年、サラエボ事件を機に独墺伊の三国同盟と英仏露の三国協商の対立が先鋭化して大戦が勃発すると、ニーチェがドイツ国家主義の右翼によって極端に神格化され、戦争のための戦争を賛美する『ツァラトゥストラかく語りき』が十五万部も印刷されて従軍兵士に配布され、協商国（連合国）側からその「危険思想」ぶりが俄に注目された。[26]（ヒトラーも、ワーグナーの《トリスタンとイゾルデ》のピアノ譜と共にニーチェの著作を携行して従軍した［後述するように、ニーチェ思想はワーグナーの音楽から強い影響を受けている[27]］）。

ロンドンのある書籍商は、第一次世界大戦を「ヨーロッパ・ニーチェ戦争」と名付け、英国人作家のトマス・ハーディーは、史上一つの国が一人の著作家によってこれほど道徳を損なわれたことはないと批判し、フランス人作家のロマン・ロランは、ニーチェの「超人」が何十万人と束になって傲慢さと卑しさでベルギーとフランスを侵略すると諷刺した。[28]

一九一八年、ドイツの敗戦色が濃厚になってきた時、トーマス・マンのニーチェ精神を賛美する随筆『非政治的人間の考察』とエルンスト・ベルトラムの『ニーチェ――神話への試み』が出版される。マンは旧右翼、ベルトラムは新右翼の立場からそれぞれ執筆し、ニーチェを神話化し、反英仏、反文明と反近代を称揚する両書はいやが上にも悲壮な愛国心を煽った。この二人は親友同士で、マンは、ベルトラムが自分の小説に影響されたことを歓迎する旨日記に記し、『非政治的人間の考察』によってボン大学から名誉博士号を授与された。[29]（マンは後に「改心」して民主主義者を名乗るが、生涯ニーチェ思想から脱却するには至らなかった）。

一九一八年十一月、ドイツ革命によって第二帝政が崩壊し、大戦が終了した翌年に、ヴァイマル共和国が成立した。レオ・シュトラウスがニーチェに心を奪われていたという一九二一年から一九二九年までは、第一次世界大戦後のヴァイマル共和国の時代（一九一九－三三）とほぼ重なっている。「黄金の二〇年代」と呼ばれるこの時期には、革新的で斬新な「ヴァイマル文化」が栄えた。『三文オペラ』、『カリガリ博士』、『魔の山』、バウハウス、マレーネ・ディートリヒ等に代表され、表現主義（ニーチェ的精神）の流れを汲むこの文化は、共和国の最も進んだ民主制を反映して、自由を極限まで追求し、奔放な想像力と実験精神に満ち溢れたものであった。

敗戦後、子供を犠牲にした母親たち、文無しになって帰還した兵士、愛国心から戦時公債に投資した人々に対して、皇帝も、軍部も、政治家も、憂国詩人も、誰一人責任を取ろうとしなかった。親も、政治家も、教師も威信を失い、公然たる反抗の機会を見出した前衛派は、心行くまで既存の伝統を打ち壊し、象徴的な父親殺しを繰り返し、反逆のための反逆を重ねていく。生徒は教師を監視し、大人は若者に迎合し、服装における男女差がなくなった。オカルト、麻薬が流行し、劇作では近親相姦と父親殺しが、政治では共産主義とファシズムが人気を二分する。(30)

絵画ではキュービズムやシュールレアリズムが称揚され、文学では文法無視が、音楽では調性とリズムの破棄が、建築では内部と外部のねじれが珍重されるなど、実験精神が奨励され、若ければ若いほど、知識や技術がなければないほど高く評価された。(31)

しかしながら、若い世代は、何をしても制限を受けない状況で、反抗に値する「父親」と「体制」の消滅に気付き、未曾有のインフレによる経済危機も相俟って、限りない不安を覚え始める。

人間を疎外する機械、資本家の実利主義、無神論的合理主義、不安定な社会、根無し草のユダヤ人、すべてを呑み込む都市という怪物——戦前のアウトサイダーたちが感じていた近代への不安が、戦後世代では被害妄想と化し、始祖と共同体を切望し、理性を棄却してカリスマ的指導者に服従したいという衝動的な退行現象を誘発した[32]。

こうした風潮は、ヴァイマル共和国時代に出版された学術書にも反映されている。シュペングラーの『西洋の没落』(一九一八－二二)は、脱ヨーロッパ中心主義を、フランツ・ローゼンツヴァイク『救済の星』(一九二一)とハイデガーの『存在と時間』(一九二七)は、未曽有の政治的、倫理的、宗教的、文化的窮境を、それぞれニーチェ的観点から強調して「新思想」を編み出した[33]。

フライブルク大学の研修生時代にハイデガーに心酔したレオ・シュトラウスは、その弟子のカール・レーヴィット、ハンス＝ゲオルク・ガダマー、ハンナ・アーレント等との交流を通して、次第に新カント主義から「新思想」(ニーチェ哲学)へと関心を移すようになった[34]。

その一方で、敗戦の痛手と屈辱に加えて、法外な賠償金による社会・経済的不安から、ヴァイマル共和国の自由主義、マルクス主義、大衆文化に反発して、ニーチェの思想を社会ダーウィン主義、暴力主義、反ユダヤ主義、人種差別主義と結び付ける右翼の「保守派革命」が潜行する。一九一八年から一九三三年までの間に五五〇もの右翼関係のクラブが結成され、定期刊行物も五三〇種類発刊されるようになった[35]。

二〇世紀民主主義憲法の典型と謳われたヴァイマル憲法の下での平和と自由は、自ら勝ち取ったものではなく、敗戦の結果連合国から強制された屈辱的なものとして、心から歓迎されなかった[36]。大人に嫌われ、青年層に飽きられた自由が捨てられ、国全体が再び右傾化し、より強固な全体主義へと向かうのに時間はかからなかった。

一九二三年には天文学的インフレが発生し、三年後には安定するが、一九二九年に世界恐慌が起きるとナチスがこれに乗じて躍進し、一九三二年には第一党となり、一九三三年にヒトラー内閣が成立する。

ムッソリーニとヒトラーがニーチェの精神的後継者であることは上述したが、ナチスとニーチェの関係は一九三三年以前に遡り、ヒトラーはバイロイト音楽祭と共にヴァイマルのニーチェ資料館を足繁く訪れ、一九三五年にはニーチェの妹エリザベート・フェルスター・ニーチェの葬儀にも参列している。(37)

ニーチェの『ツァラトゥストラかく語りき』は、ヒトラーの『わが闘争』(一九二五 - 二七)、アルフレート・ローゼンベルクの『二〇世紀の神話』と共にタンネンベルク記念館に祀られ、ニーチェは、ナチスのイデオロギー教育——反自由主義、反人文主義、政治化された生［性］の哲学——に組み込まれ、「新文化の知的総統」と呼ばれるようになった。(38)

一九三三年、フライブルク大学の学長就任演説で、ハイデガーは、「かの殉教的な神の探究者にして最後の哲学者ニーチェは、いみじくも『神は死んだ』と語った」と指摘し、ニーチェに倣うことが新生ドイツの大学の正しい方向だと述べた。ハイデガーは、神なき世界のニヒリズムを克服する方法としてファシズムとナチズムを肯定し、一九三六 - 四六年の講義・論文を含む著作『ニーチェ』(一九六一)の中で、西洋的価値観としての理性を批判し、ニーチェの超人こそが力への意志を具現する生物の中の生物であると称揚し、現代はニーチェの時代であり、人間が獣になり、超獣になった今こそ、ニーチェの形而上学が実現したと宣言したのである。(39)

クルト・カスラーの『ニーチェと法律』(一九四一)は、「健康な民族生活」の追求を目的とし、「聖なる残酷さ」と「安楽死」を認め、本能と身体を尊重し、生物学的倫理が道徳的倫理に優先されるとし、ユダヤ人排斥の風潮を煽り立てた。(40) 第一次世界大戦で、ニーチェは、自然発生的にドイツ帝国の象徴的な役割を果たし、第二次世界大戦下のニーチェは、反ボルシェビズム、反ユダヤ主義「聖戦」の戦意高揚のイデオロギーとして公式に崇め奉られることになった[41]。

ここまで先鋭化してきたドイツのニーチェ熱に、どの程度レオ・シュトラウスは共感していたのであろうか？　結論から言うと、ニヒリズム克服法としてユダヤ人政策以外の反自由主義、極右ファシズムには賛同していたようである。

既に二度ばかり引用している一九三三年のカール・レーヴィット宛の手紙にあるように、ヴァイマル共和国の自由主義がユダヤ人を迫害から守れなかったのなら、対抗策はただ一つ、ムッソリーニのファシズムしか残っていないというのがシュトラウスの信念であった。

ニーチェに対する熱狂は、一世代前からドイツの圧倒的多数の文化人に共通する現象であり、シュトラウス自身の独創性が損なわれるのを恐れたためか、あるいはニーチェ思想がナチスのユダヤ人殲滅作戦に悪用されたためか、シュトラウスの著作中、ニーチェは『哲学と法律』（一九三五）の注に数回顔を出すだけであるが、ランパートの『レオ・シュトラウスとニーチェ』によると、ニーチェは、シュトラウスの政治哲学の基礎を形成していると言っても過言ではないほど強い影響を与えている[42]。

ランパートは、シュトラウスの特色が、プラトンを用いてニーチェ（ひいてはシュトラウス自身）の付加価値を高め、ニーチェを用いてプラトンを近代化したことにあると指摘する[43]。

シュトラウスが尊敬していたハイデガーも、この試みを部分的に行っていたが、シュトラウスの独創性は、そこから新たに政治哲学を築き上げたところにあった。本書第2章で紹介したシュトラウスの主要概念――「エクソテリック」（公教的）と「エソテリック」（秘儀的）、「古代」と「近代」、さらに「エルサレム」（宗教）と「アテネ」（哲学）は、いずれもニーチェの観点から捉え直したプラトンの『国家』

に発している。(44)

一般に、プラトン哲学は、世界をイデア界と現象界に分け、想起によってイデア界に至るべしという観念論的教条に基づき、『国家』においても哲人王がイデアに基づく理想政治を行うべきものと考えられているが、このイデア論を信奉すること自体が間違っているというのが、ニーチェの立場であったとシュトラウスは指摘する。ニーチェによると、「プラトンは魂の不滅を信じていなかった」(『権力への意志』)し、「マヌもプラトンも孔子も、ユダヤ教やキリスト教の教父も嘘をつく権利を疑ったことはなかった」(『偶像の黄昏』)。これらはいずれも「高貴な人々」がその目的を達成するための「敬虔なる偽り」――「高貴なる嘘」なのである。(45)

シュトラウスは、『迫害と著述法』(一九五二)の中で、新プラトン派のファーラービー(八七〇-九五〇)の説を裏付けとしながら、『国家』におけるソクラテスのトラシュマコスの扱い方(一旦論駁しておいて、後から国家の形成に参加させる)に注意を促し、後年『都市と人間』(一九六四)の中では、「邪論」の持ち主のトラシュマコスがプラトンの哲学と都市国家の形成にいかに必要な存在かを説いている。(46)

プラトンの『国家』第一巻において、トラシュマコスは「『正義』とは強い者の利益に他ならない」(三三八B)、「支配階級は自らの利益に合わせた法律を作る」(三三八D)と主張し、ソクラテスがこれを論駁すると、グラウコンが第二巻で、(身に着けた人間が自在に姿を消せる)「ギュゲスの指輪」による王位簒奪の寓話による援護射撃を行い、「露呈しない限り悪事を行う方が得になる」という教訓を引き出す(三五九B-三六〇B)。したがって魂の不滅と彼岸における因果応報を説く「エルの神話」は、「敬虔なる偽り」に過ぎないとシュトラウスは主張する。(47)

このような姿勢の背後には、当時のドイツとアテナイにおける「神[々]の死」という問題があり、これがニーチェとプラトンの両方に重くのしかかっていたとシュトラウスは解釈する。ニーチェの時代には、啓蒙主義運動が「神を殺して」から一〇〇年経過し、プラトンのアテナイでは、既存の文学作品が、神々の不公正を強調することによってその存在理由を否定し、因果応報への不公正感を助長して事実上の無神論的風潮を作り出していた（『国家』三七九C－三九二C）。

ニーチェやプラトンにとって、このような「近代性」は、民主主義を誘発し、国家の一体化に対する最大の脅威となるもので、何としても食い止めなくてはならない。民主主義は「畜群の道徳」であり、「高次の道徳」は、主人と奴隷を必要とする。(48) そしてプラトンは詩人を排斥し、戦士の士気を増強するような神々への頌歌と英雄賛歌だけを（奴隷制度温存のために）公認する（『国家』六〇五A－六〇七A）。

それでは「主人」はいかに生きるべきか。「神なき後の世界」に唯一確かなものとして残るのは、有機体の基本本能ともいえる自己保存の衝動だけである。ここから猛獣やマキアヴェリが理想としたチェーザレ・ボルジアのような「危険人物」は、病的ではなく健康という結論が導かれる。(49) これをプラトンは「エロス」と名付け、（ショーペンハウアーは「意志」と名付け、）ニーチェはこれを「[権]力への意志」もしくは「ディオニュソス／ツァラトゥストラ」と呼んだ。

教条には公共的（エクソテリック）なものと秘儀的（エソテリック）なものがあり、前者は「低劣な魂と劣弱な生命力」の持ち主のために、後者は「高尚な魂と強靭な生命力」を持つ者のために存在するのである（『善悪の彼岸』三〇）。(50)

（……というような理屈を並べ立てられると、さもありなんと丸め込まれてしまうかもしれないが、身も蓋もない言い方をすれば、これが原始的な「陽物崇拝」への回帰以外の何物でもないことだけは意識しておく必要がある。）

すなわち「エソテリック」な教条においては「正義の都市」など実現不可能というのがシュトラウス

＝ニーチェ＝プラトン流の政治哲学の帰結であり、その目的は、支配者が合法的に免責抜きの悪事（＝正義）を遂行できる方法を考案することにあるといえよう[51]。

シュトラウスの一番弟子アラン・ブルームが「親愛なるエリート［主義者］諸君」と、ハーバード大学の学生に向かっていかなる良心の呵責もなく呼びかけることができた理由もここに存在する。

本書第1章で触れたように、ブルームは『アメリカン・マインドの終焉』の中で、（ニーチェがナチズムとの関連性が高いという理由で）ニーチェ自身ではなく、ニーチェの代替として教えられたマックス・ウェーバーをしばしば引き合いに出している。ウェーバー自身は無神論者であったが、政治における「宗教」——すなわち「高貴なる嘘」——の有用性を重視していた[52]。

ウェーバーが『プロテスタンティズムの倫理と資本主義の精神』で、国家を「合法的な暴力」の上に築かれた支配関係と分析し、支配の三つの類型——伝統型、合理（合法）型、（ニーチェの「超人」に相当する）カリスマ型——のうち、国民［被支配者］に内心からそれを確信させる可能性が高いカリスマ型支配を推奨し、ここからカリスマ中のカリスマ、ヒトラーが出現したことも既に言及した通りである[53]。ベローが描いたラヴェルスタイン［ブルーム］は、ヒトラーの独裁ぶりを手放しで歓迎する。

ヒトラーは政治家の夢だった。望んだことは何でも遂行される。しかも迅速に。否も応もない。議会政治とはえらい違いだ。（『ラヴェルスタイン』一一頁）

3　左右ニーチェ争奪戦

つまるところ『アメリカン・マインドの終焉』におけるブルームの「怒り」は、「真正ドイツ」の伝統を汲む亡命学者シュトラウス直伝のニーチェ像が、一九六〇年代から八〇年代にかけて米国人の左翼によって「歪曲・卑小化」された点にある。そして同書の目的は、これを「正常化」することによって、「高貴な存在としての人間の生き方」を提示するニーチェの思想をアメリカの中心に据え直すことにある[54]。

ブルームが学んだ「正統派」ニーチェによると、神が死に、善悪の区別が解消された後に生じた「価値（文化）の相対主義」というのは、元来血腥いものである。それぞれ異なる文化は、互いに争い、相手を打ち負かすことによってしか価値を定立できない。その文化が真実ではないと知りながら文化のために戦う「意志」を持たねばならないというのがニーチェの立場であり、こうした姿勢がファシズムにつながっても止むを得ないとブルームは考えている[55]。

ニーチェ本人がこのような価値（文化）間の不平等や差別化を求めていたにもかかわらず、アメリカ本土では、「価値の相対主義」という語を「どの価値を選んでもそれが他の価値より優れているとはいえない」という恣意的な意味に解釈した結果、多文化主義と平等主義が蔓延しているとブルームは憤る。民主主義的人間といえども追従を必要とするために、善悪ではなく個性的なライフスタイルを発明した者を、無差別かつ不当にもてはやしているというのである[56]。

アメリカ人は、ニーチェの悲劇的世界観を安直な知的ライフスタイルへと還元してしまい、「ハッピーエンドのニヒリズム」を欲しがる——ヨーロッパの実存主義的悲嘆を弄ぶが、それに浸りきることを拒み、ヴァイマル共和国を家族連れのディズニーランドに変えてしまうとブルームは嘆く。[57]

かくしてアメリカでは、「カリスマ」、「ライフスタイル」、「コミットメント」、「アイデンティティ」等、政治、娯楽、宗教、至る所でニーチェの価値転換に関する言語が使用され、スラングの領域にまで入り込んでいるが、ブルームが一九四〇年代半ばにシカゴ大学に入学した頃、「価値判断」のような用語は、前途有望なエリートの間でしか知られていなかった。しかも当時ニーチェ自身はファシズムを鼓舞し、ドイツの戦争犯罪に責任があると見做されていたので、ニーチェから深い影響を受けているウェーバーやフロイトを介して伝授された「隠れニーチェ主義」の立場を強いられていただけに、なおさら特権意識を掻き立てられていたのである。[58]

ブルームが許せないのは、アメリカでは平等意識が強すぎて、ニーチェ自身が支持した右翼よりも、敵対した左翼の方によく知られ、影響力を与えていることである。ニーチェの叫びは右翼のものであるから、現在の「新右翼」が「新左翼」からニーチェを奪還し、ニーチェ本来の右翼的立場を回復しなければならないとブルームは力説する。（ブルームの定義によると、左翼は平等を、右翼は不平等を求める。[59]）

ではいかなる経緯でニーチェがアメリカで左傾化および大衆化するに至ったのか。

ラトナー＝ローゼンハーゲンの『アメリカン・ニーチェ』によると、アメリカとヨーロッパでは、そもそもの最初からニーチェ受容に対する「温度差」が開きすぎていたために、ブルームのいう「正統派」ニーチェ像が伝わりにくかったようである。

一九〇〇年八月二五日にニーチェが死亡した時、ヨーロッパの狂想ぶりをよそに、相手が狂人だということで、アメリカの反応は概して冷淡であった。『ブックマン』誌は、頭の切れる人間だったが自分の思想が同時代に受け入れられないと荒れ狂ったと述べ、月刊『ポピュラーサイエンス』は「牡牛のように暴れまわったダーウィン主義者」と紹介し、『アウトルック』誌は、凡庸なペシミストで、まともな思想家として評価される見込みはないと貶し、『ニューヨークタイムズ・サタデー・レビュー』の訃報欄は、アメリカ人がドイツの「死んだ狂人」に敬意を表する必要はないと棄却する等、取り付く島もない――「なるほど意表を突いた発言は多い……しかしあの人間は狂人だった。狂った無神論者の冒瀆に一体どれほどの価値があるというのか？」[60]

ニーチェがヨーロッパでゲーテ以来の大反響を引き起こしているのは事実なのだが、なぜそうなるのかが理解できず、どう受け取ってよいのか困惑するというのが常識的なアメリカの知識人の姿勢であった。[61]

アメリカでニーチェをいち早く取り入れたのは、十九世紀的なアメリカ精神――キリスト教的禁欲主義、中産階級的情緒、民主主義的高揚感――から疎外されていると感じた若年層を中心とする左翼の無政府主義者、過激なロマン主義者、イサドラ・ダンカン、ユージン・オニール、ジャック・ロンドン等、コスモポリタン志向の芸術家である。[62]

しかし、一九一四年に「ヨーロッパ＝ニーチェ戦争」が勃発し、一九二四年にニーチェの超人思想に取り憑かれた二人の大学生が少年を惨殺した「レオポルド・ローブ事件」が発生し、さらにムッソリーニとヒトラーという二人の独裁者がいずれもニーチェに心酔し、独伊が第二次世界大戦の敵国になったことによって、アメリカにおけるニーチェの評判は完全に地に堕ちた。[63]

殺人やファシズムを肯定し、大戦すら誘発したとされるニーチェの負のイメージを単独で払拭したといわれるのが、一九三九年、ナチスに追われて渡米したユダヤ人亡命者のヴァルター・カウフマン

（一九四七－八〇）である。一九四七年、プリンストン大学教授に就任したカウフマンは、一九五四年から七一年にかけてニーチェの主要著作を翻訳し、主著『ニーチェ――哲学者、心理学者、反キリスト』（一九五〇）その他を通して、ニーチェに押された「反ユダヤ主義者」、「ドイツ国粋主義者」、「非現実的ロマン主義者」という烙印を「不当な」ものとして斥け、アメリカ風に毒抜きされた新しいニーチェ像を作り上げた。(64)

カウフマンは、「不屈の合理主義を持つ啓蒙主義者」としてニーチェを再評価し、「超人」の真の役割が他人を征服することではなく、自己を克服することにあると主張した。衝動・思想・遺伝的特質を、「スタイル」とも表現すべき意志を持った単一体に転換せよというのである。この妥協を許さぬ個人主義を、フランスの実存主義と融合させれば全体主義と大衆文化の防壁になると訴えたカウフマンの解釈は、ニーチェの著作の趣旨からは随分遠ざかったが、アメリカでは広く受け入れられるようになった。(65)

そうこうするうちにブルームの「宿敵」ともいうべきヘルベルト・マルクーゼ（一八九八－一九七九）が登場する。

ブルームがコーネル大学の教員時代に学生に銃で脅迫された次第については既に述べたが、一九六〇年代末期に世界各地の現象と連動して続発したアメリカの過激な学生運動を煽ったのは、マルクーゼのニーチェ論であったとブルームは指摘する。

一九三四年に亡命し、一九六五年にカリフォルニア大学教授となったマルクーゼは、著書『エロスと文明――フロイトの哲学的探究』（一九五五）、『一次元的人間』（一九六四）その他によって、一九六〇年代末のニューレフト運動に大きな影響を与えた。マルクーゼは、テオドール・アドルノ、エーリヒ・フロム等と共にフランクフルト学派に属し、この学派のマルクス、ヘーゲル、フロイト、ハイデガー論は、

「ニーチェ的新マルクス主義」と呼ばれている。(66)

『エロスと文明』の副題が「フロイトの哲学的探究」となっていることから、マルクーゼは、一般に、ニーチェではなくフロイトの再考から社会理論を構築したと見做されているが、既に述べたように、フロイトの心理学の源泉を辿るとニーチェに行き着く。

マルクーゼは、ニーチェが抑制不能な「生」［性］の衝動を全面的に肯定することによって、西洋文明の基礎である哲学的・道徳的原理を覆すと主張する。(67) ショーペンハウアーやニーチェのような「生気論者」は、現代文明の技術的合理性が人々の身体的・生物的な「力」を暴圧することによって測り知れない犠牲を強いていると批判した。ロマン主義的感傷への退行ではなく、ブルジョア社会がタブーとする道徳的水準にまで侵入することによって、価値転換を引き起こし、技術的進歩のイデオロギーを粉砕せよとマルクーゼは力説する。(68)

マルクスよりもニーチェを通した方が左翼をよく理解できるとブルームは言い、マルクーゼのやや韜《とう》晦《かい》な表現を、露骨な形に要約している。すなわち、資本主義とその虚偽の意識（イデオロギー）を打倒すれば、（ありとあらゆる）性的満足に最高の価値を置く社会が約束されているというのがマルクーゼの論であり、そこに一九六〇年代の学生が一斉に飛び付いたというのである。(69)

ブルームはまた、ニューレフト運動の火に油を注いだのがロック・ミュージックであったと指摘している。クラシック音楽が廃れ、ロックが若者の間で人気を博しているのは、ニーチェが「ディオニュソス的」と呼んだ性本能に訴える要素をロックが持っているからに他ならない。ロックが性的行為のビートであり、それを若者が察知しているとブルームは喝破する。(70)

左翼は「末期資本主義」のブルジョア文化を手厳しく批判するが、ロック・ミュージックの方は、下層階級から出た大衆芸術ということで無罪放免にしている。ロックの無道徳主義と束縛なき世界への憧憬が、ブルジョア社会を支える道徳や信条を無効にする点で、プロレタリア革命を連想させるからである。ロックは、マルクーゼの約束するような性の自由な表現、アナーキズム、非理性的無意識の発掘と無制限の自由を感得させてくれる。自分がブルジョアではないと感じ、リスクを冒さず放縦を満喫したいというブルジョア的欲求を満たしてくれるがゆえに、中産階級出身者が多いニューレフトはロックを支持するというのである。(71)

ところがブルームによると、ロック・ミュージックは「革命的」な芸術どころか、資本主義の構造の中に巧妙に組み込まれている。『アメリカン・マインドの終焉』が出た一九八七年の時点までの十五年間、ロック界に君臨してきたミック・ジャガー(一九四三-)は、中産階級出身でありながら、トランス状態に入った下層階級のワルと性欲亢進症の少年の役割を四〇歳代まで演じ通したが、片目はエクスタシーに駆られる子供の大群に、もう一方の目を色気抜きでビジネスに金を投じる大人たちに向けていた。ここ数年、ミック・ジャガーは落ち目で、マイケル・ジャクソン(一九五八-二〇〇九)、プリンス(一九五八-二〇一六)ボーイ・ジョージ(一九六一-)等がそれに取って代わるかもしれないが、兄弟愛と肉欲の差を曖昧にすることで愛に基づく階級なき社会という美辞麗句を旗印に子供の小遣いを吸い上げることに変わりはない。また精神的なものと肉体的なものとの区別がつかない子供に性的興奮を覚えさせるのは、麻薬を与えるのにも等しく、教育上甚だ有害であるとブルームの憤激は止まるところを知らない。(72)

(ただし本書序章でも触れたように、ベローの小説『ラヴェルスタイン』で、ラヴェルスタイン[ブルーム]は、パリのホテルで実物のマイケル・ジャクソンを見て心を躍らせる。)

以上が一九六〇年代のアメリカン・ニーチェ事情であるが、ブルームは、さらに、七〇年代から八〇年代にかけてのポストモダン［・ニーチェ］現象にも資本主義が関わっていると指摘する。

そうしてニーチェはアメリカに伝来した。ニーチェの左翼への改宗はアメリカでは正当なものと認められた。（中略）ニーチェの帰化は何度も波のように押し寄せては達成された。何人かのアメリカ人がヨーロッパへ渡ってはニーチェを発見し、亡命者が次々にニーチェをもたらした。つい最近では、比較文学の教授連が本格的な輸入業に携わり、パリから関連品を仕入れるようになった。ドイツからの解放以来、ニーチェとハイデガーを脱構築し、左翼向けに再構築することが哲学者たちの主要な責務となっている。この最終段階からニーチェとハイデガーが自ら姿を現し、初期の使節が敷き詰めた赤い絨毯の上を踏みしめている。心理学、社会学、比較文学、人類学はこの二人によって長年支配されてきたが、学界から市場への移行こそが事の真相なのだ。(73)

一九七〇年代から八〇年代にかけてアメリカの学界を席巻したポストモダン現象は、七〇年代には言語学と文学、八〇年代には様々な文化研究へと広がり、「フレンチ・ニーチェ」、「ニュー・ニーチェ」と名付けられている。ジャン＝フランソワ・リオタールが「ポストモダンの条件」と名付けた、歴史・道徳・自我のメタ説話に対する不信の背後にニーチェが潜んでいるというわけである。(74) 数あるフランスの理論家の中で、ジャック・デリダの脱構築主義とその師ミシェル・フーコーの構造主義が、アメリカのポストモダン・ニーチェ解釈に最大の影響力を奮うことになった。(75)

一九七五年にコロンビア大学で開催された「スキゾ文化学会」には、フーコーを中心とするフランスの理論家が大挙して押しかけ、ニーチェ的インスピレーションに鼓舞された文化的逸脱や犯罪のテーマが論じられた[76]。

一九七六年の建国二〇〇周年記念にヴァージニア大学に招かれてアメリカ独立宣言に関する講演を依頼されたデリダは、ニーチェの『この人を見よ』を援用しながら「神の死」は「作者の死」をも意味すると主張し、ヨーロッパ言語中心主義から見れば「独立」かもしれないが、立場を変えると必ずしもそう言い切れないと述べて聴衆を煙に巻いた[77]。

一九七七年には論集『ニュー・ニーチェ――最新の解釈スタイル』が出版され、フランスの影響を受けたポスト現象学的言語文化の理論家の数々を紹介し、いまや長年知られてきた「神の死」を廃し、その応用編たる「言語中心主義の死」が台頭すべきで、「権力への意志」は「テクストを解釈する意志」に転換すべきであると編集者のデービッド・B・アリソンは宣言した[78]。

一九七八年の『セミオテクスト』誌は「ニーチェの帰還」と題して、ジル・ドゥルーズ、リオタール、フランス人ニーチェ研究・翻訳家のピエール・クロソウスキー（一九〇五‐二〇〇一）等の論文を掲載した。また、一九八一年にはポストモダンの学術誌『バウンダリー 2』の特集号は、「『いわゆるポストモダンのこの時代』に今なぜニーチェなのか？」と銘打ち、ポストモダン・ニーチェの三形態として、フランスのハイデガー解釈学、デリダの脱構築主義、フーコーの権力の系譜を挙げている。では「今なぜニーチェなのか？」――「この反既成概念の風潮にあって、ニーチェこそが文化の中心にある無価値性を逆説的に察知した預言者」だからであるというのが編者の答えである[79]。

かくして（資本主義を嫌う）「左翼向けに」再構築されたはずのニーチェが「学界から市場への移行」によって「資本主義化」されているというブルームの批判が生じたわけであるが、「文化の中心にある無価値性を逆説的に察知した預言者」というような難解なニーチェ像が、学問の世界で、いかにして商品としての市場価値を持つに至ったのであろうか。

これについてブルーム自身は、ポストモダンの風潮が、解釈者の主観的・創造的活動をテクストよりも重要視し、ニーチェに対する安直な解釈を許すことで思想の視野をますます低く狭くし、我々の最悪の本能に訴えるという抽象的な理由しか挙げていない(80)。

しかし、偶然同じ一九八七年に出版された英国人マルカム・ブラッドベリによるポストモダンのバーレスク小説『マンソンジュ（構造主義の隠のヒーロー、マンソンジュの不思議な探究）』を参照すると(81)、前出のニーチェとロック・ミュージックの意外な繋がりと類似した要因が陰で作用していたことが判明する。（ただしブラッドベリは、ブルームのような右翼ではなく、ソール・ベローの熱烈な愛読者でもあることを申し添えておく。）

ブラッドベリの小説は、「アンリ・マンソンジュ［嘘］」という架空の哲学者が一九六五年頃にルクセンブルクのクスクス出版社から出したという「幻の名著」『文化行為としての密通（フォルニカシオン）』の内容紹介から成っている。タイトルから類推すると、ポルノグラフィーに分類されかねない『文化行為としての密通』は、奇妙なことに、そういったものとは一切無縁であり、むしろそれに反対する立場から書かれている。

マンソンジュは（多分）第二次世界大戦の最中にブルガリアで生まれ、フランスに留学し、パリ上級高等研究院でロラン・バルトに師事し、『文化行為としての密通』をデリダの『グラマトロジーについて』、『エクリチュールと差異』、『声と現象』より二年早く出版し、一九七〇年頃忽然と行方をくらましたという(82)。

マンソンジュは、「バルトよりもバルト的、デリダよりもデリダ的、フーコーよりもフーコー的、ドゥルーズやガタリよりもドゥルーズ・ガタリ的」な原理主義的脱構築主義者であり、『文化行為としての密通』は、これらの学者の脱構築を試みるものである。マンソンジュによると、彼らは純正の脱構築主義者ではない。あらゆるものを脱神秘化、脱構築化、脱神話化、脱記号化しておいて、どういうわけか性だけを、人間存在の聖なる中心として温存しているというのである。[83]

たとえばフーコーは、あらゆる知識の愚を説くニーチェの『この人を見よ』を読んで、歴史とは原因も結果もなく同時に発生するものだと考え、ここから性を緊急に解読すべき記号の一分野だと結論付けて壮大な『性の歴史』全六巻を構想し、ラカンは、フロイトとソシュールを一九五〇年代のパリ向けに合体させて、［性的］無意識を言説と呼んだ。またデリダは、テクストの中の性のメタファーの存在を示唆し、バルトは、テクストが快楽の偏在を語ると主張している。[84]

マンソンジュによると、ここにこそ今日フランス思想が市場でかくも著しい売上げを記録している理由がある。

タイトルだけを一瞥しても、バタイユの『エロティシズム』、レヴィ＝ストロースの『裸の人間』、バルトの『テクストの快楽』、リオタールの『リビドーの経済学』等、文字通り刺激的なものが並んでいる。つまり、ポストモダンは一括して「プレイボーイ学派」とでも呼ぶべき様相を呈し、哲学者の役割は、論理を辿って推論することから、いかがわしい覗き見主義へと変化してきているというのである。[85]

「大いなるファラシー［phallucy——男性生殖器性と誤謬（fallacy）の洒落］や「形而上学的女性生殖器」というようなコトバが、学会や教室で白昼堂々とまかり通り、今や夜の街に出て歓楽を求めるよりも、テクストと一夜を明かす方が楽しい。新しいフランス哲学は、「ラカンと共に舐め、バルトと共に涎を垂らし、クリステヴァと共に呑み込み、デリダと共に戯れ合う」よう読者を誘惑するからである。あまつさえ対象に「貫通し」（penetrate）「密通する（probe 俗語）」、思考を「孕む」（conceive）、概念を「産み出す」（engender）、「再現／繁殖する」（reproduce）、「伝播する／種を蒔く」（disseminate）等々、思わせぶりな用語には事欠かない(86)。

なぜポストモダンの面々は、このように性の領域だけを脱構築せずに保護しようとするのかとマンソンジュは意地悪く問う。その裏には、ニーチェの抑制不能な「生」「性」の衝動を無制限に開放することでブルジョア社会のイデオロギーを粉砕せよと説いたマルクーゼと同じ意識（／無意識）が働いているからである。

衣服、変装、慎み、羞恥心、距離等を用いて性をプライベート化・特権化したブルジョアジーに対抗すべく、ポストモダン族はそれら一切を剝ぎ取ることで性を剝き出しにしようと躍起になっている。マンソンジュは、彼らに、いい加減に欺瞞を捨て、「最期の砦」である性を潔く「脱性化」することで脱構築主義に殉じるべきだと訴えるために姿を消したものらしく、これこそが著書『文化行為としての密通』の本質なのだとブラッドベリは言う(87)。

……以上のような「絡繰り」を承知の上ならともかく、何も知らずして各種文学批評・文化論のひたすら晦渋なディスクールに真顔で取り組まされていた学生たちは気の毒という他ない。その最たる例がブルームの弟子、フランシス・フクヤマであった。

コーネル大学で西洋古典を学び、ブルームの指導も受けたフクヤマは、一九七四年、イェール大学大学院に入って比較文学を専攻し、パリに六カ月間留学してデリダ、バルトの指導を受けた。帰国してからハーバード大学に移ったが、若気の至りで難解だから深遠な学問に取り組んでいると信じ込まされ、全くの「ナンセンス」と言い返す自信がないまま研究を続けたとフクヤマは述懐する(88)。

（ブラッドベリによると性を除いて）あらゆる実体を脱構築するポストモダニズムに幻滅したフクヤマは、具体的な現実を扱う政治学へと転向し、筋金入りの極右として「本領」を発揮することになった。フクヤマは、一九七九年にソ連の中東干渉政策に関する博士論文を仕上げ、ランド研究所に入って間もなくパキスタンの諜報組織ＩＳＩと連絡を取り、レーガン政権にムジャヒディンを支援すべきだと進言し、それが前述したように、アフガニスタン情勢を悪化させることになる。[89]

レーガン、ブッシュ（父）政権にそれぞれ二年間（一九八一‐八二、一九八九‐九〇）、ポール・ウォルフォウィッツにスカウトされて国務省入りしたフクヤマは、[90]一九八九年、『ナショナル・インタレスト』誌に論文「歴史の終わり？」を掲載し、それが一九九二年に『歴史の終わりと最後の人間』として出版された。

本書第2章で詳述したように、フクヤマは、ニーチェの「最後の人間」、ヘーゲルの「歴史の終わり」、並びに両者の「主人と奴隷」という「神話」を掘り起こし、それをプラトンの「気概」でさらにプレスティージを高めることによって、大衆に「奴隷」になるか「兵士」になるかの二者択一を迫り、最終的にポストモダンの「ニーチェ・バブル」に止めを刺したのであった。

一九八七年のブルームの『アメリカン・マインドの終焉』と一九九二年のフクヤマの『歴史の終わりと最後の人間』――両書の飛ぶような売れ行きは、まさに「師弟鷹の飛翔」と呼ぶにふさわしい。

このように、アメリカでは、一九六〇年代のヒッピーの集会や学生に見られるニーチェを中心としたカウンターカルチャーのカーニバルが、七〇年代と八〇年代にはポップカルチャー、さらには学問の世界へと移住し、それが一九八〇年代から九〇年代にかけて台頭してきた右翼の反発を招いたとラトナー＝ローゼンハーゲンは総括している。[91]

ヴァイマル共和国末期にニーチェを中心とするドイツ前衛文化が一気に右傾化した現象が、米国の「保守派ルネサンス」においても繰り返されたことは、歴史の大いなる皮肉と言わねばならない。

4 エリートのために──『ヴェニスに死す』教育

かくしてアラン・ブルームの『アメリカン・マインドの終焉』は、ロック・ミュージックを含む新左翼の放埓な性風俗を槍玉に上げることによって、ニューレフトの地盤を大きく切り崩すことに成功した。また、性解放を批判し、結婚の神聖さを強調した「功績」によって、ブルームが『全国カトリック時報』から「ローマ教皇パウロ六世の再来」と讃えられたのも本書序章で言及した通りである。(92)ならば、いわゆるエリート──最大の倫理的・知的影響力を国家に及ぼす可能性が最も高いと考えられる上位二〇‐三〇大学の知的・物質的・精神的に恵まれた数千人の権門勢家の子弟(93)──に限定してブルームが推奨する教育は、さぞかし謹厳実直で、性的なものとは一切無縁だと推測されるし、『アメリカン・マインドの終焉』を最後まで通読していない多くの「読者」もそう信じていることであろう。

しかしながら、実際はその正反対なのである。ブルームはロック・ミュージックを、安逸で味気ない性的満足しか与えないがゆえに、「非教育的」であると考えていた。(94)

ブルームにとって、教育とは、思春期の学生にもっと深みのあるエロティシズムを提供することによって、ソクラテスのいわゆる「無知の知」まで導くべきものであるらしい。「無知の知」は、フロイトの「イド」と置き換えることも可能であり、エロティシズムに関する完全なる知識に等しい。それゆえソクラテスとの対話に対する憧れは周囲に「感染」し、その死後も威力は衰えず、世紀を越えて持続

したのだとブルームは主張する。(95)

(ここでただちに反論を開始したくなる向きもあろうが——ベローも言うように、反論に実効性を持たせるという意味からも、相手の言い分を正確に把握した方が得策と思われるので——今しばらくはブルームの「奇説」を「静聴」することにしよう。)

ブルームによると、大学にフロイト旋風が吹き荒れていた一九五〇年代から六〇年代まで、ブルーム自身を含む学生の密かな性的妄想と、大学が提供する本格的教養とが一致していた。

その頃までは、かなりの数の学生が、心身共に性的知識に比較的疎く、性的好奇心を満たすことを期待して入学してきた。学生のあらゆる思考や行動の中には性的妄想が忍び込み、教師の側はそれに応えるべく「助産婦」や「売春斡旋人」の役割を果たし、学生の無知に「有り余る知識」を与えたという。(96)

学生が手にするすべての人文・社会学系の教科書は、性的妄想を掻き立て、同時にそれを癒す方法を示していた。ヘーゲルやシェイクスピアですら例外ではなく、文字通り「学習意欲」に燃える学生に対して教師が解説を行うと、学生が熱い反応を見せ、それによって教師自身も興奮したという。最初は買春に関心を寄せていた学生も、教師の導きを介してプラトンへと関心を移し、二つの関心の間を何度か往復するうちに、妖しげなものから高尚なものへの昇華が起こったらしい。「汝自身を知れ」というデルポイの神託は、まさしく肉体に乗り移ったとブルームは回顧する。(97)

こうした「理想的」な教育を行うためには、純真で溌剌とした学生が必要なのであるが、現在、ティーンエイジャーは「安易な」性習慣に浸りきっているため、生半可なことでは関心を持ってくれないとブルームは嘆く。(98)

つまりは教師の仕掛けた「餌」に掛かってくれる学生が少なくなり、ブルーム的教育者が失業の危機に瀕していると言いたいのであろう。かつては知的エリートやブルジョアの特権であった聖域（性域）に大衆がカウンターカルチャーと共に殺到してきて、教師としての自分の出る幕がなくなったというのがブルームの本音であるようだ。

それにしても、一般人にとって、エロティシズムを介してソクラテスの思想（プラトンの著作）が習得できるというのは、牽強付会に過ぎるように思われる。一体いかなる仕組みで性的好奇心がソクラテスの思想に転換しうるというのであろうか。

ソクラテスとエロスの組合せから誰しも連想するのは、プラトンの『饗宴』であろう。『アメリカン・マインドの終焉』の結びの部分でブルームは『饗宴』の重要性を強調し、「推薦者」のソール・ベローも「緒言」の中で、その事実を読者に確認させるために同じ個所を引用している。[99]

ブルームによると、件の「饗宴」は、ペロポネソス戦争（BC四三一－四〇四）の最中に催され、列席者のうち少なくともアリストパネスとソクラテスはやがてアテナイが敗れ、ギリシア「文明」も崩壊することを見抜いていた。しかし、彼らはギリシア「文化」には絶望せず、この恐ろしい政治的状況の中で自然の歓びに身を任せ、不測の事態や環境にかかわらず人間の為しうる最善が持つ生存力を証明したのだという。（どうやらブルームは「文化」をエロスに関わるものと考えているらしい。）

ここで念のため、『饗宴』でソクラテスが語る（巫女ディオティマから聞かされたという）有名なエロスの寓話を復習しておこう。

人間はすべて子を宿した状態にあり、美しい対象を目にした時、その人間と接触し、その中に生産したいという欲求に駆られる。死すべき人間からすれば生産が永遠につながる行為だからである。（『饗宴』二〇六C－二〇七A——ニーチェの「創造」と「永遠回帰」の原点がここに発見できる。）

身体的に子を宿した者は女性の中に、精神的に子を宿した者は男性の中に生産したいと焦がれ、子の中で最も美しいと言われる国家や家に関する思想を、相手の男性と交わることによって「不死なる子」としてその中に産み出したい（教育したい）と考える。（『饗宴』二〇八C-二〇九D）

大人の男性が少年を対象とした「正しい」エロスの道に向かうと、一つの身体から二つの身体へ、二つの身体から美しい身体のすべてへ、美しい身体から美しい学問のすべてへ、諸学問から美そのものの学問へと順次昇華が行われ、エロスの行程が完結することになる。（『饗宴』二一一B-二一二A）。

以上の部分を参照する限りでは、上述の「性的好奇心から教養」へという教育方法も、教師を「助産婦」のみならず、「売春斡旋人」とまで呼ぶブルームの表現も、単なるメタファーとして見過ごすことが可能であるような気もしてくるから不思議である。（事程左様に「古典的名著」の「威光」には著しいものがある。）

ところが事実はそれほど単純でもないから始末が悪い。ここにブルームとその師シュトラウスが信奉するニーチェが絡んでくると、事態は突如紛糾する。

プラトンは、「隠れニーチェ主義者」の隠れ蓑的な役割を果たしている。前節で述べたように、ブルームの学生時代には、ニーチェ自身はファシズムやナチズムを鼓舞したという「罪科」を負わされていたので、ブルームの師シュトラウスは、ニーチェから影響を受けたウェーバーやフロイトやハイデガーを介し、さらにプラトンにまで遡ることによってニーチェを教えざるを得なかった[100]。

シュトラウスは、「ニーチェの『善悪の彼岸』の構想に関する覚書」の中に、ニーチェの「権力への意志」がプラトンのエロスに相当すると書き残している[101]。生とは［権］力への意志以外の何物でもあり得ないというニーチェの基本命題が、エロスを「善それ自体を目指す闘争」と見るプラトン説に通じるというのである。ニーチェは、プラトンよりもさらに一歩踏み込んで善悪の区別をも解消した。神の死によって動物への優越性を失った人間にとって、その本能は理性よりも尊く、生きる気力を与えてくれる「創造的な活動」、力を放出しようとする「意志」そのものが生〔性〕――有機体の根本衝動――なのだとニーチェは考える。[102]

さらに、シュトラウスの「権力への意志」=「エロス」説には、（ニーチェから多大な影響を受けた）フロイトのプラトン観も反映されているようなのである。

ブルームは、フロイトがプラトン本人よりも（エロスの）真相に通じたプラトンの再来だと自負し、プラトンの再評価を提唱したと指摘している。この場合のフロイトは、寝椅子にもたれた患者の性の悩み相談に応じることで一大産業として大衆化した同時代の精神分析ビジネスの元祖を指すのではなく、まだ一部のエリートの研究対象として大学の中に限定されていた初期のフロイトを指している。[103]

とはいうものの、学生を引き付けるような性的含蓄のある個所を逐一特定するために、プラトン、ニーチェ、フロイト、ヘーゲル、その他の「大家」の全集に取り組むのは、一朝一夕にはいかぬ難行苦行であろう。探し当てる前に精も根も尽き果ててしまうのではないかと要らぬ心配をする人まで出てきそうだが、さすがに蛇《じゃ》の道は蛇《へび》――すべからく物事には手引きがあり、余人の果たせぬ苦労を買って出る「奇特な」人物が世の中には存在するものである。

（プラトン流の）「本物の知的憧れ」にフロイト的な見地を適用した最良の著書として、ブルームは、トーマス・マンの『ヴェニスに死す』（一九一二）を挙げる。[104]

「あまり繊細な精神を掘り起こすことはできないが」という但し書きをブルームは付けているが、この小説の紹介だけで総計五頁近く費やしているのだから、生半可な執着ではない。（なお『アメリカン・

マインドの終焉』の中では、他のいかなる著作にも、これだけの頁数をまとめて割くことはしていない。）『ヴェニスに死す』を「世紀の変わり目に出た最も優れた名文句の集大成」とまでブルームは絶賛している。

ただ、ブルームが特に文学に造詣が深かったというわけではなく、トーマス・マンは、ヘミングウェイやフィッツジェラルドと並んで、平均的アメリカ人が最初に親しむ小説であり、理髪店にも普通に備わっていた。(105) シュトラウスが時代のニーチェ主義に乗ったように、ブルームも単に時流に従ってマンを読んだに過ぎないようだ。（こうした時流への無批判な順応は、両者の思想を把握する上で、非常に興味深い要素になる。）

『ヴェニスに死す』は数世代にわたる学生に大変な人気を博し、この作品を通じてアメリカ人は「洗練されたヨーロッパ人の神秘と苦悩」へと誘惑されたとブルームは言う。同性愛という禁断のテーマについては、まだ本格的な知識が流布していなかったので、フロイトと芸術に夢中になっていた学生は一斉に飛び付き、多くの場合、同性愛のカミングアウトによる性解放の一種と受け取られたらしい。(106)

しかしながらブルームによると、『ヴェニスに死す』は、それ以上の哲学的・心理学的意味を有している。そこではフロイト・ニーチェ・プラトンが揃い踏みをし、三者の密接な関係が余すところなく描かれているというのである。

中編小説『ヴェニスに死す』の構成は、さほど複雑なものではない。スランプに陥った初老のドイツ人作家アシェンバッハが、気分転換に「歓楽の地」ヴェニスを訪れ、同じホテルに家族旅行で滞在している十四歳位のポーランド貴族の少年タジオの姿を見て一目でその美しさの虜となる。たちまちストーカーと化したアシェンバッハは、美少年の姿を海辺や町やホテルでひたすら追い続けながら妄想を逞しくし、コレラが流行しているという警告にもかかわらずヴェニスになおも留まり、発病して絶命するという耽美物語である。

この作品は、芸術家、すなわちトーマス・マン自身をフロイト的に分析したものであり、芸術家の昇華の挫折のモチーフが「西洋の没落」と重なっているとブルームは言う。より高い次元を目指すはずの芸術家が、原始的で馴化《じゅんか》されていない衝動に根差すことを認識した瞬間にライフワークの基盤が切り崩され、堕落と衰弱と死がアシェンバッハを襲う。(107)

アシェンバッハは、文明化された行動様式が馴化しようとする人間存在の隠れた原初的衝動を生き抜く［実現する］ことに対する憧憬を有し、この第一希望が満たされるなら、第二希望にしか過ぎない「文明化された行動様式」は選ぶ価値がないとまで思い詰める。ここには、自然が馴化された時代に、人間が死をも厭わないような生［性］の悲劇的闘争を取り戻すべきだというニーチェの思想が反映されている。(108)

ブルームが『ヴェニスに死す』から特に感銘を受けたのは、プラトンの『パイドロス』の用い方であった。（パイドロスは、『饗宴』の語り手の一人でもある。）美少年に対するアシェンバッハの思いは次第に募り、突然『パイドロス』からの引用が激発して抑圧された欲望の深淵を指し示す。フロイトとプラトンは、共にエロティシズムが一切の人間の言動に浸透していると主張する点で一致しているが、トーマス・マンは、『パイドロス』に隠された無意識的なものをフロイト的に分析し、読者に披瀝しているというのである。(109)

『ヴェニスに死す』で恋愛の神エロスの彫像を思わせるタジオに寄せるアシェンバッハの妄想は、『パイドロス』で美青年パイドロスを掻き口説くソクラテスの話術（芸術）へと繋がっていく。

自然豊かなアテナイ郊外のプラタナスの木陰に、哲学者ソクラテスとパイドロスが並んで横たわり、対話している。愛に関する説話とその「取り消しの詩」（パリノイディア）である弁論術から成る『パイドロス』が、トーマス・マンのフロイト的洞察にかかると、「醜い老人」（ソクラテスの風貌は『饗宴』で太鼓腹と獅子鼻を持つ好色な山野の半獣神シレノスに喩えられている）が「美しい青年」をいかにして陥落させることが可能かというテーマへとすり替えられる。

ソクラテスがパイドロスに聞かせる寓話は、人間の魂を、翼の生えた善悪二頭の馬とそれを操る馭者に喩えている。二頭の馬は、それぞれ善悪に向かう人間の衝動を象徴し、かつて天上に存するイデアを観照していた人間の魂が、悪い馬に引き摺られて地に堕ちる。一旦堕落した魂は、美しい人に遭遇してそれを愛することにより、かつて観た美のイデアを思い出し、馭者は長らく失っていた翼を取り戻すという内容である（『パイドロス』二四六A－二五七B）。

この譬え話を、『ヴェニスに死す』のソクラテスはこう解説する。

なるほど［パイドロスの］美は、目に見え、愛するに値する唯一のものであり、それは、情を備えた人間が精神的なもの［イデア］に到達できる道である。しかし、美はただの道に過ぎず、それだけでは不十分なのだ。愛する者［ソクラテス］は、愛される者［パイドロス］よりも神に近い。なぜなら愛する者には（「神聖な狂気」という形で）神が宿っているのに、愛される者には宿っていないからである。

──老獪なソクラテスは、「神聖な狂気」による相手の美の無制限の賛美と無制限の快楽を餌にしている点で、おそらく最も情熱的で最も冷笑的な思想を発明したとマンは言う(110)。

『ヴェニスに死す』では、ここへニーチェが参入してきてますます大変な事態に陥る。

アシェンバッハが見る夢の中で、ソクラテスのいう「神がかりの狂気」の「正体」が露わにされる。ニーチェが『悲劇の誕生』その他で言及しているディオニュソス祭の狂乱である。木製の巨大な陽物を先頭に、松明を持ち、山羊を連れた男女と青年の一群が、耳障りな打楽器と笛の妖しげな旋律と共に夜の山岳地帯を徘徊し、山羊を引き裂き、自分たちも互いに傷つけ合って血を流しつつ、阿鼻叫喚の内にありとあらゆる狂態を尽くす……[111]

マンのフロイト［＝ニーチェ］的解釈によって、プラトンのエロティシズムが一層際立つのだとブルームは解説する。

［フロイトとプラトンの］どちらも人間のあらゆる事象をエロティシズムに還元する点では共通しているが、類似はそこまでで、プラトンのエロティシズムの描写の方がはるかに奥深い。それに幻惑させられて、我々［ブルームを含む教育者］は現在の不条理な事態へと立ち入ってしまった［とブルームは実情を思わず露呈する］。プラトンはエロスの欲望の充足の可能性と不可能性の間に線引きをした。エロスに魔法をかけると同時に魔法を解くのだが、その両方を我々は必要としている。[112]

少なくともトーマス・マンにおいて、我々を再生させる伝統が完全に生きている——とまではいわなくとも現存していた。我々はマンが提供しているものに導かれて旅立ち、アシェンバッハよりも魅惑的な餌食を見出すかもしれない。[113]

ベローの小説『ラヴェルスタイン』には、「マンが提供しているものに導かれて旅立った」ラヴェルスタイン［ブルーム］が、「アシェンバッハよりも魅惑的な餌食を［学生の中に］見出す」様子が描かれている。

ラヴェルスタインの役割は父親であった。もちろん、学生が物にならないと（make it「成功する」／「性交渉を持つ」）迷わず叩きだす。しかし、一旦親密な間柄になると、将来計画を立ててやるのであった。（二二七頁）

学者をしているゴーマンの父親は、息子のフィリップがラヴェルスタイン［ブルーム］のゼミに入ることに強く反対していた。ある大物政治学者がゴーマンの父に、ラヴェルスタインが常軌を逸しており、学生を誘惑し、堕落させると警告していたのである。（五八頁）。

時折聞こえてきた噂によると、お気に入りの学生たちがラヴェルスタインから「チャージ」を受けた［いたく興奮した］ということだ――ラヴェルスタインは変人［funny「男性同性愛者」の意味あり］で面白い人間だというのである。しかし「チャージ」というのは表面的に面白く楽しいというだけで、それによって生命力が伝染したというような意味である。その奇矯な振舞いが何であるにせよ、それはラヴェルスタインのエネルギーの糧となり、このエネルギーが広まり、播種され、授けられたのであった。（五三頁）

もちろんこれらをすべて比喩と受け取ることも可能であり、ベローは用心深く直截的表現を回避している。いずれにしても、ラヴェルスタインの下で学んだ学生のうち、特に優秀な者は、他所では到底達成し得ないような古典と名著を原語で読む能力を獲得したらしい。

頭が良くてやる気のある学生は、運が良ければ、他では望めない報償を得た。ラヴェルスタインの導きで、プラトンを通読し、マイモニデスの秘儀的な意味を教わり、マキアヴェリの正確な解釈を知り、シェイクスピアの高度な人間性に触れ、ニーチェに至る、いやニーチェ以後の思想まで究めることができるのである。それは学術的というより、無手勝流に近い計画だったが、おしなべて教育効果は上がったようだ。（二六頁）

しかしながら、ここで見逃せないのは、ブルームが「導き」としたトーマス・マン自身が、自分のやり方が読者を「導く」のではなく「堕落させる」ものだと臆面もなく明言していることである。『ヴェニスに死す』には、アシェンバッハがソクラテスになりきり、心の中でタジオに「パイドロス」と呼びかけ、詩人（小説家）とは何者かを明かす場面がある。

美は神々のものであると同時に人間の視覚に訴えるものでもある。芸術家は、感覚を通して美の道を歩み精神［イデア］へと赴き、いつしか英知と男性としての品格へと導くと君［や世間］は考えているかもしれない。しかしながら、［マンのいう］詩人は、エロスの神の導きなしに美の道を歩く［創作する］ことはできない。エロスの「認識」によって詩人は賢明さを失い、放恣で邪悪な道に踏み入り、読者共々地獄へと堕ちる。詩人に寄せられる衆望と信頼は、噴飯ものなのだ。青年や読者を教育するのではなく、彼らを誑《たぶら》かし、奈落へと導くのだから。(114)

ここで我々は素朴な疑問を呈する。マンにしても、ブルームにしても、エロティシズムを隠すことなく前面に押し出し、しかも青年を「餌食」にし、片方は堕落させると臆面もなく明言している。読者やエリート学生を堕落させる目的で芸術制作あるいは教育活動を行うことに対して世間が一斉に反発するとは考えなかったのであろうか？

事実は小説よりも奇なり——実際はその真逆であり、このような姿勢こそが衆目を集め、世論を動かすという「心理学」を、マンもブルームも熟知していたようなのである。

5　悪魔にもらったノーベル賞——「亡国詩人」トーマス・マン

第二次世界大戦中の一九四二年三月二七日から二八日にかけて、イギリス爆撃機編隊がケルン、デュッセルドルフ、ハンブルクに続いてトーマス・マンの生地リューベックを襲撃した。(115)

英軍の空襲は、イングランド中部コベントリーへの二度にわたるドイツ空軍の猛爆撃の報復であり、北ドイツのハンザ都市リューベックは軍需工業施設と港湾を有していたが、その際にマンの生家でノーベル賞受章作品『ブデンブローク家の人々』（一九〇一、一九二九年ノーベル文学賞）の舞台となった「ブデンブローク・ハウス」も破壊したことから、マンに対する「懲罰」的な含みを持たせる事件であった。(116)

「家を失くしたそうですね」——カリフォルニアの新聞売りが、トーマス・マンの顔を覗き込んだ。一九三三年にナチスに追われ、スイス経由でアメリカに亡命して六年を迎えるマンは、当時六六歳になっていた。イギリスBBC放送は、リューベック旧市街の四〇％が破壊されたこの事件に関する感想を求め、四月、これに応じたマンは、ドイツ人向けの特別放送で、「巻き添えを食った」人々の惨状は思いやらず、ドイツの横暴に対する当然の報いであり、英空軍の成功を願っても止むを得ないと淡々と述べた。(117)

だがその一方で、安全な大西洋の向うに逃れていたマンは、リューベックへの空襲をもたらした責任が自分自身にあることを——後述する一種の「自負」と共に——十二分に認識していたのである。

第二次世界大戦の末期から三年がかりで完成させた長編小説『ファウストゥス博士——友人が語るドイツの作曲家アードリアン・レーヴァキューンの生涯』（一九四七）は、二〇歳代からニーチェの賛美者であり続けたマン自身の「甘美な」［！］懺悔録となっている。[118]『ファウストゥス博士』におけるカイザースアッシェルンの空襲の描写は、詩の主題に行き詰り、ローマに火を放ってそれが燃える様子を高みから歌ったという暴君ネロの姿をはるかに大規模に再現したものといえるかもしれない。

ニーチェとマン自身をモデルとした主人公アードリアン・レーヴァキューンは、マンよりも十歳若い音楽家という設定になっており、天才的芸術家の名声と引き換えに魂を悪魔に売り渡し、背徳的な所業の末に発狂して廃人となるレーヴァキューンの運命が、ヒトラーに政権を譲り渡したドイツが「怪物国家」と化して破滅していく経緯と重ね合わされている。

『ファウストゥス博士』の主人公の姓「レーヴァキューン」（Leverkün）は、ツァラトゥストラの説く「大胆なる生」（küne Leben）の類音であり、ゴシックとルネサンスが共存したその生地カイザースアッシェルンは、ニーチェが育ったナウムブルクとマンが生まれたリューベックの合成的特徴を有している。[119]マンの「罪深さ」を何よりも物語っているのは、レーヴァキューンが「悪魔契約」を結ぶ場所を、二二歳の夏にマン自身が長期滞在して『ブデンブローク家の人々』の構想を練り始めたローマ近郊のパレストリーナの石畳の部屋に設定していることであろう。[120]

『ファウストゥス博士』のメフィストフェレス的人物の正体は、ニーチェの学友ポール・ドイセンの回想記（一九〇一）を参照して、レーヴァキューン［ニーチェ］が四年前に娼家で感染したとおぼしきスピロヘータ・パリダ（梅毒の菌）が脳髄に浸潤したために見た幻覚とされており、天才音楽家としての二四年間の活動と引き換えに魂を売り渡すという設定になっている。[121]（一九五三年版『ファウストゥス博士』の編者ペーター・ド・メンデルスゾーンは、マンから聞いた話として、イタリアにおける娼婦遊びの後の感染を極度に恐れたマンも、パレストリーナの件の部屋で見知らぬ人物の幻影を見かけたと書いている。[122]）

マンの一九二九年のノーベル賞授賞理由は、「主として大作『ブデンブローク家の人々』によるものであり、本作品は現代の古典として着実に認知されつつある」となっている。[123] 人類に貢献すべきはずのノーベル賞受賞作が「悪魔契約」によって創作を行い、人類に大厄災をもたらしたと知った後年の選考委員は、それをどう受け止めたのであろうか。

後ほど詳述するように、トーマス・マンこそは——本人もそう自覚している——ニーチェの生［性］の哲学の詳細な解説によってドイツ人を興奮の渦に巻き込み、二つの大戦へと駆り立てた主要「戦犯」の一人なのであった。

『第三帝国の神話』（一九五七）の著者ジャン・F・ノイロールは、数多の作家、批評家、政治・宗教・哲学的著作家の中で、ハインリヒ・マン、トーマス・マン兄弟とシュペングラーの三者を、ニーチェを通して第三帝国の出現に最も大きく影響した元凶として名指しで糾弾している。[124]（ただしハインリヒ・マンは、第一次世界大戦以前に西欧的なリベラルな思想に転向し、トーマス・マンを批判する立場になっていた。）

マンの著作がナチズムの原理と親近性を持つことは、ナチスの幹部も認めていた。

宣伝相のゲッベルスは、一九三〇年の日記に『ブデンブローク家の人々』を読んで改めて圧倒されたと記し、『非政治的人間の考察』を書いたマンを最終的に「民族の再生」の同志として取り込めるとの期待を長年抱いていた。また、一九四五年九月に娘のエーリカ・マンが連合軍に拘留されたゲーリングの尋問係から聴いたところによると、トーマス・マンタイプの人間なら第三帝国に順応できていたはずで、マンの一件——一九三三年の講演「リヒャルト・ワーグナーの苦悩と偉大」でワーグナーを侮辱した「罪科」でナチスに糾弾された——は、ゲーリングが処理していたら、穏便に済ませたのにと語ったということである。(125)

亡命中の一九三九年に、マンは論考「兄弟ヒトラー」の中で、挫折した芸術家としてのヒトラーと「芸術家は犯罪者と狂人の兄弟である」と信じる自分との類似性を認め、「破滅の元」であるヒトラーへの共感と関心を表明している。(126)

そして「二二歳から三〇歳までニーチェに心を奪われ、ニーチェについて理解したことは、文字通り何もかも信じた」というレオ・シュトラウスも——弟子のブルームがマンに対する多大な関心を示していることから——ニーチェを「背徳の聖者」と崇め、『ファウストゥス博士』で「聖別」した国民的作家のマンを介してニーチェに惹かれていた可能性は極めて大きい。(127)

リューベックの富裕な穀物商で市参事会員を務めた父を持つマンは、兄のハインリヒの影響を受けて、謹厳で硬直したブルジョア社会の倫理に反発し、家督相続を拒否して作家への道を歩んだ。伝統的世界観に対する反逆の免罪符となったのが、ニーチェの哲学である。神を殺し、神への罪に怯える古い奴隷的な道徳律に代わる新しい道徳律の必要性を叫ぶ「預言者」ニーチェに、若いマンは心酔し、作品の中にその信条を反映させ続けた。(128)

エーリヒ・ヘラーは、『ファウストゥス博士』をトーマス・マンの「悪魔学大全」と呼び、この作品の中で、『ブデンブローク家の人々』、『トーニオ・クレーガー』、『ヴェニスに死す』、『非政治的人間の考察』で扱った旧来のニーチェ的主題群が再度勢揃いし、地獄の業火で照り映えると形容している。(129)

それでは、ニーチェの思想がなぜファシズムや戦争を喚起したのであろうか。

バートランド・ラッセルの「ファシズムの起源」によると、マンの主な読者層であった教養ある市民階級は、産業化が進む時代に取り残された「敗退組」に属していた。企業家、賃金労働者、女性、異教徒が時代の波に乗って勢力を伸ばす一方で、旧体制下で保護されていた国王、貴族、聖職者、下層中産階級、男性の側は、近代社会の中で発展する機会を奪われつつあった[130]。

こうした状況の中で、「選ばれた超人のグループが隷属的大衆を支配する」というニーチェの文化的エリート主義が、衰微をかこつ不満分子の無上の支えとなる。真の美徳は万人のためではなく貴族的な少数者のためにあり、より高次の人間が神に代わって芸術的専制を敷き、「無様な出来損ない」である大衆に戦いを仕掛け、時代の民主的諸傾向に抗すべしというニーチェの主張は[131]、たちまち知識層の心を捉え、深く浸透していった。

第一次世界大戦が勃発すると、いずれの当事国も愛国的熱狂に巻き込まれたが、ドイツでは特にその傾向が著しかった。理性と民主主義を標榜する近代国家、英仏を敵に回した時点で、それに対抗しうる旗印として、ゲーテからニーチェに通じるゴシック的な英雄主義と反理性的な民族主義を掲げざるを得なかったからである。

文化人はこぞって戦争宣伝を通して集団妄想を煽り、ドイツでは、一九一四年の八月に一五〇万篇もの戦争詩が書かれた。この時までに平和と自由主義の政治意識に目覚めていた兄のハインリヒは反戦を表明するが、トーマス・マンは民族一体化の興奮に酔い痴れ、ドイツの知識人と芸術家九三名と共に戦争支持の署名に加わり、随所で戦争支持を公言した[132]。

開戦直後に著した論文『戦時随想』（一九一四）の中で、マンは、「新時代の三位一体」を形成するドイツの「男性的な」文化と芸術と戦争が、イギリスの「偽善的」ヒューマニズムとフランスの「女性的な」人権主義が平和のなかで培養した「腐敗した」文明を浄化すると宣言した。その翌年、『スウェーデン日刊』紙の「ドイツはなぜ戦争を歓迎したか」というアンケートに対して、マンは、「第三の帝国」をもたらすのがその目的であると回答した。ドイツ第一帝国が「精神」の帝国であるとするなら、第二帝国は「権力」の帝国であり、この戦争によって「権力と精神」を統合する第三の帝国を築くことがドイツ人の悲願だというのである。[133]

マンのニーチェ崇拝が政治的言論として具体化された最大の論考は、第一次世界大戦中に書かれた『非政治的人間の考察』（一九一八）である。アラン・ブルームも、論集『巨人と小人』の中で『非政治的人間の考察』に言及し、同書の内容に精通していたことを示唆している。[134]

「私が至る所にニーチェを見、しかもニーチェだけを見ていることを許してほしい」——『非政治的人間の考察』の中で、第一次世界大戦への参戦を支持する際、マンは、ニーチェの完全なマウスピースと化し、ニーチェ思想の伝道者となっていた。[135]

ニーチェこそは、十九世紀に世界を席巻したロマン主義的ペシミズムを基調とするドイツ文化の精髄であるとマンは言う。その弟子として「十九世紀の嫡出子」を自負するマンは、二〇世紀という新しい世紀が、直前の十九世紀よりも古い十八世紀（啓蒙主義の時代）に似てきていることに忸怩《じくじ》たる思いを禁じ得ない。[136]

ニーチェの思想は「善きヨーロッパ人とは十八世紀と戦う者のことである」という言葉に集約される。「大革命［フランス革命］に対する革命」（『権力への意志』）——それがニーチェのキーワードであった。[137]

西側諸国がプロパガンダとして大々的に喧伝している民主主義と世界平和と啓蒙主義は、十八世紀の

「遺物」であり、普通選挙権と自由だけが行き渡った社会に住むのは御免蒙りたいとマンは公言する。[138]

マンは、ショーペンハウアー、ワーグナー、ニーチェを「永遠に結ばれた精神の三連星」と呼ぶ。ワーグナーとニーチェの後年の別離にもかかわらず、三者は「十字架と死と墓穴」への憧れにおいて一体だというのである。青年期にワーグナーの《トリスタンとイゾルデ》の「愛の死」に我を忘れ、病的なまでにニーチェとショーペンハウアーの書に耽溺したマンは、長じて「デカダンスの年代記作者にしてその解説者、病的なものと死の愛好者であり、奈落を指向する唯美主義者」となったという。[139]

マンが崇めるショーペンハウアー、ワーグナー、ニーチェは、いずれも大衆の民主化運動に対して否定的な態度を示していた。[140] 貴族主義者のショーペンハウアーが一八四八年の革命時に鎮圧軍に協力してバリケードの「賤民」を狙い撃つため自宅の二階を提供し、ワーグナーが後年（芸術の）帝国主義者となり、ニーチェが一八七〇・八〇年代ドイツの経済繁栄を「唯物主義的」で「堕落した」「フランス風茶番劇」と批判したことを、マンは高く評価する。[141] 大衆は永遠の「未成年」だから「後見人」が必要だというのがショーペンハウアーの信念であった。

民主主義はドイツ的本質にとって異質かつ有害なものであり、官憲国家こそドイツ民族の欲した国家形態であることをマンは疑わない。[142]

一九一四年、「文明」（民主国）は「軍国主義」（ドイツ）に宣戦布告したが、英仏両国は、帝国主義と資本主義の罪過を民主主義というベールで覆い隠し、国内に対しては民主主義を、国外の侵略においては貴族主義を使い分け、後発のアメリカもこれに追随している。[143]

国際的民主主義を掲げる西側の文明諸国は、輸出のことしか念頭にない「取引所戦争」を仕掛けているのだが、それを公言すると良心が咎めるので、政治が悪いから戦争に巻き込まれたと釈明し、平和主義を装った空涙を流す。これに対してドイツは、神話的個人としての民族の自立という純粋で麗しい理念を掲げ、英雄らしく正々堂々とこの戦争に参与すべきだとマンは力説する[144]。

形而上学的で英雄主義のドイツは、本来政治に向いていないにもかかわらず（「非政治的人間」という概念はここから発する）、大国になってしまったがために、民族の帝国として政治を行うよう義務付けられた。それがドイツの悲劇的運命だというのである[145]。

マンによると、戦争は人間に自分の魂と真正面から向き合うことを教え、真理を助け、真理に正当な権利を与える不滅の制度である。人が一万人死んだからといって死の恐ろしさが一万倍になるわけではなく、各人が個々の死を経験するだけに過ぎない［から大したことはない[146]］。

このようにマンは、ドイツ文化と形而上学的教養の高みから、自由と人権を保障する西側の民主政治を見下し、天才的な個人の「内面の自由」を重視する「陰鬱で悪魔的な保守主義」を称揚し、「十字架と死と地下の墓所」に象徴される「死の喜び」を告知した。政治から意識的に遠ざかっていたマンは、戦争の実情が何たるかを理解しないままに死を賛美し、第一次世界大戦における機械化された大量殺戮が、二五年後のドイツに集団虐殺工場を出現させる心理的前提となることなど、思いも及ばなかったのである[147]。

マンの『非政治的人間の考察』は、少数派極右の意見というよりは、第一次世界大戦開戦当時、戦争支持に署名した大多数の文化人の見解を代表するものであった。イギリス人でありながらカントとゲーテとワーグナーを賛美して汎ゲルマン主義者となり、第一次世界大戦中にドイツに帰化したワーグナーの女婿ヒューストン・ステュアート・チェンバレンの「選択」を、この時点のマンは無邪気に称賛している[148]。

第一次世界大戦でドイツが大敗を喫した時、マンはようやく、自分を含むドイツ人全体が時代錯誤の狂想に陥っていたことを自覚し始めた。

このたびの戦争は、私にとってますます……巨大なドン・キホーテ的行為であり、ゲルマン的中世の最後の大立ち廻りだと思えるようになりました。それは堅忍不抜の抵抗を見せた後、ついに音を立てて崩れ落ちたのです。今後アングロサクソンが世界を支配し、完全に文明化された社会になることでしょう。(149)

世界を支配したアングロサクソンは、ドイツ帝国を解体し、ヴァイマル共和国を成立させる。最初は共和国の理念に当惑していたマンも、一九二一年末頃から共和国幹部から度重なる接近を受けて、徐々に思想の転換へと向かった。(150)

一九二二年、ウォルト・ホイットマンの作品の翻訳を読んで感銘を受けたマンは、同年四月、『フランクフルト新聞』の同書に関する公開書簡の中で、民主主義の支持を表明した。同年六月二四日、親しく言葉を交わした外相のラーテナウが右翼に暗殺されるに及び、マンは若者たちを狂気へと走らせる汎ゲルマン主義の危険性に目覚める。(151)

同年十月、ハウプトマンの六〇歳の誕生を祝ってベルリンで行った講演「ドイツ共和国について」の中で、マンは、エーベルトを「国父」と呼び、若い世代を共和国と民主主義の味方にすることが自分の使命だと宣言した。(152)

しかしながら、その後のドイツの趨勢は、マンの「回心」とは正反対の方向に向かう。共和制と民主主義を掲げた新しい共和国は、世界に類を見ない自由と人権を国民に保障したが、ドイツの知識人の多くが、「敗戦の所産として強要された制度」という被害者意識から脱却できなかった。ヴェルサイユ条約が要求した法外な賠償金、それによってもたらされた天文学的なインフレと恐慌、さらにオーストリアとの合併を禁じられたことからくる将来的発展に対する絶望感等が相俟って、一旦は収まっていた民族自決の理念が再燃し、第一次世界大戦中以上に過激な右翼運動が展開する。

戦後の混乱に紛れて台頭した大資本家と軍事関係者は、利益追求の障害となる社会主義と平和政策に抗するために、ニーチェ哲学を利用して前述の「敗退組」を集め、工業技術と近代戦争と中世的反動を同時に支持するような団体の形成に励んだ。[153]

一九二五年、エーベルトが急死し、一九二八年の総選挙では、ヴァイマル連合の議席が過半数を割った。一九二九年十月三日、戦後のドイツ経済を再建した外相シュトレーゼマンが死亡する。二〇日後の十月二四日、ニューヨーク株式市場の株価が大暴落して世界恐慌が始まり、アメリカ資本に依存してきたドイツは、たちまちその余波を被った。倒産と失業の急激な増大に政府は緊急令を多発し、中産階級の政党が衰退し、政治的暴力が再浮上することになった。[154]

皮肉なことに、これと前後してトーマス・マンの「悪魔契約小説」『ブデンブローク家の人々』の廉価版が二カ月足らずで七五万部の売れ行きを示すベストセラーとなり、文字通りの「黄金の雨」で富を蓄えたマンは、一九二九年の暮、恐慌の惨禍をよそに、押しも押されもせぬドイツ随一の作家としてノーベル賞を受賞したのである。[155]

一九三〇年九月の総選挙で「ドイツの片隅の野蛮な一セクトと思われていたナチス」が躍進し、社会民主党に続く第二党となったが、共産党も同時に進出したため、大資本家と大地主が一斉にナチス支持へと傾いた。[156]

一九三〇年十月、マンがベルリンで講演「理性に訴える」（講演集では「ドイツへの訴え」）を行い、「今日ミュンヘンが、そして明日ベルリンが、［ファシスト国家］イタリアのようになってしまう」と警鐘を鳴らした時、事態は既に手遅れとなり、マンは裏口からの逃亡を強いられた。[157] 年末にはドイツの失業者がほぼ四五〇万人となり、反ナチス主義者でさえ一足先にファシズムを体現したムッソリーニに関心を持ち始める。[158]

一九三二年七月の総選挙ではナチスが第一党となり、翌三三年、政権の獲得と同時にドイツ第三帝国を成立させた。第一次世界大戦中のマンが「狂想」のうちに切望した「第三の帝国」が、思いもよらぬ形で実現したのである。

「ドイツ国家と国民のためにドイツ文化を振興」するために芸術および芸術家の選別が行われ、ユダヤ人もしくは非アーリア的思想を持つ学者・文化人・芸術家の追放と迫害が推進される中で、ようやく「理性」に目覚めたマンは、一九三三年の講演「リヒャルト・ワーグナーの苦悩と偉大」によって財産の大半と祖国を永久に失った。

一九四五年、兄のハインリヒ・マンは、「我が弟」の中でトーマスに付きまとった「呪い」を以下のように述懐している。

その後のドイツのとった姿――もしくはそう見られることを許してきた姿――理性と思考と人類の敵、それは弟個人を襲った呪いだった。いや、そう気付くのが遅れたことこそ呪わしいことだった。[159]

第5章　ケインズ、カムバック！──アメリカン・ノーベリストの逆襲

1　「戦犯」は誰か──「ツァラトゥストラ」の由来

ソール・ベローの『ラヴェルスタイン』の中で、チック〔ベロー〕は、ラヴェルスタイン〔ブルーム〕から書くよう要求されている伝記の見本の一つであるケインズの「回想録」──「敗れた敵メルヒオール博士」[1]──を読み返し、ケインズが第一次世界大戦の直接責任者はワーグナーだと考えていたことを知り、大層興味を惹かれる。

「時折考えるのだが、この戦争に対してワーグナーほど大きな責めを負う個人はいないように思われる。」明らかに皇帝〔ヴィルヘルム二世〕は自分でもそのように考えていた。そしてヒンデンブルク〔参謀総長〕は三流のワーグナーオペラのバス、ルーデンドルフ〔参謀次長〕は太ったテノールに他ならなかったのである。[2]（『ラヴェルスタイン』七九頁）

この「回想録」については後ほど詳述することにして、軍事独裁体制を敷いた三人がワーグナーオペラを演じていたというこの箇所は、大戦後のパリ講和会議に英国大蔵省主席代表として出席したケイン

ズの実感として、非常に重みを持つ発言である。

しかし、ここでワーグナーを出されて戸惑う読者も少なくないであろう。前述したように、第一次世界大戦は「ヨーロッパ・ニーチェ戦争」と名付けられており、「責任者」はワーグナーではなく、ニーチェではなかったのか？

実は、ニーチェの思想それ自体がワーグナー音楽に依拠したものであり、二人は「一心同体」とも考えられる。またニーチェとワーグナーは、それぞれショーペンハウアーからも影響を受けており、前章でも言及したように、第一次世界大戦中、マンは、ショーペンハウアー、ワーグナー、ニーチェを「永遠に結ばれた精神の三連星」と呼んでいた[3]。そしてマンはさらに、一九三二年の講演「市民時代の代表者としてのゲーテ」の中で、この三者にゲーテを加えて「四大恒星」と名付けている[4]。

……まことに厄介ではあるが、ニーチェとワーグナーの功罪を見直すためには、まずこの四者の関係を整理しておかねばならないようである。

周知のように、ショーペンハウアーは、ゲーテから直接指導を受けて『意志と表象としての世界』を書き、ワーグナーは、『意志と表象としての世界』に出遭ってから楽風を換え、ニーチェの思想は、ショーペンハウアーとワーグナーの音楽によって構築されていった。

ここで見逃せないのは、四者の思想あるいは創作原理がいずれも（ニーチェが後年批判する）キリスト教に発していることである。

菊盛英夫の『ルターとドイツ精神』（一九七七）によると、ゲーテとヘルダーを中心とするロマン主義の先駆運動「シュトゥルム・ウント・ドラング」（疾風怒濤）は、西側諸国のカトリックに対抗して、ルターの教義を本来の精神に立ち戻って復興させようとする敬虔派の運動と密接に結び付いていた。フランス革命に対する嫌悪から反カトリック主義を貫いたゲーテは、「ドイツ人はルターを通して初めて民族となった」と宣言している。(5)

ゲーテに導かれたショーペンハウアーは、表面上無神論を標榜していたが、ルターの中に暗い無意識の生への意志を確証し、ルターの神学を生否定の哲学へと転換した。主著『意志と表象としての世界』（一八一九）は、十九世紀後半のヨーロッパに広範囲な影響を及ぼすことになる。(6)

ルター派の特徴は、プロテスタンティズムに属しながら、カトリックの教理をさらに厳格化した点にある。ルターは、プラトンの流れを汲むアウグスティヌスにまで遡り、アダムがイブを相手に情欲を満足させた時点で「原罪」が発生し、それは各人の死と神の特別な恩寵によってしか償われないとする「奴隷意志論」を説いた。確かにキリストは人間を救済すべく出現したのだが、人間が真の救済に与かるためには、キリストの自己犠牲に依存するのではなく、キリストの犠牲に倣う必要がある。つまり「諦念」（Resignation——生殖器の「意志」と共に生命を放棄すること）によってのみ、人間は救いに到達できるというのである。(7)

とはいえ啓蒙主義時代をくぐり抜け、宗教が弱体化している時代に、ここまで原理主義的な教義が受け容れられるとは考え難い。そこでショーペンハウアーは、ヘルダーの弟子フリードリヒ・マイヤーを通じて学んだインドのヴェーダ聖典の一部、ウパニシャッドを導入し、「近代的」な印象を与える「哲学」へと「宗教」を変貌させた。(8)

ウパニシャッドの梵我《ぼんが》一如《いちにょ》（宇宙の根本原理である梵「ブラフマン」と我「アートマン」は一体）の立場から見ると、死と生殖は一体であり、個体は生殖の欲を満足させた瞬間に種族の継続のために自らを使い果たし、その身を死へと委ねていく。(9)生殖と死の連鎖という現世の無間地獄《むげんじごく》から解脱《げだつ》するためには、

（生きる）意志を進んで放棄し、意志の痕跡が、衰弱した肉体と共に消滅する日を待つしかない。現世に対する煩悩や執着の炎が消えた時、「無」の境地――仏教でいう「涅槃《ねはん》」（ニルヴァーナ）――に到達できるという。[10]

ショーペンハウアーのこの思想を音楽化したのがワーグナーであった。

一八三九年、二七歳の時に債権者から逃れてパリに移り住んだワーグナーは、資本主義体制における富の分配の不平等性を痛感して社会主義革命を志し、三月革命（一八四八）の延長である一八四九年のドレスデンの蜂起に参加した。[11]

この頃のワーグナー作品（一八四五―四八年にかけて創作した《ローエングリン》、さらには一八五一年の《ジークフリート》の構想過程まで）は、革命に対する希望を反映し、生への意志の肯定、世界変革の希望、愛の倫理等の特徴を有していた。[12]

しかしながら革命軍は鎮圧され、ワーグナーはチューリヒへの亡命を余儀なくされた。挫折感に加えて、一八五四年に亡命先で出逢ったショーペンハウアーの『意志と表象としての世界』が、ワーグナーの創作原理を一変させる。[13]

一八五四年秋、フランツ・リストへの手紙の中で、ワーグナーは、ショーペンハウアーのいう「生への意志の否定」、「死への憧憬」が「唯一の究極的な救済である」と述べ、コジマ・フォン・ビューローとの不倫時代に、自らを「意志」、コジマを「表象」と呼んだ。[14] これ以降、ワーグナーは、《トリスタンとイゾルデ》（一八五七―五九）、《ニーベルングの指環》四部作（一八七四年夏完成）、《パルジファル》（一八七七―八二）を通して、音楽の「ショーペンハウアー寺院」を築き上げていく。[15]

ショーペンハウアーを「宗教化」したワーグナーを「偶像崇拝」の対象にしたのがニーチェであった。

ニーチェにとってワーグナーはまさに「洗礼と使命」であったと伝記作家のエルンスト・ベルトラムは指摘している。[16]

一八六五年、二二歳の時に《トリスタンとイゾルデ》と『意志と表象としての世界』に魅せられた謹厳実直な牧師の息子ニーチェは、神学への道を捨て、古典文学へと方向転換した。やがてニーチェはバーゼル大学の古典文献学教授に就任し、一八七二年に「ワーグナーに捧げる序文」を付けて『［音楽の精神からの］悲劇の誕生』を出版する。

「音楽の精神からの」という但し書きが付いているように、『悲劇の誕生』は、ワーグナーの音楽理念を通して古代ギリシア悲劇の起源と本質を解明しようと試みたものである。

ニーチェによると、西側文明諸国のオペラは、ギリシア悲劇のアポロ的（理性的）な側面のみを重視し、性善説を前提として生存の不条理を隠蔽するがゆえに、真の芸術とは呼べない。[17]これに対してワーグナーの楽劇は、ギリシア悲劇のディオニュソス的な側面――インド仏教へと通じる狂酔乱舞の精神――を取り入れることにより、ギリシア悲劇の精髄を再現した。ギリシア悲劇は、ディオニュソス的世界を背負った主人公の没落を描く神話を通して、全民族の生命を刺激・浄化・解放する。そして音楽の役割は、神話の造形的世界を躍動させ、没落がもたらす最高度の陶酔を観客に予感させ、悲劇的神話に痛切な形而上学的意味を与える点にあるというのである。[18]

ここでは、ショーペンハウアーの「意志」が「ディオニュソス」と同一視されている。人間の「意志」（ディオニュソス）は、束の間の狂気から醒めた時、現実世界における生存の恐怖あるいは不条理感から、神々や彼岸と共に生存を否定してひたすら無と死を乞い願う。[19]

この最大の窮地から「意志」を救出・治癒するのが「魔術師」ワーグナーであり、その音楽は、空間や個体を超越した法悦によって、生存を可能ならしめる表象へと「意志」を変貌させる。[20]

《トリスタンとイゾルデ》の第三幕で聴衆は、「世界意志」の心臓から、生存への凶暴な渇望が神羅万象すべての血管に注ぎ込むのを感知して、玉砕する。[21] ディオニュソス的な特性がアポロ的な特性を否定する領域（彼岸）まで悲劇を追い込む時、音楽は、最高の芸術的目標を達成する。[22]

神話と音楽による芸術の極致が《ニーベルングの指環》である。理性的で凡庸な西側のオペラ隆盛の中で、ワーグナー音楽は、ドイツ神話の源泉たる「ディオニュソスの歌」であり、《ジークフリート》に登場する小鳥のように、ドイツ精神を呼び起こす。やがてジークフリートは、竜を退治し、腹黒い小人たちを滅ぼし、ブリュンヒルデを目覚めさせるであろうとニーチェは預言する。[23]

音楽評論家のラングによると、ワーグナーは、自らが構築した獰猛《どうもう》な本能の神話の中に棲み、凡人を軽蔑する「超人」であり、想像力が理性を突き破った時、その音楽が最大の説得力を持つ。人生の絶対目的とは恍惚の中のエロスとタナトス――愛が死に焼き尽くされること――であり、これによって死への呪縛から解放される（ような気分に陥るらしい[24]）。

ケインズが指摘したように、皇帝、ヒンデンブルク、ルーデンドルフの三者を奮い立たせたワーグナーの楽劇は、ドイツ全土だけでなく、ヨーロッパ各地を巡回して、人々を熱狂と興奮で震撼させることになった。

この火に油を注いだのがトーマス・マンの小説である。ワーグナー音楽の「魔力」を、微に入り細を穿って描写することにより、読者が着実に耽溺できる「鑑賞の手引き」を作成したのである。（短編小説「トリスタン」がその典型に当たるが、長編小説『ブデンブローク家の人々』にも、母親が病弱な息子に《トリスタンとイゾルデ》的な音楽の作曲を教唆することにより、その衰弱死を早めるという「児童虐待的」な要素が見られる。）

ニーチェの『悲劇の誕生』は、当然ワーグナー自身からは激賞された。[25] しかし、（「いかがわしい」前衛音楽家として）当時音楽界でタブー視されていたワーグナーと、（「いかがわしい」思想家として）哲学界でタブー視されていたショーペンハウアーを用いてギリシア悲劇を再解釈する方法が二重にスキャンダラスであるとして、著者のニーチェは学界から黙殺され、やがて学者としての生命を絶たれる。ワーグナー崇拝者のニーチェは、その芸術に「殉教した」といえよう。

一八七六年、ワーグナーの《ニーベルングの指環》を上演するためのバイロイト祝祭劇場が落成し、ニーチェは『バイロイトのリヒャルト・ワーグナー』を出版して、ワーグナーを「地上に降臨した神」として祀り上げた。[26]

だが他ならぬこのバイロイトにおいて、ワーグナーとニーチェの関係は破綻を迎える。ワーグナーの芸術原理に殉じたニーチェは、自分こそが第一回バイロイト祭の共同計画者であり、ワーグナーに次ぐ大人物であるという自負を抱いていた。ところが蓋を開けてみると、各国の要人を始めとする綺羅星のごときパトロンに取り囲まれたワーグナーにとって、ニーチェは協力者・賞賛者の一人にしか過ぎなかったのである。[27]

エロス＝タナトスへの憧憬から聖職者への道を捨て、学者としての将来まで犠牲にしたニーチェの中に、ワーグナーに対する強烈な憎悪の念が芽生えた。

恨み骨髄に徹したニーチェは、ただちに復讐の手筈を整える。一八七六年秋から翌年にかけて、イタリアで四人の友人と共に（ワーグナーの創作原理と真っ向から対立する）ヴォルテールを中心とした読書会にいそしみ、その成果を二年後のヴォルテール没後百周年に『人間的な、あまりに人間的な』として出版した。[28]

同著の中で、ニーチェは、『悲劇の誕生』執筆時に自分がショーペンハウアーとワーグナーに「幻惑され」、一種の「精神的疾患」に陥っていたと分析している。(29) ヴォルテールを通してニーチェが悟った最も衝撃的な事実、それは、二〇代を過ぎていたニーチェに「人間知」が欠けていることであった。

かつて師と仰いだショーペンハウアーは、宗教が弱体化していた時代に、宗教的教説を「形而上学」の名の下に哲学体系に紛れ込ませるという「神学上のトリック」を弄し、(30) また、かつて神と仰いだワーグナーも、ショーペンハウアーの影響を受けてキリスト教の前に平伏したとニーチェは責めた。(31)

ニーチェの攻撃は、両者の理念の源であるルターにまで波及する。「時代遅れのドイツ人気質」を持ったルターは、ルネサンスが反中世的であることに抵抗してカトリックの対抗宗教改革を呼び起こし、その結果、学問の完全な覚醒と支配を二・三世紀遅らせてしまったというのである。(32)

宗教は、巨大で恣意的な自然を前にした無力な人間の不安から生じたものであり、学問的真理を含まない。学者が宗教と手を組めば「知的良心」が損なわれるとさえ啓蒙主義に目覚めたニーチェは断言する。(33)

察するところ、ヴォルテールを熟読するまで、ニーチェは（ワーグナーとショーペンハウアーの影響によっていかに「罪」に塗れていても）心の奥底では信心深いルター派教徒であった。ところがその信仰がヴォルテールによって、跡形もなく粉砕されたようなのである。「神は死んだ」というニーチェの有名な命題は、この経緯を考慮せずして理解することは不可能と言わねばならない。

ヴォルテールは、宗教上の弾圧・迫害から人民を護るために、ロックとニュートンを根拠として、カトリック教会が奉ずる霊魂不滅説、原罪、三位一体等の神秘主義を命がけで糾弾した。

英国亡命時代に書いた『哲学書簡』（一七三四）の第十三書簡「ロック氏について」の中で、ヴォルテールは、ロックの『人間悟性論』（一六九〇）の「ある純物質的な存在が思考するか否かを知ることは、おそらく絶対に不可能であろう」（第四巻第三章第六節）という韜晦《とうかい》な文を引用し、これが「霊魂は物質からできていて死滅する」という意味に解釈されうることから、霊魂不滅論を事実上否認した。[34]

またヴォルテールは、第十五書簡「引力の体系について」において、ニュートンの『プリンキピア』（『自然哲学の数学的原理』一六八七）およびそれに関連する研究書三冊の精緻な研究に基づいて、地球上の重力と全天体の運動には引力以外の原因が存在しないことが証明されたと指摘し、神を宇宙の第一原因と見做す教義を完全に否定している。[35]

さらに後年の『哲学辞典』（一七六四）の「寛容」の項で、ヴォルテールは、聖書に明記されていない父と子の絶対的同一性（三位一体説）を採用したニカイア公会議（三二五）を批判し、[36]「原罪」の項では、アダムの処罰は、ユダヤ人の律法中に入っていないと主張し――現に「創世記」では、「汝これ（禁断の木の実）を食う日にかならず死ぬべし」と言われたアダムがその後九三〇年間も生きている――この「奇想天外な神秘」を最初に採用したのが聖アウグスティヌス（三五四‐四三〇）の「妄想」だと断言している。[37]

遠い昔、アウグスティヌスは、「魂が愛によってどこへでも運ばれて行くように、物体はその重さのために運ばれていく」（『神の国』一一・二八）と信じ、これを論拠としてニュートンを嫌悪した十八世紀の数学者レオンハルト・オイラーが、重力（Gravitation）の本質は、最終的に物体に備わる「愛着と欲情」（「意志」）に還元されると主張した。そして十九世紀の初頭にショーペンハウアーは、「原罪」を「哲学化」するため、この二者の原始宗教的アニミズムを復活させ、すべての事物の欲求の中には人間の意志作用と同じものがあると主張し、ニュートン力学に抵抗したのである。[38]

この「退行化」を認識したニーチェは、自分が意識的にショーペンハウアーの「盲目的意志」の前で眼を閉じていたことを告白する。[39] アウグスティヌスからルター、ヘルダーとゲーテ、ショーペンハウアー、そしてワーグナーへと連綿と続いてきた「奴隷意志論」と恩寵主義、意志（肉体）蔑視の苦悩に基づく悲劇の陶酔的な世界体系を、ヴォルテールの仮借のない精神が、完全に打ち砕いてしまったのであった。

「諸君が理想的［イデア論的］なものを見る所に私は見る——人間的なものを、ああ、あまりに人間的なものを！」[40]——ワーグナーへとショーペンハウアーへの反抗心に満ち満ちた著書『人間的な、あまりに人間的な』を、ニーチェはただちにワーグナーの元に送り付け、二人の友情は終局を迎えた。

かくしてバイロイトにおけるワーグナーの「冷遇」に一矢報いて溜飲を下げたニーチェであったが、その残忍な喜びは長続きせず、まもなく後悔の念に苛まれることになる。

おそらくニーチェは、ワーグナーへの敵愾心《てきがい》から衝動的に啓蒙主義へと転向したのであろうが、それ以前に信奉していた「形而上学」を全否定することは、ニーチェ本来の性向に反するものであった。さらに、（本書では頁数の都合上詳述を割愛するが）ニーチェが親友の啓蒙主義学者パウル・レーと、ロシア貴族の娘ルー・ザロメを巡る三角関係に陥り、結局敗退したことが、啓蒙思想に幻滅する主要要因となったことは否定できない。[41]

認識は悲しみである——我々に善を要求し、いかなる行為・瞬間・思想をも見逃すことなく証人となる神——我々を愛し、いかなる逆境においても我々の最善を欲する唯一の神が存在するという聖職者の主張は間違っている。この誤った主張と同じくらい傷を癒し、心を鎮め、慰めてくれる真理

があれば取り替えたいと、人はどれほど願うことか！　しかしそのような真理は存在しないのだ。(42)

この間のニーチェの心象風景を映し出しているのが、『ツァラトゥストラかく語りき』第二部の「墓の歌」である。人生の虚しさに襲われたツァラトゥストラは、海を渡り、自分の「青春」を葬った墓標が立ち並ぶ「墓の島」へ行く。ニーチェの「青春」は、ショーペンハウアー、ワーグナーをディオニュソスと共に崇拝し、「生」を謳歌していた幸福な時代であった。「鳥占い」(形而上学)に夢中になり、小鳥となって魂を飛翔させていたツァラトゥストラを、「青春」の殺害者たちは無味乾燥な地上の現実に引き戻した。(43)

「私を殺すために、人々はお前たちを殺したのだ」――呪いのうちに、ツァラトゥストラは、「青春」の死を超えて自分を墓から甦らせてくれたものが、自分の「力への」「意志」[＝ディオニュソス]であることを「悟る」。(44)

「入り江の遊歩道で、ツァラトゥストラが私を襲った」――『この人を見よ』の中で、『ツァラトゥストラはかく語りき』を構想した瞬間をニーチェはこう描写している。(45)「未知の世界」を求めて孤独な漂泊に敢然と挑んだニーチェは、その「試練」の過酷さゆえに、自分がかつて「ロマン主義への退行と逃避」(46)として棄却したはずのものに全力でしがみついた。ワーグナーへの「反抗」は依然として続くが、その音楽を通して自らの青春を「犠牲」として捧げた「誘惑者たる神」ディオニュソスを再度呼び起こしたのである。(47)

不死身の「意志」は墓をも砕く――地獄の責め苦に苛まれた時、ディオニュソスの啓示を受けたツァラトゥストラは、続く「自己超克」の章で、青春の殺戮者である「最高の賢者たち」、なかんずく認識によって青春を葬った「認識者」〔ヴォルテール〕に対する謀反を起こす。

その圧巻は、ツァラトゥストラが〔神の第一原因説を排した〕重力の法則を呪う第三部「重力の魔物」であろう。ヴォルテールの懐疑論の論拠となり、ニーチェの「覚醒」の決定的要因となったのが、ニュートンの「重力の法則」であった。これを不倶戴天の敵と極め付けたツァラトゥストラは、人間は重力を無視して鳥のように生きるべきだと説く。(48)

ここで極めて興味深いのは「ツァラトゥストラ」という名前そのものに、ヴォルテールに対するニーチェの宿恨が結集していることである。「反道徳家」を名乗りながら善悪二元論の道徳的なゾロアスター教の預言者ツァラトゥストラ（ゾロアスター）を選んだのは、ゾロアスターが善悪の区別と矛盾を熟知して真実〔現実〕を尊重することから、道徳家を反道徳家に転じさせる余地を残しているからだとニーチェは曲弁する。(49) しかし、善と悪を交錯させ、キリスト教にゾロアスター教を対抗させる発想は、明らかにヴォルテールの『哲学辞典』中の「正と不正」の定義に由来するものである。

善と悪はしばしば接近する。我々の情念がそれを混同するからである。（中略）ゾロアスターの掟を集約した『サデール』の中に、賢明な格言がある。「勧められた正・不正が不確かな場合は、自らを慎め」。かつて誰がこれ以上見事な規則を授けたであろうか。（中略）そこにはイエズス会と称する輩が考案した当りはずれの多い意見体系などないのだ。(50)

『ツァラトゥストラかく語りき』が「キリスト教道徳の正体暴露」を目的とすると明言する時、ニーチェは、同様の業績を正反対の動機から達成したヴォルテールに対抗していた。

ヴォルテールが攻撃対象としたのは、キリスト教それ自体ではなく、キリスト教に名を借りた非理性的な教義の押し付けによる迫害と圧政であった。ヴォルテール自身は『哲学辞典』の中で「有神論者」〔理神論者〕を名乗り、キリスト教に限らず宗教・宗派に縛られない「神」を、〔弱い存在としての〕人間が心に抱くことを禁じることはなかった。[51] ヴォルテールが神の神秘性を論駁しながら完全な無神論を回避したのは、これを認めると人々がいかなる悪事に手を染めるかわからないという危惧によるものであった。[52] それが後代神を殺し、読者を「善悪の彼岸」へと誘うニーチェの思想によっていみじくも「証明」される。

ニーチェは神の神秘性の消滅を「神の死」と恣意的に解釈し、『ツァラトゥストラかく語りき』の中で「神の抹殺」を断行することにより、ヴォルテールを凌ごうとする。

「キリスト教道徳の真相暴露」は、一大事件にして真の転換である。キリスト教道徳の真相を解明する者は、一つの必然的な力にして一つの運命である。——彼は人類の歴史を真っ二つに断ち割る。つまり人は彼以前に生きるか、彼以後に生きるかのどちらかとなるのだ。[53]

ここでニーチェは、ヴォルテールのみならず、キリストをも超越して自分以前と自分以後で「人類の歴史を真っ二つに断ち割る」と宣言する。（皮肉にもニーチェの追随者たちがこの「預言」を的中させてしまった。）『この人を見よ』（一八八八／一九〇八）の最終行「十字架にかけられた者　対　ディオニュソス」という表現から、[54] ニーチェの過激な反キリスト教主義が、ヴォルテール的理性の呪縛から解放されたディオニュソスと結び付いていることが確認できよう。

一八八三年、かつて「神」と仰いだワーグナーの死をニーチェは絶好の機会と捉えた。(55)『ツァラトゥストラかく語りき』でニーチェは、キリスト教的要素の強いショーペンハウアーを「老いた預言者」として脇に押しやり、神そのものを殺害してしまう。

『ツァラトゥストラかく語りき』において、ニーチェが「キリスト教道徳の真相暴露」と同時に行ったのは、〔ディオニュソス的啓示による〕新たな宗教の樹立であった。『ツァラトゥストラかく語りき』全篇が新約聖書のパロディとして意図されている。

主人公のツァラトゥストラは、高山での修験と洞窟や深淵への行脚を重ねつつ、その時々に獲得した「真理」を伝播する。「神は死んだ」ので、神への冒瀆はもはや存在せず、かつて霊魂に卑しめられていた肉体が復権する。人間は、天使と動物の中間ではなく、超人と動物の中間である。悪魔も地獄もないから、人間は、安らかに死を迎えられる。天国は、身体に絶望した身体が作り出した妄想にすぎず、純潔を守る必要もない。一つの不正が加えられたら、五つの小さな不正の仕返しをするがいい、等々、ツァラトゥストラは、聖職者、有徳者、「賤民」、同情者その他を揶揄しつつ、反キリスト教的道徳を説いて回る。

「汝は服従を忘れた。ゆえに今は命令せよ！」――声なき声の啓示を受けたツァラトゥストラは、アンチ・キリスト的性質を深め、「肉欲、支配欲、我欲」を美徳として推奨し、パンと葡萄酒だけの晩餐ではなく、肉を中心とする珍味佳肴《かこう》に溢れた晩餐に舌鼓を打ち、「茨の冠」の代わりに薔薇の冠で身を飾り、イスラム風の「青い天国」で砂漠の娘たちとの酒池肉林を味わい、ディオニュソスに「酔歌」を捧げ、最後は他の「超人」候補を獅子の咆哮で脱落させて、「大いなる正午」の訪れと共に、ただ一人の「超人」として「朝日のように燃えさかり、力強く」洞穴を後にする。

ヴォルテール的理性を斥けたニーチェは、ショーペンハウアーとワーグナーによって開眼し、一時は棄却したディオニュソスを、この両者もろとも再度拾い上げ、自らを教祖とし、「弱きを挫き、強きを助ける」新たな宗教を作り上げたのである。

神を斃《たお》し、宇宙を支配する無敵の超人を創り出したニーチェであったが、その凱歌は長続きしなかった。『ツァラトゥストラかく語りき』第四部を完成させてから四年後の一八八九年、ニーチェはトリノで狂気の発作を起こし、その後十一年間、正気を取り戻すことのないまま他界する。

理性への「覚醒」という逆方向への揺れが大きかった分、ディオニュソス的混沌と陶酔への「先祖返り」に激烈な加速度が付いた。かつてはただの不条理であったものが、超人思想の誕生と共に良心の否定を伴った暴力主義へと激化した結果、その矛先が自我そのものにも向けられ、精神錯乱が未曽有の勢いで炸裂したのである。

この後の世間の狂想ぶりについては第4章で詳述したが、第一次世界大戦中に戦争のための戦争を賛美する『ツァラトゥストラかく語りき』が十五万部従軍兵士に配布され、若いヒトラーが《トリスタンとイゾルデ》のピアノ譜と共にニーチェの著作を携行して従軍した時、ドイツと世界のさらなる破壊が運命付けられたのであった。

2 トリクル、トリクル、スノビズム——デマゴーグ三段商法

第一次世界大戦前から第二次世界大戦にかけてのドイツでは、ニーチェ現象をどう受け止めるかで各人の運命が分かれた。

一つ目はその悲劇的運命に心底から共感して、時代の流れに流される――これが大多数を占めていたようである。二つ目はニーチェ旋風を敬して遠ざけ、理性と自我と良心を秘かに保持した少数派。そして三つ目はニーチェの自己宣伝の舞台裏を見破り、それを応用して「多数派」を操ることで利益を得た職業的デマゴーグ――ポストモダンにまでニーチェが大きく影を曳いている現在、我々も第三のタイプの人間の存在を肝に銘じておくべきかもしれない。

方向性の是非はともかく、バイロイトでワーグナーに失望するまでのニーチェの行動は、「純粋」あるいは「真摯」な憧憬に動機付けられていたが、その時を境に「不純な」要素が混入してきた。ワーグナーと声望を競う野心――つまり「権力への意志」――が芽生えたのである。

それにしても、ただの賞賛者が賞賛の対象よりも注目される方法など、そもそもあるのだろうか？――答えは「然り」、ただしその条件は人間としての誇りをかなぐり捨てること。ニーチェはワーグナーに倣ってその方法を発見したのである。

「この人を見よ」の「この人」が「ワーグナー」から「ニーチェ」に変わり、著作の主語も、「彼［ら］」に代わって「我［ら］」が多用されるようになり、ニーチェは自己宣伝の「鬼」と化した。「なぜ私はこんなに聡明なのか」「なぜ私はこんなに良い本を書くのか」――コマーシャルですらソフィスティケートされてきた現在、これほど露骨な宣伝文句に出会うことは珍しい。

マンフレート・エーガーの分析によると、神を殺し、自ら神を名乗るという「傑出した精神と野心の持ち主」がミラノの路上で精神錯乱に陥り、子供のように、最後には獣のように無意識かつ無防備な状態へと変わり果てたこと――この「神から獣へ」という大きな落差が、大衆の好奇心を一身に集め、その結果ニーチェは人を引き付けて離さない存在になったのだという(56)。

しかしながら、ニーチェの言動を鵜呑みにするのは危険である。エーガーは同時に、ニーチェの狂気が確信犯的なものであったという極めて重要な指摘を行い、発狂の八年ほど前に書かれた『曙光』（出版一八八一）の一部を引いている。

新しい掟を作ろうとする人間はすべて、実際に狂気でなければ自発的に狂気に陥るか、もしくは狂気を演じる以外に方法はない。（中略）「ああ天よ、私に狂気をお授け下さい。（中略）私を呻吟《しんぎん》させ、悲泣《ひきゅう》させ、獣のように腹這わせて下さい！」(57)

ギリシア以来、狂気には天才的・神的なものがあると信じられてきたので、逸脱した新たな思想を普及させようとする者は、何かに取り憑かれて自律性を失ったふりをしてきたとニーチェは主張する。(58)

ワーグナー・ブームを諷刺した『ワーグナーの場合〔症例〕』（一八八八）の序文で、ニーチェは、ワーグナーとショーペンハウアーがすべての病的な〔狂気に近い〕ものと〔病的な〕時代を代表するものであり、自分もその「病気」に罹っていたと告白し、ニーチェ自身は快癒したが、「今日人は、病的な音楽で金儲けに専念しており、我が国の大劇場は、ワーグナーを生活の糧としているのだ」と告発する。(59)だが病的なものがなぜそれほど売れるのか。――ニーチェは大衆心理を知り尽くしている。大衆は高尚なものを欲しない。ワーグナーはカリオストロ（一七四三－九五）にも比肩すべき現代の山師にして比類のない道化役者であり、劇場術の天才なのだ。その主人公や女主人公は、ヒステリー患者の病理学的見本であり、全身痙攣に罹ったワーグナーの欲情は、ますます強い刺激を求める。(60)

人々は、ヨーロッパ中のデカダンの立役者ワーグナーを天上に祀り上げることによって、天上に紛れもない［堕落した］自分の似姿を認め、自分自身を崇めているような気分になって舞い上がるとニーチェは指摘する。かくして大衆は、（俗悪さを好む劣等感の裏返しとしての自尊心を満足させるために）排除すべきものを引き寄せ、自分を地獄へ突き落すものを唇に押し当てる。ワーグナーは、優れた趣味に対抗する［悪趣味の］人民投票なのだとニーチェは締め括る。(61)

「精神病理学的悪趣味」で世界を征服したワーグナーの手口を攻撃したニーチェは、やがて同じ「手口」を自らの「世界制覇」に応用する。『善悪の彼岸』（一八八六）の中で、ニーチェは、自分が攻撃してきたワーグナー的デカダンスを自ら採択し、読者の取り込みを図ったのである。

「我々は、おそらくそれほど『趣味がある』とは言えない」――対立すべきは、最良の、洗練された趣味――あらゆる文化と芸術における完璧なもの、円熟を遂げたもの、真に高貴な人と作品。これに対して掲げるべきは、「魅惑的で狂気じみた」「肉体と欲望における半野蛮的状態」「未完成の諸文化の迷宮への通路」。「かつて地上に存在したありとあらゆる半野蛮的な通路」へと読者を誘い、高貴ならざる――つまり「悪趣味な」――感覚によってニーチェは、時代を征服するよう呼びかける。(62)

ニーチェに魅せられ［たと自称し］、第一次世界大戦に際して『戦時随想』（一九一四）、『フリードリヒと大同盟』（一九一五）、『非政治的人間の考察』（一九一八）という憂国の念に満ち溢れた戦意高揚三部作を書き、『非政治的人間の考察』における若者啓発の功労（名目上は『ブデンブローク家の人々』）によってボン大学から名誉博士号まで授与されたトーマス・マンであったが、真剣に国を憂えてペンを執ったわけではなかったようである。

自ら戦地に赴いて身を挺する気などさらさらなく、一九一二年四月二七日付けの兄ハインリヒ宛ての手紙で、軍隊の幹部に通じた母親の知人の医者を頼って診断書を偽造してもらい、早々と除隊になった

ことをマンは得々と自慢している。(63)

また、ナチス政権獲得後のアメリカにおける優遇にしても、マンがナチスに対する抵抗を示し、民主主義のために戦った功績がアメリカから公的に認められたからというわけでは決してなかった。『ワシントンポスト』紙の社主で政治家のユージーン・マイヤーの妻アグネス・マイヤーが、マンの小説の官能性に魅せられ、マンを作品と共に救出したい(またあわよくばマンの愛人にもなりたい)一心で、移住許可証を手配し、プリンストン大学講師の口を見つけ、子供たちも経済的に支援し、夫を介してローズヴェルト大統領との会談も実現させ、永住権も獲得させるという涙ぐましい努力を重ねた「成果」だったのである。(64)

第一次世界大戦中のマンの態度を、兄のハインリヒは、「権力に身売りすることで国民詩人としての売名をはかり」「世論に付和雷同して国を没落させる」ものとして厳しく糾弾した。(65)

最初は読者に身を売り、次に読者を国に売り、最後は(アメリカに渡って)国を売りとばす——これをハンザ商人の末裔にして自称「詐欺師」トーマス・マンの「ニーチェ式三段商法」と呼ぶのは、辛辣すぎるであろうか。マンは、上述したニーチェのワーグナー攻撃を流用して、芸術はいかがわしさを売り物にすべきだという信念を抱くに至ったのであった。(66)

トーマス・マンの愛読者アラン・ブルームは、『アメリカン・マインドの終焉』の中で、「芸術家は心の疚《やま》しいブルジョアだ」というマンの小説『トーニオ・クレーガー』(一九〇三)の台詞を引用している。正確には「迷える市民」——いずれにしても、すべての芸術家気質は相当いかがわしいものだという意味である。(67)

前述したように、ブルームの愛読書『ヴェニスに死す』を熟読すると、美に魅せられた男の悲劇という表面的な解釈以外に、注意深い読者に小説家の「正体」を明かす作品でもあることが確認できる。作家としてのアシェンバッハは、自分が欺瞞に満ちた危ない橋を渡ってきた詐欺師であることを自覚している。売れるためには、同時代の人々と隠微な秘密を分け合わねばならない(68)。

前途ある二〇歳の若者を金縛りにして取り込もうとするプロの作家アシェンバッハは、夜中に興奮しながら仕事をするのではない。驚くべき精勤ぶりで、毎朝早く冷水を浴び、午前中の最も意識が明瞭とした二・三時間を規則正しく怪しげな内容の執筆に充てるのである(69)。

アシェンバッハはまた、ホテルを訪れる大道芸人と同一視されている。最も下賤で最も客を興奮させる一座のギター弾きもまた、独特のいかがわしい雰囲気を醸す技術を持っていることにアシェンバッハは感心する。卑猥な物腰と卑屈な笑いでギターを掻き鳴らしつつ歌いながら、見物客を引きつった高笑いのクライマックスにまで持っていき、着実に心付けを徴収する(70)。

そして主人公のアシェンバッハは作中で死ぬが、作者のトーマス・マンは大道芸人と共に生き続け、小説を売りながら高笑いする。ワーグナーを「山師」、「道化役者」と蔑みはしたが、やがて名を売るために自らその方法を採用したニーチェの顰《ひそ》みに倣ったというべきであろう。

歴史的〔同時代的〕価値の世界においては、贋金造りが横行している。(中略)彼らはしばしば自己の内心の穢れに対する復讐を作品中で行う。彼らはしばしば泥濘《ぬかるみ》の中に足を踏み入れ、耽溺したように泥濘に塗れ、ついには泥沼に浮遊する鬼火のように、鬼火もどきの才能を天の星であるかのごとく偽装するのだ——そうすれば民衆は彼らを理想主義者と呼ぶであろう。(『善悪の彼岸』第二六九節)(71)

以上述べてきた「売名術」を、アラン・ブルームもトーマス・マンならびにニーチェから体得したようである。マンのいう詩人が放埒で邪悪な道に踏み入り、読者と共に地獄に堕ちるように、ブルームのいう教育者も、本書第4章第4節で触れたように、「助産婦」もしくは「売春斡旋人」として学生の性的好奇心を掻き立て、プラトンの対話篇——ソクラテスの「無知の知」——へと導く。

ソクラテスの周囲には、アテナイの民主主義下では野心が満たされないとする若い貴族主義の不満分子がひしめき、彼らの支配本能と野望を心理学的に満たしてやることで、ソクラテスが生活の糧を得ていたことをブルームの『アメリカン・マインドの終焉』は仄めかしている。(72)

プラトンの『国家』においてソクラテスが主張する「哲人王」による支配体制は、奴隷制経済における貴族の地位を正当化するものであり、ホッブズのいう「万人の万人に対する戦い」は、当時台頭してきたブルジョアジーの利害を保護する政治体制を隠蔽するための理屈に過ぎなかった。「勇気」に関する二者の定義が、生産手段を掌握している階層の利害に都合よく適合していたという「エソテリック」な思想史の舞台裏を、ブルームは、勝利を確信しつつ読者に開陳する。(73)

ブルームによると、右翼の哲学者——不平等を前提とする哲学者——は、社会の理性化に徹底的に反対する。(74) 本書第2章第5節で言及した通り、政治〔哲〕学は自らの「政治本能」〔戦争本能〕に支配される非科学的な領域であり、「リスク、恐怖、スリル」を伴う政治的行動（戦闘行為）は、「市場にもたらす結果の如何にかかわらず」経済行動に優先されなければならないとブルームは訴えた。(75)

ケインズの『雇用・利子および貨幣の一般理論』（一九三六）中の有名な指摘によると、世界を支配しているのは、もっぱら経済学者と政治〔哲〕学者の思想だけであり、この二つは、内容の正否を問わず、一般に考えられているよりはるかに強力に作用しているという。[76]

ならばブルームの言うように、経済学は、政治学の「非理性主義」（政治学が常に非理性的という説にも、異論が噴出することであろう）から離れて、戦争をひたすら回避し、もっぱら理性的に経済的繁栄を追い求めてきたのであろうか？

現在の状況から見ると、俄には信じ難いかもしれないが、少なくとも二〇世紀中葉にはそういう傾向が存在した。

一九三〇年代の資本主義の危機を教訓として、第二次世界大戦以後、ほぼ三〇年間は、資本主義経済理論を現実の社会に適用しうるように修正し、完全雇用と安定成長の維持を目指すケインズ派の経済政策が、ブルジョアジーの利害に一致したこともあり、各国政府にとって標準的な規範となっていた。[77]

アメリカが「夢の国」と呼ばれたのはこの頃のことである。二つの大戦に勝利しながら精根尽き果てたイギリス、ドイツに占領されていたフランス、数百万の死者を出したドイツ、死者二六〇〇万人に上り、スターリン支配も強化されたソ連を尻目に、アメリカのナンバーワンの地位は、未来永劫揺るぎそうになかった。中東から言い値で買える石油、労働環境の民主化による雇用者側の意識の変化、「復員兵保護法」による教育の民主化が階級の壁を打ち破り、財産のない移民の子弟も郊外に一軒家を持ち、成りたいものに成れる未来が開けていた。経済は一貫して拡大を続け、その「黄金時代」は、一九六四年までに頂点に達する。九月のレイバーデーにデトロイトで大統領選遊説を始めたリンドン・ジョンソンは、両脇にヘンリー・フォード二世と全米自動車労働組合のウォルター・ルーサーを同時に抱え、階級なき社会の実現を訴えた。[78]（ただし有色人種はこの種の成功から取り残されていた。）

しかしながら、アメリカは、自ら引き起こしたベトナム戦争（本書第3章第5節で言及したエルズバーグによるペンタゴン機密文書の漏洩を参照）のため、国家経済の破綻を招く。莫大な戦費を賄うために偽りの予算を編成し、ケインズ派経済学者の助言を無視して国債の発行で赤字を賄うインフレ型政策が深刻なスタグフレーションを引き起こした。(79) 一九七一年には、七〇年間も黒字を続けた貿易収支が赤字に転じ、その後も拡大を続け、(80) 同年、基軸通貨であったドルと金の兌換《だかん》が停止され、七三年には変動為替相場制が導入されてブレトンウッズ体制が崩壊する。一九七三年、一九七九年の二度の石油危機が斜陽国のアメリカに追い討ちをかけ、自動車、カメラ、鉄鋼、造船、テレビという基幹産業が傾き、アメリカの時代が終了した。(81)

それでも超大国であることをやめようとしないアメリカは、財政を従来よりも「健全」に見せかける新しい経済学の方法を模索する。(82)

これに対して「助け舟」を出したのが、ケインズ主義と真っ向から対立してきたハイエク（一八九九－一九九二）とフリードマン（一九一二－二〇〇六）の新自由主義経済であった。これは、政府の経済への介入を排し、できる限り市場の自由競争によって経済の「効率化」を実現しようとする思想であり、交通・通信・教育、医療・福祉等公共部門の民営化［私有化］、規制緩和［撤廃］による経済の自由化、［富裕層・企業の］減税と［雇用創出・社会福祉予算を削減する］緊縮財政による「小さな政府」を特徴とする。

新自由主義経済学は、アダム・スミスからマルサス、ミルに至る古典派経済学への回帰を図るものであり、貧困を一種の「自然現象」であり、資本主義制度の欠陥によるものではないとする発想に基づいている。完全雇用と安定成長の維持を目指すケインズ主義が隆盛を極めていた一九四七年、ハイエクは、ミーゼス、レプケと共に若いフリードマンも招いて反ケインジアンの立場をとるモンペルラン・ソサエティーを創設した。

経済学者のコーリー・ロビンによると、新自由経済学の思想の核となるハイエクの『自由の条件』（一九六〇）は、ニューディール以来の福祉国家思想と近代合理主義を徹底的に批判する点において、ニーチェの思想に酷似している。読者は「自由」という言葉に幻惑されがちだが、同書を注意深く読むと、以下の点から、ハイエクにとっては自由それ自体が善ではなく、「価値の英雄的立法者」を生み出すための手段に過ぎないことが判明するというのである。(83)

(1)〔相続された富と資本を有する〕一部の人の自由はそれ以外の人間の自由よりも価値があり、百万人に一人の自由の方が社会にとって重要であり、人類全体が駆使する自由よりも多数に益を為すかもしれない。極度に重要なのは、一部の人が大衆には不可能で望ましくないような自由を駆使することである。(84)

(2) 被雇用者が目的を達成する方法は、他人の命令に従うことである。雇用者や経済的独立者とは異なり、大多数を形成する賃金労働者は型にはまった考えや行動から抜け出すことができない。労働者は、固定賃金を保証され、経済活動の責任から解放されるのであるから、雇用者の命令に従わねばならない。(85)

(3) 市場は貴族的行動の実験場であり、富裕層と名門が趣味の前衛となり、新たな価値の地平を作る。残りの人類はその収穫のおこぼれを受け取るだけの存在に過ぎない。資本の動きを指令する〔民主的な〕消費者市場に代わって資本が消費市場を決定し、何を信じ、何を欲しがるのかという国民の信条を決定する。(86)

つまり富裕層と法人の税を減らし、政府資金を大企業に流入させると、その余剰が中小企業と消費者にも波及し、景気を刺激するという「トリクルダウン理論」を露骨に表現したものといえるであろう。ロビンは、以上のハイエクの主張が、ニーチェの『善悪の彼岸』の中の「主人道徳」と「奴隷道徳」（道徳は優越関係の原理により理解され、序列の前に平伏するよう強制すべきである）並びに「価値の創造」（「被支配者に対する差別に快感を覚える」高貴な人間が価値の決定者を自任し、自ら価値を創造する）、およびニーチェの断片「ギリシア国家」中の「ギリシアが奴隷制を保持したために滅亡したことが仮に真実だとしても、我々は奴隷性を持たないがゆえに滅ぶであろう」という主張と酷似していることを指摘している。[87]

極度に必要なのは、生態系がおのずから均衡を保っているように、市場もそのままに放置しておけば、自由競争の結果、人間の精神が「堕落」以前の原始的「健康」状態に戻る——この半野蛮的状態を、ハイエクの弟子フリードマンは、女性とデートする以上の情熱を込めて来る日も来る日も追求し続けたという。[88]

両者の「ニーチェ的」経済学が、二〇世紀後半に「ニーチェ的」ネオコンサーバティズムの政治学に支えられて「主流派」経済学と呼ばれるようになるのは、まことに象徴的な現象と言わねばならない。

企業に一切規制を加えず、世界を［再］支配させるべきだとする思想は、労働者の手厚い権利が世界中で支持されていた当時、表向きにはまだ持ち出せなかったが、最低賃金と法人税の廃止を目指すことで経営者側の一方的な利益を守る方法を提示した同学派は、大企業から熱狂的な賛同と多額の寄付を集め、科学的中立性があるかのような雰囲気を醸し出す数式化を通してシカゴ大学を中心に世界へと広まり、[89]一九八〇年頃までには四〇歳以下のアメリカのマクロ経済学者でケインズ派を自認する人はほとんどいなくなった。[90]

かくして経済学は、政治学に劣らず「非理性主義」的になったのである。

スキデルスキーは、ケインズ派経済が主流であった「ブレトンウッズ体制」下（一九四四―七三）の一九五一―七三年と新自由主義経済が主流となった「ワシントン・コンセンサス体制」下（年代については諸説あり）の一九八〇―二〇〇八年の二つの時期を比較して、前者では起こらなかった世界的景気後退が後者では五度も発生し、GDPの伸び率が低く、失業率が高く、所得格差が拡大したことを証明している。[91]

トーマス・マンの戯曲『フィオレンツァ』（一九〇六）は、ロレンツォ・デ・メディチ［イル・マニーフィコ］とサヴォナローラの二人をそれぞれ聖俗の「ニーチェ主義者」として対比させたものであるが、次のやりとりは、二〇世紀後半の政治・経済システムを（おそらくは悪趣味にもエリートぶりをひけらかすデマゴーグたちの大芝居に圧倒されて）納得させられてしまった民衆に対する侮蔑のようにも聞こえる。

ロレンツォ　爾来私は民衆を軽蔑することにしている。

僧院長［サヴォナローラ］　名声は軽蔑の学校なのです。

ロレンツォ　名声とは、すなわち大衆の体面の下落に他ならない！　大衆は貧しく、力なく、私利私欲に関心がない……（中略）支配されるだけの知恵しかないのだ……（中略）連中が、あれほど嬉しそうに頭を下げるのを見ると、目を疑いながらも、満足を覚える。（『フィオレンツァ』[92]）

『非政治的人間の考察』から十九年後に出版した『我々の経験から見たニーチェの哲学』（一九四七）の中で、トーマス・マンは、大衆の「麻薬」としてのスノビズムを標榜するニーチェが、「超人」像を通して文化的俗物根性の産物である全世界のファシズムのプロンプターとなり、その追随者を通して帝国主義の哲学的パトロン――大富豪、軍需関係者等に資金を提供する総元締め――と化し、ドイツを「世界の無法者にして恐怖の的」、「ヨーロッパの歴史の破壊者」たらしめたと認めている。(93)

新自由主義経済を唱えるハイエクは、一九三三年の「大統領緊急令」の草案によってナチス政権に理論的根拠を与えた反民主主義法学者カール・シュミットの信奉者であった。(94)（ちなみに第1章第1節でも触れたように、ネオコンの政治思想に多大な影響を与えたレオ・シュトラウスもシュミットの信奉者であり、その援助によって留学を実現させた。）

一九六二年、ハイエクは、イタリアのファシズムに倣った新憲法を起草してポルトガルに独裁体制を敷いたサラザールに自著『自由の条件』を贈り、「民主主義の濫用に対抗する憲法を起草された独裁者の助力となることを願いつつ」という辞を添えた。(95)

またハイエクは、チリのピノチェト大統領（在任一九七四‐九〇）の軍事政権を支援し、一九七七年と一九八一年にチリを訪れている。独裁体制のチリ憲法（一九八〇）は、いみじくもハイエクの著書に因んで“Constitution of Liberty”と名付けられた。(96)

3 「フリードマン、ゴーホーム!」――光と闇の授賞式

前出のピュリッツァー賞に限らず、およそ賞と名の付く物には時折恣意性が紛れ込むらしいが、第一次世界大戦の熱烈な扇動者トーマス・マンの例を見てもわかる通り、世界に冠たるノーベル賞も例外ではないようだ。さすがに選考結果の是非が取り沙汰されることは滅多にないのだが、一九七六年にはそ

れが国際問題にまで発展することになってしまった。

アメリカ独立二〇〇周年に当たるこの年は、受賞者七名がすべてアメリカ人であり、平和賞の該当者はなく、シカゴ大学からは作家ソール・ベローと経済学者フリードマンの二名が選出された。

授賞式は、創設者アルフレッド・ノーベルの命日に合わせた十二月十日。壇上の片側にはスウェーデン国王夫妻、もう一方には受賞者が並んで座り、選考委員長が選考理由を読み上げ、国王から賞状と金メダルが授与される。

物理（二名）、化学、医学・生理学（二名）、文学とベローまで滞りなく式が進展し、隣席のフリードマンの順番を迎えた。その瞬間、会場の後部客席に座っていた式服姿の若者が突然立ち上がり、「フリードマン、ゴーホーム！」、「資本主義粉砕！」、「チリに自由を！」等と大声で叫んだ。若者はただちに警察官に拘束され、殴打と足蹴りを加えられながら退場し、式は後味の悪さを残しつつ幕を閉じる。

ストックホルム滞在中のフリードマンは、終始二人のSPに付き添われ、会場前の道路を、フリードマン受賞に反対する二〇〇〇人から六〇〇〇人のデモ隊が往復していた。(97) 以後二年間、フリードマンの講演や講義には、野次と怒号が付きまとうことになる。(98)

フリードマンに対する非難は、受賞の一年前から続いていた。一九七五年三月二〇日から二七日までの一週間、フリードマンは、シカゴ大学経済学部長のアーノルド・ハーバーガーと共に、軍事独裁者ピノチェト政権下のチリに招かれて、経済政策の助言に関するインタビューや講演を行い、ピノチェト当人とも会談していたのである。(99)

チリでは、一九七三年九月に陸軍司令官のピノチェトが、アメリカ多国籍企業とニクソン政権のCIAの援助によるクーデターを起こし、(100) 史上初めて民主制によって選出された社会主義大統領アジェンデの政権（一九七〇 - 七三）を打倒した。九月十一日、ピノチェトの指令を受けた軍部が一斉に蜂起すると、アジェンデは、外国資本と反乱軍の横暴を非難する最後のラジオ演説を行い、「チリ国民万歳！」と叫びながらライフル銃で命を絶った(101)。

それまでの一六〇年間――特に過去四一年間――平和な民主主義が続いていたチリは、この種の暴虐を経験したことがなかった。ＣＩＡの報告書によると、クーデターによる行方不明者と処刑された民間人は三二〇〇人以上に上り、八万人が拘束され、二〇万人が政治的理由で国外脱出した(102)。ストックホルムのデモ隊は、スウェーデンへ逃れた難民で組織されていたのである。

ピノチェトのクーデターの目的は、アジェンデ政権が国営化していた事業を軍事独裁政権によって強制的に多国籍企業の手に引き渡し、チリにフリードマン式の「自由経済」を導入することにあった。

一九七一年に、アジェンデは、それまでケネコット社とアナコンダ社とセロ鉱山、ＩＴＴその他に占有されていた銅鉱業と通信業を始めとする企業や金融機関の国営化、農地改革、三〇〇〇品目の価格据え置き等から成る平和的革命を推進した結果、同年チリの経済成長率はチリ史上初の八・九％を記録し、インフレ率は二八・二％に下降、失業率は三・八％まで減少、賃金は二二・三％上昇という目覚ましい成果を上げていた(103)。

これに対して多国籍企業の利害を背負ったアメリカは、反アジェンデ派の政党や組織への資金援助、プロパガンダ、反政府デモ、暴動等を主導する一方で、輸出入銀行、国際開発庁、米州開発銀行、世界銀行等にチリへの資金援助と融資を停止させた(104)。

経済的に孤立したチリは、一九七二年に赤字が対ＧＤＰの二四・五％、インフレ率は二五五％に上り(105)、アジェンデは一九七二年暮れの国連総会で、過去四二年間チリの輸出の八〇％以上を搾取してきた多国籍企業が国際銀行と結託して経済封鎖に及び、他のラテンアメリカ国家に対しても同様の仕打ちをしている現状を切々と訴え、各国代表者の同情を集めた[106]。一九七三年には赤字がGDPの三〇・五％、インフレ率は六〇六％から一〇〇〇％に達し、経済危機による政情不安がいやが上にも高まった末のクーデターであった[107]。

チリの国営企業は、フリードマンの二〇年来の指導に従って、次々と多数の外国籍企業によって再「私有化」（privatization ——「民営化」という日本語訳は誤解を生みやすい）されたが、クーデターの翌年に当たる一九七四年一年間のインフレ率は三六九・二％と依然として高いため、一九七五年春にフリードマンがアドバイザーとしてチリに招聘されたというわけであった[108]。

一九七五年十月、『ニューヨークタイムズ』は、拷問と弾圧が続くチリの軍事独裁政権の経済政策が、アメリカの保守派経済学者ミルトン・フリードマンとシカゴ派経済理論に基づいており、フリードマンが自らサンチャゴに赴いてインフレを終息させるために軍事政権の苛酷な政策に助言したと報じた[109]。シカゴ大学では、学生が「フリードマン・ハーバーガー調査委員会」を結成し、抗議運動が展開される[110]。

それから約一年後の一九七六年九月二一日、元チリ駐米大使で進歩的シンクタンク「政策研究所」所員のオルランド・レテリエル（当時四四歳）が車でワシントンDCの職場に向かう途中、運転座席の下に仕掛けられた爆弾によって暗殺された[111]。

その三週間前、レテリエルは『ネーション』誌に、フリードマンとピノチェトを批判する論文を発表していたのである。レテリエルによると、フリードマンが長年にわたって育成した「シカゴ・ボーイズ」の新自由主義経済がチリのピノチェト軍事独裁政権と密接な関係にあり、一握りの特権階級に「自由」を与えるフリードマン式経済計画が何万人もの人々を殺し、国内の強制収容所には三年間で十万人以上が拘束されているという。レテリエルはフリードマンをピノチェトの「犯罪」の共犯者として断罪していた[112]。（一九九八年、ピノチェトは英国滞在中に汚職・殺人罪で逮捕される。）

チリに対するフリードマンの関与は、一九五〇年代にまで遡る。

フリードマンは、元ケインズ主義者であったが、『隷従への道』（一九四四）出版の手助けをしたハイエクの崇拝者アーロン・ディレクターの妹ローズと一九三八年に恋愛結婚したのを契機に次第にハイエク主義へと傾いた。義兄に連れられて第一回モンペルラン会議（一九四七）に出席したフリードマンは、やがてハイエクの思想の最大の実践者にまで「成長」する[113]。

前述したように、ハイエクの理論は、自由とは被雇用者や消費者のためではなく、代々の富と資本を有する企業家が市場で「貴族的実験」をするためにあり、市場の自由競争によって経済の効率化と発展が期待できるというものであった。

ここからフリードマンは、ニューディール政策が完全なる「間違い」であったという「信念」を抱き、それに基づいて、

(1) 規制緩和［撤廃］による企業活動の自由放任（最低賃金の撤廃も含む）

(2) いわゆる民営化（大恐慌後数十年間に政府と労働者が築いた共有財産である公営事業を私企業に安い価格で「売却」すること）

(3) 福祉予算を含む社会支出の大幅削減

を三本柱とする『資本主義と自由』（一九六二）を書き上げたのである[114]。

しかしながら、当時、先進工業諸国はケインズ主義経済の全盛期を迎えていた。政治家と実業界が共に経済成長と物価の安定のためには資本主義経済に対する政府の介入が必須と考え、その所産である企

業活動の規制や福祉政策・社会的平等の推進を疑問視しなくなり、アメリカでは社会保障制度、イギリスでは社会福祉制度、フランス・ドイツでは労働者保護制度が完備されていた。こうした時期に、大手多国籍企業の利害に合致するハイエク・フリードマン式の自由競争市場（すなわち原始資本主義体制）が、先進国で実現する見込みは皆無であった。[115]

巨大多国籍企業が渇望する新たな自由競争市場を人工的に作り上げる「ニューフロンティア」として着目されたのが、「開発主義」を導入していた第三世界である。

特にチリ、アルゼンチン、ウルグアイ、ブラジルの一部が、石油・鉱物等主要資源を国有化して、国内志向型の工業化政策を推進した結果、労働者は強力な組合を結成して中産階級レベルの賃金を要求し、その子供たちが新設の公立大学に通い、格差が是正され、他の発展途上国もこれに倣おうとしていた。[116]

第三世界を「開拓する」作戦に着手したのは、各種大手多国籍企業の法律事務所サリバン・アンド・クロムウェル出身のジョン・フォスター・ダレスとアレン・ダレスの兄弟であった。アイゼンハワー政権の国務長官とＣＩＡ長官に就任した兄弟は、一九五三年、石油事業の国有化を推進していたイランのモサデク政権を国王派のクーデターで倒し、一九五四年にはユナイテッド・フルーツ社の依頼によりグアテマラのアルベンス・グスマン政権を倒壊させた。[117]

産業の国有化による開発を進めていた他のラテンアメリカ諸国にも同様の政策を適用する計画が立てられたが、そのためには、外部からの強制力だけでなく、当該国の国民をイデオロギー教育によって「洗脳」した方が得策とＣＩＡは結論付けたようである。

まずはチリにターゲットを定め、もっぱらシカゴ大学でシカゴ派経済学のみを学ぶことを条件として、アメリカ側が費用を提供する留学制度を起ち上げ、最初チリ大学に打診したが、留学先の選択肢がない

ことを理由に拒否され、チリ・カトリック大学がこれに応じた。(118)

「チリ・プロジェクト」は一九五六年に発足し、翌年から一九七〇年までに一〇〇人のチリ人学生がシカゴ大学の大学院レベルの知識を習得して本国に帰り、「シカゴ・ボーイズ」と呼ばれるようになる。チリ・カトリック大学は元留学生を教員に採用し、地元でシカゴ派経済学が学べるシカゴ大学の「フランチャイズ」と化した。(119)

ケネディ政権のケインズ派経済顧問ウォルター・ヘラーは、この現象を評して「フリードマン的なものもいれば、フリードマン主義もあり、フリードマン様式も、フリードマン流もフリードマン狂もいる」と皮肉った。(120)一九六五年から、シカゴ・ボーイズ育成システムは、ラテンアメリカ全域に適用されることになる。(121)ピノチェト政権下でも、国内産業の育成よりも多国籍企業を優遇するシカゴ・ボーイズが経済顧問を勤めた。

一九七六年九月のレテリエルの暗殺は、その後、ピノチェトが差し向けた秘密警察によるものと判明する。(122)「コンドル作戦」と呼ばれるチリの暗殺部隊は、一万三〇〇〇人以上の反体制派を国外で追跡し、殺害していた。(123)

フリードマンのノーベル賞受賞のニュースが伝えられたのは、レテリエル暗殺から約三週間後の十月十四日であった。

元受賞者ジョージ・ウォルド（一九六七年生理学・医学賞）とライナス・ポーリング（一九五四年化学賞、一九六二年平和賞）は、連名でノーベル賞選考委員会を「嘆かわしい無神経の見本」と非難する投書を『ニューヨークタイムズ』紙に送り、デービッド・ボルティモアとサルバドール・ルリア（生理学・医学、各一九七五年、一九六九年）も、「フリードマン教授の反動経済政策で抑圧されている」「チリ国民に対する侮辱」という内容の投書を寄せ、同紙は十日後に両投書を十月十四日付で掲載している。[124]

ノーベル賞授賞式の四日後に当たる十二月十四日には、スウェーデンの『ダーゲンス・ニュヘテル』紙が、経済学者グンナール・ミュルダール（一九七四年にハイエクと共にノーベル経済学賞を受賞）の批判声明を掲載した。ミュルダールは、フリードマンの受賞が「世界中ならびにスウェーデン国内で、抗議の嵐を呼び起こしている」と指摘し、選考委員会の秘密主義のため、事前の反対が不可能であると批判した。[125]（経済学賞は一九〇一年に始まった他の分野とは異なり、一九六八年にスウェーデン国立銀行が新たに設けたもので、一九六九年から授賞が開始されている。）

ミュルダールはまた、自分とハイエクが同時受賞した時にも（ハイエクがフリードマンと同種の経済学者であったので）、世界中の経済学者から何千という抗議の電報が寄せられたと述べ、自分は無防備な状況で受賞を知らされたために拒否する余裕がなかったと悔やんでいる。[126] フリードマン受賞騒ぎの翌一九七七年十一月、ハイエクはチリを訪問してピノチェトと会見し、名誉学位も授与された。[127]

一九七七年五月、『ニューヨークタイムズ』は、「ノーベル経済学賞は廃止すべきか？」という記事を掲載し、改めてフリードマンの前年の受賞がフリードマンの右翼政治、なかんずくピノチェト政権との関係とチリ中央銀行への助言をめぐって非難の嵐を呼び起こし、ミュルダール教授の激しい攻撃が続いたことを報じた。[128]

以上が一九七六年のノーベル経済学賞をめぐる喧噪であるが、授賞式当日にフリードマンが客席から怒号を浴びた時、隣の席にいたソール・ベローは、一連の波紋に対していかなる感想を抱いていたのであろうか。

フリードマンのチリ訪問が取り沙汰された一九七五年の六月、英国『テレグラフ』誌は、前出のインタビュー記事の中で、ベローとフリードマンの対話を紹介している。

かの有名な保守派経済学者ミルトン・フリードマンの助言は、世界中の政府の最後の頼みの綱となっているが、ソール・ベロー氏は、同じブロックのよしみで天下のフリードマンに対して経済学上の意見を呈するという大それた行為に出たところ、こう切り返されたという。

「ソール君、文学について疑問が出てきたら、君に質問するよ。だが経済のことは僕に任せなさい」

「なるほど。でも君が文学に疑問を感じることなど、絶対にないだろうがね」〔そもそも文学など読まない。〕(129)

ベローの逆襲の機会は、一年後の受賞と共に訪れた。授賞式の二日後に行われたノーベル文学賞受賞講演が三分の一強まで進みかけた時、ベローはやにわに「時の人」フリードマンに言及する。

『エンカウンター』〔イギリスの評論誌〕十一月号を見ると、わが同僚ミルトン・フリードマンともあろう真面目で責任ある経済学者が、イギリスは公共支出の増大によって、まもなくチリのような貧困国に成り下がるだろうと宣言し、自分自身の予測に驚愕しています。何――マグナ・カルタ〔大憲章（一二一五）――イギリス憲法の基礎となる〕に始まり、尊き自由と民主主義の源泉である国が、ついには独裁国家と化するというのか？

「そのような伝統で育った人にとって、イギリスが自由と民主主義を喪失するなどという言葉を一言でも発するのはほぼ不可能というものでしょう。しかしそれは事実なのです！」

人間を地面に叩きつけるこのような「フリードマンが吹聴する」「事実」と共に我々は生きることを強いられているのです。仮に私がフリードマン教授と討論することになれば、イギリスとチリの制度や文化の違い、国民性や伝統の違いを考慮してほしいと要求するでしょう。しかしながら、勝ち目のない議論を仕掛けることが本講演の目的ではありません。我々の生活をこのように脅かす恐怖の予測、秩序なき背景、破滅の未来像に対して、私は聴衆の方々の注意を促したいのです。

こんな「フリードマンが書いたような」記事は、一冊の雑誌に一つきりで沢山だとお考えになることでしょう、しかし『エンカウンター』誌の別の頁には……（以下略）

この後ベローは、フリードマン流の「根拠なき」「ホラー話」の提供者として、同紙に寄稿したヒュー・シートン＝ワトソンとジョージ・ワトソンの同種の論考を短く付け加え、右派でも左派でもパニックを煽る傾向は変わらないと締め括る。(130)

ベローの受賞講演の骨子そのものは、文学の衰退とその理由、および打開策である。

現在目まぐるしく移りゆく小説の諸傾向（ポストリアリズム、ポストヒューマニズム、ポストモダニズム等の所産であるアンチ・ノベル「ロマン」、ポスト・フィクション、メタフィクション、サー「シュール」フィクション等における人物は人間性を喪失し、化石から再現された爬虫類やそれに類した古生物の標本のようになってしまっている。これは、社会全般に渡って文明人の自画像がそのように変化しており、小説家がそれに追随しているからに他ならない。

人間性の危機は、文学だけでなく、生活全体に及び、人々は生きる拠り所を喪失している。なぜこのようになってしまったのであろうか——起点は第一次世界大戦という大厄災にあり、それ以来知識人連中が、危機の終わりなき循環を訴えるようになり始めたのだ。

たとえばアメリカでは、「預言者、僧、裁判官」を自称する知識人が毎年何十冊も社会問題に関する本を出し、自分の妄想の産物である社会不安をプレハブ化して読者に丸投げする。かくして私生活は公共問題の危機意識に占領され、人々は限りなく攪乱されて自分自身を見失う。（勘の鋭い読者は、この十一年後に出版されるブルームの『アメリカン・マインドの終焉』、その弟子フクヤマがその五年後に出版する『歴史の終わりと最後の人間』もこの部類に属することを察知することであろう。）宗教学者マラカイ・マーチンが指摘するように、現代アメリカ人は、ミケランジェロの彫刻「捕虜」のように、パニックという鎖に繋がれているのである。

ベローが「真面目で責任ある経済学者」のミルトン・フリードマンを、「我々の生活に侵入してくる恐ろしい予測、無秩序の背景、破滅の未来像」よってパニックを煽り立てる上記知識人の最右翼として批判する時、それが人々を心理学的・情緒的に「捕虜」〔奴隷〕にするだけではなく、実際の社会生活においても「奴隷化する」危険性があることに注意を促している。

「イギリスは公共支出の増大によって、まもなくチリのような貧困国に成り下がる」という『エンカウンター』誌中のフリードマンの宣言は、イギリスについての単なる「ホラー話」ではなく、「次なるターゲットはイギリスだ」という宣言でもあることをベローは暗示している。フリードマンがチリに対して類似した「宣言」――「公共支出の増大によって」「貧困国に成り下がる」――を行った直後、チリに軍事クーデターが発生し、フリードマン式経済が導入され、チリ国民は「自由と民主主義を喪失する」ことになったからである。

一九七四年に保守党の党首に選ばれた時、サッチャーは党内の左派を呼び集め、ハンドバッグからハイエクの『自由の条件』を取り出し、「これが我が党の信念です！」と言ってテーブルの上に叩きつけた。[131] つまりサッチャーは、「被雇用者はいかなる問題に関しても決定権を持たない」というハイエクの説に基づいて、福祉国家政策と公営事業の経営管理に関する労働党との合意を覆したいというのである。サッチャーは、一九七六年以来、ハイエクの来る月にはロンドン経済研究所に足を運び、後にハイエクとフリードマンを首相官邸に度々招待した。[132]

ベローの受賞講演から五年後の一九八一年にチリを再訪問してピノチェトとシカゴ・ボーイズに感銘したハイエクは、サッチャーに書簡を送り、チリをモデルにしてイギリス経済にも企業主導型の新自由主義を適用するよう促した。これに対してサッチャーは、一九八二年二月十七日、イギリスには伝統的に民主主義制度が根付いているため、チリのように手っ取り早い改革が進まず、歯がゆい思いをしていると返信している。[133] 後年サッチャーがピノチェトとも親交を深め、獄中見舞いに訪れたのも、潜在的「独裁」志向の顕れといえるであろう。[134]

サッチャーにとっての「好機」は、一九八二年四 - 六月のフォークランド紛争と共に訪れる。経済的価値がゼロに等しい岩だらけの諸島をアルゼンチンから奪回するため、サッチャーは国連決議を無視して軍隊を派遣したのである。イギリス軍二五五人、アルゼンチン軍六五五人の死者を出した戦争がイギリス側の勝利に終わると、衰えかけていたサッチャー人気が回復し、支持率は開戦直後の二五％から五九％へと急上昇して翌年の選挙で大勝利を収めた。[135]

これに勢いを得たサッチャーは、一九八四 - 八五年に炭鉱労働者のストライキを力尽くで弾圧する。ピケを張っている労働者に一日八〇〇〇人の警官を差し向けて七〇〇〇人もの負傷者を出し、ストが長期にわたったため、負傷者は数千人にも及んだ。翌年、労働者は生活苦のためにストを持続できなくなり、九六六人が解雇された。イギリス最強の炭鉱労働者の組合が壊滅した現在、それ以下の規模の組合がストを決行するのは「自殺行為」だとサッチャーは嘯いた。[136]「被雇用者が目的を達成する方法は、他人の命令に従うことである」というハイエクの主張がここに実現し、イギリス人は「自由と民主主義を喪失」したのである。

フォークランド紛争と炭鉱ストライキの鎮圧に勢い付いたサッチャーは、一九八四年から八八年にかけて、ブリティッシュ・テレコム、ブリティッシュ・ガス、ブリティッシュ・エアウェイズ、イギリス空港公社、ブリティッシュ・スチール等の国営企業の大規模民営化オークションを断行し、ブリティッシュ・ペトロリアムの株も売却する。[137]

問題は大西洋の対岸に限らなかった。フリードマンを経済顧問とするレーガンは、サッチャーに先駆けて一九八一年、就任数カ月後に発生した航空管制官のストライキに対して強硬策を採り、「職務怠慢」のかどで一万一四〇〇人を即時解雇した。アメリカの労働運動は、四半世紀以上後の二〇〇七年になってもこの痛手から立ち直れなかったと『ショック・ドクトリン』(二〇〇七)の著者ナオミ・クラインは指摘している。[138]

その後の歴史が物語るように、チリはあくまでも「実験場」であり、発端に過ぎなかった。巨大グローバル企業に最も有利となる自由競争の経済システムがその後英米中露を含む世界中に適用された結果、政治は非民主化し、国家の経済指標は上昇しても、富は富裕層や他国に流れ、中間層以下の国民が数値的発展から取り残されることになる。

ベローのノーベル賞受賞講演におけるフリードマンに対する警告の重要性は、ここまで見据えて初めて認識できるといえよう。

さて、このような事態に、我々はいかに立ち向かうべきか。ベローは講演を続ける。今日人間生活の中心を占めているのは、作られた危機意識ばかりであり、肝心の人間は、主役の座を追われ周縁の塵と化している。人間が再度中心となり主役の座に戻れる機会はもはや残されていないのか？

第3章第4節で詳述したように、古来その手段を提供してきたのが、「学問の女王」と呼ばれる詩学（文学）であった。読者に身を売り、読者を国に売り、ついには国をも売りとばすトーマス・マンタイプの売文業者とは異なり、ベローの作家像は、「国家の良心」を代表して「至高の責務」を果たす「聖人」であった。諸学がその本来の機能を喪失した時、国家と国民の救出に向かう「桂冠詩人」の意気込みをベローは示す。

人々は心の奥底では自由を求め、集団的諸力と戦っている。我々人間とは何か、この人生は何のためにあるのか――自称知識人が次々に発する膨大な［危険］思想を棄却した時、それが見えてくる。その手段を提供するのが作家の責務なのだ。作家が中心に戻らないとすれば、それは中心が何者かに占領されているからではない。作家が戻ろうとしないからなのである。

第1章で引用した講演の結論部分の意味がここで明らかになる。

小説は、叙事詩や詩劇の記念碑的大作に比べると見劣りするかもしれません。しかし、今の「殺伐たる」時代には、小説が最も適しているのです。小説は、現代における差し掛け小屋のようなもので、精神が避難できる場所なのです。（中略）小説は、人間一人一人に様々な存在の可能性があること、存在方法が一通りしかないというのは幻想に近いこと、そしてこの存在の多様性が確たる意味を持ち、何かに専念し、何事かを成し遂げることを教えてくれるのです。小説は、我々に意義

と静謐と、そして正義すらも約束してくれるのです。(139)

フリードマンの受賞が決定した時、ベローはノーベル賞受賞講演の中に、フリードマン経済に対する警鐘を盛り込む決意を固めたのであろう。

当のフリードマンは、ベローのこの講演を客席で聴いていた。年明けの一九七七年一月、スタンフォード大学で開催された所得分配学会でノーベル賞受賞の「凱旋」講演を行ったフリードマンは、一連の騒ぎについて、たった六日間チリに居ただけですべての責任を押し付けられて心外であること、暴言を吐いた若者が全身痣だらけになったのは自業自得で、結局「正義は勝つ」こと、キッシンジャー並みの護衛が付いて、非常に気分が良かったこと等を語った後、ベローの講演が「非常に素晴らしく、洞察力に富み、思慮深く、直観力の鋭い」もので、ぜひとも一読するよう聴衆に勧めている。(140)

奇怪なことに、ノーベル賞から十八年後の一九九四年に出版されたベローの評論集『詮ずる所――朦朧たる過去から不確実な未来へ』に収められた「ノーベル賞講演」からは、フリードマンの「宣言」を含む『エンカウンター』誌からの抜粋と、それに対するベローの見解が完全に欠落している。(141) 後述するように、この頃のベローは、危急存亡の危機に立たされていた。自主検閲を行ったのか、あるいは何らかの力が働いたのか、その原因は定かではない。

4　ニューディールと米国ケインズ革命の遺産

ノーベル賞受賞講演におけるベローのフリードマン批判は、巷のフリードマン授賞反対運動に触発されて俄に思い付いたものではなかった。受賞作『フンボルトの贈り物』の随所にフリードマンが忌み嫌ったニューディール政策に対する賛美が嵌《は》め込まれ、作品自体がさながら「反フリードマン宣言」の様相を呈しているのである。

『フンボルトの贈り物』は、一般に語り手の作家チャーリー・シトリーンと詩人フンボルトとの友情物語として片付けられがちであるが、ベローが一九七五年十一月の『ニューヨークタイムズ・ブックレビュー』のインタビューで語っているように、テーマは同時代のアメリカ全体である。この小説においてベローは、作家の「社会的指導力の失地回復」を果たすべく、アメリカ社会全体に鏡を掲げ、「国家の良心」を代表してペンを執ったという(142)。

ベローを代弁する劇作家で伝記作者のシトリーンは、ローズヴェルト時代(一九三三-四五)のニューディール政策の信奉者であり、ニューディールに関する本を何冊か書いている。ウッドロー・ウィルソン(任期一九一三-二一)と秘書のジョーゼフ・タマルティ(一八七九-一九五四)の伝記(タマルティは、一九一九年、講和会議でパリに出張中のウィルソンに、公共事業、最低賃金、老齢年金、その他のシステムを取り入れることをニューディールに先駆けて進言したが、実現しなかった(143))、ハリー・ホプキンズ(ニューディール政策におけるローズヴェルトの右腕)の伝記に加えて、『ニューディールの傑人たち』という本も書いている(三二三頁)。シトリーンは、「純」反体制派の知人から「政府の犬」ではないかと疑われるほど、ホプキンズの美点を褒めちぎり、ニューディールに入れ揚げているのである(五五八頁)。

これに対してチャーリー・シトリーンの兄ジュリアスは名うての実業家で、テキサス南東部随一のディベロッパーに一代で成り上がり、最近とみに注目されているフリードマン経済やハーマン・カーンのゲーム理論の信奉者であり、シトリーンの著書など歯牙にもかけない。

それに何が何でもインテリになりたいというのなら、どうして『ウォールストリート・ジャーナル』に出ているフリードマンや［限定核戦争を認めた］ハーマン・カーンのようなドライなタイプにならなかったんだ。ウッドロー・ウィルソンとか、死んだ奴の事ばかり書きやがって。お前の駄文なんか、二行も読めば、あくびが出るよ。（六一九頁）

兄のジュリアスは、四〇－五〇エーカーのテキサス南部の半島を丸一つ買収してリゾート地に改造する計画を立てている。所有者は、（カストロに追われた）バティスタの前のキューバの某軍事独裁者の子孫であり、半島は、件の独裁者が海外に持ち出した隠し金で手に入れたものである。その隠し金の正体は、独裁者が廃止すると宣言して回収した旧紙幣を、処分せずにハバナ市内の複数の銀行の個人口座に分散して預けたもので、テキサスの半島を買った残りの資産で子孫は悠々と遊び暮らしているという（六一八頁）。南米の政変の裏で、こうしたことが度々行われてきたことを示唆するくだりである。

『フンボルトの贈り物』では、また、シトリーンの友人でジャーナリストのサクスターが、各国の独裁者にインタビューするために南米へ出かけ、アルゼンチンでゲリラに「誘拐される」事件が出来する。「拘束先」から『ニューヨークタイムズ』に投稿してシトリーンに身代金を求め（普通ならできるはずがない）、着服するための「狂言誘拐」らしい。サクスターの記事によると、ゲリラが無差別殺人を行う狂信者ではなく、「丁重で」「自由と正義に則った」革命の理想に燃えているという（七一三頁）。どうやらその正体は、労働者を支持基盤とするペロニスモを禁じる軍事独裁政権（一九六六－七三）に反対して結成された「モントネーロス」である可能性が高い(144)。アルゼンチンも、前述したチリと類似した問題を抱えていたことが類推できよう。

生き馬の目を抜くこの時代に、なぜシトリーン［ベロー］は、四〇年も前のニューディールを蒸し返すのか。

シトリーンは、夢見がちな少年時代から半世紀近くリベラルな世界観を保ち続けている。善意に満ち溢れた時代に育ったからこそ、［一部の現実主義者が吹き出しそうな］人類のために尽くしたいという志を抱くに至ったのだとシトリーンは言う（六三一頁）。そして小説の背景を成すニクソン時代の末期には、ニューディールに始まるアメリカの黄金時代が、まさに終焉を迎えようとしていた。

『フンボルトの贈り物』で特に目を引くのは、シトリーン［ベロー］が、ケインズに喩えられていることであろう。


「チャーリー・シトリーンを見ろよ。ウィスコンシンのマディソンからぽっと出てきて、俺の門をたたいた。それが今や百万長者だと。物書きやインテリがあんなに稼げるものかね――ケインズのような人間だと？　なるほど。ケインズは世界的人物だし、経済学の天才でブルームズベリーのプリンスだ。（中略）ロシア人のバレリーナとも結婚した。金はいやでも付いてくる。だがあれほど金持ちになったシトリーンは、一体何様だ。元はといえば親友じゃないか」――フンボルトはいみじくもこう言った。（二四六頁）

後述するように、これ以後『ラヴェルスタイン』に至るまで、ケインズはベローの理想的人物となっている。

アメリカ人のベローが、なぜわざわざイギリス人のケインズを選ぶのか。今でこそ忘れ去られているが、かつてのアメリカ人にとって、ケインズは「国家の大恩人」であった。一九四六年四月二一日、ケインズは、多方面における活動による過労が昂じ、六二歳で不帰の人となる。この直後、ウェストミンスター寺院における「国葬」と並んで、米国においても（トルーマン政権下であったにもかかわらず）ワシントン大聖堂で盛大なケインズの「准国葬」が執り行われたことは注目に値する。(145)

ケインズこそは、一三〇年以上も世界を支配してきた古典派経済学の自由市場主義に終止符を打ち、民主主義と文明社会を地球上に具現させた功労者であった。

資本主義経済を安定させるには、市場に任せておくだけでは危険であり、不況や失業を克服するには政府が積極的に経済に介入すべきであるというケインズ型の経済政策は、第二次世界大戦以後、多くの先進国と低開発国の政府によって採用された。その結果、一九七〇年代前半までの四半世紀に未曽有の実質経済成長が実現し、格差が是正され、ほとんど全国民の生活水準が劇的に好転し、二〇世紀終わり頃までにはグローバル化した文明社会が実現すると期待されていたのである。(146)アメリカでは、それが一九三〇年代のニューディールと共に始まっていた分、他国よりも経済発展の黄金時代が十年ばかり長かった。

それではニューディールとケインズの関係はいかなるものであったのか。

ローズヴェルトが大統領に就任した一九三三年三月、アメリカでは、一九二九年の株式市場大暴落による大恐慌が四年目に突入していた。失業率は二五％、ＧＮＰは五〇％マイナス、農家の収入は六〇％減となり、金融システムが破綻し、都市では食料配給を受ける人が列を成し、ホームレスがたむろしている。イタリアではムッソリーニが十一年間の独裁支配を強化し、ドイツではヒトラーが独裁体制の地歩を固めつつあった。[147] 敗戦国に対する過分な賠償金がファシズムか共産主義につながるという、『平和の経済的帰結』におけるケインズの警告が最悪の形で実現したのである。

両替商［銀行］は悉く我が国の文明の神殿の高座から失墜した。今こそ文明の神殿に古来の真理を復活させる機会だ。成功の可否は、金銭的利益よりも高邁な社会的価値を優先する姿勢の如何に関わっている。[148]

ローズヴェルトは、就任演説において不況の責任者である銀行を断罪し、第一期にNIRA（全国産業復興法）を成立させ、連邦政府の大規模な公共事業を規定すると同時に、企業にはカルテルを許容する一方で労働者には団結権・団体交渉権を認めた。PWA（公共事業局）やCCC（市民保全部隊）を監督したハロルド・イッキスは、二五万人分の雇用を作り、ベローが『フンボルトの贈り物』で讃えているホプキンズは、FERA（連邦緊急救助局）とCWA（民間復業庁）を率いて四〇〇万人分の雇用を創出した。[149]

一九三五年、ローズヴェルトはホプキンズと共にさらに大規模なWPA（雇用促進局）を起ち上げ、翌一九三六年、第二期目の選挙に向けて国民に訴える。

我々は平和の宿敵と戦わねばならなかった——実業界と金融界の独占、投機、金融界の無謀な対立、派閥主義、そして軍需利益である。敵は合衆国政府を、自らの事業の添え物に過ぎないと見做すようになってしまった。今や組織化された金が牛耳る政府は、組織化された暴徒による政府に劣らず危険であることが明らかになっている。……敵は一様に私を憎んでいる――そして私は敵の憎しみを、諸手を挙げて歓迎する。[150]

ローズヴェルトは共和党のアルフ・ランドンを九八％の得票率で打ち破り、民主党は共和党に対して、下院では三三一対八九、上院では七六対十六で優位に立つことになった。[151]

とはいえ、これほど大掛かりな公共政策は、よほど意志の強い大統領と国民の熱烈な支持と実業界の理解なくしては長続きするものではない。成り行き任せにしておくと、ローズヴェルト一代限りで莫大な数の国民が再度路頭に迷う事態が発生しないとも限らなかった。ニューディール的な政策を、次のアイゼンハワー、ケネディ、ジョンソン、そしてニクソンまで連綿と長らえさせたのは、ひとえにケインズの遠計とそれを実行に移した米国の経済学者たちの情熱と英邁な頭脳連携によるものであった。

一九三一年に米国を短期間訪れたケインズは、政界指導者や学界から歓待を受け、本国以上の手応えを得た。ベストセラー『平和の経済的帰結』の著者ケインズは、老獪な英仏首脳に翻弄され、敗戦国に対する苛酷な制裁を防止できなかったウィルソン大統領の無能ぶりと偽善ぶりを痛烈かつ公正に批判したことによって、米国マスコミ界の寵児となっていたのである。[152]

一九三三年の初めにケインズは、『雇用・利子および貨幣の一般理論』（一九三六）の概説ともいうべき『繁栄への道』（一九三二）をローズヴェルトに送付する。年末にはローズヴェルトに宛てた公開書簡を書き、それが大晦日の『ニューヨークタイムズ』に掲載された。その骨子は、大規模な公共事業計画を即座に実施すれば、国民の購買力を増大し、半年以内に不況を抜け出すことができるというものである。[153]

『ニューヨークタイムズ』の公開書簡が効を奏して、一九三四年五月、ホワイトハウスでケインズとローズヴェルトの会談が成立した。

ピノチェトに招かれて実業家の自由放任を勧めたハイエクやフリードマンとは異なり、ローズヴェルトに招かれたケインズは、実業家が存在を許容されるのは、利益と社会貢献が釣り合っている場合だけであるという信念の持ち主であった。「実業家が不当な利益を貪る悪徳商人に堕してしまうと資本主義は打撃を被る」というケインズの言葉が（『貨幣改革論』［一九二三］）[154]、大恐慌によっていみじくも証明されていたのである。

ケインズは資本主義の様々な弊害を拒絶しながらも、共産主義や社会主義には賛同できず、文明の可能性を保持するためには資本主義が最善の妥協策と考えていた。ただしケインズにとって、富の追求は、あくまでも人々が「賢明に、快適に、豊かに」暮らすための手段であり、目的ではなかった。[155]

会談でケインズがローズヴェルトに最も伝えたかったのは、「乗数理論」――公共事業の財源としての政府の借入は、新規雇用された国民に対する課税によってすぐにその採算が取れるため、支出ではなく、投資と考えるべきだという説である。

これをごく簡単に説明すると、仮に政府が公共事業や救貧手当に一ドル支出すると、その一ドルは受給者、食料品店、卸売業者、農家の手に渡り、最終的に四ドル分の国民所得を生む［ので赤字を懸念する必要がない］ということになる。[156]

公開書簡と二者会談の御膳立てをしたのは、パリ講和会議の席でケインズと知り合っていたフェリックス・フランクファーターであった。アメリカ滞在中、ケインズはフランクファーターに、「世界における経済学の実験場は、モスクワではなくここだ」と語った。ローズヴェルトがニューディール政策の中心に、反古典派のケインズを迎え入れたことによって、社会の改善を切望するワシントンの若い経済学者は大いに啓発されていたのである。(157)

とはいえ実業界の協力なくしては、ニューディールの推進は不可能である。

ローズヴェルトのニューディール陣営に、元共和党の年配の億万長者マリーナ・エクルズがいた。二六の銀行の経営母体、米国大手のビート製造会社、乳製品製造チェーン、木材会社等を経営していたエクルズは、アメリカに必要なのは、失業解消による需要拡大であることを経験論的に察知し、一九三三年の上院諮問委員会で、国民の購買力が向上すれば消費財の生産高も上がると主張していた。一九三五年、エクルズは連邦準備制度理事会の初代議長に任命され、十四年間その職務を果たすことになった。(158)

エクルズは、経済学者のロークリン・カリーを助手に選び、連邦準備制度等の政府機関および政権の主要ポストに、志を同じくする経済学者を多数リクルートする。一九三四年に設立された国民計画協会には、若いケインズ派が集まり、連邦政府内の若手は、サイモン・クズネッツ（ケインズ派ではない）の計測法をケインズの理論に応用し、具体的数値を示すことによって目覚ましい説得効果を収めた。(159)

ケインズ主義の導入に最も熱意を示したのは、一九三〇年代後半、就職口不足のためにハーバード大学に残っていた若い経済学者のコミュニティである。

ジェームズ・トービン、ポール・サミュエルソン、ジョン・ガルブレイスを中心とする若手グループが、ケインズの『雇用・利子および貨幣の一般理論』の出版が近づいた一九三五年の冬、発売と同時に同書が米国に発送されるよう手配した。一九三六年二月、ハーバードに届いた『雇用・利子および貨幣の一般理論』は、三五歳未満の若手の大半を虜にし、毎晩議論が交わされた（昼間は［ハイエクやフリードマンが蒸し返すことになる」古い経済学が講義されていたのである)[160]。

資本主義を覆すのではなく、それを救う治療法がもたらされた！——サミュエルソンは、仲間の経済学者が見せた興奮を、キーツがチャップマンのホメロス訳を初めて読んだ時の感動に喩えている。ハーバードはたちまちケインズの「新世界征服」の拠点となった[161]。

ケインズに心酔したのは、若手だけではない。五〇代の古典派経済学教授アルヴィン・ハンセンは、『雇用・利子および貨幣の一般理論』の重要性に感化されて「改宗」し、ニューディールに理論的根拠を与えて「アメリカのケインズ」と呼ばれるようになった[162]。

ハンセンは、学生に、ケインズ理論を理解するだけでなく他人にも理解させ、行動に移させよと説き、いつの間にかケインズ主義「十字軍」の指揮官になっていたのである。一九三〇年代後半ハーバードに新設された公共政策大学院におけるハンセンの講義は、米国で生起している最重要事と見做され、常に満員で、ワシントンの政策担当者もしばしば出席して確たる手応えを政府に持ち帰り、やがて学生の相当数がワシントンに移動した[163]。

後にハンセンは、イギリス人経済学者ジョン・ヒックスが一九三七年に提示したモデルを「ＩＳ－ＬＭモデル」と改名し、これを使えばどんな学生でも政府支出や金融政策変更の効果を弾き出すことができるように工夫した[164]（ハンセンが一九五三年に出版した『ケインズ経済学入門』はケインズに関する初めての教科書となり、何世代にもわたって影響を与え続ける[165]。）

ケインズ革命は、瞬く間に米国経済学界と連邦政府上層部に浸透していった。失業率は年毎に低下し、一九三七年には一九三三年の二五％から十四・三％まで下がり、国民総生産は一九二九年の水準にまで回復する[166]。

『雇用・利子および貨幣の一般理論』の出版から十年の間に、各国の政府がケインズ主義を取り入れるようになった。英国とオーストラリアでは完全雇用を政府の責任とし、アメリカは、ケインズの『平和の経済的帰結』が示した教訓から、第二次世界大戦敗戦国のドイツ、日本、イタリアにケインズ主義を適用し、一九四七年には欧州復興計画によって西ヨーロッパ全般の経済復興を支援した。一九四八年、国連憲章にも、完全雇用と職業選択の自由、公正かつ有利な勤労条件、失業補償制度等が盛り込まれる。(167) ローズヴェルトの後を継いだ共和党のトルーマン政権(一九四五-五三)では、経済諮問委員会の第二期委員長に、ニューディールの主要政策を担当したレオン・カイザーリングが選ばれ、公共支出のための予算が確保された。(168)

しかし、トルーマンの時代はマッカーシズムが吹き荒れた時期でもあり、ケインズ主義者にも社会主義の嫌疑がかけられることになる。

ガルブレイスの回想によると、反対派は組織的な陰謀を疑ったが、集団による計画・命令・指示その他の圧力は一切なく、「ケインズ革命」はあくまでも個々の経済学者の自律的な判断と行動の成果であった。その上、反対派の誰一人としてケインズ主義よりも大量失業の方がよいなどとは公言できなかった。保守的な精神の持ち主でさえ、状況を把握したらケインズ型政策の方を選んだのである。(169)「ケインズ革命」の成功の秘密は、『雇用・利子および貨幣の一般理論』の(深謀遠慮による)難解さにあるとガルブレイスは解説している。

『雇用・利子および貨幣の一般理論』は、相当な知識人でも読みこなすことができず、ケインズに反対する者たちは、例外なく『一般理論』を読んでいない(そもそも読めない)というハンデを負っていた。それは、あたかもサンスクリット語ができないのに、『カーマスートラ』の原書が猥褻だと誹謗するようなものであったという。[170]

ハンセンの弟子でマサチューセッツ工科大学経済学部教授に就任したサミュエルソンは、こうした『雇用・利子および貨幣の一般理論』の難解さを逆用することによって、アメリカの大学を荒廃させたマッカーシズムからケインズ主義を守った殊勲者である。

ロリー・ターシスが書いたケインズの『一般理論』に基づいた経済学入門教科書が、「偏向的」だとして諸大学の理事から一斉攻撃されたのを目撃したサミュエルソンが、「新古典派統合」という「方便」によってケインズ主義を死守したことが、一九八六年のコランダーとランドレスによるインタビューで明らかにされている。[171]

その結果、サミュエルソンのケインズ経済学の入門書『経済学——入門分析』（一九四八）は、たちまちケインズ派のバイブルとなり、六〇年間で四〇ヵ国語に訳され、売り上げは四〇〇〇万部に上った。初期の版でサミュエルソンは、古典派経済学には一切言及せず、ソ連のような「社会主義」かケインズ主義かの二者択一を迫った。これによってケインズ主義は、非共産圏における経済学の新たな「正統派」となったのである。[172]

次期アイゼンハワー政権（一九五三-六一）における経済諮問委員会委員長のアーサー・バーンズは、保証書付きの反ケインズ派であったが、政権内には多数のケインズ派が入っていた。バーンズは、ケインズ主義には懐疑的だが景気後退には断固として反対し（つまり事実上ケインズ主義に賛成したことになる）[173]、ケインズ主義は、「ビジネス・ケインズ主義」として政府に組み込まれ、三度の短い不況を乗り切った。[174]

しかし、政権最終年にアイゼンハワーが公共支出を大幅に切り詰めると、一九六〇年四月には景気後退が始まり、次期大統領選挙では、民主党のケネディが共和党のニクソンを打ち破る。[175]

ハーバードでガルブレイスに師事したケネディの周囲はケインズ派で固められ、ケネディは「初のケインズ主義大統領」と呼ばれた。ウォルター・ヘラーが経済学諮問委員会委員長に選ばれ、インフレを招くことのない完全雇用を目指した。(176)

一九六三年十一月のケネディ暗殺後、ジョンソンは、ベトナム戦争を中心とする対外政策は別として、国内の経済政策においてはケネディ路線を忠実に継承し、ヘラーの助言に耳を傾けた。(177)

生産性が向上し、アイゼンハワー政権の頃に比べて所得も倍増し、経済成長率は一九六四年に五・八％、六五年には六・四％、六六年には六・六％に達し、失業率は一九六四年から六六年にかけて、五・二％、四・五％、二・九％と低下する一方で、インフレ率は一九六四年から六五年の二％以下から、六六年には三・〇一％に達した。(178)

一九六五年十二月三一日号の『タイム』誌は、その年最も注目される人物としてケインズを選んだ。死後二〇年を経過した当時、ケインズは世界の自由主義圏に最も大きな影響を及ぼしており、現代の資本主義経済は、政府の介入によって最大の効率性を発揮できるという内容である。それはまさしくケインズ派の全盛期を告げるものであった。(179)

一九五〇年代に豊かさがアメリカ社会に広がったとすれば、一九六〇年代には無類の豊かさが到来した。平均的労働者の生活水準が飛躍的に向上し、カラーテレビ、一家に二台目の車、飛行機旅行が珍しくなくなり、人々は仕事の虫となるよりも余暇を大切にするようになった。女性、アフリカ系アメリカ人、十代の若者が新たな自由を謳歌したのもこの頃である。(180)

しかしながら、トルーマンが朝鮮戦争（一九五〇－五三）に、アイゼンハワーがソ連との宇宙開発競争に莫大な国費を傾注したのと同じように、ジョンソンの「貧困との闘い」も、ベトナム戦争への巨額の出費と背中合わせであった。

最終的に五〇万人の米兵をベトナムに送り、軍事費は一九六五年の四九五億ドルから一九六九年には八一二億ドルに膨れ上がる一方、一九六四年に減税案を強引に通過させていたため、一九六〇年代十年間の赤字は五七〇億ドルに達した。これをそのまま受け継いだニクソンが支出を大幅に削減すると、緩やかな不況が始まり、失業率は一七九〇年一月の三・九%から十二月には六・一%にまで上昇した。翌年一月にニクソンは急遽ケインズ主義を宣言する。[181]

一九七一年八月、ニクソンは、ドル不信による国際通貨危機の頻発を受けて、ドル防衛策としてドルの金兌換停止を発表し（ドルショック）、続いて金に対するドルの切り下げを同年十二月と七三年二月と連続して行い、ここに金ドル本位制度と固定為替相場制度に基づくブレトンウッズ体制は崩壊した。これに追い討ちをかけたのが一九七三年十月に始まった第四次中東戦争を機に発生した石油危機である。アメリカにインフレと景気後退が同時に発生するスタグフレーションが訪れた。

一九七四年、ニクソンがウォーターゲート事件で失墜すると、フォードは、大恐慌以来のインフレ率（ピーク時九・二%）と失業率（ピーク時九%）を多少は緩和したものの（各四・八%と七・八%）、初の大統領選挙でカーターに敗れる。そしてカーターは完全雇用に向けて苦闘するが、スタグフレーションには勝てず、一九七九年の第二次石油ショックに止めを刺される。[182]

一九七〇年代に発生したスタグフレーションは、ケインズ派経済学の命取りとなった。それまでケインズ主義は、インフレか失業のいずれかに効果があるとされていたのだが、失業とインフレの同時発生に対処するすべは（いかなる経済学にも）なく、その全責任を負わされることになってしまった。[183]

スタグフレーションの真の原因は、ジョンソンが増税を伴わずにベトナム戦争をエスカレートさせる一方で、「貧困との闘い」に高額の支出を維持したことにある。これによって商品価格の世界的高騰がもたらされ、失業とインフレが同時に発生したのである。[184]

保守派の支持者から潤沢な資金を得ていたフリードマンを中心とする古典派経済学陣営にとって、これはケインズ派攻撃を開始する千載一遇の機会となった。[185]

一九七四年にハイエクがノーベル賞を受賞し、フリードマンも、ラテンアメリカで資本の無制限の自由を提唱する新自由主義経済の「実験」に励んだ結果、一九七六年に同賞を受賞した。両者の主張はサッチャー・レーガン両政権の下で「主流派経済学」となり、原初型の資本主義が世界を再征服するに至る。

フリードマン経済一色に染まったレーガン政権の三年目、ベローは、男性月刊誌『エスクワイア』十二月号にニューディールの追憶「ローズヴェルト氏の時代に」（「氏」に注目されたい）を投稿し、十一年後に出版した評論集『詮ずる所』（一九九四）の筆頭論文に据えた。[186]（前述した「ノーベル賞講演」の「[自己]検閲」の「雪辱」であろう。）

十代後半にローズヴェルトに対する大人たちの信奉ぶりを目撃したベローは、ニューディールが単なる経済状況を改善しただけではなく、アメリカ国民の人間性を飛躍的に向上させ、これがその後の経済発展の原動力となったという事実を指摘している。

一九三二年、ベローが十七歳の時、ローズヴェルトはシカゴで民主党大統領候補に指名された。外政的には様々な落ち度があることが後から判明し（ユダヤ人の大量殺戮を救えなかったこと等）、内政においても多少の欺瞞があったにせよ、ローズヴェルトは天才的政治家であり、米国は全員が移民で移民の国だと告げ、大量失業した新着移民の心を捉えた。道路の舗装レンガを剥がし、再度敷き詰める作業を、マスコミは揶揄したが、元会計士、技師、町工場の経営者は心から感謝してその作業に従事し、人々の同情を集めたという[187]。

ヨーロッパがファシズムか共産主義かの二者択一を迫られていた時、ローズヴェルトのみが民主主義の本質について語った。ベローは大学の学部生で、まだトロツキーを尊敬はしていたが、ハーバードやプリンストンのリベラルな卒業生がマルクス主義革命に訴えるとも思えず、アメリカだけは例外と信じることができた[188]。

ローズヴェルト就任直前、ベローは母親を亡くし、父親が再婚して兄弟が離散し、途方に暮れていた。そんなある夏の夜、シカゴの目抜き通りを歩いていると、九時を過ぎても明るく、車が数珠つなぎに止まっていて、いずれも窓とドアを開け、ドライバーが一斉にラジオでローズヴェルトの演説を聞いていた。中西部の人間からすれば、気障《きざ》で鼻持ちならない東部のアクセントは、丸め込まれてたまるものかと身構えたくなるものだが、開け放った車の列から流れてくる発音は、一語一語平明で、苦労に打ちひしがれた大人たちが、ローズヴェルトの演説内容よりも、その声の廉直さにすがっていることを実感できた。

ローズヴェルトに励まされた何百万人という移民が、（二・三の民族は例外として）米国民となり、真の米人と見做されたいと切望し、アメリカ風に名前を変え、アメリカ人的な性格を新たに身に着け、アメリカの生活へと飛び込んでいったのである[189]。

アメリカの経済発展と共に育ったベローは、真の国力が国民の豊かな人間性に依存することを見抜いていた。そしてノーベル賞受賞作『フンボルトの贈り物』が書かれたのは、深刻なスタグフレーションの中で、アメリカ黄金時代がまさに消滅しようとし、米ドルと共に、アメリカにおける人間の価値も下落しようとしている時であった。

次男のアダム・ベローによると、ベローの主たる関心は、人間を平板化し、画一化しようとする現代社会の中で、個人の自由を守り、人間の性格の多様性と深さを保存することにあった。ベローの鋭い政治的観察力も、そのためのものであったという。[190]

ノーベル賞受賞作『フンボルトの贈り物』については、人物描写を除いて、筋や主題の統一性が弱く、『オーギー・マーチの冒険』のような躍動力、緊密性、モラル性等に欠けるという見方がなされているが、[191] おそらくこれは〔小説専門の〕批評家側に、ベローが同書で試みた「〔様々な〕人間の性格の多様性」を追求する演劇ジャンルに関する知識が不足していたためであろう。

作中、主人公のシトリーンが、自分の近未来をカルロ・ゴルドーニ（一七〇七－九三）の喜劇に登場するパンタローネ的人物（若い女性を追い回して周囲から笑いものにされ、さんざんな目に遭う老人）に喩えているように（四四三頁）、ベローは、ギリシア新喜劇に始まり、ローマ喜劇、コメディア・デラルテを経由し、モリエールからゴルドーニに継承された性格喜劇を目指したのである（イギリスではモリエールに先駆けてベン・ジョンソンがこれを完成させた）。啓蒙思想の影響を受けたゴルドーニは、コメディア・デラルテの類型的人物を排して写実的な性格喜劇を確立し、「イタリアのモリエール」と呼ばれている。『フンボルトの贈り物』――およびその下敷きとなっている喜劇――の目的は、誰もが主役と見える人物の多様性を披露することにあり（この点においてまことに民主的である）、筋や主題は、各人物の性格を際立たせる方便に過ぎない。

前出のノーベル賞選考委員会の解説は、この点を十二分に把握し、「作品の組立は大まかに見えるが、接合部の間隙は、種々様々な社会集団を詰め込むために活用されている」こと、各集団が非常な活気と過酷さを呈し、そこには多彩で鮮明な特徴を持つ個々人がひしめいている」こと、「狂言回しのコメンテーター」［シトリーン（ベロー）］が「人間を行動に駆り立てたり阻止したりする現代のジレンマともいうべき内外の紛糾を奥の奥まで見通し、しかもそれを軽妙洒脱な語り口で解説してくれる」ことを的確に指摘し、この作品が「ベロー特有の非常に面白いピカレスク小説と現代文化の絶妙な分析の融合」になっていることを正当に評価している。

シトリーンが最近出したという本の題名は、『アメリカ人の群像──アメリカで生きることの意味』（二九三頁）──「果たしてあるのか？」などと問い返すなかれ、「種々様々な社会集団」の「多彩で鮮明な特徴を持つ個々人」の観察を楽しむことこそアメリカで生きる意味なのだ。作中で同書は時流に合わず、見切り売りされたというが、その精神を継承した『フンボルトの贈り物』がピュリッツァー賞とノーベル賞の二冠に輝いたのだから、人生はわからない。

フンボルトのモデルは、ベローが若い頃私淑し、『パーティザン・レビュー』の編集にも関わった詩人のデルモア・シュウォーツ（一九一三‐六六）である。詩壇に彗星の如く登場して十年ばかり脚光を浴びたが、その後は鳴かず飛ばずで、アルコールと薬で心身を損ない、窮乏の内に五二歳で亡くなる。五〇年代からは逆にベローの方が小説家として有名になったため二人の友情は損なわれた。

作中、劇作家として成功し、巨万の富を築いたシトリーンは、フンボルトに妬まれるまでもなく、有り金の大半を離婚後の財産分与とそれをめぐる訴訟に、残りを贅沢な愛人とピラニアのような友人・知人に奪われた末、破産寸前に陥る。しかし、七年前に死んだフンボルトが、かつて仲の善かった頃に合作した映画のシナリオを「贈り物」として残し、それがヒット中の映画に無断で使用されていることが判明したので、シトリーンは著作権料を取り戻して九死に一生を得る。

シトリーンと同じくベローも、ケネディ時代に書いた『ハーツォグ』で一山当てた。アメリカ経済の絶頂期に、国民の知的能力もおそらく全盛を迎えたため、哲学史の試験問題のように思想家群がひしめくこの小説が飛ぶように売れ、ベローは（ラヴェルスタイン［ブルーム］を超えるような）俄富豪となったのである。『ハーツォグ』は四二週連続のベストセラーを記録し、そこにペーパーバックの版権、旧作品群のペーパーバックの版権に海外の版権も加わり、数年間収入は増え続ける一方であった[192]。

とはいえベローは金銭で人格が変わるようなタイプではなく、地道に執筆を続けたが、外科医の娘で子供の頃から贅沢に慣れ親しんだ妻のスーザンの方はそうもいかない。一家は家政婦を雇い、十一部屋のコーポレートハウスを購入し、スーザンが一面に純白のカーペットを敷き詰め、各部屋を豪奢な家具とモダン・アートで飾り立て、ベローの書斎を四面天上から床まで鏡張りにしたものだから、落ち着かないこと夥しい[193]。

スーザンは、シカゴの知識人や文化人を招いて自宅でサロンを開き、女主人として君臨しようとしたが、あいにくベローはそうした気取った輩は大嫌いで、市井の雰囲気に浸っていたかったのだ[194]。「酔った水兵のように」金を浪費し、ライフスタイルに干渉する妻に嫌気がさしてベローは家を飛び出すが[195]、待ち受けていたのは離婚後の係争と莫大な財産分与であり、ついにはノーベル賞の賞金まで狙われる[196]。この間友人知人も何らかの形でベローにたかりまくったことは想像に難くない。

そういうわけで、『フンボルトの贈り物』は、ベローが巨額の資産を擲《なげう》って書いた、非常に豪奢な小説なのである。「非資本主義的に」愛されたいと願っても（五六四頁）、公定歩合が十八％を目前にしたご時世では（六一七頁）無理な注文というもの。シトリーンの年甲斐もない女狂いや金銭に対するあきれるほどの無防備さも諷刺の対象にしているので、哀れさを微塵も感じさせず、読者が安心して楽しめる「大人のメルヘン」になっている。

人物の筆頭格は、元妻のデニーズ（スーザンがモデル）。シトリーンがケネディのホワイトハウスに招かれたとなると、政治経済関係の雑誌を買い集めて予習し、当日はその甲斐あって大統領を数分間独り占めにし、部屋の片隅に追い詰めて質問を浴びせるが、それで満足するような性分ではなく、並み居るセレブの妻たちと我が身を引き比べ、人生を誤ったと一晩泣き明かすタイガー・ワイフ。自分の元を去った夫を許すまじと、夫側の弁護士はもとより判事まで金と美貌で味方に付ける。

シトリーンの弁護士は、買収されてシトリーンを元妻の弁護士に売り渡し、元妻の弁護士はシトリーンを判事の前に放り出し、判事はシトリーンの生皮を剝いで、それを元妻が自分の「虎穴」に飾るという寸法（四〇九頁）。弁護士や判事の人物描写も、微に入り細を穿っている。

シトリーンに弁護士を紹介した幼馴染の友人ザスマー（これも弁護士）は、マンション購入用の資金をシトリーンから借りているが、返すつもりはさらさらなく、シトリーンに紹介した弁護士からリベートをもらい、「敵方」にとって有利なシトリーンの秘密を洗いざらいしゃべりまくる。その償いというわけでもなかろうが、シトリーンがエレベーターの中で見初めたグラマラスな美女のレナータとの仲を取り持つ。

シトリーンの愛人となったレナータは、二〇代後半の離婚したインテリア・デザイナーで、八歳の息子が一人いる。遣手婆タイプの母セニョーラが農産物博覧会の金賞受賞リンゴのように丹精込めて育て上げた女性で、道行く男性が一〇〇％振り返る。自分のために大金が使われている限り、最大限の魅力を発揮し、頭の弱さを装ってはいるが、超インテリのシトリーンを論駁するだけの知恵があり、ミラノのスカラ座で『セビリアの理髪師』を聴き損なったからといって、ニューヨークのメトロポリタンのワーグナーは御免蒙るという芸術的こだわりも持っている。もちろんシトリーンの金が目当てで、元妻に全財産巻き上げられる前に後妻に収まる魂胆であるが、シトリーンが煮えきらないのにしびれを切らし、葬儀業者と結婚する。破産寸前のシトリーンが求婚しても時既に遅し。散々焦らされた復讐のため、葬儀業者とのハネムーンの間、レストランで一口食べれば一財産消えるマドリードのホテル・リッツに滞在しているシトリーンに自分の子供の世話を一ヵ月ばかり押し付け、シトリーンを文無しへと導くファム・ファタール。

人類を救うための雑誌『［ノアの］箱舟』の発行をシトリーンから任されたジャーナリストのサクスターは、異なる数人の女性との間に九人の子供を抱え、無類の文化オタクで、ストラヴィンスキーをピアノで弾きこなし、十ヵ国語以上を物にし、この世におよそ知らぬ事は存在しないが、方向性に欠けるため始終金欠で、シトリーンから預かった資金を雑誌発行のための準備と称して自宅の増築に流用する。挙句の果てに南米で前出の狂言誘拐を装い、『ニューヨークタイムズ』紙を通してシトリーンに身代金をせがむが、シトリーンにはもう持ち合わせがない。

……捨てる神あれば拾う神あり。時流に逆らうシトリーンとは異なり、時代の不毛な思想に忠実に従った退廃的なフンボルトは、アメリカン・ドリームへの志半ばで帰らぬ人となったが、シトリーンに対する晩年の仕打ち（無断で高額の小切手を引き出した）を悔いて、昔シトリーンと共同で書き上げた前出の映画のシナリオを遺品として残す。しかしながら、経済的危機に陥ったシトリーンは、それがヒット中の映画に無断で使用されていることに気付かない。

そこへ登場するのが落ちぶれたマフィア一家の若い跡取りカンタービレ。シトリーンが（いかさま）ポーカーの掛け金の小切手を不渡りにしたため面目を潰されたカンタービレは、シトリーンがレナータに買わされたメルセデス二八〇－SLの銀の車体を見る影もなくバットで殴打する。カンタービレは、シトリーンを呼び出して建設中の五〇－六〇階のビルの足場の上方まで昇らせ、シトリーンが掛け金として差し出した五〇ドルの新札九枚のうち、七枚を紙飛行機にして下方に飛ばし、残りの二枚で食事に誘う。カンタービレの目的は、自分の顔を立てることと、大学講師の妻がハーバードに提出するフンボルトに関する博士論文をシトリーンにチェックさせることであったと判明する。シトリーンと関わりができたカンタービレは、シナリオが無断で使用されていることを嗅ぎつけ、映画会社と強圧的に交渉して、有利な条件で示談金を引き出し、そこから一割のリベートを取る。堅気よりもギャングの方が、昔風の義理を保持しているというアイロニーである。

シトリーンは、示談金をフンボルトの叔父と折半した上、共同墓地に葬られているフンボルトの遺体をプレスティージの高いヴァルハラ墓地に改葬する。かくしてシトリーンは、女遊びの高い代償を払わされるが、一方で人類のために尽くす著作を書き、改葬によって旧友への義理も果たせたので、心穏やかに一件落着。

時節柄、ほとんどが「悪人」だが、集団犯罪とは異なり、天与の才覚だけで自分の欲求を真直ぐに追求する確信犯たちの個性と存在感と鮮やかな手口に、ニューディールが作った性善説の落とし児シトリーンは、騙されていると薄々気付きながらも、相手に人間としての大いなる魅力を感じずにはいられない。

これ以外にも「魅力的な」人物は数多いが、最後の勝利を収めるのは、つましい脇役のメナーシャ・クリンガーである。

メナーシャ小父さんはシトリーン家の五〇年前の下宿人で、オペラ歌手を夢見て地方からシカゴに出てきて、パンチ・プレス工をしながら、給料の大半を声楽のレッスンに注ぎ込む（「ジェレマイア」という名の実在の人物をモデルにしている）[197]。土曜のレッスンごとに子供のシトリーンを連れ出してソーダを奢ってやり、ベルカント唱法を教えようとした。あいにくアマチュア・ボクシングで鼻を潰されたため、声と音程を損なっているが、本人は『アイーダ』のラダメスになって舞台に立つことを本気で夢見ていた。下宿を出てから音信不通になっていたが、フンボルトの叔父ウォルドマーと同じ身寄りのない老人のための施設に収容されていることが判明する。

フンボルト改葬の当日、このメナーシャが俄に脚光を浴びる。

一同の誰も祈りの文句を唱えられない時に颯爽と名乗りを上げ、『アイーダ』の「この暗き墓の中に」を歌うのである。自らの栄光のみを追い求めたワーグナーとは異なり、ワーグナーの攻勢をかわしながら人間性に立脚したオペラを書き続けたヴェルディは、失業対策のために広大な農場を経営し、引退を余儀なくされた音楽家のために施設を建設した。

シトリーンが再会したメナーシャは、老齢のため、音程と声がさらに衰え、雄鶏が鳴くような声しか出せなかったが、情感のこもった歌は、死者への何よりの餞《はなむけ》となったに違いないのである。車椅子や死を考える年頃になり、心臓手術をする兄のために死と対峙できる言葉一つ思いつかないシトリーンは、人間愛溢れるヴェルディの旋律とリズムを半世紀間その老躯に保ち続けたメナーシャの生き方に眼を開かれるのであった。小説の終わり、道端に名もない花が咲いている。その名を誰も知らないが、限りなく可憐で人を引き付けてやまない花なのだ。

「小説は、人間一人一人に様々な存在の可能性があること、存在方法が一通りしかないというのは幻想に近いこと、そしてこの存在の多様性が確たる意味を持ち、何かに専念し、何事かを成し遂げることを教えてくれるのです」――ベローは前出のノーベル賞記念講演において、現代小説が棄却しようとしている性格描写の重要性を強調した。

少なくとも『フンボルトの贈り物』を書いた時点までは、アメリカの経済発展を通して、新大陸の殺伐たる都市にも、ルイ十四世時代に劣らぬ個性豊かな人物が存在したこと、その多様性こそがアメリカの文化財産であったということを、ベローは、国民性が国力と共に衰退しきる寸前に記録したのであった。

「おい、ソリー［ソール］よ、でかいやつを取ったそうだな！」――シカゴのアスレティッククラブで、ある有名なギャングがベローの肩を叩き、ノーベル賞を心から祝福したという(198)。

5　リヴァイアサンに銛を打て――二〇世紀の総括へ

離婚後裁判で財産の大半を失ったベローが、あれほど明るいタッチで『フンボルトの贈り物』を仕上げることができたのは、スーザンとの離婚後五年目の一九七三年に、同僚のエリアーデを介して二〇歳年下の国際的数学者アレクサンドラと知り合い、翌一九七四年に五九歳で四番目の結婚に踏み切ったからかもしれない。

アメリカ女性の域を出ない三人の前妻とは異なり、東欧のエレガンスの極致を備えたアレクサンドラは、さながら動く彫刻で、「たとえ一カ月だけでも夫婦でいられたらもう思い残すことはない」と友人がため息をつくほど魅惑的であったという（『ラヴェルスタイン』二一七頁）。

アレクサンドラを伴い、一族を引き連れて意気揚々とノーベル賞授賞式に臨んだベローであったが、十数名の一行は、さながらベロー作品の生き見本よろしく、ストックホルム市民の好奇心を大いに搔き立てた。――あの三〇代の息子（グレゴリー）の母親（アニータ）は、『宙ぶらりんの男』の中で、家庭内に息詰まる空間を作り上げてジョーゼフ［ベロー］を戦争に駆り立てた。あの二〇歳の息子（アダム）の母親（ソンドラ）は、『ハーツォグ』で主人公［ベロー］の親友と不倫して主人公を狂乱に追いやり、あの年配の男性（サム）は、小説の最後に登場して主人公を入院させようとする次兄である。そしてあの十二歳くらいの息子（ダニエル）の母親（スーザン）は、受賞作『フンボルトの贈り物』のデニーズのモデルで、主人公［ベロー］を離婚後訴訟で破産させる、等々――授賞関係の係員が興味津々で互いに合図を交し合う。グレゴリーとアダムは、ぼんやり立っている所を記者団に取り囲まれて質問攻めにされ、その発言内容が、たちまちスウェーデンの大衆娯楽紙に掲載された[199]。

　こうした話題に加えて、あの「大層美しい」夫人は四人目で、年配の女性はその母親らしいが、果たしてこの結婚がいつまで持つものやら、また、ここから将来、どんな小説が生まれることやら、などという噂も持ち上がったことであろう。まさか新作を書くために結婚と離婚を繰り返しているわけでもなかろうが、ベローが結婚し直すごとに新たな人脈が形成され、新たな作品が生まれたことは事実であり、受賞後第一作『学生部長の十二月』（一九八二）にも、早速新しい妻と義母が登場することになる。

　ノーベル賞から二年後の一九七八年十二月中旬、チャウシェスク政権下のルーマニアに住むアレクサンドラの母、元厚生大臣のフロリカ・バグダザールが危篤に陥った。「鉄のカーテン」の向う側であるが、当時アメリカとの国交があったため、ベローはネオコンの上院議員ダニエル・モイニハンの口利きでビザを取得し、亡命者である妻を伴ってブカレストに飛んだ[200]。

　一方ベローは、数年にわたって、ドキュメンタリーを書くために、シカゴのスラム地区の調査を進めていた。ベローの住むミシガン湖に面した瀟洒《しょうしゃ》な二世帯分の高層マンションから数マイル離れた南西地区にそれは広がり、犯罪率は年々更新され、近年最も凄まじい「殺人の名所」となっていたのである。(201)『フンボルトの贈り物』でも、夏になるとその地区で放火が激増し、ピストルやナイフを手にした子供たちが「獲物」を求めて徘徊し（三五五－五六頁）、金を出しても出さなくても被害者を殺す路上強盗の傾向が取り沙汰されている（三〇四頁）。

フンボルトパークを含む当該地区では、かつてベローの家族を含むヨーロッパからの移民が、出身国別に分かれて、清潔で居心地の良い暮らしを営んでいた。ポーランド人、ギリシア人、ポメラニア人、セルビア人、シチリア人等がそれぞれ公営住宅の外観に手を施し、特色ある町並みを形成して、大工、菓子作り、看板描き、靴直し等に従事し、ヨーロッパの技術と文化をもたらし、温和なストリートライフが展開していた。(202)

ところが一九二四年の移民法によって、「移民のシカゴ」は一変する。東欧・南欧からの移住を、一八九〇年の国勢調査時の人数の二％以下に制限した結果（一九二一年の移民法では、一九一〇年の国勢調査の三％であった）、ヨーロッパからの移民の流れが途絶え、二代目以降が財を築いて郊外に転出した跡に、黒人やプエルトリコ人が進出してきた。主として工場の流れ作業に従事する新しい「住民」は、住居の保全にはあまり気を配らず、一部の者が、転売できる金属類を剥がすために空き家の窓ガラスを割り、電線を寸断し、最後に火を点けるという有様で、ベロー家が住んでいた一角も、空き地と化していた。往時の姿はもはやなく、「スラムが荒廃した」とベローの友人は溜息を漏らしたという。(203)

都市機能の混乱については、それまで技術的・経済的・官僚的側面から個別に論じられてきただけで、そこに住む「階層外［下層階級のさらに下］の人々」は「米国株式会社」の帳簿から完全に抹消されている。後述するように、メディアはおろか学者もその実態を十分に把握しているとは言い難い。むしろ作家の方が、「想像力を持つ歴史家」として、同時代の事実に接近できるという信念から、一九七〇年後半、ベローは、友人の黒人ウィリアム・ハントにガイドを依頼し、サウスサイドのスラムに足を踏み入れた。[204]

探査の成果は、ノンフィクションの『シカゴブック』として発表する予定であったが、義母の最期を看取るために訪れたブカレストの実態を目撃するに及び、ベローの頭の中に「二都物語」の構想が芽生える——現在、ブカレストとシカゴ、ルーマニアとアメリカのどちらがより大きな文明的危機に瀕しているのか？　かくして誕生したのが『学生部長の十二月』であった。

主人公はアルバート・コルド。五〇代後半で、シカゴの某大学のジャーナリズム科の教授兼学生部長をしている。殺人事件の被害者となった学生の遺体確認に立ち会い、義憤に駆られたコルドは、大学当局から目撃者への謝礼金を引き出し、まもなく黒人の売春婦とそのヒモ、エブリが逮捕される。人種差別撤廃運動に傾倒して大学を中退し、スラム街でエブリと共に働いていたコルドの甥は、過激派学生と連携してコルドを糾弾し、犯人のエブリを庇うため目撃者を銃で脅迫する。

事件の背景を調べるためスラムに赴いたコルドが、隣接する共同住宅で頻発する器物損壊、強盗・殺人と住人の恐怖、数々の刑事裁判、郡刑務所における麻薬常用や暴行・殺人等を見聞し、詳細を『ハーパーズ』誌に連載したところ、それがシカゴの「恥部」を暴き出したとして各方面の物議を醸した。

義母危篤の知らせに接し、「筆禍問題」を山積にしたままブカレストに来たコルドは、共産圏の秘密警察の息詰まる監視や、想像を絶する物質的不便を強いられるが、西側から隔たった別世界にも、シカゴの現状が電話と郵便を通して遠慮会釈なく追いかけてくる。

そんなある日、コルドはブカレストで高校時代の同級生スパングラーに三〇年ぶりに出会う。二〇代からコルドをライバル視し、現在有名なジャーナリストに成り上がったスパングラーは、コルドを失墜させるべく、『ハーパーズ』誌の記事にまつわる裏話を聞き出そうとする。懐かしさにほだされたコルドがオフレコのつもりであれこれ口を滑らせると、スパングラーはコルドの「失言」を誇張した糾弾記事を新聞に載せる。義母の葬儀に立ち会った後、シカゴに帰ったコルドを待ち受けていたのは学務長からの退職勧告であった。

性と暴力を伴った深刻な社会問題を満載していることから、この作品の評価に関しては意見が分かれ、「ベローの終わりの始まり」や「救いのなさに好感が持てない」などと批判する評論家もいる。(205)しかし、一方でサルマン・ラシュディは、「驚異的な文才」と賞賛し、(206)ロバート・タワーは、これまでの作品のように喜劇的要素による緩和はないが、重苦しいテーマ性のすべてに根拠があり、チーターのように素早く各事件の核心部分を切り取って提示する手腕が最後まで読者を引き付けて止まず、最大の作家としての面目躍如たるものがあると高く評価している。(207)

仮に主人公のコルドが辣腕のジャーナリストで問題の深刻性を声高に主張するだけなら、『学生部長の十二月』は成功していなかったであろう。

ホテル王を父とし、極めて裕福な家庭に育ったアイルランド系ユグノーのコルドは、ポツダム会談の取材によって二〇代で記者として頭角を表わし、長年パリで『ヘラルド・トリビューン』紙の文化記者をしていたが、ジャーナリズムの現状に限界を感じ、大学に隠遁して学生に記事の書き方を教えながら、自ら報道の在り方を根本的に学び直そうとしている。

しかしながら、コルドは桁外れの世間知らずで、記者に必要とされる深謀遠慮とは縁遠く、自由・平等・正義・民主主義・豊かさというアメリカ的理念の危機に瀕して、人類の重荷を一身に引き受けようとする（八三七頁）「流産した知性」の持ち主（九〇九頁）である。

何百万と発生する類似した事件と正面から向き合い、残酷さに敏感に反応することによって、読者が「ゲットーはひどい」の一言で片づけようとするのを妨害し（八七〇頁）、それが読者を苛立たせるという設定になっている。「アノミー」、「ルンペンプロレタリアート」「黒人アンダークラス〔最下層の下層〕」「第三世界」等、しかるべき専門用語は一切使用せず、「余剰人口」、「抹消済み人口」「死を待つ人々」というような挑発的な言葉を敢えて用いる（九〇二頁）。

半壊した都市の粗暴で不気味な環境下で、じわじわ殺されるか一気に殺されるかという究極の選択に直面している人々（九〇三頁）。その巨大な広がりは、第一次世界大戦の激戦区にも等しく、冬を迎えた塹壕戦で生き残った兵士は足を凍傷から護るために、味方の凍った遺骸を敷き詰め、それが陥没してくると春の訪れを知ったという……（九〇九頁）

厳しい言論統制下のルーマニア、朝食後に暖房が切れ、八時から夕方まで断水し、乏しい食料を入手するために朝四時から行列を作るルーマニア（七二九、七七〇頁）、方尖塔がセメントのダミーで、焼かれた後の遺骨が本人の物かどうか確かめようもないルーマニア（九七六、九七四頁）。だが、規則を枉げたり、贅沢品を入手するための経路が全く断たれたわけでもなく、人々は互いにいたわり合い、秘密警察員ですら、かつて厚生大臣として身の危険を冒し、アメリカに援助を求めて国民を飢えから救ったコルドの義母の葬儀で弔辞を述べる時に絶句するほどの人間性を備えている（九二一頁）。

一方の超大国アメリカでは、保守主義政権が一般市民を相手に「苦痛レベル」を設定するのに四苦八苦している。（フリードマン式の）古典的資本主義がその純粋な競争原理により、苦しみと死をもたらすという事実を隠すか緩和するかしなければならないのだ。経営者が高貴な人間になることは、もはや不可能になっている（九八一－八二頁）。

前出の評論家ロバート・タワーは、コルドの「失言」を吹聴して辞職に追いやる敵役のスパングラーが、作中で扱われる社会問題の真相を明確にする上で秀逸な働きをしていると指摘している。

たとえばコルドは、彼一流の「ヒューマニズム」に駆られて、国民が道徳的に都市問題と向き合うのを巨大な力で妨害しているジャーナリズムやマスメディアを批判する際に、既に「米国株式会社」の一部に組み込まれているジャーナリズムやマスメディア自体が「社会問題」の一つであるから、中立性を望むのは徒労だという大胆極まる発言をする。

次にコルドは矛先を大学人に向け、真にアメリカ都市の崩壊の責任を取るべきであるのに、「知識人の裏切り」（ジュリアン・バンダの『知識人の裏切り』［一九二八］参照）を犯していると糾弾する。大学人は、崩壊し、腐敗している都市を救えなかったにしても、この惨状から人類の現状を分析し、文明の将来を予測することができたはずである。昔日の高潔さを代表するはずの大学人は、ビジネスマン、技術者、政治家、科学者の寄せ集めから人間らしい高等教育が生まれるはずがないのに、根が俗物根性の固まりだから、少数の例外を除いて、メディアの作り上げた「世論」に支配され、一般人と同じコンセンサスに甘んじている。特に罪深いのは、テニュア（終身在職権）にあぐらをかいて給料を只取りし、在職中何の社会的貢献も為さず無為に暮らす教授連である……（一〇〇六－一〇〇七頁）。

コルドを辞任に追いやるほどその「失言」をセンセーショナルなものに仕立てたスパングラーの記事が、ジャーナリズムや大学が抱える根本的問題をさらに先鋭化する機能を果たしていることが確認できよう。

『学生部長の十二月』の中で、ベローは、問題を摘発するだけでなく、二人の英雄的黒人を登場させることによって、解決への糸口も模索している。

一人は麻薬中毒者の救援センターを立ち上げたトービー・ウィンスロップ。三回殺人を犯しながら裏から手を回して釈放されたが、禁断の後遺症に苦しんで一暴れしようとした時、自分と同じ譫妄《せんもう》状態になって荒れ狂っている患者を目撃し、我知らずその治療に取り組むうち、その患者と二人で古倉庫を改造してキッチンと作業場付きの寮を設立することになった。

フードスタンプだけでは足りずにゴミ箱漁りをしている老人を集め、椅子張り、電気工事、家具作り、衣類縫製等を患者に教えてもらう。数の上では成功したとは言いがたく、失敗例も多い。しかし、どん底に落ち込んでいる人々を見ると、そこから引き揚げるために手を貸さずにはいられない。ただ気になるのは、自分たちの目に留まらず、死ぬことを運命づけられた何十万の人々……（九〇一―九〇二頁）

もう一人は元郡刑務所所長のルーファス・リドパス。赴任前の刑務所は無法地帯で、黒人貴族が牛耳る麻薬はもとよりその他の物品も不法に売買され、マフィアの幹部に通じた「牢名主」が所内を取り仕切り、殴打、拷問、性的暴行、殺人、自殺が日常化していた。犯罪学の教授は下層の牢を調査することはおろか、「牢名主」に会うことすらできず、研究室の机に向かったまま又聞きのレポートを書く始末。

リドパスの赴任と共に様子は一変し、スラムで育ったリドパスの心配りに受刑者は一様に感動し、所内での殺人率と自殺率が激減した。しかし、リドパスは、刑務所をさらに浄化するため、各種出入り業者（特に食肉業者）に対する予算を一〇〇万ドル削減して郡に返却する。これが各方面の反感を買い、リドパスはいわれなき囚人虐待のかどで起訴される。罪は晴れるが、リドパスは職を失う（八六五―八六六頁）。検察側が「証人」を捏造したらしいが、誰がリドパスを罠にはめたかについては、永遠の謎である。

リドパスの弁護士クイットマンに教えてもらえなかったコルドが友人の弁護士リンポポに尋ねると、リンポポはコルドを諭す。刑務所予算には大きな利権が絡んでいる。「クイットマンがお前に教えたら、頭がおかしいということになるし、教えたとしても、お前が印刷したら馬鹿だよ」（八六七頁）。コルドは候補の一人として食肉業界の重鎮で警察も雇っているというオマーラのことを一瞬思い浮かべるが、証拠がない上、力の差が歴然としすぎているので、手も足も出ない（八六八頁）。

ベローが『学生部長の十二月』においてシカゴ問題に頭を悩ませている間に、アメリカそのものが保守派のレーガンを迎え、甦った保守主義が一般市民に前出の「苦痛レベル」を押し付け、原初型資本主義の「純粋な競争原理により、苦しみと死を」もたらそうとしていた。

問題はシカゴだけではなく、アメリカ全体に広がりつつある。しかし、いかなるメカニズムで？――シカゴ一都市で手こずっている者が果たして国家規模の問題を扱うことができるのか？

そこへ飛び込んできたのが、アラン・ブルームであった。保守派政治哲学者の最右翼レオ・シュトラウスの一番弟子にして、自ら米・英・仏・伊に数百人の弟子を抱えるパワーブローカー（『ラヴェルスタイン』一一二頁、十二頁）。前述したように、一九七九年の秋にブルームがシカゴ大学に着任すると、二人は「意気投合」して次年度から共同講義を開始し、毎日連絡を取り合うようになる。

ブルームが「ノーベル賞作家」ソール・ベローを陣営に引き込み、プロパガンダとして存分に利用し尽くしたことについては既に述べたが、ベローの方も、ブルームに「取り込まれる」ことによって政権の内幕を探る機会を手に入れたことになる。

「保守派ルネサンス」を実現したレーガン政権においては、ネオコンが最も強力なイデオロギー・パワーとして内政・外交・防衛に影響を与えていたが、それに論理的根拠を提供したのがブルームの師シュトラウスの政治学であった。[208] 本書第2章第4節で述べたように、一九七〇年代後半にはネオコンの思想が、リバタリアン、宗教的保守主義（キリスト教原理主義）、国家主義等、アメリカの伝統的保守主義諸派に広く採用された結果、各派間の主張の区別が解消し、一九八〇年代までには渾然一体となって、レーガンの陰に隠れて各々の政策を推進し、ついにはレーガン自身が完全にネオコン化した。[209]

ネオコンの上院議員モイニハンを介して、亡命者の妻アレクサンドラを伴ってルーマニアに入国する例外措置を獲得したことからも推測できるように、ベロー自身が一九七〇年代後半にはネオコンと（『パーティザン・レビュー』に小説を投稿していた時代の）「旧交を温め」、ソ連陰謀説に踊らされてCPD（現在の危機に関する委員会）に名を連ね、一九八一年にはポドレッツの妻ミッジ・デクターが主宰する反共圧力団体の自由世界委員会に所属し、二年後に露骨な党派主義に幻滅して退会した次第も既に述べた通りである。

ブルームからすると、ネオコンとのつながりに加えて、ベローが一九六五年頃からニューレフトに対する反感を募らせ、シカゴ大学の学生運動を「弾圧」したというのも、自らの陣営に取り込むための「好材料」と映ったことであろう。

毎日二時間以上の電話で探りを入れ、サマーハウスやパリのホテルに乱入するという「体当たり作戦」、さらには弟子のジャニスを秘書として送り込むという前述の「努力」も功を奏して、一九八五年にベローの結婚は破綻し、ブルームの「計画」は上首尾のはずであった。

ところがベローが書いたものを見ると、必ずしもその「成果」は出ていないようである。ブルームの赴任三年目に出版された『学生部長の十二月』そのものが、行き過ぎた黒人犯罪者の擁護を批判しているようでいて、より高い権力のより大規模な不正を暴こうとする高潔な原則に燃えた「頭の足りない」

学生部長を登場させ、ブルーム一派が撤廃しようとしている自由・平等・正義・民主主義・豊かさという米国憲法の理念を掲げている。

また、翌一九八三年、ベローが『エスクワイア』誌に「ローズヴェルト氏の時代に」を寄稿し、ニューディールを手放しで賛美しているのもいただけない。弱者必滅を得々と語るエリート主義者のブルームにベローは一々頷いていたではないか――

さらに、ベローは、ブルームの『アメリカン・マインドの終焉』の執筆に当たって、サマーハウスのキッチン・テーブルを提供し、出版エージェントに会わせる等、誠心誠意世話を焼き、「緒言」まで担当してくれたが、本書第3章第2節「目覚めよ、賢明なる反対者」で詳しく検討したように、「緒言」ではブルームを賞賛するふりをしておいて、実際にはブルームが主張するエリート教育に反論し、ブルーム論の核心がプラトンにあると述べておいて、それがある意味で「有害」で棄却すべき思想の中に入るかもしれないことを示唆し、ベロー自身の読者に向かってブルームに挑むようけしかけている。

「こんなはずではなかった」というブルームの失望が明確な形を取ったのが、『アメリカン・マインドの終焉』と同じ年に出版されたベローの小説『傷心死亡率の方が高い』（一九八七）であった。

一九八六年四月二六日のチェルノブイリ原発事故から六カ月で書き上げたというこの長編小説は、数年がかりで彫琢されたそれまでのベロー作品とは異なり、[210] 軽く読み流せるライトノベル仕立てになっている。勢い筋の散漫さや人物描写の物足りなさが取り上げられがちであるが、当時ブルームの監視下に置かれていたベローの状況を寓意的に描いた作品として捉えれば、新たな展望が開けてくる。

主人公の植物学者ベン・クレーダーは、チェルノブイリ事故に関して放射能とダイオキシンその他の残留有害物質が人体に与える影響を新聞記者から質問され、「もちろんそれは深刻な問題ですが、放射能より傷心で死ぬ人の方が多いと思います」という間の抜けた回答をしてしまう。五〇代のベンは、最初の妻に先立たれてから十五年間、存在するはずのない「真実の愛」を求めながら、不毛で不幸な数々の情事に苦しんできた。

ここから推察されるように、「表向き」のテーマは現代における恋愛の難しさである。性革命の結果、性は、健康、充実感、顔の色艶、精神安定その他、もっぱら自己の動物的必要性を満たすための手段と堕し、かつての恋愛にあった情緒的側面や互いの人格の尊重、愛情の不変性、幸福な家庭の構築等は、一切顧みられなくなり、人間は自己同一性を喪失している[211]。こうした風潮の背景に、歴史の終わりに人間が動物として生きるというヘーゲル的観念が絡み、恋愛問題は政治問題にまで発展していく――

語り手は主人公の甥で三〇代のケネス・トラハテンベルク。パリ育ちのロシア文学者だが、アメリカ人の両親のフランスかぶれに失望して、ベンが務めるシカゴの大学の准教授となる。ケネスも女性関係に不器用で、ガールフレンドとの間に一女を生すが、性格がワイルドさに欠けるという理由で結婚してもらえない。

ケネスとベンは、他に心を許せる友がなく、互いを無二の親友と信じてきたが、ある日ベンがケネスに相談もなく、共通の知人である「水爆級の美女」マティルダ・レアモンと結婚してしまう。

外科医の一人娘で、一通りの遊蕩を尽くした三〇代のマティルダは、エイズの流行を契機に結婚を考え、自分の言い成りになる世界的植物学者のベンをだしにして学者や芸術家を集め、サロンの「女主人」になることを目論み、マティルダの父は、娘が伯母から相続した超高級マンションの維持費を、ベンの「隠れ資産」から捻出することを期待している。

「隠れ資産」というのは、ベンが民主党マシンの大物である叔父ハロルド・ヴィリッツァーからかつて騙し取られた土地処分代金である。ベンは件のマンションの調度が整うまでマティルダの実家で一家と寝食を共にすることを強いられ、マティルダと義父の両方から責め立てられて、ついにヴィリッツァーを告訴する。

八〇代のヴィリッツァーは身内のベンから「裏切られた」ことによる傷心が元で死亡し、ヴィリッツァーの息子から、情欲のために叔父を売り渡したと責められたベンは、マティルダとのハネムーンを反古にして北極に飛び、専門の地衣類の観察に専念する。

マティルダの外観と性格は、ベローの三番目の妻のスーザンをモデルにしているが、[212] ベンが義父とマティルダの虜囚となり、（悪党とはいえ）民主党マシンに属していたヴィリッツァーを裏切るよう強要されるという筋立ては、ベローがブルームからジャニスを差し向けられ、保守派のブルーム側に与してアメリカの民主主義を裏切るよう説得される寓意とも解釈できる。

ベンが民主党のヴィリッツァーを「裏切る」ように、ベローはブルームとの交友関係を前面に押し出すことによって民主主義を信奉する人々を裏切る。しかし結末でベンが義父とマティルダの呪縛から逃亡するように、ベローは作品の中でブルームの思想とアメリカの保守派政治を諷刺することによって、民主主義に対する忠誠を貫いている。

ベローが語り手としてケネスを導入したのは、完全に自律性を奪われて箸にも棒にもかからなくなる主人公のベンに代わって、ベンが次々に陥る窮境と原因を客観的に解説させるためである。

この作品を読んだブルームが最も衝撃を受けたと思われるのは、ブルームが恩師シュトラウスの次に尊敬するヘーゲル学者アレクサンドル・コジェーヴ（一九〇二‐六八）に対する痛烈な諷刺であろう。

シュトラウスの友人コジェーヴにパリで師事したことを誇りとし、パリをこよなく愛していたブルームは、一九六九年、コジェーヴの『ヘーゲル読解入門——「精神現象学」を読む』の英語訳の編著を出版し、解説を担当している。(213)

本書第2章第5節で触れたように、コジェーヴは、第二次世界大戦後に西ヨーロッパ諸国が物質的豊かさと政治的安定を達成した時点を「歴史の終わり」と見做していた。(214) これに対して、小説出版の一年前に発生したチェルノブイリ原発事故は、ソ連の勢力の衰退を示唆するものであり、決定的な「歴史の終わり」の「始まり」を予兆するものであった。

『傷心死亡率の方が高い』の制作中に、ブルームがベローを「洗脳する」ため、さかんにコジェーヴに言及したことは想像に難くない。ベローは、ブルームの弟子のフクヤマが『歴史の終わりと最後の人間』を数年後に完成させることすら予見していたように思われる。

作中コジェーヴは、ケネスが十代の頃、家に出入りしていた父の友人として登場する。

> パリの我が家のダイニングではコジェーヴの頭から後光が射し、自分が哲学的ミーハーになったような感じがした。コジェーヴは精神と自然を意のままに動かし、カードを扱うように歴史をシャッフルした。僕はうっとりし、何という人かと思った。しかしながら、疑惑が次々に押し寄せてきた。(一四五頁)

なぜケネスはこの大学者に疑惑を抱くのか。コジェーヴの好物料理が、尿臭い湯気が立ち上る仔牛の腎臓であった(一二六頁)という逸話はさておき、コジェーヴはヘーゲルの影響によって主従関係の信奉者であった(ニーチェもヘーゲルの主従論から影響を受けている)。主人は主人としての特権を守り抜くために命を賭けるが、奴隷は命を危険に曝さないから奴隷になるという例の理屈で、これがケネスにとっては何とも胡散臭い（一四二頁）。

というのも、友人コジェーヴのこの考えに影響されてしまったケネスの父親ルーディ・トラハテンベルクが、それを女性関係に適用して、自分の周囲に一大ハレムを築き上げるところまで行き着いたからである。

女性の扱いに関して天才的なルーディは、自分との一度きりのアバンチュールが歴史的大事件であるかのように演出することで、どの女性も後腐れなく夫の元に帰って行き、ルーディが付き合う他の女性に対して嫉妬心を抱かないよう仕向けることができる。同時に複数の女性を連れ歩くのは日常茶飯事で、ヘーゲルはイェーナでナポレオン軍の砲声を聞きながら『精神現象学』（一八〇七）を書いたというが、ルーディの場合、ナポレオン軍の代わりに女性軍、イェーナの代わりに寝室、大砲の代わりに……という次第。不運にもエロスを北極星とする（一二三−一二六頁）男を夫にしたケネスの母親は、世をはかなんでソマリアの医療ボランティアに専念するようになってしまった。

奴隷制度賛同者のコジェーヴとは異なり、（ベローを代表する）叔父のベンは、潔癖なまでの平等主義者である。洗濯、アイロンかけからトイレ掃除、ボタン付けまで他人の手を煩わせるよりは自分でこなし、時には行き過ぎと見えるほどに、他人に向かって「私はあなたの目上ではない」というサインを発し続ける（一四一頁）。

コジェーヴや父親の眼が、獲物を狙って虎視眈々と電撃的な「意志」の力を発しているのに対して、ベンの眼は、その受容力によって各々の生命体をあるがままに観照し、「永遠の現在」を寿ぐエデンの園を具現させる（一四三−四四頁）。

コジェーヴを嫌悪し、叔父ベンの謙虚さに限りなく傾倒したケネスは、治安の劣悪さを物ともせず、叔父と共にシカゴで暮らす決意を固めたのであった。

ケネスはベンから「本質的な」エネルギーを吸収して自己教育を達成することを期待していたが（一七九頁）、まもなくそれは「出来ない相談」と判明する。過酷な現実世界では、コジェーヴや父親のような捕食者タイプにとって、ベンのように観照的な人間は、格好のカモ以外の何物でもなく、易々と「奴隷、餌食、ランチ」にされるのである（一四四頁）。『学生部長の十二月』のコルドも被捕食者タイプであり、どれほど酷い人間にも引き付けられ、自分だけは大丈夫と信じながら、催眠術にかかったように隷属状態に陥る（八一〇‐一一頁）。

特に相手と二人きりで長時間向き合った時がいけない。自分の正体を見透かされることはもとより、まだ形を取らない自分の考えまでが相手に予測されてしまう。たとえば『黄金狂時代』のチャップリンのように、飢えのあまり自分を鶏と勘違いした髭の相棒にナイフで追い掛け回されるような有様なのだ（『傷心死亡率の方が高い』一〇九頁）。

というわけで、ケネスは、「カリスマ」の教えに与かるどころか、「カリスマ」を保護しなければならない立場に追いやられてしまう。

女性にとってもベンは格好の餌食であり、女性の美しさを観照しようとするうち、たちまち「性的に虐待され」――新聞では普通この表現は児童に対して使用される（ベローも上手い言い訳を思い付いたものだ）――両手に余る女性に弄ばれた（一四三、一三九頁）。ある日、ベンが突然自分に無断でマティルダ・レアモンと結婚したと聞かされたケネスは、車道に三歳の子供が飛び出し、トラックに轢かれてしまった父親のような衝撃を受ける（二〇三頁）。

コジェーヴ諷刺に加えて、ブルームの意に染まなかったのは、レーガン政権に対する数々の諷刺であろう。「奴隷、餌食、ランチ」としてのベンは「デコイ」であり、シカゴの有力者であるレアモン一家との姻戚関係を通して、市政・国政上の諸問題を照らし出す役割を果たしている。

ある日のレアモン家の食卓で、レーガン政権の「赤字増加システム」が話題に上る。

議会が何十億という予算を計上し、大統領に承認するよう強制する力を持っている。毎年議員はパイクスピーク［ロッキー山中の高峰］のような税収を予算化して、それを自分の気に入った企業に割り当て、それと引き換えに選挙資金を出させる。議員になるための資金は一年おきに倍増する［から予算額も激増する］。（三一二頁）

新自由主義経済の「小さな政府」という「お題目」が、福祉を減らすための口実でしかなかったことが確認できよう。ここに方向性のない膨大な軍事予算がさらに加わる。寝覚めの悪いマティルダのために、ベンが『ニューヨークタイムズ』や『ウォールストリート・ジャーナル』の記事を読み聞かせる。

そのうちの一つによると、自由企業を信奉するレーガンが、スターウォーズ計画の研究に従事している学者に、連邦の補助金を用いた研究中に新たな発見をすれば、そこから個人的利益を得てもよいと認めたという（二三〇頁）。

第2章第4節で言及したように、チェルノブイリ原発事故から八カ月後に開かれたレイキャビク会談で、ゴルバチョフはレーガンに対して大規模な軍縮を提言したが、技術的に十年で完成させる見込みがほとんどなかったにもかかわらず、レーガンはスターウォーズ計画の遂行を貫き通した。

また、ブルームが尊敬し、レーガンの経済政策の根幹を成すフリードマンへのインタビュー記事も紹介される。

聞き手が尋ねる。「あなたは『経済人』が完全に理性的［で間違いを犯さない］とおっしゃいますが、本当にそうでしょうか？　多くの名高い人類学者が、ホモ・サピエンスの行動が明らかに偏執狂的だと主張し、中には広範囲にわたってスキゾ生理学と呼ばれる生理学的徴候が観察され、スキゾ心理学的現象を生み出しているという学者もいます。ケスラーがこの説を主張していますが、さて、この議論の余地なき［人類の］狂気が、あなたの『経済人』説とどう一致するというのですか？」フリードマン答えていわく、いかに人々が狂っていても、金のことに関しては正気でいられると。果たしてこれをどう解釈したものか？　これは事実なのか、信仰なのか。フリードマンは善悪を問題にしない。心理学すら考慮しないと断言するから大したものだ。おそらくフリードマンが言おうとしているのは、人類と完全なる混沌との間に自由市場だけが存在するということだろう。見えざる者［神］に対する信仰は、フリードマンによって［神の］「見えざる手」に対する信仰のみに限定されてしまう。（二三〇頁）

ベンが叔父ヴィリッツァーに騙し取られたという土地に、現在一〇二階のエレクトロニック・タワーが建ち、ケネスとベンはその展望台に上る。一階にはバーク・アンド・ヘア国法銀行が入っており、俄に『ウォールストリート・ジャーナル』を読み始めたベンは、同行が「盗賊政治家」に支配されている第三世界に対する不良債権が嵩みすぎて危機に陥ったところ、先頃連邦政府によって救出されたことを知っている。つまりは当該国の軍部や官僚が国家名義でそこから借り倒した何十億という金をスイスの個人口座に移したらしい（二八五頁）――さらなる予算の無駄遣いである。

巨悪（レアモン一家とその背後の力）に操られたベンはついに、小悪党の叔父ヴィリッツァーを告訴する。シカゴの人口が郊外に移って減少し、また共和党の優勢に押され、シカゴの民主党マシンが弱体化して往年の利権と勢力を喪失したヴィリッツァーは、ベンに向かって最後の啖呵を切る。

レアモンやチェトニック〔レアモンに買収されてヴィリッツァーを裏切った判事〕以上の大物がわしを追いかけている。意気地がなければとっくの昔に殺られていたところだ。他の奴ら――誰のことかわかるだろう――知事とその茶坊主共が、司法省のトップに働きかけて、裏から手を回してわしの領地を取り上げようとしている。次から次へと取り調べ、（中略）新手の脅し、新手の締め上げ、新種の病気ともいえる。人質を誘拐して身代金を請求するテロリストと同じ遣り口だ。ベイルートに行かなくても、ここで同じことが起こっている。頭の切れる組織屋共が、企業やテレビ会社に対してボイコットその他ありとあらゆる悪事を組織して、それが国のトップにまで及んでいる。ホワイトハウスは、アメリカ人を左も右もお構いなしに掻っ攫《さら》うあのアラブ人共と取引しているんだ。言っておくが、ベノー〔ベン〕、お前がはまり込んでいるのはそれだよ――恐喝だ。（三七四頁）

「ベイルート」云々は、本書第2章第4節で扱ったイラン・コントラ事件への言及である。レバノンの内戦でイスラム教シーア派の過激派に次々に誘拐される米軍兵士を救出するため、イラン・イラク戦争においては表向きにはイラクを支援していたアメリカが、イスラエル経由で十四カ月間密かにイランにミサイルを売却し、その利益でニカラグアのコントラを支援していたことが『傷心死亡率の方が高い』を出版する前年の一九八六年十月に発覚していた。

ベローは、この小説を「命がけで」書いたようである。出版直後のインタビューで、「バーナード・ショーを何年も前に読んでわかったのは、読者を笑わせている間は殺されないということなんだ」と述べている。[215] ブルームが『アメリカン・マインドの終焉』でレーガンに捧げた追従と何という違いであろうか。

第3章第1節で触れたように、『傷心死亡率の方が高い』出版の翌年、ベローは、ソ連の「抑圧的な政治体制に対してアメリカの「自由」を守ることに貢献した人間として、フリードマンと共にレーガンから「大統領自由勲章」を受けた。レーガンは、ベローが『アメリカン・マインドの終焉』を「推薦」したことと、七二歳で長編小説を出版したことだけに注目し、「緒言」も、『傷心死亡率の方が高い』も熟読しなかったようである。

一九九〇年六月に、英国に滞在していたベローを半ば「拉致する」形で首相官邸まで呼び寄せたサッチャーの方は、[216] ベローの小説を読んだようである。本の内容は気に食わないが、ノーベル賞作家のベローが自分の「家来」だと英国民に知らしめることが得策と考えたのであろう。当日サッチャーは、ベローの話を一言も聴こうとせず、「ところでベローさん、シカゴの黒人は――」などという質問を発して自問自答のみを繰り返したという。[217]

ベローの『傷心死亡率の方が高い』は十八週連続ベストセラーとなったが、ハードカバーは七万部、ペーパーバック版は、六〇万部刷られた内の半分以下しか売れなかった。[218] これに対して、同年に出たブルームの『アメリカン・マインドの終焉』は、ベローの「緒言」が効を奏してはるかに売れ行きが良く、ブルームはたちまち大富豪となる。

懐具合を含む両者の立場は逆転しつつあり、ブルームはここぞとばかりに反撃に出てきた。

翌一九八八年、ベローはブルームと共にパリのクリヨンに滞在し、『アメリカン・マインドの終焉』のベストセラー入りの第一功労者としてのねぎらいを受けた。その折にチック［ベロー］がラヴェルスタイン［ブルーム］から最後通牒を突き付けられることも序章で述べた通りである。[219]

「いくらかまととぶっていても、本性はお見通しだ。俺の人物伝を書けば、助かるかもしれんぞ。」（十三頁）

『学生部長の十二月』は、ブルームと知り合う前から準備していたので「斟酌《しんしゃく》」するとして、「ローズヴェルト氏の時代に」における手放しのニューディール礼賛、『アメリカン・マインドの終焉』の緒言の皮肉の数々、『傷心死亡率の方が高い』におけるコジェーヴ諷刺を始めとする言いたい放題――どれを取っても、ブルームから見れば、「万死に値する」ものばかりであった。その上ブルームはＨＩＶに冒され、あと何年生きられるかわからない。自分を賛美する伝記を書かせた上で、［弟子の誰かに命じて］ベローを始末すれば、腹の虫も納まろうというもの。

書き上げたら、自分を死から護ってくれる［防御］壁はなくなるだろう。（一六三頁）

約束を守るためには、生き［生かされ］続ける必要がある。だが無論、そこには必然的帰結が伴う——すなわち、一旦書いてしまうと、私の安全を保障するものがなくなり、この私が、誰とでも取り換え可能な消耗要員に成り下がるのだ。（二二二頁）

ブルームの「脅し」が利いたのか、オテル・ドゥ・クリヨン滞在の翌年、一九八九年に出版されたベローの中編小説『窃盗』、『ベラローザ・コネクション』の二編からは、政治問題に関する過激な発言が消え失せている。前者は愛人の一人マギー・スターツをモデルにしたもので、後者は戦時中にイタリアから密かにユダヤ人を救出していた興行師ビリー・ローズにまつわる物語である。

一九九〇年に、シカゴ市長リチャード・M・デイリー夫妻の肝煎りで、ベローの七五歳の誕生祝賀会がシカゴ美術館で催された。この時サバティカルでパリに滞在していたブルームがわざわざ帰国して司会を務め、その模様がテレビで放映された。

二〇〇〇年四月十六日号の『ニューヨークタイムズ・マガジン』に『ラヴェルスタイン』出版をめぐるベローの取材記事を書いたD・T・マックスは、その時のビデオを見返し、当日の事実上の「主役」はブルームで、映し出されたベローの顔が喜びよりも恐怖に歪んでおり、『ラヴェルスタイン』ではこの後まもなくブルームにHIVの徴候が現れると指摘している。(220)

ラヴェルスタイン［ブルーム］の死期はチック［ベロー］の死期——この窮地を脱する手立ては存在しないのだろうか。

しかしながら見方を変えれば、ラヴェルスタイン［ブルーム］の伝記執筆は、米国政府の深部に立ち入る千載一遇の好機でもあった。パワーブローカーのラヴェルスタインの元に、米政府の日々の動向が逐一寄せられ、弟子たちは、ラヴェルスタインの実況ゼミを受けている（十二頁）。毎日長話をして秘密が漏れるのは、チック［ベロー］の方だけではないはずだ。

一九八九年に中編小説『窃盗』を出版するまでに、ベローはブルームの伝記執筆の覚悟を決め、目標を定めていたようである。

女主人公のクララは、友達のローラに向かって、愛人イシエル［ベロー］の大望を熱く語る。

そう、イシエルは大米帝国のギボンかタキトゥス［のような歴史家］になれる。本人はそう意識していなかったかもしれないけれど、イシエルが語ってくれたケインズのクレマンソー、ロイド＝ジョージ、ウッドロー・ウィルソンの人物描写を今でも覚えている。本人がその気になれば、ケインズがヴェルサイユ講和会議の連合国の面々を書いたように、ニクソン、ジョンソン、ケネディ、キッシンジャー、パーレビ国王、ドゴールの描写ができる。（四五四－五五頁）

「あの人がそれをやり遂げるかって？　さあ。本人にもわからないでしょう。あの人が言ったのは、熟練した歴史家にもそれは不可能で、それができるのは、並はずれた眼力を持つ並はずれた人だけ。並はずれた天性の眼力で政治を透察する天与の才を持つ人だけ――たしかそんな言い方だったたわ。多分あの人は、いつの日か覚悟を極めて今世紀全体の総括に取り組むことでしょう――総括中の総括に」（四七七頁）

終章　ツァラトゥストラの経済的帰結

1　十年一剣を磨く

前節で述べたように、一九九〇年十月、アラン・ブルームは、シカゴ市長が主催したベローの七五歳の誕生祝賀会の司会役を務めるためにサバティカル先のパリから帰国し、その後間もなくギラン・バレー症候群（急性炎症性脱髄性多発根神経炎）に陥り、緊急入院した。性風俗の中心地ノース・ホルステッドの常連で「ボーイ」（男性同性愛の女性役）なしではいられないとエドワード・シルズに打明けていたので、内輪の者たちは、別の病気を疑っていたという。(1)

それから二年後、『アメリカン・マインドの終焉』出版から数えて五年後の一九九二年十月七日、ブルームは死亡した。享年六二歳、シカゴ大学のプレスリリースによると死因は「消化性潰瘍出血と肝不全」であった。(2)

ベローはブルームの告別式で友人代表として弔辞を読み上げた。通常の友人であれば、十五歳年下のブルームが自分より先に逝ったことを嘆き悲しんでしかるべきであろう。ブルームの看病をするためにパリへの長期旅行を中止し、妻のジャニス共々最期まで付き添っていたとなればなおさらである。(3) しかしながら、ベローの弔辞からは、哀悼の意だけが見事に欠落していた。

弔辞の中で、ベローはまず、参列者の多さに驚いて見せる。（参列者の多さを当然とは思っていなかったことになる。）会場に溢れんばかりの弟子、友人、賞賛者――これだけの人数を収容するためにはグランドセントラル駅ほどの広さが必要だ。これほど多くの人が引き付けられた原因を分析すれば、面白い研究の種になるだろう。その能力のある人が現れたらの話だが。（ベローは後に「その能力のある人」として『ラヴェルスタイン』を書き上げる。(4)）

次にブルームの交友範囲の広さ。居宅は戦闘司令所の様相を呈し、ロンドン、パリ、ワシントンの教え子たちが、政府が懸案中の重要決定事項を、新聞に載る直前に我先に知らせてくる。（ベローはここでブルームと政界との秘かな深い関わりを、葬儀に参列した部外者にも露呈して見せるが、これも『ラヴェルスタイン』のテーマである。）

ブルームはいかなる「戦闘行動」をしていたのか。（ここでベローは「安全のため」国家政治から『アメリカン・マインドの終焉』の方に話題を逸らす。）ブルームの「敵」は、「国内外の親切で優しいリベラルな人々の集団。すべての公共問題に関して最も望ましい進歩的な考えを持っている人たち。随分頑張ったが、奇妙で説明がつかない思潮の変化と共に残念ながら殺人暴徒と化してしまった人々。」（主に学生運動の参加者を指しているが、ベローが「リベラルな人々」の意図の高潔さを賞賛していることに注目したい。）ブルームは彼らを丸剝きにしたために糾弾された。

ではリベラルな人々と敵対したブルーム自身は、いかなる立場にあったのか。正統的な保守派ではないとベローは断言する。（ドルリーが述べたように、正統的な保守派にはある種の美点も存する。）「悪名高いハーバード講演」で（「親愛なるエリート諸君」で始まるハーバード講演を「悪名高い」と貶めている）、ブルームは、自分が尊敬するソクラテス、マキアヴェリ、ルソー、ニーチェが保守派ではなく、ラディカルな創始者だったと断言した。しかし、ブルームはリベラルでもなかった。（従ってブルームは思想的にはポストモダン、政治的にはネオリベラリスト［新自由主義者］かネオコンに分類されるとベローは主張している。）

次にベローは、ブルームの俄成金ぶりをからかう。『アメリカン・マインドの終焉』で急に大金を手にしてセレブとなり、病に倒れたブルームをつぶさに観察していると、段々本性が露わになって面白かった。（瀕死の病人を面白がるのは不謹慎ではないか……）集中治療室に入った後に小康を取り戻し、一時帰宅を許可された時、早速メルセデスベンツを電話で特注し（小説の中ではBMWに変えている）、マイケル・ウー（同居の男性への言及）の運転で家まで凱旋しようとしたが、医師が禁止して結局救急車で送られる羽目になった。貪欲なまでの生への渇望が、豪華列車の後部デッキから札束を撒き散らすような金遣いの荒さに反映され、エスプレッソコーヒーとタバコ、ペルシャ絨毯、エルメスの食器、ウルティモのカシミアコート、メルセデスベンツ等々に惜し気もなく注ぎ込んだ。ただ、金を濫費するのと同じ熱心さで最期まで教育に従事した。（どんな弟子が育つことやら……）また、弱音を吐かずに哲学者のように耐え抜いた。（この辺で一言褒めておかなくてはなるまい。）

身体が麻痺してついにサインすらできなくなると、口述筆記で本を書いた。内容は政治学ではなく、なんと文学。十九世紀の小説とシェイクスピアの愛の劇、そしてプラトンのエロス。（『愛と友情』として死後出版したが、売れ行きは微々たるものであった。）瀕死の病気のため内的衝動に突き動かされて深く感じることのできる人間になったのだ。（頑迷な極右反動派が弱気になり、青臭いロマン主義的文学青年に先祖帰りしたとでもいうべきか。）

ベローは弔辞を以下の言葉で締め括る。

私はこれまでの長い人生で、多くの非凡な［異常な（extraordinary）］人々と知り合い、感心してきたが、アランほど尋常ならざる［常軌を逸した（extraordinary）］人間はいなかった。しばらく前、現代に偉大な［great］人間はいるかと聞かれた時、すかさず答えた。――もちろんです。実際そういう人間と何人か知り合い、好感すら持った人も。――アランは、明らかに偉大さの例［症例（case）］――誇大妄想狂］だと思う。なぜなら実際、アランは、教育を授けた者や親しくなった者を変えた［changed］からだ。［望ましい方向に「変えた」とは限らない。］誰一人、元のままの人間はいない。我々は、それを証明するためにここに集まっているのだ。(5)

"Extraordinary"と"changed"の意味の二面性は明白であろう。それではアメリカ人が好んで使う「偉大な」"great"という言葉はどうだろう。ベローは、第二次世界大戦を扱った『宙ぶらりんの男』（一九四四）の中で、国民を戦争に駆り立てようとする時代の風潮を"great"という語で皮肉っている。自分が偉大になれば救われるという狂った信念が、寄生虫のように人々を蝕み、偉大さが人心を磨滅させる岩となっているというのである。

偉大な知性の持ち主、偉大な美女、偉大な恋人、偉大な犯罪者が我々を取り囲んでいる。ウェルテルとドン・ファンの偉大な悲しみと絶望からナポレオンのような偉大な支配者へ、そこから犠牲者よりも偉大であるという理由で殺す権利を与えられた殺人者へ、（中略）傷一つないスクリーンで抱擁する偉大な美しさを持つ男女の映像の夢へと我々の眼は移ってゆく。（『宙ぶらりんの男』六三頁）

この“great”という語の連想ゲームは、主人公ジョーゼフの同窓生の政治哲学者アプトの描写から始まっている。無職の主人公にアメリカ準州の統治機関に関する小論を得々と送り付けてきた政治学の大学講師アプトは、他人から重要人物と見做されることを渇望して生きてきた（六一頁）。ベローは、元来、政治哲学者という夜郎自大な族が大嫌いなのだ。したがってブルームも、政治哲学者というだけで、個人的には御免蒙りたい範疇に入っていたことだろう。しかし、小説家は選り好みせずにいかなる相手とも付き合う必要がある。

かくしてベローは、自分の「良心」を犠牲にすることなく、賞賛とも誹謗とも取れる玉虫色の弔辞でお茶を濁したのであった。

故人となったブルームに対して冷酷なのはベロー一人かというと、さにあらず。『ニューヨークタイムズ』の訃報欄は、『アメリカン・マインドの終焉』が売れたこと自体が異常事態で、当の本人も周囲も驚いていたこと、注釈がほとんどなく、学術性に欠ける上、保守反動主義、性差別主義、エリート主義、反民主主義的で、例えて言えばオリバー・ノース中佐（イランコントラ事件で有罪になり、リビアを爆撃した）のような人物で、「慎みのある人間なら書いたことを恥じるべきだ」と糾弾されていた話を紹介している。(6)

イギリスの『インディペンデント』紙はさらに辛辣である。本が売れなかったら許されたかもしれない。本が売れて、買ってくれた当の大衆を叩いたがゆえに、死刑に値するのだという批判者の言葉を紹介し、死者を再度「殺そう」とする。

筆者のキーツ・ボッツフォード（ベルギーで生まれ育ったアメリカの作家）は、ベローの案内でシカゴ大学を一望するマンションにブルームを見舞い、その時の様子も報告している。背が高く横幅が広いが、精神的には身体の倍以上大きく（誇大妄想的）、芝居がかった性癖以外に何もない。自分を慕い、尊敬する人間を周囲に駆り集めている。マントルピースの上には美化された自分の肖像画を掛けて「これがエルサレムの地図だ」と豪語する。子供のようにヒステリックにはしゃぎ、客を喜ばせようとしたが、何よりも自分自身とその幸運に自尊心をくすぐられていた。あれだけの名声、あれだけの金、大金で手に入れた数々の品々――これほどの敬意をもって自分を扱う人々。（ちなみに謙譲を美徳とする英国の新聞は自画自賛組には点数が辛い。）二〇年前最初に会った時は無名の教師で、常軌を逸しており、いまでも一部の人からはまともな学者と受け取られていない。昔から専門的に研究していない古典を我が物顔にひけらかし、ところどころ間違えながら、ウィーンの女性がザッハトルテに目がないように知識を貪り、太陽の下、いかなる話題でも滔々《とうとう》と語ることができる。学者ではなく教師タイプだが、それだけに罪は深い。（もっとも最後には「武士の情け」か、教育者として尋常ならざる才能を持ち、『アメリカン・マインドの終焉』を書いたのも、情熱に突き動かされていたゆえ、と矛先を和らげている。[7]）

ベローの弔辞の随所に爆竹を仕掛けたようなボッツフォードの記事のけたたましさは、まさしくベローが八年後に出版するモデル小説『ラヴェルスタイン』を彷彿とさせる。ボッツフォードは、ベローと共に二度ばかり雑誌の出版を企画し、『フンボルトの贈り物』の中で、この世におよそ知らぬ事は存在しない無類の文化オタクのジャーナリスト、サスクターのモデルになっている。[8]

ベローの弔辞が『ラヴェルスタイン』の下地になっているのは、しばしば指摘されるところであり、[9]この勢いでいくと、ブルームの死後伝記をすぐに出版するのは技術的に決して不可能ではなかった。にもかかわらずベローが執筆を始めたのはブルームの死から五年も経った一九八七年のことである。

並大抵の逡巡ではないが、書いた途端に消されるというのであれば無理もない。ここはむしろベローが伝記を書き始めたこと自体を評価すべきであろう。

では一体いかなる経緯で筆を執ることになったのか。

ブルームの死の翌年の秋、ベローは三〇年近く務めたシカゴ大学を辞して、ボストン大学に赴任した。表向きの理由は、ブルームを含む友人が次々に亡くなり、住居周辺が荒涼たる様相を呈してきたというものであったが、名誉教授になってから待遇が悪化してきたシカゴ大学よりもはるかに条件が良く、何よりも東部に逃れた方が身の安全が確保できるというのが本心であったように思われる。(10)

ボストン大学に移ってから一年経った一九九四年の感謝祭の休日、七九歳のベローはジャニスと共にカリブ海のサンマルタン島へ保養に出かけ、現地で食した魚料理が原因でシガテラ中毒に罹り、飛行機で帰国してから心不全と両側肺炎を起こしてボストン大学医療センターの集中治療室へ運ばれ、点滴と酸素マスクを付けたまま三週間昏睡状態に陥った。身体の衰弱と麻痺状態が著しく、次の数週間は歩行器に頼り、サラダボールも持ち上げることができなかった。一ヵ月から一年の自然治癒を待つしか方法がなく、医者も匙を投げていたという。集中治療室を出てから四ヵ月で胆嚢手術も行い、辛く苦しいリハビリ期間を経て一人で旅ができるまでに二年近くかかった。四〇代の体力を誇っていたベローは、年齢並みの体力へと落ち込み、一九九七年には心臓にペースメーカーまで埋め込む羽目になった。(11)

端的に言えば、ベローは一度「死んだ」のである。作家としてのアイデンティティを構築してくれたシカゴを捨て、はるか離れたボストンで「余生」を送るうち、ようやくベローはブルームの伝記に取り組む決意を固めたようである。

執筆に当たって、次男のアダム・ベローは、ベローから少なくとも三回ほど相談を受けた。ブルームがベローに人物伝を書く約束をさせたので、何らかの形でブルームのポートレートを書かねばならないという。ベローは真実を書きたいと言い張ったが、アダムは真偽を法廷で証明できないのではないかと返答した。[12] かくして人物名を架空にしたモデル小説という形体が採用されることになったらしい。

しかしながら、相手がボッツフォードの描写するような軽佻浮薄な人間とあっては、ただの諷刺作品となり、作品の価値すら下落しかねない。

苦肉の策として考え付いたのは、自分自身の人生も作品の中に織り込むという手立てであった。『フンボルトの贈り物』で死者のフンボルトをタイトルに掲げながら、フンボルトとの対照でシトリーンの人生を浮き彫りにしていくように、『ラヴェルスタイン』と銘打ちながら、ラヴェルスタイン［ブルーム］と対照させてチック［ベロー］を事実上の主人公とするのである。

「頼みではない」、「義務として課しているんだ」とラヴェルスタインはチックに迫る。

これを断れる道は見つからなかった。明らかに思想を書かれることを嫌がっていた。思想は自分で十分開帳したし、自著の中に理論付けて展開している。人物伝に専念せよというわけである。ならば、ある程度まで私［チック］の存在を抜きにしてラヴェルスタインの描写は不可能なので、私が余白に登場しても認められるはずだ。（『ラヴェルスタイン』一二九頁）

時流に乗って破滅した詩人フンボルトと、時代に背いて生き延びた劇作家・伝記作家のシトリーン、時代の思想に忠実に従って破滅した政治哲学者ラヴェルスタインと、時代に逆らって生き延びるチック——両者の対比によって、各々の生き方の倫理的帰結を示すと同時に、ネオコンと同一視され続けてきたベロー自身の政治的立場に関する読者の誤解を解くことができるであろう——かくして「伝記」は書かれ始めた。出版されたのは二〇〇〇年、ブルームの死から八年後、ベローが『窃盗』(一九八九)で大米帝国の「今世紀全体の総括」の意思表示をしてから約十年後のことである。二〇世紀が既に終わり、新たな千年紀が始まろうとしていた。

2 リンカーンがサルなら私はヒヨコ

モデル小説『ラヴェルスタイン』は、リンカーンのエピソードから始まる。

奇妙なことに、人類の貢献者は人を笑わせねばならない。少なくともアメリカではよくある話だ。国を治めんと欲する者は国民を笑わすべし。南北戦争の間、リンカーンが馬鹿話を連発するものだから、みんな閉口した。おそらくリンカーンは、謹厳実直が冗談より危険と察知したのだろう。だが一部の者は軽薄だと批判し、陸軍長官はリンカーンをサルと呼んでいた。(一頁)

小説の語り手はどうやら人類に貢献したいらしい。いかなる貢献かというと、リンカーンを出したからには「人民の人民による人民のための政治」つまり民主主義、そして奴隷解放ということになるだろう。しかしアメリカは民主国ではなかったのか?　そして奴隷制度は消滅したはずではなかったのか?　不思議な話ではあるが、これまで本書の中で検討してきたように、いずれも答えは「ノー」であるらしい。「奴隷解放以来、この国では別の手段で奴隷制度を復活させる陰謀が企てられている」と『フンボルトの贈り物』のシトリーンは嘆く。社会が人間を攪乱し、意識を植民地化しているというのである

(四五八頁、五四三頁)。つまりベローは小説の冒頭で自家版の「奴隷解放宣言」を行っていることになる。ところがそれを声高に叫ぶと生命が危険に曝される。デリケートゾーンに突入するには、冗談に紛らわせるに限る。「バーナード・ショーを何年も前に読んでわかったのは、読者を笑わせている間は殺されないということなんだ」というベローの言葉を思い返す向きも多いことであろう(13)。

リンカーンほどの人物でも(暗殺の魔手は逃れなかったが)大望を果たすためには「サル」と呼ばれても気にしない度量の広さを必要とした。ならば語り手は何と呼ばれるべきか。リンカーン様と同じ「サル」では、あまりにも畏れ多い。『ラヴェルスタイン』では同性愛者のブルームの「家来」のふりをして国家の機密に迫るから、男性同性愛者の女性役の「チック」(ヒヨコ)に甘んじよう。世間体が悪いことこの上ないが、人類に貢献するためなら自分の名誉などどうなってもかまわない——何とも涙ぐましい殉教精神ではないか。

この後語り手[チック]は、リンカーンよりも自分の世代に近いエピソードとして、『アメリカン・マーキュリー』誌の創刊者H・L・メンケンに言及する。一九二五年、高校生物学教師のジョン・スコープスがキリスト教原理主義者の多いテネシー州の州法で禁止されていた進化論を教えたとして起訴され、いわゆる「モンキー裁判」にかけられた。メンケンは、「バイブル・ベルト」や「アメリカ愚人(Boobus Americanus)」なる面白い言葉を発明しながらスコープスを弁護し、検察側に立っていた元国務長官のウィリアム・ジェニング・ブライアンを、絶滅した中生代の翼手竜と揶揄した。スコープスは有罪になったが、控訴審では無罪とされた(一–二頁)。

語り手はこれ以外にもメモ帳にぎっしりと、お笑い芸人や政治家による「民主社会のウィットや自嘲」を書き溜めたが、それを紛失してしまったので、注釈として使用するに留めるという。語り手は注釈偏愛者なので（どんなにまずい注釈でも本文の意図を再現してくれるから）、本作品では、注釈に注意されたし。以上の「長大な注釈」を持って、これから真面目な主題を語ろう――かくしてオテル・ドゥ・クリヨンに逗留中のラヴェルスタインが登場する（二頁）。

まことに「長大な注釈」ではあるが、語り手（チック［ベロー］）の意図するところは明白であろう。リンカーンの奴隷解放、メンケンの科学的真理と言論の自由の擁護、そして「民主社会のウィットや自嘲」を集めたメモ帳という三点セットによって、語り手がいかなる場合でも民主主義の味方であるということを、長い物語の間に読者が見失わぬよう配慮しているのである。（忙しい現代では無理のないことかも知れないが、折角の「注釈」が読み飛ばされ、語り手が非民主的な立場のラヴェルスタインを本気で賛美しているという解釈がなされる場合が往々にして見受けられることをここで申し添えておきたい。）

さて、ようやく登場したラヴェルスタイン［ブルーム］は、クリヨン最上階のスイートに陣取り、チック夫妻は階下のスタンダードで、さらにその下の階の部屋はすべてお抱えの料理人も引き連れたマイケル・ジャクソンの一行が占拠している。やがてホテルは、ジャクソンのファンに幾重にも取巻かれ、ブルームは感激する。「すごいじゃないか！　ポップスターでこんなに大騒ぎするなんて」――「大したもんだな！」（二一‐三頁）

『アメリカン・マインドの終焉』の中で、ロックミュージックが、性の自由な表現、アナーキズム、無制限の自由感を通してニューレフト運動の火に油を注ぎ、ここ数年、マイケル・ジャクソン、プリンス、ボーイ・ジョージ等が、兄弟愛と肉欲の差を曖昧にすることで愛に基づく階級なき社会という美辞麗句を旗印に子供の小遣いを吸い上げていると糾弾したブルームは、どこに消えてしまったのだろうか。(14)

ともあれ、昨夜、ベストセラーを書かせてくれた恩人チックに感謝するという名目で、リュカ・カルトンに一席設けたラヴェルスタインは、チックを自分の政治グループに引き入れるために、伝記を書かせようという魂胆なのだ。何度も言及しているように、書かねばチックの命に関わる。

断り切れないと観念したチックは、アプローチを思案し始める。伝記と一口に言っても、サミュエル・ジョンソンの『詩人伝』、プルタークの『英雄伝』、ジョン・オーブリーの『小伝』等々、様々な種類がある。どれがラヴェルスタインにふさわしいのか――

そこへ恭しく運ばれてきたのが、ブリオッシュとイチゴの朝食ルームサービス。だがラヴェルスタインの作法は下品極まりなく、食しつつ喋る時、消化器官に詰め込んだ餌を思想の肥やしとするような、生物学的機能が体内で進行している(五頁)。

この時チックは、高校の英語(国語)の時間に読まされたトマス・バビントン・マコーレーの『サミュエル・ジョンソン伝』(一八五六)を思い出した。「憐れなジョンソンが発作的に街燈の柱を一本残らず触りながら歩いたり、腐りかけた肉や油やけしたプディングを貪ったりする様子を今でも思い浮かべることができる」。マコーレーが『ブリタニカ百科事典』の依頼で書いたこの小伝が[15]、精神の「屈折」をあまりにも巧みに描き出しているため、興奮のあまり紫斑熱を出すところであったとチックは感慨を新たにする(六頁)。動物のようにブリオッシュと格闘する姿を目の当たりにしたチックは、ラヴェルスタインが精神の「屈折」において、マコーレーの描いたジョンソンに引けを取らないことを咄嗟に思い付いたのである。

チックが「注釈」として提供したマコーレーを熟読すると、読者はラヴェルスタインとジョンソンの思わぬ共通点を発見することであろう。

サミュエル・ジョンソンといえば、十八世紀文壇の大御所として知らぬ人はない。しかしマコーレーによると、この人物は治療不可能な心気症に陥り、精神の異常を患っていた。それが顔を歪める癖、奇妙な身振り、呟き、街燈の柱を触る癖、食事マナーの悪さ等に現れていたという。[16]たとえばジョンソンが安食堂のすえた臭いのする料理をがつがつと呑み込むように、[17]ラヴェルスタインは駄菓子に目がなく（フランス料理は金満家であることを誇示するためにのみ食べるらしい）、大学の帰りに駄菓子のフルーツゼリーを一袋買って帰っては口一杯頬張る（一三頁）。またジョンソンは、貧困時代の長さが災いして人生の最後までいかなる貴賓に混じっても、野獣か猛禽のように料理を貪る癖が治らなかったというが、[18]それほど貧しくはなかったはずのラヴェルスタインも負けてはいない。ラヴェルスタインを食事に招いた後の床掃除が並大抵の苦労では済まないのだ。

——こぼす、はね散らかす、ポロポロ落とす、ナプキンを大々的に汚す、テーブルの下には肉の切れ端が散乱し、気の利いた発言に笑ってはワインを吹き出し、一口食べて胃から戻ってきた料理を手で掻き出して床にぶちまけるという始末。（三八頁）

ジョンソンの衣服の着方の乱暴さにマコーレーは何度か触れているが、スイートルームのラヴェルスタインが羽織っている将軍風の立派なキモノも、帯が緩んで前がはだけ、むき出しの脚に筋肉はなく、下着のパンツもずり落ち気味である（四頁）。四五〇〇ドルで買ったばかりのランバンのジャケットにエスプレッソをこぼしても意に介さず、ブランド品のネクタイは、タバコの焼け焦げだらけ（四頁）。アルマーニのスーツも、ヴィトンの旅行鞄も、キューバの葉巻も、ダンヒルの小物も、金無垢のモンブラン・ペンも、バカラやラリックのクリスタルグラスも（三頁）泣いている。

マコーレーは、ジョンソンを、「不健全な身体に不健全な精神が宿った」病理学の標本と見做しているが、[19] チック［ベロー］も、ラヴェルスタイン［ブルーム］がまさにこの範疇に属することに注意を促す。ラヴェルスタインは健康法にまるで関心がなく、ヘビースモーカーで心臓と肺をやられ、ひどい咳をしている。慢性睡眠不足で一晩まともに寝たことがない（五四頁）。ただ、いかに精神病理学的な問題を抱えていても、作品が立派であれば問題にならないのではないかと人は思うかもしれない。

ところがマコーレーに言わせると、ジョンソンの場合はさにあらず。文才自体に見るべきところがなく、ジョンソンの死後、作品の人気は急速に衰えたが、人物の人気だけは不思議に衰えなかった。これはひとえに「めかし屋で退屈で弱虫で見栄張りで出しゃばりで何にでも首を突っ込み、口数の多い」「奴隷にして偶像崇拝者の」ボズウェルが書かなくてもよいのに書いた『サミュエル・ジョンソン伝』（一七九一）によるものであって、同伝記に書かれたジョンソンの奇矯なマナーや不用意なテーブルトークが大変な人気を博した結果、アメリカやオーストラリアにまで広がったのだという。英語という言語が地球に残るかぎり読まれ続けるであろうとマコーレーの皮肉は止まる所を知らない。[20]

ではなぜ時代と共に忘却されるような作品しか書けないジョンソンが、十八世紀の代表的な文人になれたのか。

ロンドンに出てきて『ジェントルマンズマガジン』の記者となり、議会での討論記事の中で王党派トーリの極右ジャコバイトに味方したのに始まり、以後もその立場を崩さなかったところ、それがジョージ三世の大蔵大臣の眼に止まって、王室から年金を下付され、オックスフォード大学の名誉博士、ロイヤル・アカデミーの会員にもなって、一七六四年ごろから大御所として若い文化人の間に君臨するに至ったのだとマコーレーは指摘する。[21]

ジョンソンが極右ジャコバイトに身を売ることによって名を上げたのと同じように、ラヴェルスタイン［ブルーム］も超保守派のレーガン・サッチャーに迎合する書物を書いて注目されたのは、非常に興味深い。

さて大物に成り上がったジョンソンが若い取り巻きに囲まれていたように、ラヴェルスタインも、三〇年がかりで育て上げた米英仏伊総計数百人の弟子集団を抱え、師のダヴァール［シュトラウス］直伝の訓練を施していた（一二二頁、十頁）。

ブルームの弟子フランシス・フクヤマは、マコーレー風に書かれた『ラヴェルスタイン』の前半が、（ベローの意図に反して）ブルームの教育者としてのカリスマ性を余すところなく描いたものとして絶賛している。[22] ジョンソンの奇矯性に若者たちが惹かれたのと同じように、ラヴェルスタインの最右翼思想と奇矯性も大勢の若者を引き付けたらしい。

弟子たちはなぜラヴェルスタインの奇矯性に惹かれ、ダヴァール由来の「悪魔のような異端」（一〇一－一〇二頁）に従うのか。「健全性」を好む者からすれば、「不健全な身体に」宿った「不健全な精神」が生み出した政治哲学などチックならずとも「御免蒙りたい」はずではないか。

ブルームの告別式の弔辞で、ベローが投げかけた疑問もここに存する。グランドセントラル駅の広さを必要とするほどの参列者をなぜ［「不健全な」］ブルームが引き寄せたのか？――難問中の難問だが、これに取り組めば、面白い研究になるだろうとベローは意味ありげに述べた。

その心理的メカニズムについては、本書第5章でも扱ったが、ここで再度整理しておこう。

それはひとえに、ニーチェがワーグナーから学んだ「大衆は高尚なものを欲しないという」法則による。ワーグナーが「ヒステリー患者の病理学的見本」を舞台に乗せ、大衆はそこに紛れもない自分の「醜い」姿を認め、「デカダンの」ワーグナーを崇拝することによって自分自身を崇めているような錯覚に浸りたかったのだという。[23] ニーチェはこの「法則」を自分自身に適用し、狂気——肉体と欲望における半野蛮状態——の助けで呻吟し、号泣し、獣のように腹這うことで時代と世界を征服するに至ったのである。[24]

こうした不思議な心理の応用を説いたのがトーマス・マンの『ヴェニスに死す』であった。マンは、小説の極意とは読者共々地獄に落ちることと公言し、「醜い」老人のソクラテスが「神聖な狂気」を装うことで「美しい」パイドロスを口説き落とす方法に注意を促す。

以上述べてきた「人誑《たら》しの術」を、ブルームはトーマス・マン（ならびにニーチェ）から体得し、[25]「助産婦」もしくは「売春斡旋人」として学生の性的好奇心を掻き立て、プラトンの対話篇——ソクラテスの「無知の知」——へと導いたと『アメリカン・マインドの終焉』の中で告白している。それは、エロスを通してアテナイの民主主義に反発する若い貴族主義者の支配本能を満たすことで生活の糧を得ていたソクラテス自身の範に倣うものであった。[26]

その「成果」は、先に引用した「時折聞こえてきた噂によると、お気に入りの学生たちがラヴェルスタインから『チャージ』を受けた〔いたく興奮した〕ということだ」（『ラヴェルスタイン』五三頁）、「ラヴェルスタインが常軌を逸しており、学生を誘惑し、堕落させる」（五八頁）等の箇所に現れている。

ただし、「頭が良くてやる気のある学生は」、運が良ければ「プラトンを通読し、マイモニデスの秘儀的な意味を教わり、マキアヴェリの正確な解釈を知り」、「ニーチェに至る、いやニーチェ以後の思想まで究めることができる」（二六頁）。つまりラヴェルスタイン〔ブルーム〕は、プラトンの『国家』のニーチェ的解釈に基づいて、民主主義は国家の一体化にとって最大の脅威となる「畜群の道徳」であり、「高次の道徳」は、「主人と奴隷」を必要とすると教え込むことによって、「英才組」の「支配本能」〔「権」力への意志〕をも満たしてやったというわけである。

これこそが、ジョンソンに劣らず「不健全な」はずのラヴェルスタイン〔ブルーム〕が、かくも膨大な数の弟子から慕われている謎に対する答えなのだ。ついには若い院生までが、ラヴェルスタインの奇妙な歩き方、しゃべり方、タバコの吸い方まで真似ようとする（五九頁）。

以上で保守派右翼の政治哲学者の「奥義」は再確認できたとして、ここで気になるのは、リベラル左派の動きである。

ベローがブルームの弔辞で「親切で優しいリベラルな人々の集団」と形容した左翼の面々は、「助産婦」や「売春斡旋人」を自称するブルームを、「学生を誘惑し、堕落させる」ものとして糾弾しなかったのであろうか。

結論から言うと、それは出来ない相談というものであった。リベラル派側も、ニーチェの思想を通して、保守派に劣らぬ「性の饗宴」を繰り広げてきたからである。

第4章で総覧したように、アメリカでは、ニーチェを中心としたカウンターカルチャーが一九六〇年代のヒッピーの集会や学生運動に反映され、七〇年代と八〇年代にはポストモダン〔・ニーチェ〕現象がポップカルチャー、さらには学問の世界にまで浸透することになった。

ポストモダンの特質は、前世代のマルクーゼに倣って、ブルジョア社会のイデオロギーを粉砕するために、衣服、変装、慎み、羞恥心、距離等によって性を特権化したブルジョアジーの欺瞞性を暴くべく、ニーチェの抑制不能な「生」〔性〕の衝動に従ってそれらの「隠蔽工作」一切を剝ぎ取ろうとした点にある。

かくしてマルカム・ブラッドレーによると、左翼ポストモダニズムは「覗き見主義」へと変化し、もはや右翼の性的逸脱を非難するどころの騒ぎではなくなった。[27] ブラッドベリは、ポストモダン陣営に向かって、いい加減に「下心」を捨て、「最期の砦」である性を潔く「脱性化」することで脱構築主義に殉じるべきだと進言したが、馬の耳に念仏であった。[28]

このようなポストモダニズムの実体を知らずして各種文学批評・文化論のひたすら晦渋なディスクールに真顔で取り組まされていた気の毒な学生の一例がブルームの弟子、フランシス・フクヤマであり、後年恩師ブルームの『アメリカン・マインドの終焉』(一九八七)の驥尾《きび》に付《ふ》して、『歴史の終わりと最後の人間』(一九九二)の中で左翼に「復讐」を遂げた次第についても、その際に触れた通りである。

西洋の「古典的名著」を権威主義として斥け、理性をもかなぐり捨ててひたすら「フレンチ・ニーチェ」、「ニュー・ニーチェ」の「プレイボーイ」諸学派を追いかけ回していたリベラルな知識人にとって、古今の思想家群を自在にシャッフルして見せるブルームやフクヤマを理路整然と論駁することなど、望むべくもなかった。

プラトンが『国家』で主張する「哲人王」による支配体制は、貴族の地位を正当化するためのものであり、ホッブズの「万人の万人に対する戦い」は、ブルジョアジーの利害を隠蔽しつつ保護するための理屈に過ぎなかったという「エソテリック」な思想史の舞台裏を、ブルームは、勝利を確信しつつ「無知な」読者に傲然と開陳する。[29]

一九七〇年代と八〇年代に栄えたポストモダンの左翼が、一九八〇年代から九〇年代にかけて台頭してきた新右翼にあえなく敗退したのも、当然のことといえよう。

かくも右翼が強力で、左翼が脆弱であるとすれば、一体誰が民主主義を守るというのか？『ラヴェルスタイン』の冒頭で、語り手［チック（ベロー）］がリンカーンのエピソードを出して、「人類の貢献者」として自家版の「奴隷解放宣言」を行った背景には、以上のような事情が伏在していたのである。

3　ニュルンベルクとNBA――クローン量産システム

チックがマコーレー風に伝記を進めていく魂胆で打診すると、ラヴェルスタインは意外にも、［元］同性愛者という以外に共通点がほとんど見当たりそうにない経済学者のケインズの「回想録」を引き合いに出す。

ラヴェルスタインはかつてチックに、ケインズの「敗れた敵メルヒオール博士」に関する小論を書かせ、それが気に入っていた。第一次世界大戦の敗戦国ドイツに対する連合国側の苛酷な要求に抗議して『平和の経済的帰結』（一九一九）を書き、さらに、休戦協定調停後の数ヵ月間ドイツの食糧封鎖を続行した人々を責める回想録「敗れた敵メルヒオール博士」を残したケインズは[30]、チックにとって、人道主義の鑑であり、改めて自分が人類に所属し、人間性に首まで浸ったような安らぎを与えてくれる存在である（九頁）。

ところがニヒリストを自称するラヴェルスタインは、ケインズの人道性が全く気に入らず、ヴェルサイユ講和条約の内容すらドイツにとっては甘すぎたと断言する。しかしながらケインズはイートンからケンブリッジに進み、ブルームズベリーグループによって社会的・文化的に洗練され、「大政治」にも関わることで完成された「エリート」だから好感がもてる。ブルームズベリーグループのなよなよした感じは好かないが、ケインズがヴェルサイユで生起している事柄を報告したことで、グループは、世界史のリングサイドにいる気分を味わえたというわけである（七 - 九頁）。

〔リットン・ストレイチーや〕ヴァージニア・ウルフがドイツの賠償問題に関するケインズの私的報告を読むのと同様、ラヴェルスタインはダウニング街やクレムリンで進行中の事を知らされて当然と考えていた。（十二頁）

ラヴェルスタイン自身、「緊密な『共同体』を形成する一大組織」（「アブラハムの民」）を、子飼いの「小ケインズ」としてマスコミ、政界、軍部、シンクタンクその他に送り込み、米政府の日々の動向を逐一報告させている。つまりラヴェルスタインは、ケインズよりもはるかに大きな規模で現代政治の動向を摑める立場にあるので、自分の伝記にそれを書けというわけである。

ただし、チックがケインズに対して見せたような「優しさ」はいらない。後ほど詳述するケインズの「回想録」の中で、怒り狂ったロイド・ジョージに揶揄された冷酷無比なユダヤ人（フランスの大蔵大臣ルイ・ルシアン・クロッツ――ただ、ラヴェルスタインはうろ覚えで、この人物をドイツ代表とする深刻な誤りを露呈している）のように描かれても構わないとさえ考えているようだ（八頁）。ラヴェルスタインはフランスの小説家ルイ＝フェルディナン・セリーヌ（一八九四 - 一九六一、代表作『夜の果てへの旅』〔一九三二〕）ばりのニヒリストなのだ（十三頁）。トーマス・マンに心酔していたブルームは、理想的にはマンをさらに過激にしてエロとグロを極めたセリーヌを学生たちに推薦したいと『アメリカン・マインドの終焉』の中で口を滑らせている。[31]

ベローが弔辞で指摘したように、ブルームの自宅は、「戦闘司令所」の様相を呈し、ロンドン、パリ、ワシントンの教え子たちが、政府の重要決定事項が新聞に載る直前に我先に知らせてくる。自宅に最新の技術を駆使した実況ゼミのための通信パネルを備えたラヴェルスタイン［ブルーム］は、毎日数時間を弟子と電話のやり取りに充てるのを最優先事項としている（十頁）。

ベローの弔辞におけるブルームの「戦闘」対象は、（安全策を取って）「国内外の親切で優しいリベラルな人々の集団」となっていた。しかし、ベローは、『ラヴェルスタイン』の中で、大胆にもその対象を「イラク」と明示する。

弟子の一人が中心になって湾岸戦争を遂行している最中であり、それに関してラヴェルスタインは電話で何時間も相談を受けているという（十二頁）。前述したように、湾岸戦争にアメリカが関与したのはブッシュ［父］政権時の一九九一年、ベローが実際にブルームと共にクリヨンに滞在したのはレーガン時代の一九八八年であるから、[32] ベローはラヴェルスタイン［ブルーム］の好戦的な性格を強調するため、小説の時間を意図的に三年繰り下げたことになる。（ここで誤解を生じないために付け加えておくと、ブルーム一人が好戦的だったというわけではなく、軍需産業と一体化したアメリカの政策自体が好戦的なのであり、ブルームはそれを理論的に後押ししていたに過ぎない。）

一九八八年の選挙で民主党のマイケル・デュカキスに圧勝した共和党のジョージ・H・W・ブッシュ（在任一九八九‐九三）は、元来保守派の強硬政策に反対し、ハイエク・フリードマン方式の「ブードゥー経済」にも抵抗する穏健派であった。にもかかわらずレーガンから副大統領に指名された途端、「私はレーガン氏に付いていきます——盲目的に」と宣言し、[33] 大統領の地位を獲得するために、右派の粗野な政治家思想を身に着けるという節操のなさを露呈していた。[34]

一九八九年十二月二日から三日にかけて、ブッシュはゴルバチョフと共に地中海マルタ島沖合のソ連艦上で史上初めての米ソ首脳共同記者会見を行い、第二次世界大戦以来四〇余年続いた東西冷戦の終結を宣言した。一九八九年後半にかけてハンガリー、ポーランド、ブルガリア、チェコスロバキア等社会主義体制が崩壊したいわゆる東欧革命とベルリンの壁開放という急速な事態の流れを、両国が制御しようとした最後の試みである。

冷戦の終結によって世界は平和になるものと一般の人々は期待したことであろうが、実際にそうはならなかった。ソ連が第三世界への軍事行動を控えたことでアメリカは増長し、大手を振って第三世界への介入を進めるようになったのである。

ブッシュ政権下で軍人の最高位、統合参謀本部議長の地位に就いたコリン・パウエルは、ソ連が東欧から撤退してもアメリカには関係なく、アメリカの玄関先に超大国の表札を掲げるべきだと豪語し、パナマへの侵攻を進言した。[35]

ゴルバチョフとの冷戦終結宣言を行った直後の一九八九年十二月二〇日、ブッシュは一九七三年の大統領戦争権限法に違反して、議会の承認なしにパナマ侵攻を決行した。国防司令官で最高実力者のマヌエル・ノリエガを麻薬密輸罪で起訴して逮捕し、民政に復帰させたのである。これは国際法上考えられない行為で、米州機構はパナマ侵攻を「極めて遺憾」とする決議を採択したが、国連安全保障理事会は、アメリカが拒否権を発動したため決議を成立させることができず、連邦議会も批判しなかった。[36]

しかも同侵攻は「道義上」の問題も抱えていた。アメリカはそれまでノリエガを利用するため、長らく支援していたのである。ノリエガはパナマ運河地帯の米国陸軍米州陸軍学校で反乱軍鎮圧の訓練を受け、一九六〇年以降ＣＩＡの一員として活動していた。ニカラグアのコントラに協力して、レーガン政権の庇護も受けていた。それが今回、ノリエガ一人を逮捕するためだけに非軍事地域も爆撃し、何千人という民間人を虐殺したのであった。(37)

パナマ侵攻は、冷静終結後のアメリカの第三世界に対する軍事行動の皮切りとなる。

一九九〇年八月二日、サダム・フセインがクウェートへの侵攻と占領を決行した。原因は、クウェートがイラクに、イランとの戦争のために貸し付けていた資金の返却を迫ったこと、クウェートがOPECの割当量を超えて石油を増産して原油価格を下落させ、イラクの財政を圧迫したこと、および両国の国境をめぐって新たな対立が生じたことであった。(38)

前述したように、レーガン政権はフセインに対して友好的な態度を示してイランとの戦争を支援し、フセインが化学兵器を使用しても、抗議を控えていた。これを引き継いだブッシュは、化学兵器使用の咎《とが》をイランに着せながら、フセインに対して十二億ドルの追加貸付を行っていた。(39) また侵攻直前の一九九〇年七月二五日、駐イラク大使のエイプリル・グラスピーがバグダッドでフセインと会談し、ブッシュ大統領が引き続きイラクとの国交を望んでおり、アメリカの友好国ではないクウェートとの国境問題については何の見解も持っていないと告げた。(40) フセインはこの発言を、イラクがクウェートを占領してもアメリカは黙認するという意味だと解釈して翌週クウェートを占領し、大規模な石油資源を手にしたというわけである。(41)

ところがアメリカは、国連安全保障理事会を通してイラクにクウェートからの撤退を要求し、イラクに対して世界規模の貿易禁輸措置を課した。

国防長官のチェイニー、統合参謀本部議長のパウエル、ノーマン・シュワルツコフ将軍は、湾岸地域におけるイラク攻撃の拠点を確保すべく、ただちにサウジアラビアのファハド国王と会談し、国王にクウェート内のイラク軍大部隊と多数の戦車がサウジアラビアの国境を越えようとしている合成写真を見せ、米軍と西ヨーロッパのＮＡＴＯ同盟軍をサウジアラビアへ配備させることを認めさせた。日本の新聞社の指摘によって写真は偽造されたものだと判明し、ＡＢＣニュースや『ニューズウィーク』誌もこれを報じたが、既に米軍がサウジアラビアに駐留した後であった。[42]

一九九〇年九月、外交問題評議会の東西研究プロジェクト議長だったマイケル・マンデルバウムは、ソ連が積極的に冷戦終結への道を開いた今、アメリカが四〇年ぶりに第三次世界大戦の勃発を気にすることなく中東で軍事行動を取ることができると声高らかに宣言した。[43]

アメリカは国連安保理事会にイラクへの軍事行動を認めさせるため、ありとあらゆる手を尽くした。エジプトおよび湾岸諸国に対する債権を一部放棄し、ヨーロッパ諸国、日本、アラブ諸国にシリアに対する資金提供を強要し、サウジアラビアにはソ連に対する資金を提供させ、天安門事件以来制裁を加えていた中国への態度を軟化させた。その「甲斐」あって十一月二九日、国連安保理事会は、イラク軍をクウェートから撤退させるために「あらゆる手段の行使を認める」という決議を採択する。[44]

しかし、ヨーロッパや日本は戦争に熱意を示さず、クウェートに対するアメリカの石油依存率はわずか九％に過ぎなかったので、アメリカの国益が重大な危機に瀕しているという説明も成り立っていなかった。[45]

一九九一年一月十二日、街で反戦デモが繰り広げられる中、ブッシュは開戦決議案を議会に諮《はか》り、議案は下院を二五〇対一八三で、上院を五二対四七で通過する。一月半ばにアメリカは五六万人の部隊を湾岸地域に終結させ、戦争が終わる頃までには七〇万人に増員していた。[46]

国連安保理は、イラク軍に対してクウェートからの撤退期限を一九九一年一月十五日と設定していたが、撤退の兆しが見られなかったので、一月十七日、イラクに対して「砂漠の嵐」作戦を決行した。アメリカ軍とサウジアラビア軍は、二ヵ月間、トマホーク巡航ミサイルや誘導爆弾その他のハイテク兵器を使用して、GNPがケンタッキー州ほどしかない小国イラクの、道路、橋、公衆衛生施設、水路、鉄道、通信システム、工場、配電線等、インフラの多くを破壊し、イラクを産業革命以前の状態に戻し、公衆衛生を壊滅的な危機に陥らせた。(47) この戦争で二〇万人を超えるイラク人が死亡し、約半数が女性と子供であったと推定され、アメリカ人の死者は一五八人と見積もられている。(48)

アメリカ・サウジアラビア両軍は、イラク国内を攻撃したのち、ほとんど無抵抗で数の上でも下回るクウェートのイラク軍を、放射性化学物質を出す新種の劣化ウラン兵器で攻撃した。撤退していくイラク軍が通った道路は「死のハイウェー」と呼ばれた。(49)

小説『ラヴェルスタイン』では、湾岸で戦争が行われている最中にラヴェルスタイン〔ブルーム〕が「インナーサークル」の院生を自宅のマンションに招いてパーティーを催す。

『アメリカン・マインドの終焉』を読む限りでは大衆文化を軽蔑していたはずのラヴェルスタインが、何とシカゴ・ブルズ、特にマイケル・ジョーダンの熱狂的なファンで、大事な試合がある晩には、院生を招き、必ず（フレンチ・デリカテッセンではなく大層庶民的な）ピザの宅配を利用するのだという。味覚が「ラヴェルスタイン一族」よりも「繊細な」チックは、ピザのギタギタに堪えられないので、自家製のサンドイッチを所望する（五五頁）。

テレビの大型画面には満員の観客席が煌々と照らし出され、コートではジョーダン、スコッティ・ピッペン、ホーレス・グラントが試合前のシュートの練習をしている。時折ブッシュ大統領の画像が練習風景を遮り、ハイテク戦の模様や、コリン・パウエル将軍、国務長官ジェームズ・ベーカーの顔も映し出される。そしてスタジアムが一瞬暗くなった後、照明が全開となる。

折しも当日は、アメリカが湾岸戦争で勝利を収めた所とあって、テレビ放送は、NBAの試合中継と湾岸戦争を一体化させているのだ。

ここからチックは、ナチスのニュルンベルク党大会を連想する。ヒトラーの建築家アルベルト・シュペーアは、放射状のサーチライトを駆使して大衆心理をいやが上にも高揚させた。ラヴェルスタインによると、空中で静止できるサイボーグ的な生体を備えたバスケットボールの黒人選手は、スペインの闘牛士、アイルランドのテノール歌手に相当する国民的英雄であり、国家公務員に等しい（五六頁）。マイケル・ジョーダンが齧ったリンゴの芯を聖人の遺物のように崇める少年たちから、現代版少年十字軍を結成することも可能である。年収八〇〇〇万ドルのジョーダンは、今や大衆の心を動かす英雄なのだ（五七頁）。ラヴェルスタインは、NBCテレビを大衆操作のプロパガンダに用いた国務省を高く評価する（五六頁）。

大米帝国を第三帝国になぞらえたこのハイライト場面は、決してベローの恣意によるものではない。本書第1章と第2章で扱った政治哲学者レオ・シュトラウスと弟子のブルーム、およびネオコンの「ゴッドファーザー」と呼ばれるアービング・クリストルの政治理論の共通性をここで概括しておくと、湾岸戦争当時のアメリカの政治姿勢がより明瞭になるであろう。

前述したように、ブルームの師シュトラウスの渡米以前の政治思想は、「大統領緊急令」によってナチス政権に理論的根拠を与えた立法学者カール・シュミットよりも過激なものであった。シュトラウスはシュミットの著書『政治的なるものの概念』（一九三二）を書評した折に、同書が主張する国家全体主義をさらに非人道的に徹底化できると提言し、これに感激したシュミットは、シュトラウスをロックフェラー財団の留学生に推薦した。留学中にナチスの反ユダヤ立法の成立を知ったシュトラウスが、友人宛の手紙の中で、ヒトラーに対抗するためには、「権威主義、ファシズム、帝国主義」等の「右翼的原理」に頼るべきだと主張したのも繰り返し言及した通りである。[50]

ところが、第二次世界大戦の同盟国側が一斉に反ユダヤ主義へと転じ、民主主義の連合国側が勝利を収め、アメリカに救われたシュトラウスは、民主主義擁護派に転向せざるを得なくなった。しかしながら、民主主義は、ヴァイマル共和国の例に見られるように、右翼的権威主義に対して無力と判明したから、アメリカの民主主義を守るには、体制の右翼化（帝国主義化）によって強化するしかないとシュトラウスは結論付けた。

ただし、この見解をアメリカで「エクソテリック」に公表すれば、非難の的になるのは必至である。そこでシュトラウスは「エソテリック」な手法——晦渋《かいじゅう》極まる迂遠《うえん》的な修辞と論法——を駆使して代表的著作『自然権と歴史』（一九五三）を書き上げる。その結果同書は、アメリカ独立宣言の自然権を前面に押し出しながら、自然権並びに平等思想の概念を崩壊させ、これに代わって「劣れる多数」を支配する「少数の上位者」の「自然権を」擁護するものとなった。[51]

弟子のブルームも、『アメリカン・マインドの終焉』において恩師の『自然権と歴史』の「エソテリック」方式を継承し、アメリカの建国精神を称揚するかのように見せかけながら、初期民主主義の時代まで立ち帰って近代民主主義を廃絶し、寡頭主義的階級社会を再現するよう主張した。

ブルームに代表されるシュトラウス派の理念を現実政治に応用したのが、ネオコンの始祖アービング・クリストルであった。クリストルはブルームの「エリート」（貴族）をブルジョアに置き換え、企業資本主義に基づくブルジョア経済は才能に従って富を分配する点において、最も「平等な」システムであると主張した[52]。

一九八三年に国家主義者に転じたクリストルは、「現代の保守主義の三本柱は宗教、国家主義、経済成長である」と宣言した[53]。クリストルはまたシュトラウスに倣ってプラトンの『国家』における「エルの神話」に言及し、大多数の人間が国家のために生命を犠牲にする精神を涵養するこの種の「嘘」を、国益につながる「高貴なる嘘」として奨励した[54]。

元ネオコンのフランシス・フクヤマによると、ネオコンの思想は、一九七〇年代後半にはリバタリアン、宗教的保守主義（キリスト教原理主義）、国家主義等、アメリカの伝統的保守主義諸派に広く採用され、一九八〇年代にはそれらが渾然一体となってレーガン（さらには次期大統領のブッシュ）の陰に隠れて各々の政策を推進した[55]。

かくして政治哲学・教育・現実政治の三分野において、「エソテリック」と「エクソテリック」、「古代」と「近代」、「エルサレム」と「アテネ」を縦横無尽に駆使した全体主義的内政とアメリカ的価値を唯一の価値とする好戦的外交政策が出来上がった。

「ラヴェルスタイン［ブルーム］がまりダヴァール［シュトラウス］の話ばかりするものだから、とうとう何冊か読む羽目になってしまった」（二〇一頁）とぼやくチック［ベロー］は、この間の裏事情を、ブルームの書やネオコンの知己からの情報だけでなく、「教祖」シュトラウスの著作を通して十分に知り尽くしていたのである。

ＮＢＣテレビがナチス的「国家的儀式」として演出したＮＢＡの試合の間、ラヴェルスタインは、弟子たちに切ったピザを配ってやる。

恩師と同じ服装をしたラヴェルスタインの一族＝一団＝弟子＝クローンは、同じマールボロを吸い、弟子たちのモーセにしてソクラテスのラヴェルスタインが導いてくれる知的な約束の地を期待している点で、バスケットボールの子供ファンクラブと共通の基盤を持っていた。（中略）ラヴェルスタインは、訓練している若い弟子たちから見て、紛れもない学問上のマイケル・ジョーダンであった。（五六－五七頁）

ラヴェルスタインの「クローン」と呼ばれる若い弟子たちは、目前のバスケットボールと湾岸戦争を、トゥキュディデス［特にアルキビアデスのシケリア遠征］や『『国家』のトラシュマコス的ソフィストが登場する』プラトンの『ゴルギアス』を駆使しながら鮮やかに古代世界に位置づけるラヴェルスタインに夢中で、ついにはラヴェルスタインの教義や解釈だけでなく、歩き方、しゃべり方、タバコの吸い方まで真似るようになる。

金銭的に余裕のある者は、ランバンやエルメスの上着、シャツはロンドンのジャーミンストリートのターンブル・アンド・アッサー（チックの命名によると「キッサー・アンド・アッサー」“Kisser & Asser”臀部にキスする人――諷刺の意図は明確である）の特別仕立てを着ていた。また、ロックのＣＤは売り払って、モーツァルト、ロッシーニ、あるいは十八世紀のアルビノーニや十七世紀のフレスコバルディの曲を［わかってもわからなくても見栄のために］買う（五九頁）。何よりも「ラヴェルスタインに従えば、なかなかありつけない職に就ける」（八三頁）のが最大の魅力であった。

「ラヴェルスタインはこれまでに三・四世代の教え子を生み出している（洗脳している）」とチックは推測する（五八頁）。かくも丹精込めて育て上げられた「導師」のミニチュアが何百人と政界、軍部、メディア、学界等へと巣立って行ったのである。

シュトラウス研究家のシャディア・ドルリーは、少なくとも過去二〇年間学会に所属している者から見ると、『ラヴェルスタイン』における弟子たちの肖像が極めて正確だと証言している。ブルームやシュトラウスの弟子は、いずれも「導師（グル）」の思想を議論の余地なきものとして疑わず、性格・振舞いが瓜二つであり、同じ隠語をまくし立て、同じ世界観を共有し、主義主張のためなら悪徳や欺瞞を合法的なものと考え、自分たちが現在の世界をその「愚劣さ」から救えるだけの「大智」の持ち主だと増長しているというのである。[56]

さて『ラヴェルスタイン』では、院生がピザを齧りながらジョーダンに夢中になっている間、ブルームの弟子の筆頭格とされるフィリップ・ゴーマン［政策担当国防次官　ポール・ウォルフォウィッツ］からラヴェルスタインの携帯電話に極秘情報が入る。しばらく話していたラヴェルスタインは、一同の所に戻ってきて憤慨しながら電話の内容を告げた。

コリン・パウエルとベーカーが大統領にバグダッドまで進軍させるなと忠告した。ブッシュはそれを明日発表する。わずかばかりの死傷者が出ることを怖がっているんだ。恐ろしい数の部隊を送り込み、人間が対抗できない最新のハイテク兵器を披露した。それなのに独裁政権をそのままにしてこそこそ退却するなんて。（五八頁）

ゴーマンは明らかに情報を編集してラヴェルスタインに伝え、差し障りのない部分だけを伝えた（とチック［ベロー］は用心深く付け足している）。しかし、ゴーマンは恩師にインサイダー情報を伝えることで学恩に報いようとしているのだ。また、歴史と政治哲学の大家ラヴェルスタインに注進すると、ラヴェルスタインはただちにそれをプラトンやトゥキュディデス、場合によってはモーセまで遡り、マキアヴェリやセウェルス、カラカラ経由で政治の大企図を解き起こしてくれる。

それにブッシュやベーカーという明らかに知性のない政治屋共が湾岸戦争において下した超最新の決定を、稼働中の国力の実像として出来うる限り忠実に再現することによって、アメリカ文明の政治史の中に位置付けることがぜひとも必要であった。若いゴーマンが「大政治」を把握しているとラヴェルスタインが言った時、念頭にあったのはこうした事柄なのである。(六〇頁)

ブッシュやベーカーによる湾岸戦争の打ち切り決定に対するゴーマンの不満は、プラトン、トゥキュディデス、モーセ、マキアヴェリ、セウェルス、カラカラ云々に照らして正当なものであるとラヴェルスタインは携帯電話で評価したらしい。

ラヴェルスタインは閣僚の側近ゴーマンを三〇年来教育してきて、「大政治」が何たるかを理解していると褒めちぎり、閣僚入りも時間の問題で、国のためには何よりだと太鼓判を押す(五八－五九頁)。(ラヴェルスタインの予言通り、ゴーマン[ウォルフォウィッツ]はやがてブッシュ[息子]の国防副長官に抜擢され、湾岸戦争の「雪辱」としてのイラク戦争[二〇〇三]の主導者の一人となる。)

4 「ヴェニス」に生きるか斃れるか——米独ノーベル賞作家ミレニアム最終戦

小説『ラヴェルスタイン』は三つの部分に大別される。ラヴェルスタインの絶頂期と罹患《りかん》と死を扱った第一部と第二部、語り手チック自身の罹患と闘病に関する第三部である。第三部の長い部分は、しばしば「あらずもがなの付け足し」と見做されがちであるが、後述するように、作品全体の構想から見れば、第三の部分こそが最も重要となる。

本章第一節でも指摘したように、チックの存在を抜きにしてラヴェルスタインの描写は不可能なので、自分も余白に登場するという口実で、チックはいつのまにか『ラヴェルスタイン』の事実上の主人公に収まってしまう。

だからといってチック〔ベロー〕が自作自演を気取っているわけでは決してない。小説の最終行で「ラヴェルスタインのような生き物を易々と死に引き渡すわけにはいかない」と述べるチックは、ラヴェルスタインを身体的に「死に引き渡す」前に、その精神的機構と徹底的に闘ってこれを打ち破る必要があったのだ。そしてこの闘いこそが『ラヴェルスタイン』のテーマなのである。

「闘い」の目的は、小説の冒頭で宣言されているように、「新たに奴隷制度を復活させる陰謀」を阻止することによって人類に貢献することであった。本書で検討してきたように、ポストモダンの泥沼に足を踏み入れたリベラル派は、一九七〇年代以降歯止めの利かなくなった「保守派ルネサンス」の隆盛に、数の上でも組織力でも宣伝力でも知力でもはるかに及ばない。

本来ならば、それは学者の役割であろう。しかしながら、限りなく細分化された専門という蛸壺に閉じこもり、テニュアでぬくぬくと護られた大学人からは、何も期待できそうにない。

私〔チック〕は教授という連中を好きになれなかった。まもなく終わりを告げようとしている耐え

難いこの世紀のために、ほとんど貢献をしてこなかったからだ。(『ラヴェルスタイン』一〇二頁)

それでは全身全霊を傾けて単身「巨悪」との死闘に挑む「ヒヨコ戦士」チック〔ベロー〕の戦略やいかに?――目には目を歯には歯を、小説には小説を、というわけでもあるまいが、ブルームが『アメリカン・マインドの終焉』で思いの丈を切々と書き綴ったトーマス・マンの作品のパロディ化を通して、その思想の枠組みを取り壊す(脱構築する)ことから始めたようである。

シュトラウスとブルームの政治哲学の根底にプラトン化されたニーチェがあったことについては再三指摘しているが、第4章で検討したように、ブルームはトーマス・マンを通して自説をさらに強固なものにしていた。

トーマス・マンは、ニーチェの生〔性〕の哲学の詳細な解説によってドイツ人を興奮の渦に巻き込み、二つの大戦へと駆り立てたのみならず、没後数十年経過した後もなお、シュトラウス派のブルームを通してアメリカ民主主義崩壊の影の要因として影響力を保ち続けていた。

トーマス・マンの特質は、「悪魔契約」にある。『ブデンブローク家の人々』、『トーニオ・クレーガー』、『ヴェニスに死す』、『非政治的人間の考察』で扱ったニーチェ的主題群は、主人公が悪魔に魂を売り渡す「悪魔学大全」『ファウストゥス博士』において勢揃いした。(57)

このような創作理念をベローはどう捉えていたのであろうか。

ベローはマンを「二〇世紀のファウストゥス」と呼び(『学生部長の十二月』九三五頁)、「トーマス・マンについては、常に不信の目で見てきた」と言い捨てている。(58) マンに言及している回数こそ少ないが、ベローの関心は高く、マンの娘エーリカ・マンが亡命に当たって英国生まれの米国詩人W・H・オーデン（一九〇七―七三）と偽装結婚したという伝記の裏情報まで知り抜いていた（『傷心死亡率の方が高い』三〇〇頁）。

マンは、ジェームズ・ジョイス、セリーヌと共に「二〇世紀最大の作家」と見做されているが、この三者には終末論的傾向が著しく、特にマンは『ファウストゥス博士』の中で政治と結託して文明を破壊しようとした点において罪深いとベローは糾弾する。果たして三者の「予言」は当たったか？――恐ろしい事は確かに起こったが、文明はまだここにある。作家は、安易に歴史を終わらせてはいけない、自らの生命感覚を信じて謙虚に真実を提示するだけでよいというのがベローの姿勢であった。[59]

トーマス・マンの芸術観は、啓蒙主義への反動として生まれたロマン主義に発しており、文明を破壊し、野蛮性・残虐性を含めた「自然」の復活を「芸術的」（美的）と見做す所に特徴がある。ロマン主義的傾向は、やがて「芸術至上主義」、「西洋の没落」その他の様々な概念に変容し、ポストモダンの新思潮に至るまで連綿と続く。野蛮性を含めた「自然」の復活という点においてニーチェの思想やハイエク・フリードマンの経済学も一種のロマン主義といえるであろう。

これに対してソール・ベローの創作理念は、十八世紀の啓蒙主義へと至る人文主義の伝統に属している。文明を破壊しようとするロマン主義とは対照的に、人文主義教育の目的は、自然の文明化にあり、古典的文献を西洋知識層の「共通文化」として導入し、野獣のように暮らしていた人類を、都市の文明生活へと適合させることにあった。

読者を奈落へと導く者として小説家を定義したマンは、[60]「『ファウストゥス博士』の成立」（一九四九）の中で「悪魔契約」の動機を芸術的「男性」不妊症」に帰している。[61]従来の伝統的な手法では、もはや大向こうを唸らせるような目新しい「つまり「売れる」」小説が書けないからというのである。

ベローにとっての芸術家（含小説家）は、（作家として生計を立てるために）人類を「誑《たぶら》かし、奈落へと導く」のではなく、（作家として採算が取れなくても）「人類の非公式の立法者」として「至高の責務」を果たす「聖人」でなければならなかった。(62)

トーマス・マンが悪魔契約によって小説家になったと開き直るのに対して、ベローは、「頭が足りない」ながらも「天使の子」と自らを呼んでいる（『宙ぶらりんの男』一〇〇頁）。マンが悪魔にノーベル賞をもらったとすれば、ベローは天使からノーベル賞を授かったといえよう。

ミレニアムに出版した『ラヴェルスタイン』の中で、ベローがラヴェルスタイン〔ブルーム〕の思想の背景を成すトーマス・マンとの闘いを決意し、これを「天使と悪魔の最終戦」として位置付けていたことは想像に難くない。

『ファウストゥス博士』の副題は、『友人が語るドイツの作曲家アードリアン・レーヴァキューンの生涯』。語り手ゼレヌス・ツァイトブロームは人文学者であり、『ラヴェルスタイン』のチックも人文主義者である（ただしツァイトブロームは、レーヴァキューンの魅力に取り込まれる）。「友人が語るアメリカの政治学者エイブ・ラヴェルスタインの生涯」という副題を付けても違和感がないほど、『ラヴェルスタイン』の最初の二部の枠組みは、『ファウストゥス博士』に酷似している。

『ファウストゥス博士』のレーヴァキューンが悪魔（スピロヘータ）との契約によって音楽的天才を授かり、最高傑作《ファウストゥス博士の嘆き》を作曲した直後に契約期限が切れて発狂するように、「悪魔のような異端者」ダヴァール教授（二〇一－一〇二頁）に師事したラヴェルスタインも、師から伝授されたニーチェ的〔プラトン的〕エロスによる「人誑しの術」を会得し、「助産婦」もしくは「売春斡旋人」として学生を「無知の知」へと導くための教育書『アメリカン・マインドの終焉』を書いて一躍セレブ学者になり、その数年後に「変則的な性習慣のため」ＨＩＶによって「死の宣告」を受ける。『ファウストゥス博士』において主人公の堕落と人格的崩壊が、ドイツがヒトラーに政権を譲り渡して破滅していく経緯と重ね合わされているように、『ラヴェルスタイン』では、無謀な性生活による主人公の病状が、飽くなき「権力への意志」によってイラクを産業革命以前の状態に引き戻すアメリカの「怪物国家化」に対応させられている。

つまり『ラヴェルスタイン』の第一部と第二部は『ファウストゥス博士』のパロディとして構成されているのである。

しかしながら、このような対応関係だけでは、ベローの『ラヴェルスタイン』がマンの『ファウストゥス博士』を凌駕したことにはならないであろう。

反民主主義的政策を擁護し、少数のエリートの特権として無制限の性的快楽を追求することについて、ブルームは隠すどころか、「インナーサークル」の間で堂々と公言していた。『ラヴェルスタイン』の中でこの二点を暴かれるのはブルームにとって計算違いだったかもしれないが、仮に暴かれたとしても、「インナーサークル」の中では、プラトン・ニーチェ的「エロス」に殉じたブルームの体面に瑕がつくことはない。むしろ自身の思想と美学に殉じた「天晴れな」人物として賞賛され続けることであろう。ベローの小説が、世紀替わりの「アメリカン・ファウストゥス」を扱ったというだけなら、所詮はトーマス・マンの耽美主義の二番煎じに過ぎなくなってしまう。

だがベローが「ラヴェルスタインのような生き物を易々と死に引き渡す」ことはなかった。

『ロンドン・レビュー・オブ・ブックス』にラヴェルスタインの書評を書いたクリストファー・ヒチェンズは、チック［ベロー］が作中ラヴェルスタイン［ブルーム］の死後の仲間内の「名声」に「致命傷」を与えていると指摘している。[63]

チックによると、ラヴェルスタインは自分のような政治哲学者を人間として最高位に置いていた。最も偉大な英雄である哲学者は、無神論者であったし、そうあり続けるだろう。ラヴェルスタインの序列では、哲学者の後に、詩人と政治家が来る。それからトゥキュディデスのような歴史家、カエサルのような天才的軍人……カエサルの次には短期間跡を継ぎ、帝国の政治よりも愛を選んだマルクス・アントニウス……（五三頁）

いずれにしても、ラヴェルスタインのいう偉人とは、無神論者でなくてはならないようだ。本書で繰り返し言及している「高貴なる嘘」――すなわち政治における「宗教」――は、「低劣な魂と劣弱な生命力の持ち主」を支配するために、「高尚な魂と強靭な生命力を持つ者」が発明した方便だとニーチェは主張し、無論プラトンも無神論者であったと述べている。

……ラヴェルスタインは来世を信じていなかった。この種の問題でラヴェルスタインが導きとしていたプラトンは彼岸についてしばしば語ったが、どこまで真剣に受け取っていたか怪しいものである。私は、プラトンの形而上学を代表するこのスモー・チャンピオンと四つに組むつもりはない。あの強力な腹で一発ドスンとやられたら、晴れやかな土俵から騒がしい見物席の暗闇に放り出されるに決まっている。（二二二頁）

ところがチックは、ラヴェルスタイン［ブルーム］が完全なる無神論者ではなかったことを暴露することになる。

ある時ラヴェルスタインから死とはどういうものかと聞かれたチックは、「絵（動画）が止まる」と答えた。するとラヴェルスタインは一瞬凍り付き、どもるような笑い声を立てたが、一体どういう意味かと真剣に考え始めた。

> だが、それからラヴェルスタインはつい本音を漏らし「お前［チック］は近々私の元に来るような顔つきをしている」と口を滑らせた。（二二三頁）
>
> 無神論者にして唯物論者のラヴェルスタインがそのうちあの世で会おうとなど示唆するのは、墓に入ったら一巻の終わりと考えていなかったということになる。誰もこれを認められないだろうし、認めようとしないだろう。みんな強がりを言っているだけだ。（二二二―二二三頁）

ヒチェンズによると、シュトラウスの一派がいかにあこぎな主張をしようとも、一派は偽善者でも弱虫でもなく、人間が死んだらそれを埋め合わせる来世の補償があるなどとは期待しないことに誇りを持っている。したがって、ネオコンのメンタリティにおけるストイシズムの手本を示すべきラヴェルスタイン［ブルーム］ほどの大物なら、屈辱的な不治の病いという破滅に瀕しても、乱行の果ての従容としたソクラテス的威厳を備えていなければならないはずだ。

それなのに伝記小説『ラヴェルスタイン』はそれを許さず、ラヴェルスタインは、自らが「畜群」と蔑視する大多数の国民を国家の「人柱」とするために発明された「高貴なる嘘」の罠にはまり、マウンテンバイクの如く身体を乱用してもあの世でお釣りが来ると能天気に信じていていたことを露呈した時点で、一派の「面汚し」となる。――これこそ一見軽微だが、チックによる意味深長な「信義の裏切り」なのだとヒチェンズは分析している。(64)

チックの一言により、HIVで死んでもまだ生の続きがあるというラヴェルスタインの希望は無残にも破壊された。チックは、「プラトンの形而上学を代表するこのスモー・チャンピオン」と四つに組んで見事に土俵際でうっちゃりを食わし、文字通りその魂に止めを刺したのであった。「これこそ血肉を備えた普通の人間が無意識に期待していることだが、〔ラヴェルスタインにとっては〕極秘の『エソテリックな』打明け話だったのである」とチックは皮肉も忘れない（二二三頁）。

死と同時に「絵（動画）が止まる」という確信をチックはどこから得たのかという問題については「エピローグ」で扱うことにして、小説『ラヴェルスタイン』は、名目上の主人公の最期だけでは終わらない。ラヴェルスタインはプラトン的エロスに殉じて「いかがわしくも怪しげな」「いわく言い難い品行というよりは不品行のために」身を亡ぼすが、その魂を殺したチックもまた（生来の好色が災いして）ラヴェルスタインから授けられた「エロスの秘儀」のためにあわや後追いをしそうになる。

『ラヴェルスタイン』の第三部には、再度トーマス・マン――ここでは『ヴェニスに死す』――がバーレスクとして取り入れられている。ラヴェルスタイン〔ブルーム〕を見送ってから二年後（実際は三年後）、語り手チック〔ベロー〕自身も難病に罹り、生死の境を彷徨うのである。

ニューハンプシャーのサマーハウスを訪れてチックに「プラトン的教育」を施すラヴェルスタインは、『ヴェニスに死す』の中でパイドロス〔タジオ〕を口説くソクラテス〔アシェンバッハ〕に喩えられている。

チックを「操り、ヴェラに関する自分の見方を受け入れるように仕向け」て仲を裂こうとするラヴェルスタインに業を煮やしたヴェラが、「あなたたち二人、デキているのね」という台詞を吐くほど二人の仲は傍目には「親密」になっている（一一三頁）。

ブルームの師シュトラウスの愛読書『善悪の彼岸』においてニーチェは、プラトンの死の床の枕の下から発見されたのは、聖書でも、エジプトの書物でもピュタゴラスでもなく、喜劇詩人アリストパネスの小品であり、これこそプラトンの詭弁とスフィンクス的精神を物語ると主張している[65]（箴言二八）。

チック「ベロー」は、ラヴェルスタイン「ブルーム」の「奥義」を、プラトンの『饗宴』に登場する喜劇詩人アリストパネスの寓話に集約している。周知の通り『饗宴』では、『パイドロス』と同様エロスの問題が大々的に論じられており、論客の一人アリストパネスは、ブルームやマンのいう「憧憬」の元を語る。

その昔人間は二人が一体となり、一つの胴体に顔が二つ、手が四本、脚が四本というそれ自体完結した生物であったが、ある時神々に反抗を企てたため、ゼウスの怒りを招き、一体残らず真っ二つに切り裂かれた。それ以来半身はもう一つの半身をしきりに恋い焦がれるようになった。人間の種類には雌雄同体、雌雌同体、雄雄同体の三種があり、元の種類に従って異性愛者と同性愛者に分かれ、このうち、男性の同性愛者が最も優れた存在であるという（『饗宴』一八九D－一九三D）。

チックは、この寓話のエソテリックな意味を次のように解説する。

ゼウスは独裁者であり、人間を支配するという政治目的のため、人間の身体を切断し、不完全な形にしたのだ。その代償としてゼウスは人間にエロスを与えた。性的抱擁は一時的に切り裂かれた自己を忘れさせてくれるが、切断による苦痛は永遠に続くのだ。相手と一体に戻りたいという苦痛を伴う衝動は

「憧憬」（longing）と呼ばれ、ラヴェルスタインはこれを非常に重視していた（二四頁）。

ロミオとジュリエット、アントニーとクレオパトラ、ボヴァリー夫人級の「憧憬」を伴う下半身の操作こそが世界を制するとばかりに、ラヴェルスタインはゼウス流のエロスによる人心掌握術を取り入れる――『アメリカン・マインドの終焉』の当初の副題は『憧憬なき魂』であった。学生同士の掛け合わせに専心していたラヴェルスタインの熱意が（二六－二七頁）、「御用伝記作家」のチックにも及んできたというわけである。

アリストパネスの寓話を、ラヴェルスタインは、年齢差のかけ離れたチックとロザモンドの愛に当てはめようとし、（八二頁）ヴェラとの間に楔を打ち込むべく、弟子のロザモンドを秘書として送り込む。その「甲斐」あって、数年後にチック［ベロー］の結婚は破綻し、チックはロザモンドと再婚するのである。

まもなくラヴェルスタインは他界する。本来ならば「死者の役割は忘却されることにある」（一六一頁）――チックは伝記の約束など忘れて、四〇歳近く年下の新妻ロザモンドと楽しく暮らしたいところだが、そうは問屋が卸さない。

ロザモンドは（エソテリックな教義までは授けられなかったようだが［八九頁］）無駄にラヴェルスタインの弟子をしていたわけではない。ラヴェルスタインの衰弱ぶりに、もう元の姿には戻れないのかと涙を流すロザモンドと、大枚はたいて揃えまくった家財一式を死出の旅に持って行けないのはさぞ悔しかろうと不謹慎にも勘繰るチックとでは、愛情の度合いがまるで違う（九八－九九頁）。そしてラヴェルスタインに注がれたロザモンドが敬慕の念が、伝記を書けとチックをしきりに悩ますようになる。

ロザモンドは、ラヴェルスタインの方がチックよりも学問的にはるかに優れていると信じている（ギリシア語でプラトンやトゥキュディデスを教わったロザモンドは完全読解できるが、チックはできないようだ)。書いたら最後と脅かされているチックの事情も知らず、ロザモンドは何としても恩師の伝記を書かせねばならないとチックを執拗に責め立てる。

「ラヴェルスタインの思想は他の人に任せたらいいんだから」
「ああ、そのつもりだよ、知的なことは専門家に任せるさ」
「自分の分限をわきまえされすればいいんだわ」(一六一 - 六二頁)

「あなたがご指名の伝記作家だからよ。そんなに理解が鈍いのを気にいるはずがないわ」(一六六頁)

埒が明かないと悟ったロザモンドは、シカゴを去り、ボストンの大学に移った方がチックの不調が克服できるのではと勧めて恩を着せておいてから、ついてはカリブ海豪遊に連れて行ってほしいと言い出す(一八一頁)。

ラヴェルスタインの弁護士ダーキンからパンフレットをもらったということだが、ダーキンの方は抜かりなく、サンマルタンにうっかり残してきた訴訟用の資料の要約をチックにさせようという魂胆だ。ロザモンド自身、ラヴェルスタインの学識だけではなく、お大尽ぶりにも憧れていたようで、リュカ・カルトンでは頬を紅潮させ、一夜明けてからもラヴェルスタインの金離れの良さに感激する。カリブなんて巨大なスラムだと言ってみても、ロザモンドは聞く耳を持たず、アメリカ、中南米、ヨーロッパの大富豪が自家用機で乗り付ける島に行き、長者気分だけでも味わってみたいというわけで、結局チックは言い成りになってしまう。

果たして経由地のサンファンのホテルのバーでは、アメリカ人男性が、妻がわけのわからぬ病気に罹ったと言って酒を焼け飲みしている。サンマルタンに飛び、ダーキンから紹介されたコンドミニアムに着くと、女将は長く待たされたと言って、けんもほろろの迷惑顔。シーツと枕カバーには洗剤の粉がこびりつき、トイレのタンクからは腐敗臭が漂い、夜中に階下で男が殺してやると大きな声で女将の部屋のドアを叩き、やがて警官に連れ去られる。

客寄せのためか、目抜き通りには、目に染みるほど濃いバーベキューの煙が立ち込めている。プライベートビーチにようやく着くと、ロザモンドはチックの身体を水に浮かせて抱き上げ、ソロモンの栄華がここにありとばかりに（ベローの本名は、「ソール」ではなく「ソロモン」）、ヘンデルのオラトリオ《ソロモン》の合唱曲〈香炉から立ち昇る〉のフレーズ「ハッピー、ハッピー、ソロモン」を歌いながら水の中で揺らす。ヘンデルがジョージ二世への諷刺を込めて作曲したこの「頌歌」は、富に任せて大量に焚き染めた香が周囲一帯にもくもくと煙り渡る様をコミカルに描写したものであり、(66) この島に充満するバーベキューの煙とコントラストの妙を成している。これに追い討ちをかけるかのように、チックの頭上には繁殖期を迎えた黄色い蛾が何百匹という群れをなして飛び回っている（一八六頁）。

やがてダーキンに紹介されたビストロに入ってみると、これも不愛想この上なく、注文したフエダイは生焼けで食べられた代物ではない。

しかもダーキンから押し付けられた訴訟用書類は、アンデス山中に飛行機が墜落して人食い人種に邂逅したスポーツマンの体験を綴ったもので、ただでさえ嘔吐感を催す代物だ。

案の定チックは魚の毒に神経を冒され、バスルームの床で失神する。ロザモンドはチックを飛行機に乗せて連れ帰るが、途中、何着もの着替えを詰め込んだ複数のスーツケースを女の細腕で運び、荷物検査と搭乗手続きを済ませる羽目に陥る。

チックはボストンの病院の集中治療室に直行し、「バカンスと引き換えにチックを売り渡した」ことを反省したロザモンドは、一週間着の身着のままで横に付き添う。看護師を始めとするスタッフ一同は感動し、これこそ愛が命を救う見本だと感激し、洗練された、黒髪の、鼻の真直ぐな美人で純粋の愛を持てる人などと褒めそやし、病院の規則を枉げてチックの横に寝ることを許すが（二一九―二一〇頁）、当人のチックは醒め切って、ラヴェルスタインなら喜んだことだろうとまるで他人事のようだ（二二一頁）。

集中治療室に入った患者の死亡率は四〇％だが、チックは運よく助かった（二二三頁）。しかし何週間も昏睡状態にあったため、括約筋を含む全身の筋肉が委縮し、認知力まで衰えている（二二五頁）。相当覚悟を決めてリハビリに取り組まないと、寝たきりになってしまうというのに、チックはすっかり意気阻喪している。

サルトルの『嘔吐』（一九三八）ではないが、チックは周囲の事物や人間、そして自分自身に対して激しい嘔吐感を催すようになったのだ。止めがカリブの休日であった。「エジプトよ、我は死にゆく」とアントニーを気取っても、相手の「クレオパトラ」は、老人のチックを豪遊の手段くらいにしか考えていなかったようであるし、我が身を振り返っても――洞察力あるベローの読者は、『フンボルトの贈物』のシトリーンの台詞を思い出すだろう（二五二頁）――老後に車椅子を押してもらうことを当てにしていたことは否めない。

生前のラヴェルスタインは見抜いていた。チックには「天職」があり、結婚も女性も料理の付け合せ。ヴェラとの冷たい関係を十二年も惰性で続けることができるほど執筆に専念している（一一二頁）。これではそれなりの目的しか持たない女性しか寄って来ないのも詮無いことで、ジョルジョーネの美女がエイリアンに変わったからといって、文句を言えた筋合いではない。

ならばチックの「天職」の方はどうか。世にも美しいヴェラを放置してまで付き合った［合わされた］ラヴェルスタインの実態を暴くには暴いたが、その詳細のいずれもが、狩り集めた人間の生首を財産代わりに所有・交換する部族の習慣に劣らずおぞましい。数百匹の蛾の群が蠢くような伝記・歴史書を出し、挙句の果てに殺されるなんて、自分は何のためにこの世に生まれてきたのか。人文主義者として自然を文明化し、野獣のような人類を文明生活へと適合させることなど、夢のまた夢でしかないのだろうか。

ここでベローの読者は、人類のために立ち上がろうとするが、一向に成果が出ず、しかも一人の共感者も見出せないというヘンダーソンの嘆きを思い出すかもしれない。

この惑星［地球］は何十億人もの乗客を乗せている——これまでに無限億人、これからはさらに多くなることだろう。それなのに私に理解できそうな者は誰一人としていない。金輪際いないのだ。自分の理解力というものを私はどれほど盲信していたことか。それを思うと、大の男ながら涙を流したくなる。（『雨の王ヘンダーソン』二四八頁）

ちなみに物語は、ヘンダーソンが唯一心を通わせることができた相手は、遊園地の見世物用の熊だったという落ちで終わる。

だが天はチックを見捨てなかった。

自暴自棄に陥ったチックの前に、熊ならぬ病院内の一匹狼ドクター・バクストが登場する。この変わり種の医師は、周囲の反対を押し切ってチックの病名がシガテラ中毒だと頑固に言い張り、その神経治療に精魂を傾ける。

相手が一筋縄ではいかないことを悟ったバクストは、真夜中にチックを叩き起こし、チックの顔中を針でつつき回して、麻痺している箇所を特定していく。上唇の神経が麻痺し、両手が思うように動かず、スプーンもペンも使えない（二二四頁）。病室に来る時間はばらばらで、いつも奇襲をかける。「十時四七分の時計を描け」「今日は何日だ？　自分が特権階級だから日付なんて知らなくてもいいと思うな。」「七二×九三は？――では五三二一÷四六だ。」――ありがたいことに九九（欧米では十二×十二まである）だけは忘れていなかった。バクストはチックと「深い」問題について話し合う気はさらさらなく、回復の度合いも一切話題にしない（二二六頁）。

デービッド・コパーフィールドの邪悪な継父のような顔付きで、解かねば痛い目を見ると言わんばかりに次々と算数の難問を投げつけるドクター・バクストに（二二九頁）、チックは八歳の時、腹膜炎と肺炎を併発して入院し、両親の愛情を独占したという理由で、退院してから二人の兄に小突き回されたことを思い出す。このままでは早晩身障者にされると思ったチックは、有名なフットボールコーチの書いた『体力増強・維持法』を読み、石炭運び、懸垂、パンチングバッグ、棍棒等で片端から筋肉の増強に励んで危機を乗り切った（二二六頁）。バクストは、チックが老人ながら脅されて動くタイプだということを見抜いていたのである。チックは算数のかたわら手足のリハビリにも励むようになり、小切手にサインをし、病院の勘定を払って一丁上がりというわけである。

集中治療室を出るには出たが、生ける屍のようになっていたチックを再生させたのは、慰めや甘言を弄さず、最後まで悪役に徹してチックを治そうとしたボクサータイプのドクター・バクストであった。この患者はどうやら複雑な事情を抱えているらしい。だが自分の役目は治すこと、あとは当人の生命力で乗り切れるはずだ。

ドクター・バクストは、前世紀のインディアンの腕利きの斥候のように、レールに耳を押し当て、機関車が来る音を聴き取った。もうすぐ生命力が回復し、私［チック］は生命行きの列車の席を確保することだろう。列車が進めば死は景色と共に遠ざかり、元のように見えなくなるだろう。（二三〇頁）

エロスに支配されるかぎり、自分の性衝動を満たすという利己的な動機が働くので、純粋な人間同士の愛は成立しない。エロス抜きに人間が人間に共感し、互いに人間として生まれてきたことを喜び合えるような愛が存在するのだろうか。アリストテレスのいう「フィリア」か、あるいはキリスト教では信者同士の親善、博愛等を意味する「アガペー」というギリシア語が用いられているが、それが宗教なしでも可能なのだろうか。

これに対する答えをバクストは与えてくれた。職業上の利害だけでは説明できないバクストの行為、感謝など決して受け取らないという心意気に無償の愛を感じ、義人が一人でもいれば世界を見捨てないという神のような境地になったチックは、今一度生き直して不快極まる真実を命がけで世に知らしめるためにラヴェルスタインの伝記を書く決意を固めたのである。

バクストが私を治してくれたのかもしれない。助かったのはバクストのおかげ、そしてもちろんロザモンドも。（二二九頁）

もちろんチックを救ったのはロザモンドだということも、エクソテリックに書いておく必要があるだろう。

以上がソール・ベロー版の『ファウストゥス博士』ならびに『ヴェニスに生きる』である。アメリカン・ファウストゥス［ラヴェルスタイン］の魂は身体と共に滅び、アメリカン・アシェンバッハ［チック］はヴェニス［カリブ］から生還したのであった。

5 Dデーに向けて――「ツァラトゥストラの経済的帰結」

前述したように、ブルームが死亡したのは一九九二年、ベローが『ラヴェルスタイン』の執筆を始めたのは、カリブ海の食中毒後遺症からようやく脱出した一九九七年であり、時代は共和党のブッシュ（父）から民主党のクリントン政権に移行していた。筆慣らしのための中編小説『現物人間』を出版し、ようやく執筆の体力と気力が戻ってきたものと思われるが、ここで気になるのは五年という時間の推移である。

湾岸戦争直後に『ラヴェルスタイン』が完成していたら一大センセーションを巻き起こしたかもしれないが、書き始めがブルームの死から五年後、さらに上梓が二・三年先とあっては、そもそも本を出すこと自体に意義があったのかと気にかかるところである。

結論から言えば、その「心配」は無用のようだ。クリントンが政権に就いた翌年、ベローがシガテラ中毒で七転八倒した一九九四年に中間選挙が行われ、四〇年ぶりに共和党が上下両院で過半数を占めた。クリントン自身がリベラルと保守派の中間的な政策を掲げて当選していた上に、中間選挙を契機に民主党が共和党と共に右傾化し(67)、第3章で指摘したように、一九九六年の大統領選で、クリントンが共和党のボブ・ドールから「隠れリベラル」と非難された時も、強くそれを否定するような有様になっていた(68)。「共和党ルネサンス」が本格的な開始を告げたのである(69)。

クリントンが公約していた国民皆保険制度の改革は阻止され（先進国の中で皆保険制度が導入されていないのは米国と南アフリカ共和国くらいであった）、低収入世帯に対する児童扶養手当が廃止された結果、アメリカの服役者の数は、一九八〇年の五〇万人から、二〇〇〇年には二〇〇万人と四倍にも増加することになる(70)。

財政的には「健全な時代」であったと言われている。レーガン以来の膨大な負債を抱えたクリントン就任時の赤字は二九〇〇億ドルであったが、冷戦終結を受けて、一九九八年から二〇〇〇年にかけて約半世紀以来の三年連続の黒字を出し、国家債務は三六〇〇億ドル減少した。この調子で行けば、五兆七〇〇〇億ドルに上る国家債務は、二〇一二年までに返済されそうな勢いであった(71)。

ところが、一九九一年十二月にゴルバチョフが辞任してソビエト連邦が崩壊してからも、軍事費は膨張する一方となり、軍需産業は大きな利益を出し続けていた(72)。二〇〇〇年には防衛五ヵ年計画の総計が一兆六〇〇〇億ドルに膨れ上がり、共和党よりも民主党政権の方が好戦的であることが皮肉にも証明される(73)。

ソ連崩壊の翌一九九二年、『ラヴェルスタイン』で湾岸戦争を完遂しなかったことに不満を漏らしたフィリップ・ゴーマンのモデルであるポール・ウォルフォウィッツを中心に防衛計画ガイダンスが策定された。その内容をスクープした『ニューヨークタイムズ』は、アメリカの一国覇権主義、WMD（大量破壊兵器）の獲得を試みる国（特にイラクと北朝鮮）に対する先制攻撃、ロシアのヨーロッパ進出の阻止等が盛り込まれ、このままで行くと、一九九〇年代半ばには軍事支出削減の動きが止まり、反転もしかねないと報じた。(74)

一九九三年一月、退任三日前にブッシュは、国連安保理決議に反して飛行禁止区域を守らず、ウラン濃縮施設やミサイル部品工場の疑惑が生じたイラクに対して英仏と共にバグダッドの工場や空軍施設の空爆を行う。(75)

政権を引き継いだクリントンも、就任半年後の六月二六日、その年の四月にクウェートを訪問中の前ブッシュ大統領の暗殺計画にイラクが関与していたとしてバグダッドにミサイル攻撃を行った。(76)三年後の一九九六年、クリントンは、フセインがクルド人地域エルビルを攻撃したのを理由として、九月三日から四日にかけて数ヵ所の防空ミサイル施設、防空指揮管制施設を破壊した。(77)

翌一九九七年にはPNAC（アメリカ新世紀プロジェクト）が結成される。この組織は、前述したCIAのチームB、CPD（現在の危機に関する委員会）の延長にあり、軍事費増額、宇宙空間支配の確立、ミサイル防衛システムの増強等を掲げ、石油資源の豊富なイラクのフセイン政権の打倒を最優先とした。

設立時のメンバーは、エリオット・エイブラムズ、ウィリアム・ベネット、ディック・チェイニー、エリオット・コーエン、ミッジ・デクター、フランシス・フクヤマ、ドナルド・ケーガン、ザルメイ・カリルザド、ノーマン・ポドレッツ、前副大統領のダン・クエール、ドナルド・ラムズフェルド、ポール・ウォルフォウィッツ等であり、リチャード・パール、リチャード・アーミテッジ、ケネス・アデルマン、ジーン・カークパトリック、ダニエル・パイプス、元CIA長官ジェームズ・ウルジーその他が協力者として加わり、このうちの多数が次期ブッシュ（ジュニア）政権の要職を占めることになる。[78]

一九九八年一月、ウォルフォウィッツを含むネオコン十八名がフセインをイラクから追放する要求を示した公開書簡をクリントンに提出し、[79]十月下旬、クリントンはイラク解放法に署名した。[80]十月三一日にイラクが国連の査察団への協力を全面的に停止したことを受けて、十二月十六日から十九日にかけて、米英軍による湾岸戦争後最大の軍事作戦「砂漠の狐」（ナチスの陸軍元帥ロンメルの仇名）が決行され、軍艦からのトマホーク三二五基とB52からの空中発射巡航ミサイル九〇基による空爆が行われた。[81]ネオコンとシュトラウス派を含むPNACの面々がイラクに対する本格的な戦争を仕掛けるのは時間の問題であるように思われた。

このような時期に、本章で紹介してきたような内容をそのままブルームの伝記として出版することは、危険極まりないことであろう。だからといって完全なフィクションという形にしてしまうと、すべてが架空と見做されてインパクトが薄れる。そこでベローは実話小説という形式を採用し、モデルはブルームと公表することにした。それでも露骨な諷刺だけは、身の安全のために避ける必要がある。

ブルームの生と死を語るに当たって考案された究極の方法が「水陸両用作戦」――小説全体を二重構造にして「両義性」を持たせること――身も蓋もない言い方をすると「二枚舌作戦」である。ベローはあくまでも『ラヴェルスタイン』を友情の証としてブルームを追悼するために書いたと公言する姿勢を貫いた。しかしながら、これまで検討してきたように、到底そうとは考えられない。

シュトラウス研究家のドルリーは、『ラヴェルスタイン』が二通りの読者を想定して書かれているといみじくも指摘している。

読者のカテゴリーをその理解力に従って二分し、字義通りの解釈しかできない（あるいは何らかの事情により字義通りの解釈しかしない）「素朴な読者」と、行間を読む能力を有する「洞察力のある（discerning）読者」を想定しているというのである。(82)

物語を字面通りに追えば、ベローが「公言」している通り、『ラヴェルスタイン』が親友のブルームから依頼された追悼記であり、ブルームを教育者・思想家として賞賛していると受け取ることは可能である。しかしながら、洞察力を加えて読むなら、ラヴェルスタインの人物像は、およそ魅力的とは言い難いとドルリーは主張する。

まず、その俗物根性――ブルジョア階級を大いに軽蔑しながら、ブランドやデザイナー・ラベルへのオブセッション他、ありとあらゆるブルジョア的贅沢に溺れている。またゴシップにも目がなく、私生活の最奥部にまで立ち入り、最も露骨な詳細をもたらした親衛隊には点数を上乗せし、しかも仕入れた極秘情報を臆面もなく触れ回る。次に教育方法――ラヴェルスタインは弟子たちをエソテリックな教義でおびき寄せ、訓練と称して鋳型にはめ、洗脳し、催眠術にかけて奴隷化し、一族とその教条のためなら、悪徳や欺瞞を合法的と信じさせ、「影の政府」を構成している。これが偉大な思想家の姿といえるのか？

次に、ラヴェルスタイン［ブルーム］とその師ダヴァール［シュトラウス］の教育原理。万人平等の権利は多数の「劣等者」の少数の「有力者」に対する反乱の結果であるとし、俗衆を自由にさせると自己の快楽のみを追求し、国家に対する義務を怠るので、俗衆を道徳［宗教］で縛り上げておいて、少数の「有力者」にのみ、同性愛を含む無制限の快楽追求の権利を認めるものとする。（ブルームが『アメリカン・マインドの終焉』で同性愛者の人権運動に反対したのも、一旦「公認」されてしまうと「稀少価値」がなくなるからであった。）これが果たして理想の教育でありうるのか？

かくしてドルリーによると、チック〔ベロー〕は、表向きにはラヴェルスタイン〔ブルーム〕の「崇拝者の一人」として提示されているが、よく読めば「老いぼれのグルーピー」のふりをしながら、ラヴェルスタインの正体を内部から暴露する役割を果たしている。乱脈な性習慣のせいで破滅するラヴェルスタインは、悲劇的高揚感を喚起するどころか、所業の当然の報いとして死んでいく印象しか与えないというのである。(83)

勘のいい読者はここからただちにシュトラウスの「エクソテリック」と「エソテリック」を思い浮かべるかもしれない。第2章で触れたように、多くの哲学者は主として迫害から身を守るために、字義通り（エクソテリック）には一般通念に照らして「安全な」意味に解釈できるが、奥義を授けられた（エソテリック）少数の「優れた者」だけには「過激な」意味に理解できる書き方を用いた。つまりベローは、シュトラウス派やネオコンに対して「言い訳」が立つ方法を身の安全のために用いたのである。その「甲斐」あって、シュトラウス派のフランシス・フクヤマやネオコンのノーマン・ポドレッツは『ラヴェルスタイン』を字義通りにブルームへの賞賛と解釈している。(84)

“Great”という形容詞の用法については本章第一節で既に解説したが、それ以外に純粋な賞賛と解釈されうる表現として、“close friends”と“charming”を検討してみよう。

ベローはブルームの信条に全面的に賛同していたのであろうか？　本書で検討してきた限りにおいて、答えは「ノー」である。ではブルームに対して親愛の情を抱いていたのであろうか？　作中「緊密な友人同士〔親友〕」（close friends）という表現が何度も出てくるが、たえず至近距離で行動を共にしている〔させられている〕というだけでは、必ずしも敬愛の情を伴うことにはならない。

ラヴェルスタインは他の人から見ると変人かもしれないが、自分にとっては才気煥発で「魅力的」(charming)だったとチックは述べるが、その舌の根も乾かぬうちに、「変則的な性習慣のため死の宣告を受けた」と付け加えている(一六〇頁)。

この場合の「魅力的」という言葉に込められたアイロニーについては、次男のアダム・ベローの証言を参照してみよう。

ベローは政治を愚者や精神的奇形種を引き付ける劇場と見做し、政治そのものに信を置いていなかったが、観察対象としての政治には強い関心を持ち、特にファシズムや共産主義の独裁者のエゴと虚栄の怪物ぶりに「魅せられていた」という。大学時代に読む本として二〇世紀の三大悪党、ヒトラーとスターリンと毛沢東の伝記を推薦し、こうした人物に共通するのは、陳腐さ(凡庸さ)、三流の才能、奇怪さ、人民に吹き込んだ最大級の恐怖であり、国民がこのことを簡単に忘却しているがゆえに、それを思い起こさねばならないというのである。[85]

作家であるチックは職業柄、「スポーツ選手、映画俳優、音楽家、商品取引業者、時には犯罪者とも」付き合う必要がある(一二四頁)。そのためには、いくら嫌っていても、(テーマを与えてくれる点において)「魅力的」というアイロニカルな「お愛想」の一つも使えないようでは、プロ意識に欠けるというものであろう。

だが職業上とは言っても、嫌悪感だけは如何ともしがたい。これをどう克服すべきか。チックは、別の人物(見舞客のバトル夫妻)にかこつけて、嫌悪の対象に喜劇の光を当てる方法を提言する。たとえば相手を、目を剝いて噯気(げっぷ)を吐き出すおぞましいカワカマス〔淡水魚〕に喩えたら、その人物と多少は折り合いがつくかもしれない。メタファーの暴力を加えて人間としての尊厳をサディスティック

に奪い取ったからには、多少は気を使ってやらねばという心地にもなろうというもの……（一五二頁）

さてチック「ベロー」はラヴェルスタイン［ブルーム］を何に喩えたか。

集中治療室を出て、最後の一時帰宅を許され、ＢＭＷ七四〇（弔辞によれば実際はベンツ）でニッキに送ってもらおうと計画しているラヴェルスタインから、どう見えるかと聞かれたチックは、「枕の上の熟したハネデューメロンのようだ」と言い放つ（七二頁）。ＢＭＷの「凱旋」を許されず、結局救急車で運ばれたのは前述した通り。マンションのアルハンブラ風の中庭で待ち受けていたチックは、担架に載った「筋のないつるつるのメロンのようなラヴェルスタインの頭」に先導される（九〇頁）。助かる見込みがないラヴェルスタインは、大掛かりな電話交換パネルの「戦闘司令所」を取り外させ、ニッキの押す車椅子で地区随一といわれる自宅のマンションの各部屋を順に見て回る。その姿にロザモンドは涙するが、チックの方は、背中が曲がり、「ハネデューメロン頭」を横に大きく傾けたラヴェルスタインが、世界中から取り寄せた高価な家具調度や備品、その他の宝の数々を、墓の中まで持って行けないと切歯扼腕していることを見逃さない（九九頁）。「とにかくこの頭は墓に向かって転がり落ちかけていた」（一七七頁）とチックは止めを刺す。卵形の「ハネデューメロン頭」から、古典的なグロテスク手法やシューールレアリストの先駆キリコの作品を創造する向きもあることだろう。

『ラヴェルスタイン』を「誠実な追悼小説」として解釈するのは「素朴な読者」（と右翼）に任せておくとして、ドルリーが指摘した諸要素および文学技法におけるアイロニーとメタファーの観点から、小説の二重構造が相当明らかになってきたのではないかと思われる。

とはいえ死にゆく人をハネデューメロンに喩える残酷さは行き過ぎではあるまいか――これまでの経緯をあっさり水に流してラヴェルスタインに同情し始める読者は、自ら好んで「奴隷」にされてしまう

「素質」があるかもしれない。

ラヴェルスタインの関心は、死期が近付くにつれて二〇世紀に虐殺されたユダヤ人に向けられるようになった（一六八頁）。しかし、その中ですらラヴェルスタインは、ユダヤ人を「エリート」と「非エリート」に峻別しようとする。「非エリート」は政府が歯牙にもかけない「負け犬」であり、「荷車に載せて」さっさと「始末」すればいいと考えていた。ラヴェルスタインの頭を占めていたのは、「エリート」で「生きる権利」がありながら、それを剝奪されたユダヤ人であり、ヨーロッパからラヴェルスタインのような「エリート」の知識人が半数消されたことをやりきれなく思ったようだ（一六八‐六九頁）。したがってラヴェルスタインは、セリーヌが『虫けら共を捻り潰せ』の中でユダヤ人をバクテリアのように地上から殲滅させよと説いたことを知りながら、セリーヌが悪を貫き、ニヒリスト中のニヒリストとして生きたことを尊敬している（一七五、二〇三頁）。

つまりラヴェルスタインは、死期に臨んでもなお、犠牲にされたユダヤ人を「生きる権利があった」階層と「なかった」階層に二分した点において、民族を「生きる権利がある」ものと「ない」ものに二分したホロコーストの首謀者と変わらぬメンタリティを固守していたことになる。

それでも『ラヴェルスタイン』の果てしない二重構造の中で迷子になってしまう読者も少なくないことであろう。果たしてチックはラヴェルスタインの味方なのか敵なのか？――そのためにベローは、かねてより理想の人として言及してきたケインズを引き合いに出す。


「チャーリー・シトリーンを見ろよ。（中略）ケインズのような人間だと？」（『フンボルトの贈り物』二四六頁）

「本人はそう意識していなかったかもしれないが、イシエルが語ってくれたケインズのクレマンソー、ロイド＝ジョージ、ウッドロー・ウィルソンの人物描写を今でも覚えている。」（『窃盗』四五四頁）

ラヴェルスタインがセリーヌを理想としたのに対して、ドクター・バクストに救われたチックは、『平和の経済的帰結』を書いたケインズに我が身を置き換えたようである。ラヴェルスタインはスタイルだけ情報通のケインズを気取っていたが、ケインズはチックにとって、人道主義者の鑑であり、人間中の人間なのであった。

救急車で運ばれてくるラヴェルスタインをマンションの中庭で待ち受ける間、チックはケインズの回想録「敗れた敵メルヒオール博士」を読み、作中ではその内容がラヴェルスタインの様態を無視して三頁近くに渡って引用される。

一九一八年十一月十一日、第一次世界大戦両陣営の間に休戦協定が締結され、その中にドイツに対する食糧供給を配慮するという一項が設けられていたが、翌年一月初めにケインズが英国大蔵省主席代表としてパリに入ると、講和会議が始まってもなおドイツに対する食糧封鎖が解けておらず、このままでは大量の餓死者が出ることは必至であった。[86] しかもフランスとベルギーが英米を出し抜いて、ドイツが食糧を買付けるための金融資産を（没収すべく）凍結していたのである。[87]

ケインズは陸軍と海軍だけで行われていた食糧問題に介入してこれを自力で解決すべく、総理大臣のロイド＝ジョージに無断で英国食糧相とアメリカの代表二人を引き連れて連合国総司令官フォッシュ元帥の列車に強引に乗り込み、ドイツ西部のトレール（仏語ではトレーヴ）で開かれる会議に出席する。ドイツ代表団に対して連合国側は、食糧の供給と引換えに船舶の引き渡しと金および外国通貨による支払いの条件を提示したが、ほとんど進展を見ない。この時ドイツ代表団の中でただ一人敗者の威厳を保ち、極めて誠実な印象を与えていたのが、銀行家でドイツの財政問題を代表するカール・ヨーゼフ・メルヒオール博士（一八七一－一九三三）であった[88]。

第二回のトレール会議もドイツの代表フォン・ブラウンの抵抗で流れ、その二週間後に三度目の会合が前出のスパで開催される。皇帝とヒンデンブルクとルーデンドルフが軍隊や都市の喧騒を逃れ、ワーグナーオペラの登場人物を気取って指令を出していた幽鬼漂う場所である（『ラヴェルスタイン』七九頁）。しかしここでもまた時間が無駄に過ぎようとしていた。

メルヒオールの人格にかすかな希望を寄せていたケインズは、この時首席のホープ海軍少将に提案する――「メルヒオール博士と二人だけで話をしたいのですが……それしか突破口がないように思われます。」少将は意表を突かれたが、結局許可を出す――「思い通りにやってみたまえ[89]」。『ラヴェルスタイン』には二人の秘密会談の様子が引用されている。

我々（ケインズが代表する連合国側）の最近の行動があなた方からご覧になって到底誠実とは言えないことは認めます。でもどうか、少なくとも今ここにいる私が誠心誠意を尽くすつもりだということだけは信じて下さい。博士にこう言うと、私と同じくらい感動し、私を信じてくれたようであった。会見の間二人は座ろうともしなかった。私の心の中にいつしか博士に対する愛情のようなものが芽生えてきた……［成功する見込みはほとんどないと博士は言った。］でもヴァイマルに電話して、私に裁量権を与えてくれるよう急き立てましょう……博士はユダヤ人特有の激しい愁苦を込めてこう言った。(『ラヴェルスタイン』八一頁)(90)

真っ先に解決すべき食糧問題を何ヵ月間も放置し、ドイツを飢えるに任せている連合国側に自分は属している。敗戦国のメルヒオール博士が憎んでも憎み切れない陣営にケインズは居る。しかし、他の連中とは異なり、少なくともケインズだけは真剣に考えている。信用できないだろうが、メルヒオールが敢えてケインズを信じることから打開への道が拓けるはずだ。「少なくとも今ここにいる私が誠心誠意を尽くすつもりだということだけは信じて下さい」――ケインズは、自分が行おうとしていることの重大さを意識し、興奮に震えながらこの言葉を語ったという。(91)

同時にベローも「洞察力のある読者」を脇に呼び寄せ、差し向かいになって、ブルームの一派と見做され、信用を落としている自分の誠意を信じてくれるよう訴えるつもりでこの部分を引用したものと思われる。

三月六日、ケインズはパリに帰り、巨頭を説得すべく、翌日最高会議に食糧問題を提出する。休戦条項でドイツに食糧を送ると示唆しながら、いまだに一トンの食糧も届かず、何十万トンもの食糧がロッテルダムに留め置かれている。(92)ドイツの船舶と金の引き渡しと交換に食糧を！ ここでケインズが普段あまり高く買っていなかった上司のロイド＝ジョージが奮起してフランス側の説得に当たった。ドイツの黄金を狙い、金による食糧の支払いをあくまでも阻止しようとするフランスの大蔵大臣ルイ・ルシアン・クロッツ(一八六八－一九三〇)を、金袋を摑んだユダヤ人のジェスチャーをしながら激しく攻撃したのである――女性と子供の餓死者をこれ以上増やし、ボルシェビズムがヨーロッパに広がったとしたら、それはすべてこのクロッツのせいだ――居並ぶ各国代表がこれに荷担したため、フランスのクレマンソー首相もついに折れ、金による食糧の支払いを認めた(93)。(『ラヴェルスタイン』八〇頁)

四日後、ケインズはブリュッセルに向かい、メルヒオールに説得を依頼しておいたフォン・ブラウンを含むドイツ側と条件を確認した上で、ようやく食糧を積んだ列車がドイツに向かって出発したのであった(94)。

パリに滞在中、ケインズは細目を詰めるために何度もメルヒオールと会談した。一九一九年十月、ケンブリッジに帰ってからケインズはオランダ銀行総裁からの招きでアムステルダムを訪れ、メルヒオールを招き寄せる。律法の銘板を遵守する厳格なラビのメルヒオールは、東部ドイツが盟約に背いてロシアに歩み寄ろうとしていることをドイツ側の忸怩《じくじ》たる事実として詫びた。ケインズが出版予定の『平和の経済的帰結』の草稿の中から見かけ倒しのウィルソン大統領に関する箇所を読み上げると、メルヒオールの眼に涙が浮かんだという(95)。――「敗れた敵メルヒオール博士」は、深い倫理観に根差した人間性と正義への熱情に溢れ、トルストイの名作にも匹敵する芸術性を持ち、ケインズの著作中最も「美しく」「素晴らしい」一篇だと言われている(96)。

ラヴェルスタインを乗せた救急車が到着した時、チックは大蔵省における進退についてケインズが母親に宛てた手紙を読んでいた(九〇頁)。作中には引用されていないが、この有名な手紙は、以下のような内容になっている。

> ……もう精も根も尽き果てました。仕事は辛いし、周囲の醜悪さに気が滅入ります。この二・三週間ほど惨めな思いをしたことはありません。講和会議は横逆非道、無理無体で惨劇は目に見えて

います。（中略）僕がドイツ人なら、こんな条約に調印するくらいなら、死を選びます。そうです、僕までこの暴虐と愚行の共犯者にされてしまったようですが、もうすぐ見切りを付けます。大蔵省に辞表を提出し、できれば六月一日、遅くとも十五日に辞任するつもりです。[97]

パリ講和会議（一九一九年一月十八日-六月二八日）に英国大蔵省主席代表として出席したケインズは、ドイツからの賠償金を選挙に利用することしか考えていない魔女のような連合国の面々が敗戦国ドイツに対して支払い可能な額の数倍もの要求をしたことに対して、[98]シガテラ中毒に罹ったチックに劣らぬ嘔吐感を催していたのである。長年ラヴェルスタイン一派と交流を持ったチックも、会議に同席したケインズのように、「周囲の醜悪さに気が滅入り」、ネオコンと同一視され、「暴虐と愚行の共犯者にされて」いた。

退職したケインズは、六ヵ月後に『平和の経済的帰結』を出版して、世界中に連合国側の「横逆非道、無理無体」ぶりを暴露する。ベローもまた、私家版『平和の経済的帰結』を世に出すことで、シュトラウス派とネオコンの内幕を世に知らしめねばならない。その内容は、根底にニーチェ思想が存することから、「ツァラトゥストラの経済的帰結」とでも要約されることになるだろう。

しかしながら、一旦出版すれば、ケインズが大蔵省を辞したように、ベローも作家としての筆を折ることが要求される。それどころか、最悪の場合も覚悟しなければならない。

序章で紹介したマーティン・エイミス宛の手紙（二〇〇〇年二月七日付）の中でベローは、「卑劣な民主主義の実体を、ジャーナリズムや大衆に説明する責務を一身に背負っているという思いに駆り立てられた」こと、これが本格的小説を書く最後にならざるを得ず、しかも自分が乗っている乗り物が攻撃され、自分自身の「年貢の納め時」を迎えるかもしれないことを切々と訴えた。

だがいずれにしても用心に用心を重ねるに越したことはない。『ラヴェルスタイン』のエンディングは、一瞥する限りでは、ブルームへの特別のオマージュと解釈できるように書かれている。

特別仕上げのクリーニングを施した「キッサー・アンド・アッサー」のストライプシャツに、金無垢のカフスボタンを通したラヴェルスタインは、糊の利いた襟を立て、デカダンスの極致ともいうべき不安定な指使いでネクタイの大きなノットを作り上げる。タバコをくわえながらパウルセン・アンド・スコーンのタン皮のブーツをはき、五千ドルもする絹・ウール混紡のイタリア製スーツをはおり、上着の袖を引き延ばして頭を磨き上げる。その間「鉄のカーテン」の向こうから苦労して取り寄せたというロッシーニのオペラ『アルジェのイタリア女』序曲の古楽器バージョンをハイファイ装置からボリューム一杯に流している（二三一-二三二頁）。

表に出ると早雪が高めの灌木に積もり、その枝には夥しい数の緑色のオウムの群れがぎっしりと止まって赤い実を貪っている。鳥籠から逃げた一組のつがいがいつしか増殖して、通りを占領するに至ったのだ。ラヴェルスタインはオウムの鳴き声が自分の声を掻き消すと言って驚き、はしゃぐ。「ラヴェルスタインのような生き物を易々と死に引き渡すわけにはいかない」とチック［ベロー］は小説を締め括る（二三三頁）。

字義通りに読む習慣しかない人々はこれに心を動かされることであろう。しかし、『ラヴェルスタイン』の書評「誰がためにベル［ロー］は鳴る」を書いたゲーリー・ギディンズから見れば、この箇所はアンティクライマックスの極みだという[99]。

シャツとネクタイとブーツと光る頭だけがラヴェルスタインの本質だったのか。音楽がロッシーニというのは、ワーグナーに反抗していた時代のニーチェを気取っているのであろうが、『アルジェのイタリア女』第二幕で快楽主義の秘密結社のパーティーが展開するのは、いかにもブルームらしい。それに、ロッシーニを古楽器で演奏して悪いという法はないが、古楽器をボリューム一杯に流すのはいかがなものか。白い雪と緑のオウムと赤い実は美しいという印象を与えるかもしれないが、「実を貪る」のは見苦しい。シカゴの「生ごみ生態系」の中で増殖していつしか界隈を占領するに至った無数のオウムは、人真似のうまいラヴェルスタインの弟子（クローン）を連想させる。

結局ラヴェルスタインの最後の日々を引き伸ばしたのは、贅沢な衣類やCDや学生の掛け合わせやOBがもたらす政治上の秘密だけで、感動的でも何でもない。小説の核を成しているのはチック［ベロー］の「パンセ」であり、チックこそが「小説の魂」なのだとギディンズは主張する。(100)

その意味でも「ラヴェルスタインのような生き物を易々と死に引き渡すわけにはいかない」。

ベローが最も気を砕いたのは、出版までの段取りであろう。いきなり出したのでは、最悪の場合、二重構造が災いして、ブルームに対する純粋な賛美だと世間から受け取られた上に、自分独りが激昂した右翼に葬り去られる。

そこでベローは、一九七一年にペンタゴンの機密文書を漏洩することによってベトナム戦争が当初からアメリカ側によって仕組まれていたことを暴露した前出の元国防省研究員ダニエル・エルズバーグの顰《ひそ》みに倣って、複数のメディアに訴えることにしたようである。

一九九九年五月二三日、ベローはまず保守派の『ワシントンポスト』紙にブルームの伝記を小説の形で書くという予告を行い、(101)この前後にブルームの長年の親友でシュトラウス派のダンハウザーに草稿を送ったものと考えられる。ダンハウザーは『ラヴェルスタイン』の主人公を美化するよう要請したようであるが、ベローは十月六日付の手紙で作品から伸びやかさが消え失せるため、命に代えても修正しないと断った。[102]

その一月後の十一月一日ベローは『ニューヨーカー』誌に『ラヴェルスタイン』からの抜粋を掲載し、生前秘密とされていたブルームの同性愛を暴き出した。[103]

年明けの二〇〇〇年一月二四日、カナダの『トロント・スター』紙がこれを取り上げ、続いて『ニューヨーク・デイリーニュース』他、全米の新聞がブルームの同性愛を報じた。[104]

「ベルトの下作戦」の効用を知ったベローは、さらに一歩進んで『ニューヨークタイムズ』のインタビューに答え、「ブルームの死因はエイズだった」と発言する。それが一月二七日の同紙に掲載され、さらなるセンセーションを巻き起こした。[105]

大打撃を被った右翼からの攻撃はさすがに激しかったようで、ベローはしばらく一切の取材を拒否した後、三月中旬に『ニューヨーカー』のD・T・マックスを呼び出し、ブルーム＝エイズ死説が、自分の「思い違い」であったと「告白」する。マックスは『ニューヨークタイムズ・マガジン』の四月十六日号において、ブルーム＝エイズ死説が間違いであったと言わねば命がないとベローが脅迫されたこと、小説の一部が圧力によって修正させられたことを報じ、「詩人（小説家）を殺せるほど強大な権力を有するこの国は、ベローを殺さず、代わりに書き直しを命じた」が、「いつの日か伝記作家が出現して検閲された個所を元に戻してくれればと筆者は願った」と締め括った。[106] これによって国民の目がベローの安否に注がれた結果、ベローは一命を取り留めたものと考えられる。

『ラヴェルスタイン』は四月二四日に発売されて、熱狂的な書評で迎えられた。多くはベローの八四歳という年齢を感じさせない筆力にエールを送ったものであるが、[107] ベローの伝記作家のジェームズ・アトラスは、『フンボルトの贈り物』以降の作品に対して辛口の批評をしてきたにもかかわらず、『ラヴェルスタイン』が「驚くべき業績」であり、「抗い難い説得力を持ち」、「大層独創的な作品」だと手放しで賞賛している。(108)

『ヴィレッジヴォイス』誌に書評を寄せたノラ・ヴィンセントは、「ブルームの［Bloom-in］――「とんでもない」とかけている」偽善！――モラリストの大嘘」と題して、八年前に故人となったブルームを改めて弾劾した。(109)

ハイデガーはナチでエズラ・パウンドは反ユダヤ主義者だった。尊敬されている思想家や芸術家が実は醜い人格の持ち主ということはよくあることで、一般には性格の欠陥が知力で埋め合わされると考えられている。したがってニーチェやマキアヴェリに善人であれなどと誰も期待しないだろうが、ブルームだけは違う。「我々の魂の状態」や人類の「至高の憧れ」の観点から我々［ニューレフト］をこき下ろし、賢人気取りで我々の文化を査定し、深みと高貴さに欠けるなどと豪語したからには、少なくとも自らの教えるところを吸収し、高潔な人間でなくてはならなかったはずなのに、そうではなかった。(110)

かつてのブルームの右翼の同僚は、大多数が反同性愛者であり、ブルーム自身も『アメリカン・マインドの終焉』で同性愛者の人権運動に反対していたから、ベローが不当にブルームをアウティングしたと怒り狂っている。しかし、ベローの息子アダム・ベローによると、それだけでは済まない。当時ＬＧＢＴがそれほど問題視されていなかったにもかかわらず、著書の中で性差別主義者を装っていたブルームの思想は抑圧された同性愛者の叫びとして斥けられ、右翼は自分たちの主義に背いて同性愛者と発覚したブルームを多少なりとも回避せずにはいられないだろうというのである。(111)

ヴィンセントによると、ベローの描くブルームは、どこにでもいる偽善者というだけでなく、「空威張りで傲慢、卑劣で自堕落な男」で、ギリシア哲学から自分を都合よく引き立てる材料だけを取り込み、その「ヒュブリス」（傲慢）によって報いを受けた。もしベローの描写が正確なら［内輪の者は皆そう認めている］それは、ダンテの地獄に蠢《うごめ》く輩のような醜い人物像である。[112]――ベロー自身の意図を必ずしも正確に反映しているとはいえないが、長年抑圧されてきた左翼の怒りが一気に火を噴いた瞬間であった。

英国生まれの米国作家ジョナサン・ウィルソンは、「最後の審判」を示唆する"Bloom's Day"（「ブルーム最期の日」と"Doomsday"［最後の審判］をかけている）という書評を『ニューヨークタイムズ・ブックレビュー』に掲載した。

ウィルソンは、この小説が、亡友への挽歌という形を借りて、ラヴェルスタインにベストセラーを出させてセレブの世界に送り込み、マイケル・ジャクソンやマイケル・ジョーダンのような世界記録を出させてから、最後に業病という祟りで天罰を与えていると紹介している。[113]（ベロー自身は、ブルームの病気を因果応報的に解釈するのは、中世的で旧弊な考え方だと牽制していた。[114]）

しかしながら、ラヴェルスタインが「無謀な性生活で身を滅ぼした」後、語り手のチックもあわや後追いをしそうになる。カリブ海のバカンスで強烈な食中毒にやられたが、瀕死の状態から奇跡的に快方に向かい、現代社会を両手でしっかりと抱きしめる。

祝典を挙げたくなるほどの何と大きな快事がここにあることか。数年前までベローはチックのように、昏睡状態で死に瀕していた。幸運なことに、ベローは重病を克服しただけでなく、無感動で意気を挫く際限のない「文化戦争」の頭の鈍い司令官共の醜い攻撃をかわして生き延びたのである。『ラヴェルスタイン』においてベローは濃厚にして深遠、そしてスリル満点の小説を完成させた。前景にあるのは、ある人間の死ともう一人の人間の長患いであるが、偉大な芸術は決して意気阻喪させないというチェーホフの理論が正しければ、ベローの『ラヴェルスタイン』はそれを証明するものである。(115)

五月に『ラヴェルスタイン』はベストセラー・チャートに躍り出た。(116)

エピローグ　千年紀を超えて――全国民よ、「エリート」たれ！

二〇〇〇年の『ラヴェルスタイン』出版以来、ベローが事実上の隠遁生活を強いられたのは、反響の大きさを考えると無理もない話であった。とはいえ二通りの読者に向けた「二重構造」が幸いして、ボストン大学で体調の許す限り講義を続けた後、二〇〇五年四月五日、マサチューセッツ州ブルックラインの自宅で八九歳の天寿を全うできたことは慶賀に値すると言わねばならない。

心の中では無聊《ぶりょう》を嘆いていたことであろうが、生存中の二〇〇三年に、『宙ぶらりんの男』から『ラヴェルスタイン』に至る主要作品が「ライブラリー・オブ・アメリカ」の『ソール・ベロー全集』注釈付全四巻に収録されることが決定したのは、誰よりも自作の価値を識る本人にとって、何よりの励みになったことと思われる。

ベローの大きな業績は、第二次世界大戦で連合軍を勝利に導きながら、ヨーロッパから「金があるだけの野蛮人」が住む「芸術のサハラ砂漠」と蔑まれていたアメリカのイメージを、(1) 文学の世界において覆したことであろう。

序章でも触れたように、ロンドンの『サンデータイムズ』紙が一九九四年にイギリスの主だった作家と知識人に――イギリス人の作家を想定して――「現存する英語圏最大の作家は誰か」というアンケートを行ったところ、アメリカ人の「ソール・ベロー」が第一位に選ばれ、(2) 英国最古の日曜紙『オブザーバー』も、二〇〇〇年の『ラヴェルスタイン』問題を取り扱う際に、ベローを「当代最も定評ある作家にして米英語典範の守護者」と形容した。[3]

イギリス人作家のイアン・マキューアンは、二〇〇五年四月に『ガーディアン』紙に寄せたベローの追悼記事を、「我々（イギリス人作家）はベローにすべてを負う」という言葉で結んでいる。社会全体を取り込む十九世紀までの小説の伝統を甦らせることによって、小説の宇宙を広げてくれたというのである。ベローの小説は、二〇世紀に設定されているというだけではなく、二〇世紀についての小説であり、それを抽象的に描くのではなく、人々の記憶に残る人物を通して活写している。貧困層からパワーエリートに至る全階層を自由に行き来しながら階級のない世界を具現しつつ、小説の宇宙を広げ、開放し、人間的感覚とウィットと至上目的によって暖めてくれるというのである。[4]

ベロー・ファンを自認する英国人小説家マルカム・ブラッドレーは、一九九四年にベローのキャリアを総括して、一九四〇年代にデビューし、五〇年代に主流となり、六〇年代に大ブームを巻き起こし、七〇年代にノーベル賞に輝き、八〇年代になっても活躍中だと述べたが、[5]ここにやがてミレニアムの『ラヴェルスタイン』センセーションが加わることになった。

そして『ラヴェルスタイン』は、「二〇世紀についての小説」であるだけではなく、「二一世紀を予見する小説」にもなる。二〇〇〇年四月に出版されたこの作品は、同年十一月に選出され、翌年一月から発足するG・W・ブッシュ（子）（在任二〇〇一－〇九）政権の行く末を見通していたのである。（古来詩人が「予言者」［vates］とも呼ばれていたことを彷彿とさせる。）

出版当時、ベローの『ラヴェルスタイン』は、主としてアラン・ブルームの隠れた私生活と『アメリカン・マインドの終焉』における道学者的主張の落差という観点から注目された。しかし、出版三年後の二〇〇三年三月二〇日、アメリカがイラク戦争を決行した時に、この作品の「本領」がますます発揮されることになる。

『ラヴェルスタイン』の意義を特に大きく取り上げたのが、二〇〇三年三月三一日の『タイム』誌であった。(6)

イラク戦争(二〇〇三年三月二〇日-五月一日)は一体いつから計画されたのか? 二〇〇二年の年頭教書演説でブッシュがイラクをイラン・北朝鮮と共に「悪の枢軸」と呼んだ時か?——違う。二〇〇一年九月十一日の同時多発テロの直後か?——それも違う。十二年前の湾岸戦争終結の直後であったと『タイム』誌は洞察する。

この事実を強く示唆しているのが、ソール・ベローの小説『ラヴェルスタイン』であり、作中、ポール・ウォルフォウィッツをモデルにしたゴーマンが、ワシントンの官僚の中でただ一人、停戦に強い疑義を差し挟む。ウォルフォウィッツは、アラン・ブルームをモデルにした主人公ラヴェルスタインの優秀な教え子として描かれており、『タイム』誌によると、ブルームおよび保守派政治哲学者のレオ・シュトラウスから「新保守主義」あるいは「新レーガン主義」とも呼ばれる思想の洗礼を受けていたという。(7)

湾岸戦争の推進者——ブッシュ(父)大統領、統合参謀本部議長のパウエル、「砂漠の嵐」の指揮官ノーマン・シュワルツコフ将軍、国防長官チェイニーの四者——はいずれも、イラク軍をクウェートから撤退させた時点で目的を果たしたと合意した。しかし、この決定をただ一人不服とした人物がいる。チェイニーの下で政策担当国防次官を務め、国防総省官僚としては地位の低い当時四七歳のウォルフォウィッツであった。(8)

湾岸戦争直後から翌一九九二年にかけてウォルフォウィッツが中心となって防衛計画ガイダンスを策

定し、イラクに対する先制攻撃の必要性を声高に訴え続けた結果、一九九八年一月、ウォルフォウィッツを含むネオコン十八名が、フセインをイラクから追放する要求を示した公開書簡をクリントンに提出することになった。このうち八名がブッシュ政権下で要職に就いたことに、『タイム』誌は注意を促している。(9)

つまり『タイム』誌は、湾岸戦争停戦の唯一の反対者であったウォルフォウィッツがその後のクリントン政権の水面下でイラクに対する戦闘行為を推進しているのを察知したベローが、将来への警告として、この人物を『ラヴェルスタイン』の中でクローズアップしたと示唆しているのである。(10)

戦争というものがそもそも正当化されるのかという議論は度外視しても、ブッシュ政権が推進したイラク戦争は、当初から「理不尽な」戦争であった。

二〇〇一年九月十一日、イスラム過激派のアルカイダにハイジャックされた二機の旅客機が世界貿易センターのツインタワーに激突し、国防総省に別の一機が激突して二七五〇名の死者を出した。(11)レーガンの規制撤廃によって航空システムの民営化と人員削減が進み、セキュリティ・チェックを、十分な訓練も受けない民間企業の時給六ドルの契約社員に任していた隙をついての出来事であった。(12)9・11に至るまでの九ヵ月間にFBIとCIAは、航空訓練学校にイスラム過激派のメンバーが入校した、あるいはオサマ・ビン・ラディンが大掛かりな攻撃を計画しているという警告を四〇回以上発したが、政府幹部は一切取り合わなかったという。(13)

アルカイダを率いるビン・ラディンも、元はといえばアメリカが育てたようなものであった。ビン・ラディンは一九七九年に、アフガニスタンの親ソ政権と戦う過激派を組織するためのCIAの秘密活動に従事しており、一九八八年に国際テロリズムを支援するアルカイダを組織した。湾岸戦争における母国サウジアラビアの政策を批判して追放され、一九九一年にスーダンに逃れるが、一九九六年にはスーダンを追われて、アフガニスタンの大半を支配していたタリバンに迎え入れられていた。[14]

そのタリバンを育成したのもアメリカであった。一九八九年にソ連がアフガニスタンから撤退し、一九九二年に反政府ゲリラが政権を掌握するが、アメリカがこの地への関心を失っていたことから、ゲリラ対ゲリラの闘争が続いた末、一九九四年に活動を開始したイスラム原理主義組織タリバンが勝利を収めた。タリバンの大半がCIA関連のキャンプで軍事訓練を受け、国際開発庁が五一〇〇万ドルかけて一九八四−九四年にネブラスカ大学オマハ校のアフガニスタン研究センターで作らせたジハード用の教科書で学んでいた。子供たちは、ミサイル、戦車、ソ連兵の遺体等のイラストで数え方を学んだという。[15]

同時多発テロから一ヵ月もたたない十月七日、アメリカとイギリスが対アフガニスタン・ハイテク戦争を開始する。タリバンのリーダーたちは、三年来、ビン・ラディンをアメリカに引き渡す交渉を続けていたが、アメリカ側は取り合わず、激しい空爆によって十二月にタリバン政権を崩壊させた。しかし地上軍を投入しなかったため、ビン・ラディンを取り逃がした。[16]

一方で9・11の翌日、ブッシュは、フセインの仕業かどうか確かめるよう、テロ対策担当責任者のリチャード・クラークに命令した。クラークが犯人はアルカイダだと返答しても、大統領は取り合わない。国防長官のラムズフェルドは「関係があってもなくても片付けろ」と言う。国防副長官ウォルフォウィッツの入れ知恵だと助手はクラークに囁いた。[17]

九月十九日と二〇日に、リチャード・パールを長とする国防政策委員会が、アフガニスタンに目途がつき次第イラク侵攻を進めることを決定し、九月二〇日、ウォルフォウィッツを中心とするPNACはブッシュに、イラクが直接テロに関与していなくても、テロリズム根絶のためにはフセインをイラクから追放することがぜひとも必要という旨の書簡を送る。[18]『ニューヨークタイムズ』は、イラク侵攻推進のインサイダーグループが「ウォルフォウィッツ陰謀団」と呼ばれていると報じた。[19]

ウォルフォウィッツは、ネオコン学者ローリー・ミロイエが『復讐の研究——サダム・フセインの終わりなき対米戦争』（二〇〇〇）で展開した説を悉く鵜呑みにしていた。近年発生したテロ事件のほとんどをフセインと結び付けた、信憑性が極めて低いとされるものである。[20]ラムズフェルドとチェイニーは、CIAを急き立てて9・11とイラクの関係を調べさせたが証拠が見つからないため、イラク国民会議を買収して議長のアフマド・チャラビにWMD（大量破壊兵器）製造計画が進行中という偽情報を提出させ、CIA分析官と、一〇〇％の重要箇所を査察したという国連査察団の調査結果を棄却した。[21]

開戦の是非を問う投票が、中間選挙前の二〇〇二年十月二日に行われ、反対者は「非国民」という威圧ムードの中で、上院を七七対二三、下院を二九六対一三三で通過した。[22]

国連安保理事会が再度査察団の派遣を可決し、フセインはそれを無条件で受け入れる。二〇〇二年十一月から三ヵ月半で五〇〇箇所を調査したにもかかわらず、WMDは見つからなかった。国連安保理事会で決議に賛成したのは米英以外にスペインとブルガリアだけで、フランスとドイツを含む他の国々は反対した。[23]

翌二〇〇三年三月に侵攻を開始するという決定がなされ、CNN、フォックス、NBC系列のテレビ・ラジオ局は、軍需関連企業に雇用されていた退役将校約七五名に軍事解説を依頼し、簡単に勝利できるという国防総省の意向に沿った発言を流した。[24]

戦争が近付くと、世界各地の八〇〇以上の都市で推定六〇〇万から三〇〇〇万人の市民がデモに参加した。ローマだけで三〇〇万人が参加して反戦デモのギネス記録を作り、ロンドンでは一〇〇万人、ニューヨークでは数十万人のデモが展開した。ヨーロッパのほとんどの国で八〇％以上の人々がイラク侵攻に反対していた[25]。

三月二〇日に大規模な空爆が決行された。この作戦は、国家機能を停止に追い込むためにはヒロシマ・ナガサキ級の衝撃を与えねばならないというハーラン・ウルマンとジェームズ・ウェイドによる同名の戦略研究書（一九九六）に基づいて「衝撃と畏伏」と名付けられていた[26]。米軍に解放されたと喜ぶイラク人たちの表情も、フィルドス広場でフセイン像を倒す映像も、すべてアメリカ側の演出によるものであった[27]。

二〇〇三年四月十五日、フランスの『ル・モンド』紙は、ブッシュが二月二六日にネオコン系のシンクタンク、アメリカン・エンタープライズ研究所を訪れ、「諸君は我が国最高のブレーンである。よって我が政府は、諸君のうち約二〇名を採用する」という演説を行ったことを指摘し、ネオコンが信奉するレオ・シュトラウスの思想がブッシュ政権をイラク戦争に駆り立てていると報じた。キリスト教原理主義を中心とする旧来の保守主義と新しい保守派（ネオコン）思想を融合させることによってブッシュ政権の綱領がさらに強化されたという[28]。

クリストルとポドレッツをゴッドファーザーとするネオコンの思想闘争を率いた第一級の知識人がシュトラウスの弟子アラン・ブルームであり、その詳細がソール・ベローの小説『ラヴェルスタイン』に描かれていると『ル・モンド』紙は特記している。

ネオコンサーバティズムは、一部のタカ派が考えた単なる妄想ではなく、シュトラウス派の古典解読による難解な思想に基づいて構築されたものであり、一九六〇年代のカウンターカルチャーへの反動、その後のＰＣとの対立において着実に点数を稼ぎ、［たとえばフクヤマの『歴史の終わりと最後の人間』のように」冷戦終結後に生じた知的真空状態をすかさず埋めることで勢力を広げてきたと『ル・モンド』紙は解説する。

ウォルフォウィッツ、リチャード・パール、エリオット・エイブラムズその他のワシントン組に加えて、『ナショナル・レビュー』、『コメンタリー』、『ニュー・リパブリック』、『ウィークリー・スタンダード』、『ウォールストリート・ジャーナル』、フォックステレビニュース等のメディアやハドソン研究所、ヘリテージ財団、アメリカン・エンタープライズ研究所その他で活躍する者も多いという。[29]

『ル・モンド』の報道を受けて、二〇〇三年五月四日、ベローの伝記作家ジェームズ・アトラスが『ニューヨークタイムズ』に、レオ・シュトラウスの影響を受けたネオコンすなわち「レオコン」がアメリカ帝国を動かしているという記事を寄せた。[30]

アトラスは、『ル・モンド』が、ベローの『ラヴェルスタイン』を参照しながらブッシュ政権内の夥しい数のシュトラウス派の中でウォルフォウィッツを中心的人物として取り上げたことを高く評価し、情報通の教授ラヴェルスタイン［ブルーム］が各界で活躍する複数の教え子との電話連絡網を持ち、ウォルフォウィッツをモデルとしたフィリップ・ゴーマンがラヴェルスタインに向かって湾岸戦争の停戦に対する憤懣を漏らす箇所を引用している。アトラスはまた、コーネル大学時代にアラン・ブルームに師事し、政治学と経済学でシカゴ大学博士となり、ラムズフェルドから防衛副長官に抜擢されて、米外交の主たる立案者になったウォルフォウィッツの略歴も補足している。[31]

二〇〇三年五月十五日の『インターナショナル・ヘラルド・トリビューン』紙も、シカゴ大学における近年のシュトラウス・カルトに関する重要な参考文献としてベローの『ラヴェルスタイン』を挙げ、ネオコンが従来の知性に欠ける保守派ではなく、シュトラウスの政治哲学に基づいて、アメリカの一国支配を確立するためにあらゆる敵対国を排し、国際司法権を尊重する国連その他の組織を弱体化するという信念を打ち立てていると指摘した。(32)

ブッシュ（子）政権に対するシュトラウスの影響力は、これ以外の大小様々な紙誌によって取り上げられ、瞬く間にドイツ、中国、日本、オランダにまで広く知られるようになった。(33)

二〇〇三年の暮にはアカデミー賞俳優のティム・ロビンスがこれを戯曲化し、ギリシア風の仮面をつけた政権の要人――チェイニー、ラムズフェルド、ウォルフォウィッツ、ライス、パール等を連想させる名が付けられている――が黒ミサ的な儀式を挙げ、スクリーンに大きく映し出されたシュトラウスの肖像に向かって「ハイル、シュトラウス！」と叫び、ゴモラ［イラク］戦争の成行きを見ながら法悦に浸る様子を戯画化した『組込み式』(*Embedded*) を上演し、翌年にかけて反響を呼んだ。(34)

「シュトラウス陰謀団説」に不意を突かれたシュトラウス派の学者たちは慌てて反論を開始し、アン・ノートン、スティーブン・B・スミス、キャサリン・ズッカートとマイケル・ズッカート、トマス・パングル、ハインリッヒ・マイヤー等が矢継ぎ早にシュトラウス弁護の書籍を出版した。(35) しかしながら、政治との関連については、「ブルームは最も有力で、最もイデオロギーに凝り固まったシュトラウス派を教育し、レーガンおよび二つのブッシュ政権において最も目立つ活動をしたシュトラウス派はアラン・ブルームと関わりがある」（ノートン）(36)、あるいは「政界に身を置く個人で大なり小なりシュトラウスと関わった者の中には、……武力を行使して民主主義を広め、権力を欺瞞と詐欺によって保持したがる輩がいるかもしれない」（ズッカート）と部分的に認めざるを得ないのが現状であった。(37)

――「だが、そういう人間が仮にいるとしても、それは『シュトラウスの子』ではなく、シュトラウスの教えにも思想にも適っていない」（ズッカート）というのがシュトラウス擁護派に共通した見解である。[38]

これに対して政治学者のニコラス・ゼノスは、二〇〇八年に『美徳の仮面——レオ・シュトラウスとアメリカ外交政策のベールを剝ぐ』を出版し、その中で一九二〇年代から三〇年代以来のシュトラウスの主要著作を掘り起こし、政治史の背景と照合しながら詳細な吟味を加えた上で、シュトラウスの思想が9・11以来のブッシュ政権の政策に大きな影響を及ぼしたことを証明し、シュトラウス擁護派を論駁した。[39]

ゼノスが論証のために引用したフクヤマは、前述したように、二〇〇六年に出版した『ネオコンその後——岐路に立つアメリカ』の中で、一九七〇年代後半にはアメリカの伝統的保守主義右翼の諸派が次第にネオコンと融合を始め、八〇年代には直接関係がないと考えられているウォールステッターやニッツェまでネオコンの思想を取り入れ、レーガン（さらには次期大統領のブッシュ）の陰に隠れて各々の政策を推進し、ついにはレーガン自身が（続いてブッシュも）ネオコン化するに至ったと述べている。[40]

フクヤマは、一九九八年にPNAC（アメリカ新世紀プロジェクト）がクリントンに提出したフセイン追放要望書に署名するほどのタカ派であったが、二〇〇四年二月にアメリカン・エンタープライズ研究所の年次晩餐会で、イラク戦争があらゆる面で大成功だったと自画自賛するチャールズ・クラウトハマーの講演を聴き、WMDが発見できなかったことに対する反省の色が全く見られないことに失望して、ほどなくネオコンの陣営を離れるに至った。[41]

また、ネオコンの思想がシュトラウスと直接関係がないという説も一部で唱えられているが、本書第2章で指摘したように、ネオコンの始祖アービング・クリストルは、一九五二年の『コメンタリー』誌における シュトラウスの『迫害と著述法』（一九五二——プラトンの『国家』中のトラシュマコスの扱いを論じている）の書評の中で、シュトラウスの思想の革命的特質を称揚しており、(42) 二〇〇九年の『ウィークリー・スタンダード』も、「三二歳のクリストルが期せずして将来の自分が知的世界において達成する革命を予告」し、その後これを推進したと認めている。(43)

『美徳の仮面』の第1章で、ゼノスは、ベローの『ラヴェルスタイン』を大々的に取り上げ、この小説がダヴァール〔＝シュトラウス〕・カルトのネットワークを暴き出し、アフガニスタン・イラク両戦争後再度脚光を浴びたと指摘している。(44) ベローがこの集団を、尊師と弟子の関係、宗旨に適った正典、少数者だけに授けられる奥義、「政治哲学」という用語、プラトン的魂の概念、「愛」が持つ特殊な意味、他の大学人による「迫害」等々、文化人類学的な見地から一種のサブカルチャー（同じ文化・社会の中で他と異なる特徴を持つ集団）として巧妙に捉えているというのである。(45)

前出の『インターナショナル・ヘラルド・トリビューン』紙は、ネオコンによるシュトラウス崇拝の主要な理由が、リベラリズム批判、エリート主義、および民衆を懐柔するための「嘘」にあるとし、さらにシュトラウス思想の根底には「特殊な解釈」に基づくプラトン哲学が存在するといみじくも喝破している。(46)

すなわち本書第4章で取り上げたニーチェ的プラトン解釈――『国家』におけるトラシュマコスの「『正義』とは強い者の利益に他ならず」、「支配階級は自らの利益に合わせた法律を作る」という主張ならびに国民に対しては「敬虔なる偽り」としての宗教が必要だとする立場である。(47)

大統領選挙戦で富裕層の支持者を前にしたブッシュは、「持てる人々と、さらに持てる人々――実に印象的な集まりだ。あなた方をエリートと呼ぶ人もいるが、私はあなた方を自分の基盤と呼ばせてもらう」と豪語したというが、(48) これはまさにシュトラウス的「プラトニズム」の極致といえよう。

「『正義』とは強い者の利益に他ならない」というプラトンの言葉は、まず大統領選挙において実証される。

民主党のアル・ゴアに一般投票で五四万四〇〇〇票の差をつけられたブッシュは、弟のジェブ・ブッシュが知事を務めるフロリダ州において、一〇〇〇票差で勝利した。投票用紙やパンチカード機の不備によって十八万票が無効となったため、ゴアは再集計を要求したが、三つの郡に七五〇人もの共和党工作員が送り込まれ、担当者を脅迫して再集計作業を妨害した。ゴアは最高裁まで持ち込んだが、判事の九人中七人までが共和党の大統領に指名されており、七人の中にはブッシュの父が副大統領・大統領の時代に指名された判事が五人も含まれていたため、最終的に五対四で再集計の中止が決定された。(49)

FRB議長のアラン・グリーンスパンは、後年、巷で囁かれていた通り、二〇〇三年のイラク戦争の最大の目的が石油であったと認めている。(50)サウジアラビアと併せて世界の三分の一の供給量を占めるイラクの豊富な石油を、シェル、ブリティッシュ・ペトロリアム、エクソン・モービル、シェブロン等、英米の石油会社が虎視眈々と狙っていた。(51)

だが目的は、石油の利権だけではなかった。ナオミ・クラインによると、ブッシュ政権にはつい先頃まで企業のCEOであった人間がひしめき、多くの政治家が政府と産業界の両方に身を置く縁故資本主義（crony capitalism）がこれまでになくはびこっていたのである。(52)

一九六〇年代にシカゴ大学でフリードマンに学び、その後も親交を深めて自由市場論に傾倒していたラムズフェルドは、クリントン時代までに水道、電気、ハイウェー、ゴミ収集等の公営事業が民間の営利企業に売却されていたことを横目に睨んで、公的統治の最期の砦ともいうべき軍隊、警察、消防、刑務所、国境警備、秘密情報、疾病対策、公教育等を民間企業に売却または委託し、政府を完全に空洞化する動きを開始した[53]。

その結果、タミフルで知られる大手バイオ製薬会社ギリアド・サイエンシズ社の元会長で国防長官のラムズフェルドは、軍産複合体の一角を占めるすべての企業の役員となり、副大統領のチェイニーは、五年間ハリバートンのCEOを務め、子会社を通して海外の軍事行動におけるインフラ建設も請け負うようになり、リチャード・パールはセキュリティーと軍事のベンチャー企業を起ち上げた。その他国際弁護士事務所ベーカー・ボッツ、空中給油計画のボーイング、ロボット工学と防衛通信システムのカーライル・グループ、非公開コンサルタント会社キッシンジャー・アソシエーツ、復興事業関連のベクテルやロッキード・マーティン、兵士リクルート代行のサーコ、兵士訓練代行のキュービック・ディフェンス・アプリケーションズやブラックウォーター、兵力の欠員を補充する数々の民間セキュリティー会社等々、イラク復興計画そのものは失敗したが、攻撃・復興・泥沼化のいずれの局面からも、米政府の幹部と密接に繋がるこれらの軍需関連企業が国民から徴収した税によって活況化するシステムが出来上がっていった[54]。

ブッシュ政権がタリバン側の和平交渉を無視してアフガニスタンに侵攻し、査察を一〇〇％受け入れて事実上の白旗を掲げていたフセインを黙殺してイラクを攻撃した背景には、「自らの利益に合わせた」「支配階級」の都合があったのである。

しかしながら、ブッシュの支持率は二〇〇三年の十二月になっても五二％を下らなかった。リベラルな『ネーション』誌までが弱腰になり、9・11のトラウマが権威を持つものに依存したいという心理を作り上げ、国民が次々に強硬策を打ち出すブッシュに頼りきっている現在、民主党が代替の防衛案を打ち出さない限り二期目も敗退するだろうと警告する有様で[55]、案の定二〇〇四年の選挙ではブッシュが再選された。

興味深いのは、かつて冷戦下においてソ連に対する恐怖を掻き立てていたズビグネフ・ブレジンスキーでさえ、ブッシュ再選とその露骨な営利主義を非難したことであろう。

ブレジンスキーは、二〇〇七年三月二五日の右翼系『ワシントンポスト』紙に「対テロ戦争によるテロ」を寄稿し、テロと恐怖のディーラーが、セキュリティー企業、メディア、娯楽産業に支えられ、国民の恐怖を煽る「恐怖の文化」を恣意的に作り上げ、アメリカ人を被害妄想に陥れてブッシュの再選を許したと批判した。ブレジンスキーは、また、イギリスのBBCが二七ヵ国の二万八〇〇〇人に行った調査を踏まえて、一部の人々にとってはアメリカが「悪の枢軸」の一つになっていると主張し、ヒステリー状態を排して理性の回復を図る政治家の出現を切望しつつ論を締め括っている。[56]

この前年の二〇〇六年十一月、共和党は既に上下院共に多数派の議席を失っていた。

ブッシュ時代のアメリカの経済は、数値的には急成長を見せたが、富裕層を中心とする減税と軍事費の増額によって国家の赤字が増大し、所得格差がかつてないほど拡大した。

二〇〇五年には国の総収入の四四・三％を上位十％が占め、上位三〇〇〇万人が人口の半分以上を占める下位の一億六六〇〇万人と同額の収入を得る一方で、三六〇〇万人が貧困線以下の暮らしを強いられていた。また二〇〇三年から二〇〇七年にかけて、経営幹部の平均賃金の上昇は四五％以上であったが、重役は十三％、一般労働者は三％に留まり、最低賃金も時給五・一五ドルに据え置かれていた。さらに、一九九八年から二〇〇五年にかけて、米国企業の三分の二は、その二五％が二億五〇〇〇万ドルを越える資産を持っていたにもかかわらず、所得税を支払っていなかった。[57]

二〇〇七年三月、「サブプライムローン」（信用度の低い借手に対して高めの金利で提供する不動産担保ローン）の普及によって生じた住宅価格の上昇が頭打ちとなり、ローンが不良債権化したためにアメリカ大手住宅ローン会社が次々に破綻し、これを契機に大手証券会社、銀行、各種金融機関が経営危機に陥った。二〇〇八年九月にはニューヨーク証券取引所が市場最大の株価暴落に遭遇し、リーマンブラザーズが倒産したことから世界金融危機が一気に顕在化し、ＡＩＧ、メリルリンチ、シティグループ、モルガンスタンレー等が信用不安に陥った。

生態系がおのずから均衡を保っているように、企業に一切規制を加えず、市場の自律に任せておけば、自由競争の結果、原始的「健康」状態が保てる――このハイエク・フリードマン式経済政策は、皮肉にもこれを支持していた巨大企業に牙を剝き、巨大企業に対してさえ有効ではないことが証明された。

経済界は、手の平を返すように落ち目のハイエク・フリードマンを見捨て、国家の援助を当て込んで、それまで蔑ろにしてきたケインズを持ち上げ始め、「ケインズならどうしていたか？」（二〇〇八年十月二八日『ニューヨークタイムズ』）、「がらくた経済学者の中で威光を放つ往時の経済学者」（二〇〇九年九月十八日『ニューヨークタイムズ』）、「ケインズへの歴然たる回帰」（二〇〇八年十二月二九日『フィナンシャルタイムズ』）、「ケインズの復讐」（二〇〇八年十月二日『ル・モンド』）等々の記事が米英仏の紙面を賑わすことになった。[58]

二〇〇八年十一月の大統領選挙で、アメリカ国民はもはや迷わなかった。歯止めのない戦争と国防費の上昇、人権の制限、富裕層優遇政策の果てに経済崩壊をもたらしたブッシュの最終支持率は二二％、チェイニーは十三％に落ち込み、共和党のジョン・マケインは敗北し、史上初のアフリカ系アメリカ人大統領候補、民主党のバラク・オバマが選出された。しかしながら前代に築かれた巨大な軍産複合体と既得権益システムが、新政権にも暗い影を投げかけていく。[59]

……幸か不幸か、二〇〇五年に亡くなったベローは、祖国の修羅場を目撃せずに済んだが、小説『ラヴェルスタイン』を読み返すと、同作品がこのような「近未来像」を予見し、警告を発していたことが改めて認識できるであろう。

それにしても、世界唯一の先進超大国に住み、ある程度の教育を受け、選挙権を奪われたわけでもない多数の国民が、厄災に次ぐ厄災を迎えるまで事態を放置しておくというような理不尽な事態が、どうして生起したのであろうか。どの国でも起こりうるこのような虚脱的無為無策症候群を脱却する方法は一体あるのだろうか?

ベローの『ラヴェルスタイン』は、この問題に関しても、解決への糸口を示唆してくれている。本書で検討してきたように、「保守派ルネサンス」とリベラル派の衰退の原因は、主として学識の差にあった。学歴が同等だとしても、学んでいる内容に雲泥の差があった。

ポストモダンの左翼が、西洋の近代を築いてきた古典的著書の学習を白人男性の価値観の押し付けとして排斥し、歴史、文化、言語を脱却して価値観の相対化を推し進めた結果、一種の「記憶喪失」に陥り、最終的には理性を「神話」として脱構築し、論理的思考能力まで自主的に破棄している間に、右翼の方は、左翼が捨てた西洋古典を強力な武器として、自らの都合に合わせた「エソテリック」な解釈法を確立し、政治家の私利私欲を深遠な哲学で支えつつ左翼を煙に巻きながら右翼系メディアの質をも向上させて、「反知性的」という昔日の「汚名」を返上するに至ったのである。(前出のブルームの定義によると、左翼は平等を、右翼は不平等を求める。[60])

前述したように、一九八七年に『アメリカン・マインドの終焉』が出版された時も、ブルームが挙げた「プラトンからハイデガーに至る」思想家群は、『ル・モンド』紙のいう「知的真空状態」に陥った後の大学教育を受けた世代にとってあまりにもハードルが高く、一通り読解するだけでも、数ヵ月を必要とする体たらくであった。

ベローは、一九五八年に批評家のレスリー・フィードラーに宛てた手紙の中で、社会を根本的に変革する力を有するのは、種々の政治的イデオロギーではなく、自分が標榜する人文主義だと主張している。[61] しかしながら、「古典」と名の付く書物を片端から読破しさえすれば、人文主義者になれるというものではない。「人類は図書館で命を落とすこともある」(『失言者』)とベローが警告しているように、[62] 古典として評価が高い著作の中にも、人類や文明の脅威となりうるものが少なからず混在しているからである。(本書で検討してきた「碩学」アラン・ブルームの「特殊な解釈を施された」「愛読書群」がまさしくこの部類に属しているといえよう。)

たとえば一九二〇年代のアメリカでは、ロマン主義への反動として、古典学習による規律と倫理を説く「ニュー・ヒューマニズム運動」がハーバード大学を中心に起こったが、抽象的なプラトン主義への傾倒と、「古典規範」によって自我を縛り上げるという曖昧で消極的な目的意識が災いして、結果的には大戦後に文明の荒廃を嘆く「荒地族」しか生み出せなかった。

少年時代から非凡な読書量を誇り、図書館という図書館の本はすべて読んだと伝説されるベローではあるが、[63] 書物から得た膨大な知識を、文明の再生という一大目的へと収束させた背景には、ロマン主義とその亜流の優勢を物ともせぬ確固不動の指針が存在したはずである。ならばベローは何を指針としていたのか。

……我々はアリストテレスから始めなければなるまい——いかほどの財があれば「徳」を実践する

気になれるかを見積もるために。（『オーギー・マーチの冒険』八八六頁）
人間の本務は……アリストテレスのいう「政治」にある。（『ハーツォグ』五一一頁）
ベローがシカゴ大学在籍中の一九三〇年代に、「新アリストテレス主義」（別名「シカゴ派」）批評を含むアリストテレス・ブームがシカゴ大学で始まり、一九五〇年代まで続いた。ギャングと屠殺場と製鋼所の都市シカゴが、時ならぬアリストテレス・ブームに沸いたことに、欧米の有識者は度肝を抜かれた。
シカゴは最低にも最高にもなれる都市だ。ビッグ・ビル（腐敗政治家トムソン）を出すかと思えばアリストテレスも復活させた……（『学生部長の十二月』九三六頁）
これを聞くとみんな吹き出すが、「シカゴといえばアリストテレス」というのが長年の通り相場だった。姉妹校のシカゴ大学がアリストテレスを甦らせたというので、その界隈では猫も杓子もアリストテレス。あのA・N・ホワイトヘッド（英国の哲学・数学者）は、シカゴがてっきり「アテネ」に大化けするものと思い込んでしまった。（『学生部長の十二月』九三六－三七頁）
アリストテレス・ブームの発端は、一九二九年、世界恐慌の年に、史上最年少の三〇歳という若さでイェール大学（法学部長）からシカゴ大学の学長に迎えられた「アリストテレス主義者」ロバート・ハッチンズによる人文主義的教育改革にあった。

先進工業国のアメリカでは、二〇世紀の初頭以来、技術革新に伴う高等教育の「効率化」と称して専門・技術教育を偏重し、「自由教育」(liberal education)を蔑ろにしてきた。ハッチンズは、こうした傾向が学生の人格主体の形成を損ない、「職業の奴隷」に貶めるのみならず、世界恐慌の発生とヨーロッパにおけるファシズムの台頭を予測も防止もできなかったと痛烈に批判し、真に必要とされるのは、種々の法や社会協定において、何が適切で正しいかを自力で判断できる「知的倫理」だと主張した[64]。「知的倫理」を涵養するために最も効果的な方法として、ハッチンズは、自らが「グレート・ブッキー」と名付けた哲学者モーティマー・アドラーの助言の下に、アリストテレスを中心とする古典的名著(Great Books)の学際的な講読コースを導入し、ベローも在学中にアリストテレスとプラトンを必修として併読した[65]。

しかしなぜ今さらアリストテレスなのか。十八世紀の英国詩人トマス・グレイにとって、アリストテレスは既に無味乾燥で煩瑣な項目を羅列するだけの「煩瑣哲学《はんさ》」と化していたという[66]。

近代の社会制度や科学の基準で紀元前に形成されたアリストテレス哲学を見直せば、「限界」や「偏見」[67]や「誤謬」が当然目に付く。しかし、経験と「理性」(ロゴス)に基づくアリストテレス哲学は、プラトンの超感覚的(非科学的)な「イデア論」を批判する方法論それ自体の中に、文明の発展に沿った「自己修正機能」を内蔵している。

西ローマ帝国滅亡後、イスラム圏から中世の西洋に「逆輸入」されたアリストテレスは、「暗黒時代」を通して、スコラ学(特にラテン・アヴェロエス主義)の「仮面」の下に「理性」を「庇護」しながらルネサンスへの道を拓き、危機に瀕した文明の「安全装置」として機能しつつ近代社会の発展に主導的な役割を果たしてきたのである[68]。

アリストテレス哲学の特徴は、政治学を、全学問（技術）を統括する最高の学問と見做していた所にある（『ニコマコス倫理学』一〇九四A）。人間は本質的に政治的（都市国家的）動物だとアリストテレスは考えていた（『政治学』一二五三A）。

それでは、アリストテレスはいかなる政治観を抱いていたのであろうか。

最も注目されるのは、アリストテレスがプラトンの政治観の集大成ともいうべき『国家』に対して強い反感を示していることである。

……ソクラテスが語った『ポリテイア』［プラトンの『国家』］は、以上の欠陥のみならず、それらと同等の欠陥を数多く抱えている。（『政治学』一二六四B）

［プラトンの『国家』の中で］ソクラテスが間違いを犯したのは、基本原理そのものが正しくなかったせいだと考えざるを得ない。（『政治学』一二六三B）

アリストテレスは、青年期より二〇年ほどプラトンの下で学んだが、その教えには感化されなかったようである。ディオゲネス・ラエルティオスによると、「仔馬が母馬を蹴飛ばすように」アリストテレスから足蹴にされたとプラトンは嘆いたらしい（『著名哲学者の生涯と教説』第五巻第一章）。プラトンの死後学園を去ったアリストテレスは、師の思想と真っ向から対立する新しい哲学体系を築き上げた。

前述したように、ブルームが『アメリカン・マインドの終焉』でたえず参照したプラトンの『国家』は、シュトラウス派の「聖典」ともいうべき書物であった。ラヴェルスタインは、これを通してチックの教育＝「プラトン化」に励むが、いまわの際に教育に失敗したことを悟る。「私をプラトン化するのは手遅れだったのだ」（『ラヴェルスタイン』一八〇頁）と嘯《うそぶ》くチック［ベロー］は、ラヴェルスタイン［ブルーム］に出会うはるか以前から、ハッチンズから筋金入りの「反プラトン主義」を叩きこまれていたのである。

しかしながら、ベローはどの程度プラトンとアリストテレスの双方に通暁していたのであろうか。学生時代に一通り読んだだけでは、「プラトンの形而上学を代表するこのスモー・チャンピオン［ラヴェルスタイン（ブルーム）］」に太刀打ちできるはずがない（『ラヴェルスタイン』二二二頁）。

実はベローは、シカゴ大学時代のアリストテレス・ブームに加えて、二〇代の終わりに従事した『西洋の名著』の索引編集作業を通して、学者も顔負けの綿密さでプラトンとアリストテレスの比較研究を行う機会に恵まれていたのである。

シカゴ大学学長のロバート・ハッチンズは、教育改革を、シカゴ大学の学生だけではなく、広くアメリカの社会人全体にも及ぼそうという大志を抱いた。英語圏の最古の百科事典『ブリタニカ百科事典』（一七六八‐七一）は、一九〇一年から版権をアメリカに移していたが、一九四一年にシカゴ大学が版権を買い取り、学長のハッチンズが一九四三年から編集委員長を兼任することになった。ハッチンズは、エンサイクロペディア・ブリタニカ社の新プロジェクトとして『西洋の名著』を起ち上げ、一九五二年に、アリストテレスからトルストイ、ホメロスからマルクスに至る七四人の著作家による人文・社会・自然科学の各分野の四四三作品を収録した全五四巻を完成させる。(69)

シカゴ大学で、ハッチンズは、教員による解説を提供せず、学生を直接書物と向き合わせることで自主独立の精神を涵養していたが、(70) 同じく『西洋の名著』においても、学術的な解説が自主的な読解を妨げるという理由からこれを排し、その代わりに読者への手引きとして、第二巻と第三巻の『シントピコン』を作成した。

元来は索引から始まった『シントピコン』は、アドラーの考案によるものである。たとえば「善」という概念一つを取り上げても、著作家によって使用法が異なり、（後述のプラトンとアリストテレスのように）Aが「善」と分類したものがBにとっては「悪」に転じる場合もある。そこで各著作家の概念の違いを相互参照する便覧を作成すれば、読者の偏見や誤読を未然に防ぐだけでなく、これを活用することで読者が専門家あるいはそれ以上のレベルで理解を深めることもできる。アドラーは「天使」から「世界」に至る一〇二の主要項目を選んで梗概と概要を書き（項目の選び方には異論も出たが）、各概念に数十の下位項目を付け、そこに各著作からの引用を示した。(71)

『シントピコン』の三八名の一般編集員リストの中に「ソール・ベロー」の名が含まれている。シカゴ大学社会学棟の地下で行われたこの地道で煩雑な作業に、徴兵待機中のベローが、一九四三年の夏の終わりから編集員として加わった。ベローの役割は、五〇人のグループのリーダーとして、持ち寄られた結果をまとめることで、担当著者・著作は、プラトンの『国家』、アリストテレスの『ニコマコス倫理学』、ヘロドトス、トゥキュディデス、プルタルコス、タキトゥス、ホッブズの『リヴァイアサン』、担当概念は、「善」、「幸福」、「政治」、「戦争」であった。(72)

すなわちベローは、ブルームの愛読書プラトンの『国家』と、後述するようにプラトンの『国家』に対する「義憤」に満ち満ちたアリストテレスの『ニコマコス倫理学』の両方を、少なくとも「善」、「幸福」、「政治」、「戦争」という観点からは十二分に理解する立場にあったといえよう。これ以外の両者の諸著作に通暁していたことは言うまでもない。

ラヴェルスタインはあの手この手で自分が最も尊敬する思想家を詳細に読ませまいとした。回想録を書けとは言ったが、西洋の思想書をコツコツ勉強するのは不要だというのである。（『ラヴェルスタイン』一二三一頁）

チック〔ベロー〕は「ただの作家」で、自分は「哲学の大家」だと高を括っていたラヴェルスタイン〔ブルーム〕は、最も恐るべき相手に自らの伝記を委ねたことになる。

だが人間の生き方を論じる倫理学〔『ニコマコス倫理学』〕が、政治学とどう関わるというのか。アリストテレス専門家の一般的な見解によると、『ニコマコス倫理学』と『政治学』は、元来単一の著作として意図されており、「『政治学』前編」とも名付けられるべき『ニコマコス倫理学』は政治学の理論を、「『政治学』後編」に相当する『政治学』は実践を、それぞれ扱っているという。(73)

ちなみに『詩学』は、文学が閑暇における〔高尚な〕娯楽の一形態として市民の基礎教育の一端を担うことから、『政治学』の「続篇」として意図されており（『政治学』一三三四A－一三四二B）、政治を補佐する弁論を分析した『弁論術』も、当然政治学の研究対象となる。『詩学』はかつて『政治学』、『ニコマコス倫理学』および『弁論術』と慣例的に併読されていたので、(74) この四冊をアリストテレスの「政治学四書」と呼ぶことも可能であろう。（今回は比較的知られていない『アテナイの国制』その他は便宜上除外する。）これらを通してアリストテレスは、プラトンの『国家』における政治観を痛烈に批判しているのである。

アリストテレスをかくも激しい「反逆」へと駆り立てたプラトンの国家構想は、一体いかなるものであったのだろうか。

「尊師」ソクラテスを死に追いやったアテナイの民主政治に失望したプラトンは、民主制以外の所に「正しい人」が報われる国制を求めた。確実に「正義」が遂行される国家モデルとしてプラトンが考案したのは、生成界には存在しない「善のイデア」を追求する（というよりはそれにまつわる呪術的祭儀を執り行う）「哲人王」を頂点とし、政務担当者階層と軍人階層が脇を守り固める一種の国家主義政体である。国民は生来の能力に従って二分される。「金・銀の素質」を持つ者は「保護者」（政務担当者と戦士［ただしこれらに相当する用語は一定しない］）、「銅・鉄の素質」しか持たない者は平民（農夫、職人、商人）となる。「保護者」候補は小児期から修行と試練と検定を潜り抜け、最優秀者が「哲人王」に任命される。

理想国はアテナイ並みの大国と仮定され、現在の豊かな生活を引き続き確保することを欲するなら、他国への侵略、他国からの侵略、国内の反乱を前提とする必要が生じる（三七三A－三七四D）。そしてこれらに備えた大規模軍隊の組織が必須とされ、『国家』の大半が、戦士の教育・訓練・育成の叙述に充てられる。

戦争の目的は「正義を体現する国家［全体］」の「幸福」であり、教育目標は勇敢な戦士の育成に置かれる。

「保護者」とも「援助者」とも呼ばれる戦士は、優れた素質の青年男女より選ばれるが、なぜか犬並みの訓練を施される。選り抜きの戦士は血統の良い「犬」にしばしば例えられ、市民たちに「牙」を剝かぬよう、敵と味方を区別できるよう躾けられなければならない（三七五A－B）。人間を堕落させる物欲を防ぐため、私有財産は認められず、国家予算によって共同生活用の住居で食事を共にし、さらに妻子をも共有する。

小犬に血の味を覚えさせるように、戦士候補者を子供の頃から戦場に携行して戦闘場面を見学させ（五三七A）、敵前逃亡を行った兵士や生きながら捕虜となった兵士は、厳重な処罰の対象となる（四六八A）。

『国家』の中の有名な「詩人排斥論」は、勇敢な戦士育成の妨げになるものとして文学活動を禁じるものである。（周知のようにアリストテレスはこれに反論して『詩学』を書いた。）

文学は音楽と共に国民の基礎教育の二本柱を成しているが、既存の文学作品は、往々にして悪しき国家像を市民の心に吹き込む傾向がある（『国家』六〇五B－C）。すなわち、神々の不公正をなじり、英雄の愁嘆場を描き、死後の世界の恐怖を強調し、死にゆく人々への「憐憫」、自分の死に対する「恐怖」、因果応報への不公正感を助長する。これでは、国家の「善」のために自己の生命を平然と供出し、敵兵の生命を毅然と奪う勇気が育つはずがない（三七九C－三九二C）。

このような文学作品は、善の「イデア」を知らぬ者たちの欺瞞的な「物真似」（ミメーシス）として厳禁され、士気を増強するような神々への頌歌と英雄賛歌だけが公認される（六〇五A－六〇七A）。

とはいえ、戦士も人間である以上、死を最も恐れるから、自発的な生命の供出を確保するのは至難の業である。そこで導入されたのが、死（タナトス）の恐怖を物ともしない「エロス」（生殖本能）であった。

プラトンが『饗宴』で言及しているように、動物の発情期においては、子孫を残すという本能のために、最も弱い個体ですら死を恐れず最強の個体に立ち向かう現象が多々見られる（『饗宴』二〇七A－C）。人間の場合も、美しい相手と共に新しい（身体的または精神的な）生命の生産に携わる行為を通して永遠の不死に与かりたいという強烈な本能が備わっている（二〇六D－二〇七A）。こうした「エロス」の充足を条件とすれば、戦士が死の恐怖を克服する確率が極めて高くなるであろう。

武勲を立てた勇者には、意中の恋人（男女を問わない）から愛を以て報いられる権利が保証され、不運にも戦死した人々は、正義を体現する国家により手厚く葬られ、神霊として末長く崇め奉られる（『国家』四六八B－四六九B）。

『国家』の最終部分では、死の淵から甦ったという戦士エルが、ピュタゴラス的輪廻転生の証人として引き合いに出される。「肉体の鎖を断ち切って」本来の姿に戻った人々の魂は、生存中の所業にふさわしい来世を割り当てられ、他の生物や人間へと生まれ変わり、公正な因果応報が保証されているというのである（六一四B－六二一D）。

「正義」の追求から始まったプラトンの政体構想は、かくして「正しい人」が報われる「正義」の報酬という形で完結する。

前述したように、シュトラウスは、これを「高貴なる嘘」と呼んでいた。また、ここからムジャヒディン（イスラム過激派戦士）のジハード用にアメリカが資金を提供して作成した教科書を連想する読者も少なくないことであろう。

この種の理想論は、いつの世においても反論することが難しい。あらゆる「悪」に打ち勝つ至高の「正義」と真っ向から対立すれば、「極悪人」の烙印を押されるからである。

それでも人類の諸々の営みの究極の目的が、一人一人の具体的な「幸福」にあると信じるアリストテレスは、『ニコマコス倫理学』の中で敢えてタブーに挑み、「善のイデア」の拠り所となっている「魂の不滅論」の欺瞞性を一蹴する。

我々は死者を「幸福な者」とは呼ばない……（『ニコマコス倫理学』一一〇〇A）

この言葉は、『シントピコン』の編集に加わり、『国家』と『ニコマコス倫理学』と「幸福」を担当し、その後大戦中の商船隊にも志願したベローの脳裡を離れることがなかったはずである。

ここで再度『ラヴェルスタイン』の「絵が止まる」という問題に立ち返ってみよう。本書終章で言及したように、ある時チックがラヴェルスタインから死とはどういうものかと聞かれ、「絵（動画）が止まる」と答えると、ラヴェルスタインは一瞬凍り付き、その後「あの世で会おう」と言い出した（二二二－二二三頁）。この一言によって、チックはシュトラウス派的ストイシズムの模範を装っていたラヴェルスタインの「化けの皮」を剝ぐのである。

誰しも死で全てが終わるとは思いたくないようではあるが、十三世紀にパリで起こったスコラ学の一派ラテン・アヴェロエス主義は、中世アリストテレス学の最大の権威とされていたイブン・ルシュド（アヴェロエス――大文字の「注釈者」と呼ばれていた）の注釈に従って、アリストテレスの『霊魂論』の一部が、個人の霊魂が身体と共に滅びると解釈できることから、（キリスト教徒であることからくる）「信仰の真理」と（アリストテレス哲学に従った）「理性の真理」の二通りがあると主張した（いわゆる「二重真理説」）。既存の宗教は宗教として尊重するとしても、現世の事項は現世で帳尻を合わせておくべきだという立場から、ラテン・アヴェロエス主義は、人間解放のルネサンスの先鞭をつけたのである。

ベローが尊敬する経済学者のケインズも、全く同じ立場から、「長い目で見れば我々はみな死んでいる」という有名な言葉を残している。（ハイエクやフリードマンに先立つ）自由市場信奉者は、均衡に向かって市場の自然の調整力が働くと主張する。しかし「長い目で見れば」というのは、現在の問題を解決するのに役立たない欺瞞的な目安だ。長期的にそういう奇跡が起こりうるとしても、それはロバの鼻先にぶら下げた人参のようなもので、その頃まで生きている者は誰もいない。[75] そう、問題は生きている間に解決されねばならないのだ。

ここで話を『ニコマコス倫理学』に戻すと、一死報国の念を鼓舞されて戦地へ赴く純真無垢な市民を一人でも多く救うために、アリストテレスは「勇気」の価値を貶める。（筆禍を憂慮して、文章はやや晦渋（エソテリック）だが、以下のような主旨となっている。[76]）

戦勝という国家目的に照らしてさえ、人命をいたずらに犠牲にすることは最大の愚策である。戦場では「勇敢」に命を捨てる市民よりも、攻撃と防御の訓練を積み、状況判断の能力を備えた「臆病な」職業軍人の方が、効率よく戦いを進めることを忘れてはならない。また、個人の観点からすると、一切の危険を恐れぬ「勇気」は、狂気や不感症によるものか、実際は臆病な自分を勇敢に見せたいという虚栄心の産物に他ならない。（霊魂は不滅で、生成界に「実在」はなく、現世の不公正は来世で是正されるとプラトンの『国家』は言うが、生成界で栄えるのは誰か――哲人王と後から付け足しのように出現した政務担当者だけではないか。）命を捧げることは、人間の能力を超えた行為であるから、そのような命令には断じて従う必要がない（『ニコマコス倫理学』一一一五A－一一一七B）。

プラトンのいう「真実」や「正しさ」は、人間に「善」（幸福）ではなく「悪」（不幸）しかもたらさないので、実質的には「その反対のもの」――つまり「虚偽」や「不正」――でしかないとアリストテレスは糾弾する。

> 親しい人の説であっても、真理を救うためには棄却した方がよい［……］いやしくも知恵を愛する者［哲学者］なら、そうすべきである。（『ニコマコス倫理学』一〇九六A）

アリストテレスは、人間の諸々の営みの究極の目的は、「最高の善」すなわち〔現世における〕「幸福」にあると主張する。そして「行動」を通してこれを具現するのが、あらゆる技術、研究、行為、選択を統括する術としての「政治」なのである（『ニコマコス倫理学』一〇九四A、一〇九七A、一〇九九B）。

プラトンが国家〔全体〕の善〔幸福〕を最優先させたのに対して、アリストテレスは、国家は個々の成員の善〔幸福――善き生活〕のために存在すると反論した。人間を「政治的（都市国家的）動物」と呼んだ時、アリストテレスは、集団として国家を建設した方が、相互利益の恩恵に浴する度合いが高い（『政治学』一二五二B）――つまり、国家は個々の成員のために存在するのであり、国自体のために存在するのではないとする立場を選んだのである。

「完全な幸福」と形容されている「観想活動」をどの程度実現可能なものと考えていたのかという議論は別の機会に譲るとして、アリストテレスが第一に目指していたのは、精神の「幸福」を保障する物質的な「幸福」（充足）――健康な身体に恵まれること、善き友人（複数）に恵まれること、善き子供（複数）に恵まれること、ある程度の財産、善き老後を迎えること等（『弁論術』一三六〇B‐一三六二B）――を万民に行き渡らせることにあり、これを具現するのが政治なのである（『ニコマコス倫理学』一三三二A）。しかも幸福は、生涯にわたる持続性を前提としなければならない（『ニコマコス倫理学』一一〇〇A‐一一〇一A）。

アリストテレスの「政治学四書」の概要は、およそ以下のようにまとめることができよう。

『ニコマコス倫理学』（『政治学』前編）は、人生の「究極の目的」である「幸福」とそれを実現する「技術（学問）」である政治学との関係を検討し、『政治学』（『政治学』後編）は、最善の国制とは、最大多数の者に対して最善の生活を保証するものである（一二九五A）という観点から、ギリシアおよび周辺国の様々な国制の特徴と推移、国家の盛衰とその原因についての考察を行う。『政治学』の締め括り部分では、市民（国民）の基礎教育としての役割を果たす詩と音楽の重要性が強調されており、「『政治学』続篇」ともいうべき『詩学』では、人生の目的（「幸福」）達成のケース・スタディとしての詩（文学）を通して「善き市民」――すなわち「理性ある動物」――を育成する方法を扱っている。『弁論術』（『修辞学』）では、有効な説得術によって人類の「最高の善」である「幸福」を具現する政治学の補佐としての弁論術の機能（一三六〇B－一三六二A）、話者のための弁論の組み立て方、さらに聴衆の立場から弁論の内容の真偽や話者の人格の見分け方や政治技術の拙劣を判定する方法も取り上げている。

自由教育の普及こそが世界恐慌の発生やファシズムの台頭を予測・防止できたはずだと信じるハッチンズは、文明の進歩の極致ともいうべき民主主義の政体が、自然のままに放置しておけば持続することが不可能だと考えていた。

『西洋の名著』第一巻の『大いなる会話――自由教育の本質』の中で、ハッチンズは、西洋の社会・文化の基礎を作り上げてきた名著の読解による自由教育こそが自立した社会人と善き社会を作る最良の方法であったにもかかわらず、過去五〇年間、アメリカではほとんど消失しかけていると嘆く(77)。

機械技術文明の進歩に伴って専門化が進み、自由教育は一部の（恵まれた）者だけに授け、後は職業訓練や自分の興味あることに従事すればよいとする見解は、大衆が生まれながらの奴隷になればいいというようなものである。科学の発達によって、自由教育はますます必要になってくる(78)。

名著が誰にでも読めるものではないという意見にハッチンズは断固として反対する――出来ないという証拠はない。学者が有り難そうな解説や紹介で勿体を付けているだけで、読み書き計算が出来る普通の人が虚心坦懐に読めば、本が自ずから読者に語りかけるから名著というのである。価値判断や解釈は読者に任せればよい。(79)

名著による自由教育（「奴隷ではない」自由人のための教育）は、最良の人々に対する最良の教育であるがゆえに、万人平等の民主社会においては万人に授けられなければならない。自由教育を万人にということ、自由教育は元々貴族のためのものだから民主的ではないと反論する民主主義者もいる。（ポストモダン左翼が「名著」を「白人男性の権威の押し付け」と言って斥けたのも同じ理由による。）だがハッチンズは反論する――自由教育が貴族的だというのは、貴族が余暇と政治権力を持っていたからである。もし自由教育が余暇と政治権力を持つ人間のためならば、主権在民の現在、余暇を持ち、参政権を持つ全国民がこの特権に与ってもよいはずではないか。(80)

一九六五年にアルフレッド・ケージンに宛てた手紙の中で、ベローは、シカゴ大学は明らかに群を抜いて優秀なのだから、アイビーリーグと競う必要はないという自信をハッチンズから授かったと書いている。(81)「最低にも最高にもなれる都市」――それがシカゴであった。

> 三〇年代の後半、大学を出たばかりの時に、私［チック］は地理の案内書を作る助手をしていて、この国のどの州にも「アセンズ」（アテネ）という地名があることを知った。A・N・ホワイトヘッドはこの地に滞在中、シカゴが現代世界を率いる都市になると言った。ここでは誰もが知性を無料で使用できるから、この都市が新しいアテネとして機能するかもしれないというのである。（『ラヴェルスタイン』二三〇頁）

爾来ベローは、最もありそうにない所にハイカルチャーの証を見出したいという「民主主義的」欲望に駆られて、中西部の小さな町の図書館を訪れ、インテリしか読みそうにない本が借り出されているのを見つけては悦に入るのを習慣とした。十人の「義人」がいれば、神はソドムを滅ぼさないのだ。[82]

二〇〇一年の夏、ルーマニア人作家ノーマン・マネアと会食していた時、編集者がベローに、アメリカのデカダン文化にどう対処してきたかと尋ねた。

しばらく考えた後、ベローは、「独自の生き方を定めた時、社会を敵に回すことはわかっていたが、自分が勝つことを確信していた」と答え、さらにこう付け加えたという――「そしてそれがささやかな勝利だということも[83]」。

注

序章

（1） Ed Vulliamy and Vanessa Thorpe, "Bellow's Betrayal Blots His Copybook," *Observer*, 23 April 2000.

（2） James Atlas, *Bellow: A Biography* (New York: Random House, 2000), 570.『サンデータイムズ』一九九四年春の調査結果に拠る。

（3） Malcolm Bradbury, introduction, *Herzog*, by Saul Bellow (London: Penguin Books, 2001), vi-vii.

（4） Atlas, *Bellow: A Biography*, 385.

（5） Christopher Hitchens, "The Egg-Head's Egger-On," *London Review of Books*, 27 April 2000.

（6） Robert Fulford, "Saul Bellow, Allan Bloom and Abe Ravelstein," *Globe and Mail*, 2 November 1999.

（7） Anthony DePalma, "Allan Bloom, Critic of Universities, Is Dead at 62," *New York Times*, 8 October 1992.

（8） 以下ソール・ベローの代表作品からの引用の頁数は Saul Bellow, *Saul Bellow: Novels*, ed. James Wood, Library of America, 4 vols. (New York: Literary Classics of the United States, 2003–14) に拠る。ただし『ラヴェルスタイン』に関しては、一般読者の便宜を図って Saul Bellow, *Ravelstein* (London: Penguin Books, 2000) を用いる。

（9） D. T. Max, "With Friends Like Saul Bellow," *New York Times Magazine*, 16 April 2000.

（10） *New Yorker*, 1 November 1999, 96–105.

（11） Fulford, "Saul Bellow, Allan Bloom and Abe Ravelstein," *Globe and Mail*, 2 November 1999.

（12） Cited in Atlas, *Bellow: A Biography*, 596.

（13） Dinita Smith, "A Bellow Novel Eulogizes a Friendship," *New York Times*, 27 January 2000.

（14） Max, "With Friends Like Saul Bellow," *New York Times Magazine*, 16 April 2000.

（15） Max, "With Friends Like Saul Bellow," *New York Times Magazine*, 16 April 2000.

（16） Adam Bellow, "Our Father's Politics," interview with Gloria L. Cronin, *A Political Companion to Saul Bellow*, eds. Cronin and Trepanier (Lexington: University Press of Kentucky, 2013) 199.

（17） Max, "With Friends Like Saul Bellow," *New York Times Magazine*, 16 April 2000.

（18） DePalma, "Allan Bloom, Critic of Universities, Is Dead at 62," *New York Times*, 8 October 1992.

（19） Max, "With Friends Like Saul Bellow," *New York Times Magazine*, 16 April 2000.

（20） Brent Staples, "Mr. Bellow Writes On, Wrestling with the Ghost of Edward Shils," editorial, *New York Times*, 22 April 2000.

（21） Adam Mars-Jones, "Life and Soul," *Observer*, 23 April

2000.

(22) Jasper Copping et. al., "John le Carré on the Inspiration for George Smiley," *Telegraph*, 4 March 2014; Alison Flood, "John le Carré Warns of Threat Posed by Secret Services to Democracy," *Guardian*, 5 March 2014..

(23) Saul Bellow to Martin Amis, 7 February 2000, *Saul Bellow: Letters*, ed. Benjamin Taylor (New York: Viking, 2010), 547–48.

(24) Max, "With Friends Like Saul Bellow," *New York Times Magazine*, 16 April 2000.

(25) Saul Bellow to Martin Amis, 7 February 2000, *Saul Bellow: Letters*, 547–48.

(26) Saul Bellow to Werner Dannhauser, 6 October 1999, *Saul Bellow: Letters*, 545–46.

(27) Dinita Smith, "A Bellow Novel Eulogizes a Friendship."

(28) Atlas, *Bellow: A Biography*, 596–98; Christopher Hitchens, "Bloom's Way," *Nation*, May 15, 2000, qtd. in Atlas, *Bellow: A Biography*, 598.

(29) Qtd. in Stephen Moss, "*Ravelstein* by Saul Bellow," *Guardian*, 11 May 2000.

(30) Mars-Jones, "Life and Soul," *Observer*, 23 April 2000.

(31) Max, "With Friends like Saul Bellow." *New York Times Magazine*, 16 April 2000; Jonathan Wilson, "Bloom's Day," *New York Times Book Review*, 23 April 2000; Hitchens, "The Egg-Head's Egger-On," etc.

(32) Benjamin Taylor, "Chronology," Saul Bellow, *Saul Bellow: Letters*, xxxii.

(33) Mars-Jones, "Life and Soul," *Observer*, 23 April 2000.

第1章

(1) Edward Shils to Saul Bellow, 1976, qtd. in Atlas, *Bellow: A Biography*, 478.

(2) Keith Botsford, "Obituary: Professor Allan Bloom," *Independent*, 12 October 1992.

(3) Atlas, *Bellow: A Biography*, 478.

(4) Steven B. Smith, "Leo Strauss: The Outlines of a Life," *The Cambridge Companion to Leo Straus*, 37–38.

(5) Strauss to Karl Löwith, 19 May 1933, qtd. in Steven B. Smith, "Leo Strauss: The Outlines of a Life," 19.

(6) Steven B. Smith, "Leo Strauss: The Outlines of a Life," 18.

(7) 詳細は Nicholas Xenos, *Cloaked in Virtue: Unveiling Leo Strauss and the Rhetoric of American Foreign Policy* (New York: Routledge, 2008), 53–59 を参照。

(8) Steven B. Smith, "Leo Strauss: The Outlines of a Life," 14.

(9) Steven B. Smith, "Leo Strauss: The Outlines of a Life," 22.

(10) Atlas, *Bellow: A Biography*, 478.

(11) Steven B. Smith, "Leo Strauss: The Outlines of a Life," 31.

(12) Richard Lacayo, "But Who Has the Power?" *Time* (17 June 1996), 43; Richard Bernstein, "A Very Unlikely Villain (or Hero)," *New York Times*, 29 January 1995, qtd. in Shadia Drury, *Leo Strauss and the American Right*, (1997; New York: St. Martin's Press, 1999), xi.

(13) Brent Staples, "Mr. Bellow Writes On, Wrestling with the Ghost of Edward Shils, editorial, *New York Times*, 22 April 2000."
(14) Atlas, *Bellow: A Biography*, 478.
(15) Saul Bellow, "Allan Bloom," eulogy at Bloom's funeral service, 9 October 1992, *It All Adds Up*, 278.
(16) Atlas, *Bellow: A Biography*, 548.
(17) Gregory Bellow, *Saul Bellow's Heart: A Son's Memoir* (London: Bloomsbury, 2013), 160, 191.
(18) Taylor, "Chronology," *Saul Bellow: Letters*, xxix.
(19) Atlas, *Bellow: A Biography*, 422.
(20) Gregory Bellow, *Saul Bellow's Heart*, 133–34.
(21) Atlas, *Bellow: A Biography*, 423.
(22) Gregory Bellow, *Saul Bellow's Heart*, 161–62.
(23) Gregory Bellow, *Saul Bellow's Heart*, 161–62.
(24) Gregory Bellow, *Saul Bellow's Heart*, 161–62.
(25) Gregory Bellow, *Saul Bellow's Heart*, 161.
(26) Gregory Bellow, *Saul Bellow's Heart*, 163.
(27) 一九八三年のベローの手紙にジャニスを秘書にしているという言及が見られる。Saul Bellow to John Auerbach, 8 April 1983, *Saul Bellow: Letters*, 411.
(28) Adam Bellow, "Our Father's Politics," 204.
(29) Saul Bellow, foreword, *The Closing of the American Mind: How Higher Education Has Failed Democracy and Impoverished the Souls of Today's Students* (1987; London: Penguin Books, 1988), by Allan Bloom, 18.
(30) Roger Kimball, "The Groves of Ignorance," *New York Times*, 5 April 1987.
(31) William Goldstein, "The Story behind the Bestseller: Allan Bloom's 'Closing of the American Mind,'" *Publisher's Weekly*, 3 July 1987.
(32) Wolf Lepenies, *The Seduction of Culture in Germany* (Princeton: Princeton University Press, 2006), 77–81.
(33) Lepenies, *The Seduction of Culture in Germany*, 77–81.
(34) Bloom, *The Closing of the American Mind*, 25–43.
(35) Bloom, preface, *The Closing of the American Mind*, 22.
(36) Bloom, *The Closing of the American Mind*, 89–90, 142.
(37) Bloom, *The Closing of the American Mind*, 141–12; 220–21; 228–29.
(38) Bloom, *The Closing of the American Mind*, 210.
(39) Bloom, *The Closing of the American Mind*, 208–10.
(40) Bloom, *The Closing of the American Mind*, 212.
(41) Bloom, *The Closing of the American Mind*, 213.
(42) Bloom, *The Closing of the American Mind*, 214–15.
(43) Vulliamy and Thorpe, "Bellow's Betrayal Blots His Copybook," *Observer*, 23 April 2000.
(44) Dennis H. Wrong, "The Paperbacking of 'The American Mind'," *New York Times*, 17 April 1988.
(45) Bloom, "Western Civ," address delivered at Harvard University, 7 December 1988, *Giants and Dwarfs*, 9–31.
(46) Bloom, "Western Civ," 13.
(47) Bloom, "Western Civ," 14–15.

(48) Bloom, "Western Civ," 15.
(49) Bloom, "Western Civ," 29–31.
(50) Robert Paul Wolff, *Academe* (1987), qtd. in Christopher Hitchens, "The Egg-Head's Egger-On," *The London Review of Books*, 27 April 2000.
(51) Gregory Bellow, *Saul Bellow*'s Heart, 155–56.
(52) Gregory Bellow, *Saul Bellow*'s Heart, 157.
(53) Saul Bellow, "Writers, Intellectuals, Politics: Mainly Reminiscence," *National Interest* (Spring 1993), rpt. in *It All Adds Up*, 98.
(54) Saul Bellow, "Writers, Intellectuals, Politics," 99, 104.
(55) Saul Bellow, "Writers, Intellectuals, Politics," 99.
(56) Zachary Leader, *The Life of Saul Bellow: To Fame and Fortune 1915–1964* (New York: Alfred A. Knopf, 2015), 185.
(57) Atlas, *Bellow: A Biography*, 53–57.
(58) Atlas, *Bellow: A Biography*, 53–63.
(59) Leader, *The Life of Saul Bellow*, 225–33; Saul Bellow, "Writers, Intellectuals, Politics," 101–102.
(60) Saul Bellow to Oscar Tarcov, 9 December 1940. *Saul Bellow: Letters*, 16.
(61) *Saul Bellow: Letters*, 16.
(62) Leader, *The Life of Saul Bellow*, 249.
(63) Saul Bellow, "A Second Half Life" (1991), interview with Keith Botsford, *Bostonia* (January-February 1991), rpt. in *It All Adds Up*, 314–15; Atlas, *Bellow: A Biography*, 75, 77, 85.
(64) Saul Bellow, "A Half Life," interview with Keith Botsford, *Bostonia* (November-December 1990), rpt. in *It All Adds Up*, 310.
(65) Edmund Wilson, "Doubts and Dreams: *Dandling Man* under a Glass Bell" *New Yorker*, 26 March 1944; Irving Kristol, *Politics*, June 1944, qtd. in Atlas, *Bellow: A Biography*, 99.
(66) Leader, *The Life of Saul Bellow*, 284.
(67) Atlas, *Bellow: A Biography*, 103–106.
(68) Atlas, *Bellow: A Biography*, 99.
(69) Saul Bellow, "A Second Half Life" (1991), *It All Adds Up*, 317, 325.
(70) Swedish Academy, press release, "The Nobel Prize of Literature 1976: Saul Bellow," 21 October 1976.
(71) Atlas, *Bellow: A Biography*, 461.
(72) Saul Bellow, "Nobel Lecture" (1976 b), rpt. in *It All Adds Up*, 97.

第2章

(1) Barry Gewen, "Irving Kristol, Godfather of Modern Conservatism, Dies at 89," *New York Times*, 18 September 2009.
(2) Drury, *Leo Strauss and the American Right*, 137.
(3) Norman Podhoretz, "The Language of Life," *Commentary* (October 1953), qtd. in Atlas, *Bellow: A Biography*, 200,

629.

(4) Atlas, *Bellow: A Biography*, 127, 166, 184, 254.

(5) Francis Fukuyama, *After the Neocons: America at the Crossroads* (London: Profile Books, 2006), 15.

(6) Gewen, "Irving Kristol, Godfather of Modern Conservatism, Dies at 89."

(7) Fukuyama, *After the Neocons*, 15-16.

(8) Fukuyama, *After the Neocons*, 17.

(9) Adam Bernstein, "Editor Irving Kristol, 89; Architect of Neoconservatism," *Washington Post*, 19 September 2009; "Irving Kristol," obituary, *Telegraph*, 20 September 2009.

(10) Adam Bernstein, "Editor Irving Kristol, 89; Architect of Neoconservatism."

(11) Adam Bernstein, "Editor Irving Kristol, 89; Architect of Neoconservatism"; Godfrey Hodgson, "Irving Kristol Obituary," *Guardian*, 20 September 2009.

(12) Hugh Wilford, *The Mighty Wurlitzer: How CIA Played America* (Cambridge, MA: Harvard University Press, 2008), 103-14.

(13) Adam Bernstein, "Editor Irving Kristol, 89; Architect of Neoconservatism."

(14) "Irving Kristol," obituary, *Telegraph*.

(15) Adam Bernstein, "Editor Irving Kristol, 89; Architect of Neoconservatism."

(16) Adam Bernstein, "Editor Irving Kristol, 89; Architect of Neoconservatism."

(17) "Irving Kristol," obituary, *Telegraph*.

(18) "Irving Kristol," obituary, *Telegraph*.

(19) Adam Bernstein, "Editor Irving Kristol, 89; Architect of Neoconservatism."

(20) Hodgson, "Irving Kristol Obituary."

(21) John M. Naughton, "U.S. to Tighten Surveillance of Radicals," *New York Times* 12 April 1970, qtd. in Andrew Hartman, *A War for the Soul of America: A History of the Culture Wars*, (Chicago: University of Chicago Press, 2015), 42-43.

(22) Gewen, "Irving Kristol, Godfather of Modern Conservatism, Dies at 89."

(23) Adam Bernstein, "Editor Irving Kristol, 89; Architect of Neoconservatism"; Drury, *Leo Strauss and the American Right*, 28.

(24) Drury, *Leo Strauss and the American Right*, 28.

(25) Hodgson, "Irving Kristol Obituary."

(26) Adam Bernstein, "Editor Irving Kristol, 89; Architect of Neoconservatism."

(27) Gewen, "Irving Kristol, Godfather of Modern Conservatism, Dies at 89."

(28) Drury, *Leo Strauss and the American Right*, 138.

(29) Irving Kristol, "The Philosopher's Hidden Truth," *Commentary*, 1 October 1952.

(30) Rachel Abrams, "Irving Kristol on Leo Strauss," *Weekly*

Standard, 18 September 2009.

(31) Fukuyama, *After the Neocons*, vii-viii.

(32) Douglas Murray, *Neoconservatism: Why We Need It* (New York: Encounter Books, 2006), qtd. in George W. Carey, "Neoconservatism and the Power of Ideology," *First Principles: ISI Web Magagine*, 1 August 2007.

(33) Steven B. Smith, "Leo Strauss: The Outlines of a Life," 32.

(34) Francis Fukuyama, *The End of History and the Last Man* (New York: Free Press, 1992); Lepenies, *The Seduction of Culture in Germany*, 92; Xenos, *Cloaked in Virtue*, 126.

(35) Allan Bloom, "Leo Strauss: September 20, 1899-October 18, 1973," Bloom, *Giants and Dwarfs*, 237.

(36) Strauss to Karl Löwith, 19 May 1933, qtd. in Steven B. Smith, "Leo Strauss: The Outlines of a Life," 19.

(37) Xenos, *Cloaked in Virtue*, 150 n.9.

(38) Bloom, "Leo Strauss," *Giants and Dwarfs*, 247.

(39) Strauss, *Natural Right and History* (Chicago: University of Chicago Press, 1965), 1-2, qtd. in Xenos, *Cloaked in Virtue*, 127.

(40) Xenos, *Cloaked in Virtue*, 127.

(41) ブルームと共にシュトラウスの代表的な弟子であるハリー・ジャファ（Harry Jaffa）は、右翼的ではあるが、字義通りアメリカ建国の精神を擁護する立場を取り、シュトラウスから「秘儀性」を学ばなかったと考えられている。詳細は、Drury, *Leo Strauss and the American Right*, 97-111を参照。

(42) Bloom, "Leo Strauss," *Giants and Dwarfs*, 243-45.

(43) Bloom, "Leo Strauss," *Giants and Dwarfs*, 240-41.

(44) Drury, *Leo Strauss and the American Right*, 230-31.

(45) Bloom, "Leo Strauss," *Giants and Dwarfs*, 239-40.

(46) Bloom, "Leo Strauss," *Giants and Dwarfs*, 247.

(47) Bloom, "Leo Strauss," *Giants and Dwarfs*, 244-45.

(48) Drury, *Leo Strauss and the American Right*, 231.

(49) Drury, *Leo Strauss and the American Right*, 230-31.

(50) 以下 Irving Kristol, *Neoconservatism: The Autobiography of an Idea* (New York: Free Press, 1995), qtd. in Drury, *Leo Strauss and the American Right*, 140-51に拠る。

(51) Drury, *Leo Strauss and the American Right*, 142.

(52) Drury, *Leo Strauss and the American Right*, 145.

(53) Drury, *Leo Strauss and the American Right*, 149.

(54) Drury, *Leo Strauss and the American Right*, 149.

(55) Drury, *Leo Strauss and the American Right*, 149.

(56) Strauss, *City and Man* (Chicago: U of Chicago P, 1964) 50-138 and Irving Kristol, "Utopianism, Ancient and Modern," *Neoconservatism* 18-99, qtd. in Drury, *Leo Strauss and the American Right*, 150.

(57) Drury, *Leo Strauss and the American Right*, 151-52.

(58) Anne Cahn, *Killing Détante: The Right Attacks the CIA* (University Park, PA: Pennsylvania State UP, 1998), 49, qtd. in Oliver Stone and Peter Kuznick, *The Untold History of the United States* (New York: Simon and

Schuster, 2012) 417. Hereafter abbreviated "Stone and Kuznick."

(59) Stone and Kuznick, 417.

(60) Stone and Kuznick, 382–83.

(61) Stone and Kuznick, 386.

(62) "Paul Wolfowitz," *The University of Chicago Magazine* 95:5, June 2003.

(63) Stone and Kuznick, 230–31.

(64) Stone and Kuznick, 383–84.

(65) Fukuyama, *After the Neocons*, 31–33.

(66) Stone and Kuznick, 396–97.

(67) Cahn, *Killing Détante*, 188, qtd. in Stone and Kuznick, 399; Murray Friedman, *The Neoconservative Revolution: Jewish Intellectuals and the Shaping of Public Policy* (Cambridge: Cambridge University Press, 2006), 142.

(68) Stone and Kuznick, 436.

(69) Bloom, preface, *The Closing of the American Mind*.

(70) Stone and Kuznick, 399.

(71) Nicholas Wapshott, *Keynes Hayek: The Clash That Defined Modern Economics* (New York: W. W. Norton, 2011), 244–45.

(72) Stone and Kuznick, 403, 416.

(73) Howard Zinn, *A People's History of the United States* (New York: Harper Colophon, 1980), 551, qtd. in Stone and Kuznick, 402

(74) Zbigniew Brzezinski, *Power and Principle: Memoirs of the National Security Adviser, 1977–1981* (New York: Farrar, Straus & Giroux, 1983), qtd. in Stone and Kuznick, 405; Stone and Kuznick, 405–6.

(75) "The Vance Resignation," *Washington Post*, 29 April 1980, qtd. in Stone and Kuznick, 419.

(76) Stone and Kuznick, 412–13

(77) Stone and Kuznick, 413–14.

(78) Stone and Kuznick, 415–16.

(79) Stone and Kuznick, 412.

(80) "Tears and Sympathy for the Shah," *New York Times*, 17 November 1977, qtd. in Stone and Kuznick, 409.

(81) Tim Weiner, *Legacy of Ashes: The History of the CIA* (New York: Doubleday, 2007), 371, qtd. in Stone and Kuznick, 409–10.

(82) Stone and Kuznick, 410, 418.

(83) Stone and Kuznick, 419–20.

(84) Stone and Kuznick, 420.

(85) Wapshott, *Keynes Hayek*, 245–46.

(86) Wapshott, *Keynes Hayek*, 246.

(87) Stone and Kuznick, 420.

(88) Stone and Kuznick, 422–25.

(89) Fukuyama, *After the Neocons*, 38, 45–46.

(90) Robert M. Gates, *From the Shadows: The Ultimate Insider's Story of Five Presidents and How They Won the Cold War* (New York: Simon & Shuster, 1996), 191, qtd. in Stone and Kuznick, 426.

(91) Robert Parry, *Secrecy and Privilege: Rise of the Bush Dynasty from Watergate to Iraq* (Arlington, VA: Media Consortium, 2004), 192–93, qtd. in Stone and Kuznick, 426.

(92) Claire Sterling, *The Terror Network* (New York: Henry Holt, 1981).

(93) Melvin Goodman, *Failure of Intelligence: The Decline and Fall of the CIA* (Lanham, MD, Rowman & Littlefield, 2008), 303, qtd. in Stone and Kuznick, 426.

(94) Ronald Reagan, "Peace: Restoring the Margin of Safety," delivered at the Veterans of Foreign Wars Convention, Chicago, 18 August 1980, qtd. in Stone and Kuznick, 434.

(95) Stone and Kuznick, 438.

(96) Stone and Kuznick, 440.

(97) Stone and Kuznick, 424.

(98) Colman McCarthy, "They Are Less than Freedom Fighters," *Washington Post*, 2 March 1985, qtd. in Stone and Kuznick, 427.

(99) George Skelton, "Reagan Pledges to Back Guatemara," *Los Angeles Times*, 5 December 1982, qtd. in Stone and Kuznick, 428.

(100) Stone and Kuznick, 431.

(101) Anthony Lewis, "Howdy, Genghis," *New York Times*, 6 December 1982, qtd. in Stone and Kuznick, 429.

(102) Robert Timberg, "'Days of Weakness Are Over,' Reagan Tells War Heroes," *Baltimore Sun*, 13 December 1983, qtd. in Stone and Kuznick, 434–36.

(103) David Halberstam, *The Next Century* (New York: William Morrow, 1991), 70.

(104) Stone and Kuznick, 439–40.

(105) Paul Kennedy, *The Rise and Fall of the Great Powers: Economic Change and Military Conflict from 1500 to 2000* (New York: Vintage Books, 1987), 498–99, 493.

(106) "Sick Men of Europe," *Economist*, 22 March 1986, qtd. in Kennedy, *The Rise and Fall of the Great Powers*, 496.

(107) Kennedy, *The Rise and Fall of the Great Powers*, 496.

(108) Kennedy, *The Rise and Fall of the Great Powers*, 501.

(109) Stone and Kuznick, 447, 449.

(110) Stone and Kuznick, 450.

(111) Stone and Kuznick, 451–54.

(112) Stone and Kuznick, 455–57.

(113) Stone and Kuznick, 458.

(114) Mikhail Gorbachev, *Alone with Myself* (*Reminiscences and Reflections*) (Moscow, 2010), unpublished memoir without page numbers, qtd. in Stone and Kuznick, 459.

(115) Stone and Kuznick, 459–60.

(116) Robert E. Kaiser, "An Offer to Scrap the Postwar Rules," *Washington Post*, 8 December 1988, qtd. in Stone and Kuznick, 464.

(117) Stone and Kuznick, 461.

(118) Halberstam, *The Next Century*, 103.

(119) Wapshott, *Keynes Hayek*, 264.

(120) Wapshott, *Keynes Hayek*, 263–64.

(121) Wapshott, *Keynes Hayek*, 264.
(122) Wapshott, *Keynes Hayek*, 265.
(123) Wapshott, *Keynes Hayek*, 264–65.
(124) Halberstam, *The Next Century*, 100.
(125) William E. Pemberton, *Exit with Honor: The Life and Presidency of Ronald Reagan* (Armonk, NY: M. E. Sharpe, 1997), 140, qtd. in Stone and Kuznick, 438.
(126) Halberstam, *The Next Century*, 70; Paul Kennedy, *The Rise and Fall of the Great Powers*, 522.
(127) Kennedy, *The Rise and Fall of the Great Powers*, 442–43, 522.
(128) Kennedy, *The Rise and Fall of the Great Powers*, 442–43, 522.
(129) Halberstam, *The Next Century*, 101.
(130) Stone and Kuznick, 262.
(131) Fukuyama, *After the Neocons*, 24–25.
(132) Bloom, *The Closing of the American Mind*, 363.
(133) Bloom, *The Closing of the American Mind*, 364.
(134) Bloom, *The Closing of the American Mind*, 364, 262.
(135) Bloom, *The Closing of the American Mind*, 364–65.
(136) Nicholas Wroe, “History's Pallbearer,” *Guardian*, 11 May 2002.
(137) Fukuyama, “The End of History?” *National Interest* 16 (Summer 1989), 3–18, *The End of History and the Last Man*, xi.
(138) Fukuyama, *The End of History and the Last Man*, xi-xii.
(139) Fukuyama, *The End of History and the Last Man*, xii.
(140) Fukuyama, *The End of History and the Last Man*, xi, 189.
(141) Fukuyama, *The End of History and the Last Man*, 162–63.
(142) Fukuyama, *The End of History and the Last Man*, xvii.
(143) Fukuyama, *The End of History and the Last Man*, xvii-xviii.
(144) Fukuyama, *The End of History and the Last Man*, 67.
(145) Fukuyama, *The End of History and the Last Man*, xxi-xxii.
(146) Fukuyama, *The End of History and the Last Man*, xxii.
(147) Fukuyama, *The End of History and the Last Man*, xviii.
(148) Fukuyama, *The End of History and the Last Man*, xxiii-xxiii.
(149) Fukuyama, *The End of History and the Last Man*, xxiii.
(150) Fukuyama, *The End of History and the Last Man*, 123.
(151) Fukuyama, *The End of History and the Last Man*, 123–24.
(152) Fukuyama, *The End of History and the Last Man*, 123–25.
(153) Bloom, *The Closing of the American Mind*, 210.

第3章

(1) Drury, *Leo Strauss and the American Right*, 170.
(2) Drury, *Leo Strauss and the American Right*, 170–73.
(3) Drury, *Leo Strauss and the American Right*, 173–74.
(4) Drury, *Leo Strauss and the American Right* 175–78.

(5) Bloom, preface, *Giants and Dwarfs* 11–12.
(6) Bloom, "Leo Strauss," *Giants and Dwarfs*, 235.
(7) Gregory Bellow, "Our Father's Politics," interview with Gloria L. Cronin, *A Political Companion to Saul Bellow*, eds. Cronin and Trepanier, 191.
(8) Atlas, *Bellow: A Biography*, 344–45.
(9) Atlas, *Bellow: A Biography*, 341, 345.
(10) Atlas, *Bellow: A Biography*, 374–76.
(11) Andrew Gordon, "*Mr. Sammler's Planet*: Saul Bellow's 1968 Speech at San Francisco State University," Cronin and Trepanier, eds., *A Political Companion to Saul Bellow*, 158–59.
(12) Atlas, *Bellow: A Biography*, 386.
(13) Murray Friedman, *The Neoconservative Revolution*, 142.
(14) Alfred Kazin, "Saving My Soul at the Plaza," *New York Review of Books*, 31 March 1983.
(15) Saul Bellow to Alfred Kazin, 24 January 1983, *Saul Bellow: Letters*, 405.
(16) Kazin, "Saving My Soul at the Plaza."
(17) Atlas, *Bellow: A Biography*, 513–14; Saul Bellow to Midge Decter, 7 February 1984, *Saul Bellow: Letters*, 417.
(18) Saul Bellow to Mario Vargas Llosa, 20 February, 1984, *Saul Bellow: Letters*, 418.
(19) Adam Bellow, "Our Father's Politics," 203.
(20) Gregory Bellow, *Saul Bellow's Heart*, 167.
(21) Richard Bernstein, "Ideas and Trends; Academia's Liberals Defend Their Carnival of Canons against Bloom's 'Killer B's,'" *New York Times*, 25 September 1988.
(22) Ronald Reagan, "Remarks at a Luncheon for Recipients of the Medal of Freedom," 10 November 1988.
(23) Saul Bellow to Martin Amis, 3 June, 1990, *Saul Bellow: Letters*, 465–66.
(24) Alfred Kazin, "My Friend Saul Bellow," *Atlantic* (January 1965), 52, qtd. in Willis Salomon, "Biography, Elegy, and the Politics of Saul Bellow," Cronin and Trepanier, eds., *A Political Companion to Saul Bellow*, 167–84. 172.
(25) Alfred Kazin, "Jews" [Personal History], *New Yorker* (7 March 1994), 67, qtd. in Salomon, "Biography, Elegy, and the Politics of Saul Bellow," 172.
(26) Gregory Bellow, *Saul Bellow's Heart*, 157.
(27) Saul Bellow, foreword, Bloom, *The Closing of the American Mind*, 18.
(28) Saul Bellow, foreword, Bloom, *The Closing of the American Mind*, 18.
(29) Saul Bellow, foreword, Bloom, *The Closing of the American Mind*, 17.
(30) Saul Bellow, foreword, Bloom, *The Closing of the American Mind*, 18.
(31) Saul Bellow, foreword, Bloom, *The Closing of the American Mind*, 18.

(32) Bloom, *The Closing of the American Mind*, 345–56.

(33) Saul Bellow, foreword, Bloom, *The Closing of the American Mind*, 12.

(34) Saul Bellow, foreword, Bloom, *The Closing of the American Mind*, 13; Bloom, *The Closing of the American Mind*, 381.

(35) Bloom, preface, *The Closing of the American Mind*, 22.

(36) Saul Bellow, foreword, Bloom, *The Closing of the American Mind*, 13.

(37) Saul Bellow, foreword, Bloom, *The Closing of the American Mind*, 14.

(38) Atlas, *Bellow: A Biography*, 316.

(39) Saul Bellow, foreword, Bloom, *The Closing of the American Mind*, 14–15.

(40) Saul Bellow, foreword, Bloom, *The Closing of the American Mind*, 15.

(41) Saul Bellow, foreword, Bloom, *The Closing of the American Mind*, 15.

(42) Atlas, *Bellow: A Biography*, 339.

(43) Saul Bellow, foreword, Bloom, *The Closing of the American Mind*, 16.

(44) Saul Bellow, foreword, Bloom, *The Closing of the American Mind*, 16–17.

(45) Saul Bellow, foreword, Bloom, *The Closing of the American Mind*, 17.

(46) Saul Bellow, foreword, Bloom, *The Closing of the American Mind*, 17.

(47) Saul Bellow, foreword, Bloom, *The Closing of the American Mind*, 11–12; Bloom, *The Closing of the American Mind*, 381.

(48) Saul Bellow, foreword, Bloom, *The Closing of the American Mind*, 12; Bloom, *The Closing of the American Mind*, 381.

(49) Saul Bellow, foreword, Bloom, *The Closing of the American Mind*, 15.

(50) Atlas, *Bellow: A Biography*, 319.

(51) Malcolm Cowley, "Who's to Take the Place of Hemingway and Faulkner?" *New York Times Book Review*, 7 October 1962, qtd. in Atlas, *Bellow: A Biography*, 319.

(52) Atlas, *Bellow: A Biography*, 330, 359, 555.

(53) Atlas, *Bellow: A Biography*, 131.

(54) Atlas, *Bellow: A Biography*, 452.

(55) Edward Shils to James Atlas, 30 March 1994, cited in Atlas, *Bellow: A Biography*, 6.

(56) Malcolm Bradbury, *Saul Bellow* (London: Methuen, 1982), 11–17.

(57) Saul Bellow, "Writes on Writing," *New York Times*, 11 October 1999.

(58) Saul Bellow, "An Interview with Myself," *Ontario Review* 4 (1975), rpt. in *It All Adds Up*, 80–81.

(59) Saul Bellow, "An Interview with Myself," 80–81; Atlas, *Bellow: A Biography*, 437–38.

(60) Saul Bellow, "*Paris Review* Interview," with Gordon Lloyd Harper, *Paris Review* 36 (Winter 1966): 48–73.
(61) Alden Whitman, "For Bellow, Novel is a Mirror of Society." *New York Times Book Review*, 25 November 1975.
(62) Saul Bellow, "*Paris Review* Interview" (1966).
(63) Saul Bellow, "Some Notes on Recent American Fictions," *The Novel Today: Contemporary Writers on Modern Fiction*, ed. Bradbury (London: Fontana, 1977), qtd. in Bradbury, introduction. *Herzog*, by Saul Bellow, viii.
(64) Malcolm Bradbury, *My Strange Quest for Mensonge, Structuralism's Hidden Hero* (London: André Deutsch, 1987), 8–9.
(65) Bradbury, *My Strange Quest for Mensonge*, 8–14.
(66) Bradbury, *My Strange Quest for Mensonge*, 9, 50.
(67) Saul Bellow, "An Interview with Myself," 80–87; "A Matter of Soul," *Opera News* 11 (January 1975), rpt. in *It All Adds Up*, 74.
(68) Saul Bellow, "*Paris Review* Interview" (1966).
(69) Whitman, "For Bellow, Novel is a Mirror of Society," *New York Times Book Review*, 25 November 1975.
(70) Saul Bellow, "*Paris Review* Interview" (1966).
(71) Bradbury, introduction, *Herzog*, by Saul Bellow, vii.
(72) Saul Bellow, "*Paris Review* Interview" (1966).
(73) Swedish Academy, press release, "The Nobel Prize of Literature 1976: Saul Bellow," 21 October 1976.
(74) Swedish Academy, press release, "The Nobel Prize of Literature 1976: Saul Bellow," 21 October 1976.
(75) Swedish Academy, press release, "The Nobel Prize of Literature 1976: Saul Bellow," 21 October 1976.
(76) "Saul Bellow," Howard Mancing, *The Cervantes Encyclopedia*, 2 vols. (Westport, CT: Greenwood Press, 2004), 1: 71–72.
(77) Saul Bellow, "The Jefferson Lecture I," Washington, D.C., 30 March 1977, *It All Adds Up*, 121.
(78) Atlas, *Bellow: A Biography*, 122–23.
(79) Saul Bellow to John Berryman, 24 July 1958, *Saul Bellow: Letters*, 164–65.
(80) 一九四六年、ベローはミネソタ大学で『カンディード』を教材に用いている（Atlas, *Bellow: A Biography*, 116）。『宙ぶらりんの男』の主人公は、ヴォルテールを始めとする啓蒙主義思想家の集大成を試み、『ハーツォグ』の主人公は、後述するように、ヴォルテール流の諷刺精神に駆られて、国家の「核心問題」に迫る。
(81) 『ヴォルテール書簡全集』からの引用は、*La correspondance de Voltaire*, ed. Théodore Besterman, 13 vols. (1953–65; Paris: Gallimard, 1977) に拠る。Voltaire à Louis-François-Armand du Plessis, duc de Richelieu, 18 septembre 1769, *La correspondance de Voltaire*, 9: 1099. Cf. *La correspondance de Voltaire*, 3: 1057; 9: 462, 1059; 10: 244, 739, 981.
(82) 山田由美子『ベン・ジョンソンとセルバンテス――騎士

道物語と人文主義文学』（世界思想社　一九九四）第五章参照。
(83) 山田『ベン・ジョンソンとセルバンテス』第六章・結章参照。
(84) Saul Bellow, "Nobel Lecture" (1976 b), rpt. in *It All Adds Up*, 97.
(85) 以下『ドン・キホーテ』からの引用は *El ingenioso hidalgo don Quijote de la Mancha*, ed. Luis Andrés Murillo, 2 vols. (Madrid: Castalia, 1982) に拠る。
(86) Murillo, ed., *Don Quijote*, 2: 539 n.9.
(87) 詳細は山田『ベン・ジョンソンとセルバンテス』第六章を参照。
(88) Saul Bellow, "An Interview with Myself," 80–87.
(89) 『ドン・キホーテ』のロマン主義的解釈については、山田『ベン・ジョンソンとセルバンテス』序章を参照。
(90) Saul Bellow, "A Half Life" (1990), *It All Adds Up*, 310.
(91) David Talbot, *Brothers: The Hidden History of the Kennedy Years* (New York: Free Press, 2007), 33, qtd. in Stone and Kuznick, 325.
(92) Stone and Kuznick, 292–92.
(93) Stone and Kuznick, 295.
(94) Stone and Kuznick, 308–14.
(95) Stone and Kuznick, 313.
(96) Stone and Kuznick, 305, 315–17.
(97) Stone and Kuznick, 316–18.
(98) Stone and Kuznick, 321.
(99) Stone and Kuznick, 322–23, 320.
(100) Marilyn B. Young, *The Vietnam Wars, 1945–1990* (New York: Harper Perrenial, 1991), 120, qtd. in Stone and Kuznick, 327–28.
(101) Stone and Kuznick, 323.
(102) Stone and Kuznick, 384–86.
(103) Jim Garrison, *On the Trail of the Assassins* (1988; London: Penguin Books, 1992), xv.
(104) Garrison, *On the Trail of the Assassins*, 101–103.
(105) Garrison, *On the Trail of the Assassins*, 103–104.
(106) Garrison, *On the Trail of the Assassins*, xii, 276, 225.
(107) Garrison, *On the Trail of the Assassins*, 276.
(108) Garrison, *On the Trail of the Assassins*, 276–77.
(109) Emmett John Hughes, *The Ordeal of Power: A Political Memoir of the Eisenhower Years* (New York: Atheneum, 1963).
(110) Dwight D. Eisenhower, "Memorandum Concerning the Commission of National Goals," 7 February 1960.
(111) Stone and Kuznick, 288–89.
(112) Dwight D. Eisenhower, "Text of Eisenhower's Farewell Address," *New York Times*, 18 January 1961, qtd. in Stone and Kuznick, 289.
(113) Charles J. G. Griffin, "New Light on Eisenhower's Farewell Address," *Presidential Studies Quarterly*, 22 (Summer 1992), 472, qtd. in Stone and Kuznick, 288–89.
(114) Jack Raymond, "'The Military-Industrial Complex':

An Analysis," *New York Times*, 22 January 1961, qtd. in Stone and Kuznick, 289.

(115) Robert Cromie, "Interview with Saul Bellow," *Chicago Tribune*, 24 January 1965.

(116) Atlas, *Bellow: A Biography*, 317.

(117) Saul Bellow, "White House and Artists," *The Noble Savage* 5 (1962), rpt. in *It All Adds Up*, 72; Atlas, *Bellow: A Biography*, 317.

(118) Andrew Gordon, "Herzog's Divorce Grief," *Saul Bellow and the Struggle at the Center*, ed. Eugene Hollahan (New York: AMS Press, 1996), 57–76.

(119) Julian Moynahan, "The Way Up from the Bottom," *New York Times Book Review*, 20 September 1964.

(120) Saul Bellow, "*Paris Review* Interview" (1966).

(121) Atlas, *Bellow: A Biography*, 339.

第4章

(1) Atlas, *Bellow: A Biography*, 359.

(2) Stone and Kuznick, 357.

(3) *Partisan Review*, May-June 1942.

(4) Leader, *The Life of Saul Bellow*, 234; Atlas, *Bellow: A Biography*, 74–75.

(5) Judie Newman, "Troskyism in the Early Work of Saul Bellow," Cronin and Trepanier, eds., *A Political Companion to Saul Bellow*, 22.

(6) Gordon, "*Mr. Sammler's Planet*: Saul Bellow's 1968 Speech at San Francisco State University," 153–57.

(7) 詳細は山田『ベン・ジョンソンとセルバンテス』第六章、祝祭の詳細については、Roy Strong, *Art and Power: Renaissance Festivals 1450–1650* (1973; Woodbridge, Suffolk: Boydell, 1984), 91–93を参照。

(8) Robert Dallek, *Flawed Giant: Lyndon Johnson and His Times, 1961–1973* (New York: Oxford University Press, 1998), 491.

(9) Lepenies, *The Seduction of Culture in Germany*, 77–81.

(10) Wolf Lepenies, *The Seduction of Culture in Germany* (Princeton: Princeton University Press, 2006), 78; Jennifer Ratner-Rosenhagen, *American Nietzsche: A History of an Icon and His Ideas* (Chicago: University of Chicago Press, 2012), 307–12.

(11) Laurence Lampert, *Leo Strauss and Nietzsche* (Chicago: University of Chicago Press, 1996).

(12) Bloom, preface, *Giants and Dwarfs*, 11–12.

(13) Strauss to Karl Löwith, 23 June 1935, qtd. in Steven B. Smith, "Leo Strauss: The Outlines of a Life," 20; Lampert, *Leo Strauss and Nietzsche*, 5.

(14) Lampert, *Leo Strauss and Nietzsche*, 5.

(15) L. Joel Kraemer, "The Medieval Arabic Enlightenment," Smith, ed., *The Cambridge Companion to Leo Strauss*, 147.

(16) Strauss, "An Unspoken Prologue to a Public Lecture at Saint John's College in Honor of Jacob Klein," qtd. in Steven B. Smith, "Leo Strauss: The Outlines of a Life," 15.

(17) Steven E. Aschheim, *The Nietzsche Legacy in Germany: 1890–1990* (Berkeley: University of California Press, 1992).
(18) Aschheim, *The Nietzsche Legacy in Germany*, 1.
(19) Aschheim, *The Nietzsche Legacy in Germany*, 7, 29, 30.
(20) Aschheim, *The Nietzsche Legacy in Germany*, 27–28.
(21) Aschheim, *The Nietzsche Legacy in Germany*, 27.
(22) リヒャルト・シュトラウスの音楽に、ニーチェ支持者たちは憤慨した。シュトラウスの創作理念については、山田由美子『第三帝国のR・シュトラウス――音楽家の〈喜劇的〉闘争』(世界思想社 二〇〇四)を参照。
(23) Aschheim, *The Nietzsche Legacy in Germany*, 31–64.
(24) Aschheim, *The Nietzsche Legacy in Germany*, 49–101, 133.
(25) Peter Gay, *Weimar Culture: The Outsider as Insider* (New York: Harper & Row, 1968), xiii, 2–3.
(26) Aschheim, *The Nietzsche Legacy in Germany*, 135–36.
(27) Michael H. Kater, *The Twisted Muse: Musicians and Their Music in the Third Reich* (Oxford: Oxford University Press, 1997), 36.
(28) Aschheim, *The Nietzsche Legacy in Germany*, 128–30.
(29) Aschheim, *The Nietzsche Legacy in Germany*, 149–51.
(30) Stefan Zweig, *The World of Yesterday* (1943), trans. Harry Zone (Lincoln: University of Nebraska Press, 1964), 297–303.
(31) Zweig, *The World of Yesterday*, 297–303.
(32) Gay, *Weimar Culture*, 95–96.
(33) Aschheim, *The Nietzsche Legacy in Germany*, 158, 196–98, 310.
(34) Steven B. Smith, "Leo Strauss: The Outlines of a Life," 15, 20.
(35) Aschheim, *The Nietzsche Legacy in Germany*, 153–55.
(36) Gay, *Weimar Culture*, 15–16.
(37) Aschheim, *The Nietzsche Legacy in Germany*, 140, 235–39.
(38) Aschheim, *The Nietzsche Legacy in Germany*, 240–41.
(39) Aschheim, *The Nietzsche Legacy in Germany*, 262–68.
(40) Aschheim, *The Nietzsche Legacy in Germany*, 242–44.
(41) Aschheim, *The Nietzsche Legacy in Germany*, 1.
(42) Lampert, *Leo Strauss and Nietzsche*, 5.
(43) Lampert, *Leo Strauss and Nietzsche*, 129–65.
(44) Lampert, *Leo Strauss and Nietzsche*, 38, 156, 185, 192–93.
(45) Lampert, *Leo Strauss and Nietzsche*, 18–20.
(46) Strauss, *The City and Man* (Chicago: Rand McNally, 1964), 123–24, 133–34, 136, qtd. in Lampert, *Leo Strauss and Nietzsche*, 18–19.
(47) Lampert, *Leo Strauss and Nietzsche*, 147–54.
(48) Lampert, *Leo Strauss and Nietzsche*, 198.
(49) Lampert, *Leo Strauss and Nietzsche*, 197–98.
(50) Lampert, *Leo Strauss and Nietzsche*, 38.
(51) Lampert, *Leo Strauss and Nietzsche*, 154–56.
(52) Bloom, *The Closing of the American Mind*, 208–10.

(53) Bloom, *The Closing of the American Mind*, 212–13.
(54) Ratner-Rosenhagen, *American Nietzsche*, 310–11; Lepenies, *The Seduction of Culture in Germany*, 78, 81.
(55) Bloom, *The Closing of the American Mind*, 202.
(56) Bloom, *The Closing of the American Mind*, 143–44.
(57) Bloom, *The Closing of the American Mind*, 142–47.
(58) Bloom, *The Closing of the American Mind*, 147–49.
(59) Bloom, *The Closing of the American Mind*, 143–44.
(60) "F. W. Nietzsche," *Bookman*, October 1900, 99–100; "Friedrich Wilhelm Nietzsche," *Popular Science Monthly*, October 1900, 668; "F. W. Nietzsche," *Outlook*, 8 (September 1900), 94; William L. Alden, "London Literary Letter," *New York Times Saturday Review*, 22 September 1900; qtd. in Ratner-Rosenhagen, *American Nietzsche*, 45.
(61) Ratner-Rosenhagen, *American Nietzsche*, 46–47.
(62) Alexander Star, "What Friedrich Nietzsche Did to America?: *American Nietzsche* by Jennifer Ratner-Rosenhagen, " *New York Times*, 13 January 2012.
(63) Star, "What Friedrich Nietzsche Did to America?"
(64) Ratner-Rosenhagen, *American Nietzsche*, 220–25.
(65) Star, "What Frielrich Nietzsche Did to America?"; Ratner-Rosenhagen, *American Nietzsche*, 234–38.
(66) Aschheim, *The Nietzsche Legacy in Germany*, 184.
(67) Herbert Marcuse, *Eros and Civilization: A Philosophical Inquiry into Freud* (1955; Boston: Beacon, 1966), 121, 122, qtd. in Aschheim, *The Nietzsche Legacy in Germany*, 186.
(68) Marcuse, *Soviet Marxism: A Critical Analysis* (New York: Columbia University Press, 1958), 228–29, qtd. in Aschheim, *The Nietzsche Legacy in Germany*, 186.
(69) Bloom, *The Closing of the American Mind*, 78.
(70) Bloom, *The Closing of the American Mind*, 73.
(71) Bloom, *The Closing of the American Mind*, 77–78.
(72) Bloom, *The Closing of the American Mind*, 79.
(73) Bloom, *The Closing of the American Mind*, 225–26.
(74) Jean-François Lyotard, *The Postmodern Condition: A Report on Knowledge*, trans. Geoff Bennington and Brian Massumi (Minneapolis: University of Minnesota Press, 1984) xxiv, qtd. in Ratner-Rosenhagen, *American Nietzsche*, 266.
(75) Ratner-Rosenhagen, *American Nietzsche*, 266.
(76) Ratner-Rosenhagen, *American Nietzsche*, 267.
(77) Ratner-Rosenhagen, *American Nietzsche*, 263–65.
(78) David B. Allison, ed., *The New Nietzsche: Contemporary Styles of Interpretation* (1977; Cambridge, MA: MIT Press, 1985), xxiv, x, ix, qtd. in Ratner-Rosenhagen, *American Nietzsche*, 265.
(79) Ratner-Rosenhagen, *American Nietzsche*, 267, 269.
(80) Bloom, *The Closing of the American Mind*, 379–80.
(81) Malcolm Bradbury, *My Strange Quest for Mensonge, Structuralism's Hidden Hero* (London: André Deutsch, 1987).
(82) Bradbury, *My Strange Quest for Mensonge*, 34–35.
(83) Bradbury, *My Strange Quest for Mensonge*, 35, 27, 72.

(84) Bradbury, *My Strange Quest for Mensonge*, 49, 71.
(85) Bradbury, *My Strange Quest for Mensonge*, 71, 74–76.
(86) Bradbury, *My Strange Quest for Mensonge*, 74–76.
(87) Bradbury, *My Strange Quest for Mensonge*, 72.
(88) Wroe, "History's Pallbearer," *Guardian*, 11 May 2002.
(89) Wroe, "History's Pallbearer."
(90) Wroe, "History's Pallbearer."
(91) Ratner-Rosenhagen, *American Nietzsche*, 272.
(92) Robert Fulford, "Saul Bellow, Allan Bloom and Abe Ravelstein," *Globe and Mail*, 2 November 1999.
(93) Bloom, preface, *The Closing of the American Mind*, 22.
(94) Bloom, *The Closing of the American Mind*, 135.
(95) Bloom, *The Closing of the American Mind*, 133.
(96) Bloom, *The Closing of the American Mind*, 135–36.
(97) Bloom, *The Closing of the American Mind*, 135–36.
(98) Bloom, *The Closing of the American Mind*, 139.
(99) Bloom, *The Closing of the American Mind*, 381; Saul Bellow, foreword, Bloom, *The Closing of the American Mind*, 13.
(100) Bloom, *The Closing of the American Mind*, 147–49.
(101) Strauss, "Note on the Plan of Nietzsche's *Beyond Good and Evil*," appendix to Lampert, *Leo Strauss and Nietzsche*, 187–206.
(102) Strauss, "Note on the Plan of Nietzsche's *Beyond Good and Evil*," 190, 191, 197.
(103) Bloom, *The Closing of the American Mind*, 136–37.
(104) Bloom, *The Closing of the American Mind*, 137.
(105) Ralf Ellison, "The Little Man at Chesaw Station: The American Artist and His Audience," *American Scholar*, Winter 1977–78, 25–48, qtd. in Lepenies, *The Seduction of Culture in Germany*, 82.
(106) Bloom, *The Closing of the American Mind*, 230.
(107) Bloom, *The Closing of the American Mind*, 230–31.
(108) Lepenies, *The Seduction of Culture in Germany*, 82; Bloom, *The Closing of the American Mind*, 228.
(109) Bloom, *The Closing of the American Mind*, 237.
(110) 以下トーマス・マンの作品からの引用は Thomas Mann, *Gesammelte Werke*, 13 vols. (1965; Frankfurt am Main: S. Fischer, 1974) に拠る。Thomas Mann, *Der Tod in Venedig*, 8: 491.
(111) Thomas Mann, *Der Tod in Venedig*, 8: 515–16.
(112) Bloom, *The Closing of the American Mind*, 237.
(113) Bloom, *The Closing of the American Mind*, 237.
(114) Thomas Mann, *Der Tod in Venedig*, 8: 572
(115) Hans Bürgin and Hans-Otto Mayer, "Thomas Mann: Eine Chronik Seines Lebens" (1965), 森川俊夫訳「トーマス・マン年譜」(『トーマス・マン全集』別巻) 六四五頁。
(116) Klaus Harpprecht, *Thomas Mann: Eine Biographie*, (Reinbeck bei Hamburg: Rowohlt, 1995), 1279–80, 1982.
(117) Harpprecht, *Thomas Mann: Eine Biographie*, 1279–80, 1982.
(118) Herbert Lehnert, introduction, *A Companion to the*

Works of Thomas Mann (2004; Rochester, NY: Camden House, 2009), 20.

(119) Erich Heller, *Thomas Mann: Der Ironische Deutsche* (Frankfurt am Main: Suhrkamp, 1959), 331, 309.

(120) Thomas Mann, *Doktor Faustus: Das Leben des deutchen Tonsetzers Adrian Leverkün erzält von einem Freunde*, 6: chs. 24–25; Harpprecht, *Thomas Mann: Eine Biographie*, 1433–34.

(121) Thomas Mann, *Doktor Faustus*, 6: chs. 24–25; Harpprecht, *Thomas Mann: Eine Biographie*, 1433–34.

(122) Harpprecht, *Thomas Mann: Eine Biographie*, 1421, 1434.

(123) "The Nobel Prize in Literature 1929," Nobelprize.org. Nobel Media AB 2014, www.nobelprize.org/nobel_prizes/literature/laureates/1929/.

(124) Jean F. Neurohr, *Der Mythos vom Dritten Reich: Zur Geistesgeschichte des Nationalsocialismus* (Stuttgart: Buchhandlung Nachfolger, 1957), 92.

(125) Harpprecht, *Thomas Mann: Eine Biographie*, 670, 1482–83.

(126) Thomas Mann, "Bruder Hitler," 12: 845–52.

(127) Ratner-Rosenhagen, *American Nietzsche*, 228.

(128) Lehnert, introduction, *A Companion to the Works of Thomas Mann*, 1–3.

(129) Heller, *Thomas Mann: Der Ironische Deutsche*, 309.

(130) Bertland Russell, "The Ancestry of Fascism," *In Praise of Idleness* (London: Routledge, 1996), 66.

(131) Bertland Russell, *History of Western Philosophy*, (London: Routledge, 2009), 688–89.

(132) Harpprecht, *Thomas Mann: Eine Biographie*, 379–80; Gustave Samazeuilh, avant-propos, *Richard Strauss et Romain Rolland: Correspondance; Frangments de Journal* (Paris: Albin Michel, 1951), 8.

(133) Harpprecht, *Thomas Mann: Eine Biographie*, 387–88.

(134) Bloom, *Giants and Dwarfs*, 259.

(135) Thomas Mann, *Betrachtungen eines Unpolitischen*, 12: 497.

(136) Mann, *Betrachtungen eines Unpolitischen*, 12: 21–23.

(137) Mann, *Betrachtungen eines Unpolitischen*, 12: 392.

(138) Mann, *Betrachtungen eines Unpolitischen*, 12: 393.

(139) Mann, *Betrachtungen eines Unpolitischen*, 12: 71–79, 153–54.

(140) Mann, *Betrachtungen eines Unpolitischen*, 12: 263.

(141) Mann, *Betrachtungen eines Unpolitischen*, 12: 130, 238.

(142) Mann, *Betrachtungen eines Unpolitischen*, 12: 30.

(143) Mann, *Betrachtungen eines Unpolitischen*, 12: 147, 354–55.

(144) Mann, *Betrachtungen eines Unpolitischen*, 12: 250.

(145) Mann, *Betrachtungen eines Unpolitischen*, 12: 147–48.

(146) Mann, *Betrachtungen eines Unpolitischen*, 12: 458, 462.

(147) Harpprecht, *Thomas Mann: Eine Biographie*, 420.

(148) Mann, *Betrachtungen eines Unpolitischen*, 12: 562.

(149) Thomas Mann to Gustav Blume, 5 July 1919, Thomas

Mann, *Thomas Mann: Briefe*, ed. Erica Mann, 3 vols. (1965. Frankfurt am Main: Fischer Tachenbuch, 1979), 1: 164–66.

(150) Harpprecht, *Thomas Mann: Eine Biographie*, 502.

(151) Harpprecht, *Thomas Mann: Eine Biographie*, 501–502.

(152) Harpprecht, *Thomas Mann: Eine Biographie*, 503.

(153) Russell, "The Ancestry of Fascism," 66.

(154) Gay, *Weimar Culture*, 120.

(155) Harpprecht, *Thomas Mann: Eine Biographie*, 632–33.

(156) Harpprecht, *Thomas Mann: Eine Biographie*, 635.

(157) Harpprecht, *Thomas Mann: Eine Biographie*, 664–66.

(158) Harpprecht, *Thomas Mann: Eine Biographie*, 635.

(159) Heinrich Mann, "My Brother," *The Stature of Thomas Mann*, ed. Charles Neider (London: Peter Owen, 1951) 中矢一義訳『トーマス・マン全集』別巻）十三頁。

第5章

（1） 以下ケインズの著作からの引用は *The Collected Writings of John Maynard Keynes*, eds. Austin Robinson and Donald Moggridge, 30 vols. (London: Macmillan, 1971–89) に拠る。John Maynard Keynes, "Dr Melchior: A Defeated Enemy," 10: 389–432.

（2） Keynes, "Dr Melchior: A Defeated Enemy," 10: 411.

（3） Thomas Mann, *Betrachtungen eines Unpolitischen*, 12: 71–79, 153–54.

（4） Thomas Mann, *Goethe als Repräsentant des bürgerlichen Zeitalters*, 9: 329.

（5） 菊盛英夫『ルターとドイツ精神——そのヤーヌスの顔をめぐって』（岩波書店 一九七七）、九頁。

（6） Thomas Mann, *Goethe als Repräsentant des bürgerlichen Zeitalters*, 9: 328–29.

（7） 以下ショーペンハウアーの『意志と表象としての世界』からの引用は Arthur Schopenhauer, *Die Welt als Wille und Vorstellung* (Köln: Anaconda 2009) に拠る。Schopenhauer, *Die Welt als Wille und Vorstellung*, 293 (§60); 317 (§63).

（8） 西尾幹二解説『意志と表象としての世界』（中央公論社 一九八〇）四四頁。

（9） Schopenhauer, *Die Welt als Wille und Vorstellung*, 295 (§60).

（10） Schopenhauer, *Die Welt als Wille und Vorstellung*, 363 (§71); 317 (§63).

（11） Hans Mayer, *Richard Wagner* (Reinbeck bei Hamburg: Rowohlt Taschenbuch, 1959), 62–68.

（12） Mayer, *Richard Wagner*, 49, 60.

（13） 亡命仲間の革命詩人ゲオルク・ヘルヴェーク（一八一七－七五）の勧めによる。Mayer, *Richard Wagner*, 80.

（14） Mayer, *Richard Wagner*, 79–82.

（15） Mayer, *Richard Wagner*, 81–82.

（16） Ernst Bertram, *Nietzsche: Versuch einer Mythologie* (Berlin, 1920), qtd. in Manfred Eger, *"Wenn ich Wagnern den Krieg mache": Der Fall Nietzsche und das Menschliche, Allzumenschliche* (Wien: Paul Neff, 1991), 64.

(17) 以下ニーチェの著作からの引用は Friedrich Wilhelm Nietzsche, *Sämtliche Werke: Kritische Studienausgabe*, eds. Giorgio Colli and Mazzino Montinari, 15 vols. (1967–77; München: dtv, 1980) に拠る。Nietzsche, *Die Geburt der Tragödie*, 1: 121–26 (ch.19).

(18) Nietzsche, *Die Geburt der Tragödie*, 1: 133–35 (ch.21).

(19) Nietzsche, *Die Geburt der Tragödie*, 1: 56–57 (ch.7).

(20) Nietzsche, *Die Geburt der Tragödie*, 1: 57 (ch.7).

(21) Nietzsche, *Die Geburt der Tragödie*, 1: 135–36 (ch.21).

(22) Nietzsche, *Die Geburt der Tragödie*, 1: 139–40 (ch.21).

(23) Nietzsche, *Die Geburt der Tragödie*, 1: 153–54 (ch.24).

(24) Paul Henry Lang, *Critic at the Opera* (New York: W. W. Norton, 1971), 244–45.

(25) Eger, *"Wenn ich Wagnern den Krieg mache,"* 50–51.

(26) Eger, *"Wenn ich Wagnern den Krieg mache,"* 76–77.

(27) Eger, *"Wenn ich Wagnern den Krieg mache,"* 96–101.

(28) Nietzsche, *Ecce homo*, 6: 322 ("Menschliches, Allzumenschliches," §1).

(29) Nietzsche, *Menschliches, Allzumenschliches I*, 2: 14 (Vorrede, §1).

(30) Nietzsche, *Menschliches, Allzumenschliches I*, 2: 109–111 (§110).

(31) Nietzsche, *Menschliches, Allzumenschliches II*, 2: 372 (Vorrede, §3).

(32) Nietzsche, *Menschliches, Allzumenschliches I*, 2: 119–200 (§237).

(33) Nietzsche, *Menschliches, Allzumenschliches I*, 2: 112 (§111); 2: 111 (§110).

(34) 以下ヴォルテールの『哲学書簡』からの引用は Voltaire, *Lettres philosophiques, ou, Lettres anglaises avec le texte complet des remarques sur les Pensées de Pascal*, ed. Raymond Naves (Paris: Edition Garnier frères, 1951) に拠る。Voltaire, *Lettres philosophiques*, 64–65; 232 n.116.

(35) Voltaire, *Lettres philosophiques*, 70–95.

(36) 以下ヴォルテールの『哲学辞典』からの引用は Voltaire, *Dictionnaire philosophique*, eds. Raymond Naves and Julien Benda (Paris: Garnier, 1954) に拠る。"Tolérance," Voltaire, *Dictionnaire philosophique*, 401–407.

(37) "Péché originel," Voltaire, *Dictionnaire philosophique*, 339–40

(38) Schopenhauer, *Die Welt als Wille und Vorstellung*, 127–28 (§24).

(39) Nietzsche, *Menschliches, Allzumenschliches I*, 2: 14 (Vorrede, §1).

(40) Nietzsche, *Ecce homo*, 6: 322 ("Menschliches, Allzumenschliches," §1); Eger, *"Wenn ich Wagnern den Krieg mache,"* 112–13.

(41) 詳細は Lou Andreas-Salomé, *Friedrich Nietzsche in Seinen Werken* (Wien: C. Reissner, 1894) を参照。ニーチェは、ルー・ザロメが『ツァラトゥストラかく語りき』の構想に深く関わっていることを示唆している。Nietzsche, *Ecce homo*, 6: 336 ("Also sprach Zarathustra," §1).

(42) Nietzsche, *Menschliches, Allzumenschliches I*, 2: 108 (§109).

(43) Nietzsche, *Also sprach Zarathustra*, 4: 142–45 ("Das Grablied").

(44) Nietzsche, *Also sprach Zarathustra*, 4: 145 ("Das Grablied").

(45) Nietzsche, *Ecce homo*, 6: 337 ("Also sprach Zarathustra," §1).

(46) Nietzsche, *Menschliches, Allzumenschliches I*, 2: 108 (§109).

(47) Nietzsche, *Also sprach Zarathustra*, 4: 145 ("Das Grablied").

(48) Nietzsche, *Also sprach Zarathustra*, 4: 241–45 ("Vom Geist der Schwere").

(49) Nietzsche, *Ecce homo*, 6: 367 ("Warum ich ein Schicksal bin," §3).

(50) "Juste (du) et de l'injuste," Voltaire, *Dictionnaire philosophique*, 270–71.

(51) "Théiste," Voltaire, *Dictionnaire philosophique*, 399–400.

(52) "Athée, athéisme," Voltaire, *Dictionnaire philosophique*, 42–43.

(53) Nietzsche, *Ecce homo*, 6: 373 ("Warum ich ein Schicksal bin," §8).

(54) Nietzsche, *Ecce homo*, 6: 374 ("Warum ich ein Schicksal bin," §9).

(55) Eger, "*Wenn ich Wagnern den Krieg mache,*" 145.

(56) Eger, "*Wenn ich Wagnern den Krieg mache,*" 271.

(57) Eger, "*Wenn ich Wagnern den Krieg mache,*" 263–64; Nietzsche, *Morgenröte*, 3: 28 (§14).

(58) Nietzsche, *Morgenröte*, 3: 26–29 (§14).

(59) Nietzsche, *Der Fall Wagner*, 6: 12; 6: 23 (Vorwort, §5).

(60) Nietzsche, *Der Fall Wagner*, 6: 22–23 (§5).

(61) Nietzsche, *Der Fall Wagner*, 6: 22 (§5); 6: 42 (Nachschrift).

(62) Nietzsche, *Jenseits von Gut und Böse*, 5: 157–60 (§224).

(63) Thomas Mann, *Thomas Mann Briefe*, 1: 93–95.

(64) Hermann Kurzke, *Thomas Mann: Das Leben als Kunstwerk*, (1999; Frankfurt am Main: Fischer Taschenbuch, 2001), 425–28, 444, 482.

(65) Eva Wessell, "Magic and Reflections: Thomas Mann's *Magic Mountain* and His War Essays," Lehnert and Wessell, eds., *A Companion to the Works of Thomas Mann*, 135.

(66) Thomas Mann, *Betrachtungen eines Unpolitischen*, 12: 74.

(67) Bloom, *The Closing of the American Mind*, 231; Thomas Mann, *Tonio Kröger*, 8: 305, 337.

(68) Thomas Mann, *Der Tod in Venedig*, 8: 452–54.

(69) Mann, *Der Tod in Venedig*, 8: 452–54.

(70) Mann, *Der Tod in Venedig*, 8: 452–54.

(71) Nietzsche, *Jenseits von Gut und Böse*, 5: 224 (§269).

(72) Bloom, *The Closing of the American Mind*, 329.

(73) Bloom, *The Closing of the American Mind*, 218.

(74) Bloom, *The Closing of the American Mind*, 289.

(75) Bloom, *The Closing of the American Mind*, 364–65.

(76) Keynes, *The General Theory of Employment, Interest and Money*, 7: 383.

(77) Robert Skidelsky, *Keynes: The Return of the Master* (New York: Public Affairs, 2009), xiv, 115.

(78) Halberstam, *The Next Century*, 60–63

(79) Halberstam, *The Next Century*, 73; Skidelsky, *Keynes: The Return of the Master*, 128–89.

(80) Stone and Kuznick, 392.

(81) Halberstam, *The Next Century*, 72.

(82) Halberstam, *The Next Century*, 74.

(83) Robin, "Nietzsche's Marginal Children: On Friedrich Hayek," *The Nation*, 27 May 2013.

(84) F. A. Hayek, *The Constitution of Liberty: The Definitive Edition*, vol. 17 of *The Collected Works of F. A. Hayek*, ed. Ronald Hamowy (1960; Chicago: University of Chicago Press, 2011), 83, 83 n.14 (ch.2).

(85) Hayek, *The Constitution of Liberty*, 186, 189 (ch.8).

(86) Hayek, *The Constitution of Liberty*, 144 (ch.5).

(87) Nietzsche, *Jenseits von Gut und Böse*, 5: 208–209 (§260); "Der griechische Staat," 1: 769.

(88) Naomi Klein, *The Shock Doctrine; The Rise of Disaster Capitalism* (Toronto: Alfred A. Knopf Canada, 2007), 57.

(89) Klein, *The Shock Doctrine*, 64–66.

(90) Wapshott, *Keynes Hayek*, 268.

(91) Skidelsky, *Keynes: The Return of the Master*, 116–26.

(92) Thomas Mann, *Fiorenza*, 8: 1065.

(93) Thomas Mann, "Nietzsce's Philosophie im Lichte unserer Erfahrung," 9: 701, 703.

(94) Robin, "Nietzsche's Marginal Children"; Hayek, *The Constitution of Liberty*, 309 n.1 (ch.14).

(95) Robin, "Nietzsche's Marginal Children."

(96) Robin, "Nietzsche's Marginal Children"; Bruce Caldwell and Leonidas Montes, "Friedrich Hayek and His Visits to Chile," *Review of Austrian Economics* 28. 3 (2015): 261–309.

(97) Leonidas Montes, "Friedman's Two Visits to Chile in Context," workshop, 15th Annual Summer Institute for the History of Economic Thought, Center for the History of Political Economy at Duke University, 17 April 2015; "Milton Friedman interrupted by left-wing activist at the Nobel prize ceremony." www.youtube.com/watch?v=QwQioAwm-FI.

(98) Milton Friedman, "The Nobel Prize in Economics, 1976," remarks at the Income Distribution Conference, Stanford University, 29 January 1977.

(99) Montes, "Friedman's Two Visits to Chile in Context" (2015).

(100) Subcommittee on Multinational Corporations, "The International Telephone and Telegraph Company in Chile, 1970–71," 4, 18, qtd. in Klein, *The Shock Doctrine*, 75–76; Peter Cornbluh, *The Pinochet File: A Dossier on Atrocity and Accountability* (New York: New Press, 2003),

79, 119, qtd. in Stone and Kuznick, 375.

(101) Stone and Kuznick, 377.

(102) Klein, *The Shock Doctrine*, 88; Jonathan Kandell, "Augusto Pinochet, Dictator Who Ruled by Terror in Chile, Dies," *New York Times*, 11 December 2006, qtd. in Klein, *The Shock Doctrine*, 89.

(103) Caldwell and Montes, "Friedrich Hayek and His Visits to Chile."

(104) Stone and Kuznick, 375.

(105) Caldwell and Montes, "Friedrich Hayek and His Visits to Chile."

(106) Stephen Kinzer, *Overthrow: America's Century of Regime Change from Hawaii to Iraq* (New York: Times Books, 2006), 189, qtd. in Stone and Kuznick, 376.

(107) Caldwell and Montes, "Friedrich Hayek and His Visits to Chile."

(108) Montes, "Friedman's Two Visits to Chile in Context" (2015).

(109) Anthony Lewis, "For Which We Stand: II," *New York Times*, 2 October 1975, qtd. in Montes, "Friedman's Two Visits to Chile in Context" (2015).

(110) Milton Friedman and Rose D. Friedman, *Two Lucky People: Memoirs* (Chicago: University of Chcago Press, 1998), 402, qtd. in Montes, "Friedman's Two Visits to Chile in Context" (2015).

(111) Klein, *The Shock Doctrine*, 117–18.

(112) Orlando Letelier, "The Chicago Boys in Chile: Economic 'Freedom's Awful Toll," *The Nation*, 28 August 1976, qtd. in Klein, *The Shock Doctrine*, 117.

(113) Wapshott, *Keynes Hayek*, 247–48, 212.

(114) Klein, *The Shock Doctrine*, 165–66.

(115) Wapshott, *Keynes Hayek*, 239–40; Klein, *The Shock Doctrine*, 63.

(116) Klein, *The Shock Doctrine*, 63–64.

(117) Klein, *The Shock Doctrine*, 68.

(118) Klein, *The Shock Doctrine*, 69.

(119) Klein, *The Shock Doctrine*, 70.

(120) Klein, *The Shock Doctrine*, 71n.

(121) Klein, *The Shock Doctrine*, 70.

(122) Cornbluh, *The Pinochet File*, 167, qtd. in Klein, *The Shock Doctrine*, 118.

(123) Stone and Kuznick, 378.

(124) Montes, "Friedman's Two Visits to Chile in Context" (2015).

(125) Montes, "Friedman's Two Visits to Chile in Context" (2015).

(126) Caldwell and Montes, "Friedrich Hayek and His Visits to Chile."

(127) Caldwell and Montes, "Friedrich Hayek and His Visits to Chile."

(128) Leonard Silk, "Nobel Prize in Economics: Should Prize Be Abolished?" *New York Times*, 31 May 1977, qtd. in

Montes (2015).

(129) David Pryce-Jones, "Saul Bellow Interview: 'My Agonics over Writing," *Telegraph Magazine*, 3 October 1975.

(130) Saul Bellow, "Nobel Lecture" (1976 a), Svenska Akademien. www.nobelprize.org/nobel_prizes/literature/laureates.

(131) John Ranelagh, *Thatcher's People: An Insider's Account of the Politics, the Power, and the Personalities* (London: Harper Collins, 1991), ix, qtd. in Wapshott, *Keynes Hayek*, 258.

(132) Wapshott, *Keynes Hayek*, 259.

(133) Correspondence in the Hayek Collection, box 101, folder 26, Hoover Institution Archives, Palo Alto, CA, qtd. in Klein, *The Shock Doctrine*, 155.

(134) Klein, *The Shock Doctrine*, 155.

(135) Klein, *The Shock Doctrine*, 162–64.

(136) Klein, *The Shock Doctrine*, 164–65.

(137) Klein, *The Shock Doctrine*, 165.

(138) Klein, *The Shock Doctrine*, 165.

(139) Saul Bellow, "Nobel Lecture" (1976 b), rpt. in *It All Adds Up*, 97.

(140) Milton Friedman, "The Nobel Prize in Economics, 1976," remarks at the Income Distribution Conference, Stanford University, 29 January 1977.

(141) Saul Bellow, "Nobel Lecture" (1976 b), rpt. in *It All Adds Up*, 88–97.

(142) Whitman, "For Bellow, Novel is a Mirror of Society." *New York Times Book Review*, 25 November 1975.

(143) James Grant, *The Forgotten Depression 1921: The Crash That Cured Itself* (New York: Simon and Schuster, 2015), 61–62.

(144) Klein, *The Shock Doctrine*, 110–11.

(145) Wapshott, *Keynes Hayek*, 206, 226

(146) Paul Davidson, *John Maynard Keynes*, (London: Macmillan, 2007), 1–3.

(147) Stone and Kuznick, 45.

(148) "Text of New President's Address at Inauguration," *Los Angeles Times*, 5 March 1955, qtd. in Stone and Kuznick, 46.

(149) Wapshott, *Keynes Hayek*, 163.

(150) "Text of Roosevelt's Closing Campaign Speech at Madison Square Garden," *Baltimore Sun*, 1 November 1936, qtd. in Stone and Kuznick, 61.

(151) Stone and Kuznick, 61.

(152) Wapshott, *Keynes Hayek*, 155–56.

(153) Wapshott, *Keynes Hayek*, 157–60.

(154) *The Collected Writings of John Maynard Keynes*, 4: 24, qtd. in Backhouse and Bateman, 60.

(155) Skidelsky, *Keynes: The Return of the Master*, 55.

(156) Wapshott, *Keynes Hayek*, 161–62.

(157) Wapshott, *Keynes Hayek*, 158, 164.

(158) Wapshott, *Keynes Hayek*, 165.

(159) Wapshott, *Keynes Hayek*, 165–66.
(160) Wapshott, *Keynes Hayek*, 167.
(161) John Kenneth Galbraith, "How Keynes Came to America," Milo Keynes, ed., *Essays on John Maynard Keynes*, 136.
(162) Wapshott, *Keynes Hayek*, 168.
(163) Galbraith, "How Keynes Came to America," 136.
(164) Backhouse and Bateman, 37.
(165) Wapshott, *Keynes Hayek*, 169.
(166) Wapshott, *Keynes Hayek*, 169–70.
(167) Wapshott, *Keynes Hayek*, 227–28.
(168) Wapshott, *Keynes Hayek*, 231–32.
(169) Galbraith, "How Keynes Came to America," 138.
(170) Galbraith, "How Keynes Came to America," 132, 139.
(171) D. C. Colander and H. Landreth, *The Coming of Keynesianism to America* (Cheltenham: Elgar, 1996), 69–70, 145–78, qtd. in Davidson, *John Maynard Keynes*, 179.
(172) Wapshott, *Keynes Hayek*, 232.
(173) Galbraith, "How Keynes Came to America," 140.
(174) Wapshott, *Keynes Hayek*, 232–33.
(175) Wapshott, *Keynes Hayek*, 235.
(176) Wapshott, *Keynes Hayek*, 235–36.
(177) Wapshott, *Keynes Hayek*, 239.
(178) Wapshott, *Keynes Hayek*, 239–41.
(179) Wapshott, *Keynes Hayek*, 239–40.
(180) Wapshott, *Keynes Hayek*, 241.
(181) Wapshott, *Keynes Hayek*, 241–42.
(182) Wapshott, *Keynes Hayek*, 244–45.
(183) Backhouse and Bateman, 41.
(184) Backhouse and Bateman, 41.
(185) Backhouse and Bateman, 41–42.
(186) Saul Bellow, "In the Days of Mr. Roosevelt," *Esquire* (December 1983), rpt. in *It All Adds Up*, 17–29.
(187) Saul Bellow, "In the Days of Mr. Roosevelt," 19–24.
(188) Saul Bellow, "In the Days of Mr. Roosevelt," 23–24.
(189) Saul Bellow, "In the Days of Mr. Roosevelt," 24–28.
(190) Adam Bellow, "Our Father's Politics," 200.
(191) Richard Gilman, "Humboldt's Gift," *New York Times Book Review*, 17 August 1975.
(192) Atlas, *Bellow: A Biography*, 339, 368.
(193) Gregory Bellow, *Saul Bellow's Heart*, 117–19.
(194) Atlas, *Bellow: A Biography*, 348.
(195) Gregory Bellow, *Saul Bellow's Heart*, 119.
(196) Atlas, *Bellow: A Biography*, 467.
(197) Saul Bellow, "A Matter of the Soul," *Opera News*, 11 January 1975, rpt. in *It All Adds Up*, 73–79.
(198) Atlas, *Bellow: A Biography*, 458.
(199) Gregory Bellow, *Saul Bellow's Heart*, 137–40; Norman Manea, *Saul Bellow: Settling My Accounts Before I Go Away: A Words & Images Interview* (New York: Sheep Meadow, 2013), 80.

(200) Atlas, *Bellow: A Biography*, 483.

(201) Atlas, *Bellow: A Biography*, 472–73.

(202) Saul Bellow, "The Jefferson Lecture II," Chicago, 1 April 1977, *It All Adds Up*, 144–45.

(203) Saul Bellow, "The Jefferson Lecture II," *It All Adds Up*, 144–45; Atlas, *Bellow: A Biography*, 473.

(204) Atlas, *Bellow: A Biography*, 473; Michiko Kakutani, "A Talk with Saul Bellow: On His Work and Himself," *New York Times Book Review*, 13 December 1981.

(205) Helen Dudar, "The Graving of Saul Bellow," *Saturday Review of Literature*, n.d. qtd. in Atlas, *Bellow: A Biography*, 501; Christopher Lehmann-Haupt, "Books of the Times: *The Dean's December*," *New York Times*, 11 January 1982.

(206) Salman Rushdie, "The Big Match," *New Statesman*, 2 April 1982, qtd. in Atlas, *Bellow: A Biography*, 501.

(207) Robert Tower, "A Novel of Politics, Wit and Sorrow," *New York Times Book Review*, 10 January 1982.

(208) Douglas Murray, *Neoconservatism: Why We Need It* (New York: Encounter Books, 2006), qtd. in Carey, "Neoconservatism and the Power of Ideology," *First Principles: ISI Web Magagine*, 1 August 2007.

(209) Fukuyama, *After the Neocons*, 38, 45–46.

(210) Atlas, *Bellow: A Biography*, 537.

(211) Mervyn Rothstein, "Bellow on Love, Art and Identity," *New York Times Book Review*, 3 June 1987.

(212) Atlas, *Bellow: A Biography*, 538.

(213) Allan Bloom, "Editor's Introduntion," Alexandre Kojève, *Introduction to the Reading of Hegel: Lectures on Phenomenology of Spirit*, ed. Bloom, trans. James H. Nichols (New York: Basic Books, 1969).

(214) Fukuyama, *The End of History and the Last Man*, 67.

(215) Tower, "A Novel of Politics, Wit and Sorrow."

(216) Saul Bellow to Martin Amis, 3 June 1990, *Saul Bellow: Letters*, 465–66.

(217) Atlas, *Bellow: A Biography*, 556.

(218) Atlas, *Bellow: A Biography*, 537.

(219) Taylor, "Chronology," *Saul Bellow: Letters*, xxxii.

(220) D. T. Max, "With Friends Like Saul Bellow," *New York Times Magazine*, 16 April 2000.

終章

(1) Atlas, *Bellow: A Biography*, 564.

(2) Atlas, *Bellow: A Biography*, 564.

(3) Atlas, *Bellow: A Biography*, 564.

(4) 以下弔辞からの引用は Saul Bellow, "Allan Bloom," eulogy at Bloom's funeral service, 9 October 1992, *It All Adds Up*, 276–79 に拠る。

(5) Saul Bellow, "Allan Bloom" (1992), *It All Adds Up*, 279.

(6) Anthony DePalma, "Allan Bloom, Critic of Universities, Is Dead at 62," *New York Times*, 8 October 1992.

(7) Keith Botsford, "Obituary: Professor Allan Bloom,"

Independent, 12 October 1992.

（8） Atlas, *Bellow: A Biography*, 293–94, 467, 430–31.

（9） Gary Giddins, "For Whom the Bellow Tolls," *Village Voice*, 18 April 2000.

（10） Atlas, *Bellow: A Biography*, 565–66.

（11） Atlas, *Bellow: A Biography*, 565–66, 576–77, 590.

（12） Leader, *The Life of Saul Bellow*, 668.

（13） Tower, "A Nobel of Politics, Wit and Sorrow," *New York Times Book Review*, 10 January 1982.

（14） Bloom, *The Closing of the American Mind*, 73, 77–78.

（15） ソール・ベローは、マコーレーの『ボズウェルの「ジョンソン伝」について』（一八三一）に言及しているが、『ブリタニカ』に収録されたのは、『サミュエル・ジョンソン伝』（一八五六）の方である。以下マコーレーの『サミュエル・ジョンソン伝』からの引用は Thomas Bebington Macaulay, *Macaulay's Life of Samuel Johnson, Together with His Essay on Johnson*, ed. Huber Gray Buehler (New York: Longman, 1896) に拠る。

（16） Macaulay, *Life of Samuel Johnson*, 4.

（17） Macaulay, *Life of Samuel Johnson*, 9.

（18） Macaulay, *Life of Samuel Johnson*, 9.

（19） Macaulay, *Life of Samuel Johnson*, 4.

（20） Macaulay, *Life of Samuel Johnson*, 30; Macaulay, *Essay on Boswell's Johnson*, 77.

（21） Macaulay, *Life of Samuel Johnson*, 10, 24, 28, 29.

（22） Wroe, "History's Pallbearer," *Guardian*, 11 May 2002.

（23） Nietzsche, *Der Fall Wagner*, 6: 22–23 (§5).

（24） Eger, *"Wenn ich Wagnern den Krieg mache,"* 263–64; Nietzsche, *Morgenröte*, 3: 28 (§14).

（25） Bloom, *The Closing of the American Mind*, 237.

（26） Bloom, *The Closing of the American Mind*, 329.

（27） Bradbury, *My Strange Quest for Mensonge*, 71, 74–76.

（28） Bradbury, *My Strange Quest for Mensonge*, 72.

（29） Bloom, *The Closing of the American Mind*, 218.

（30） 出版は一九四九年、ケインズがこれを友人たちの前で朗読したのは一九三一年の夏頃であった。David Garnett, "Introduction to Two Memoirs," Keynes, *The Collected Writings*, 10: 387n.

（31） Bloom, *The Closing of the American Mind*, 239.

（32） Taylor, "Chronology," *Saul Bellow: Letters*, xvii-xxxvi.

（33） Sean Wilentz, *The Age of Reagan: A History, 1974–2008* (New York: Harper Collins, 2009), 265, qtd. in Stone and Kuznick, 465.

（34） Thomas Hardy, "'Wimp Factor,' Joins Poor George Bush at the Starting Line," *Chicago Tribune*, 18 October 1987, qtd. in Stone and Kuznick, 465.

（35） Gary Dorrien, *Imperial Designs: Neoconservatives and the New Pax Americana* (New York: Routledge, 2004), 26, qtd. in Stone and Kuznick, 472.

（36） Stone and Kuznick, 472.

（37） Stone and Kuznick, 471; Noam Chomsky, *Hegemony or Survival: America's Quest for Global Dominance* (New

York: Owl Books, 2004), 107, qtd. in Stone and Kuznick, 472.

(38) Stone and Kuznick, 474.

(39) Stone and Kuznick, 473–74.

(40) "Excerpts from Iraqi Document on Meeting with U. S. Envoy," *New York Times*, 23 September 1990, qtd. in Stone and Kuznick, 474.

(41) Stone and Kuznick, 474.

(42) Stone and Kuznick, 474.

(43) "U. S. Officials Satisfied with Soviet's Gulf Role," *New York Times*, 20 September 1990, qtd. in Stone and Kuznick, 469.

(44) Stone and Kuznick, 476–77.

(45) Stone and Kuznick, 477.

(46) Stone and Kuznick, 478.

(47) Paul Lewis, "U. N. Survey Calls Iraq's War Damage Near Apocalyptic," *New York Times*, 22 March, 1991; Patrick E. Tyler, "U. S. Officials Believe Iraq Will Take Years to Rebuild," *New York Times*, 3 June 1991, qtd. in Stone and Kuznick, 480–81.

(48) Stone and Kuznick, 480–81.

(49) Stone and Kuznick, 478.

(50) Strauss to Karl Löwith, 19 May 1933, qtd. in Steven B. Smith, "Leo Strauss: The Outlines of a Life," 19.

(51) Drury, *Leo Strauss and the American Right*, 231.

(52) 以下 Irving Kristol, *Neoconservatism: The Autobiography of an Idea* (New York: Free Press, 1995), qtd. in Drury, *Leo Strauss and the American Right*, 140–51 に拠る。

(53) Drury, *Leo Strauss and the American Right*, 149.

(54) Drury, *Leo Strauss and the American Right*, 149.

(55) Fukuyama, *After the Neocons*, 38, 45–46.

(56) Drury, "Gurus of the Right," Canada Research for Social Justice, 2003.

(57) Heller, *Thomas Mann: Der Ironische Deutsche*, 309.

(58) Saul Bellow, "A Half Life" (1990), *It All Adds Up*, 312.

(59) Saul Bellow, "*Paris Review* Interview" (1966).

(60) Thomas Mann, *Der Tod in Venedig*, 572.

(61) Thomas Mann, *Die Entstehung des Doktor Faustus*, 11: 187.

(62) Edward Shils to James Atlas, 30 March 1994, cited in Atlas, *Bellow: A Biography*, 6.

(63) Christopher Hitchens, "The Egg-Head's Egger-On," *The London Review of Books*, 27 April 2000.

(64) Hitchens, "The Egg-Head's Egger-On."

(65) Lampert, *Leo Strauss and Nietzsche*, 30.

(66) ヘンデルとジョージ二世の関係については、山田由美子『原初バブルと《メサイア》伝説——ヘンデルと幻の黄金時代』（世界思想社　二〇〇九）を参照。

(67) Stone and Kuznick, 483–84.

(68) Drury, *Leo Strauss and the American Right*, 173–74.

(69) Alan Lichtman, *White Protestant Nation: The Rise of American Conservative Movement* (New York: Atlantic Monthly Press, 2008), 410, qtd. in Stone and Kuznick, 484.

(70) Stone and Kuznick, 484.
(71) Wapshott, *Keynes Hayek*, 271, 274–75.
(72) Stone and Kuznick, 482–83.
(73) Stone and Kuznick, 490.
(74) Patrick E. Tyler, "Pentagon Imagines New Enemies to Fight in Post Cold-War Era," *New York Times*, 17 February 1992; Patrick E. Tylor, "Lone Superpower Plan: Ammunition for Critics," *New York Times*, 10 March 1992, qtd. in Stone and Kuznick, 482–83.
(75) R. W. Apple Jr., "Raid on Iraq: U. S. and Allied Planes Hit Iraq, Bombing Missile Sites in Reply to Hussein's Defiance," *New York Times*, 13 January 1993.
(76) Gwen Ifill, "U.S. Fires Missiles at Bagdad, Citing April Plot to Kill Bush," *New York Times*, 26 June 1993.
(77) Steven Lee Myers, "U. S. Attacks Military Targets in Iraq," *New York Times*, 3 September 1996.
(78) Gary J. Dorrien, *Imperial Designs: Neoconservatism and the New Pax Americana* (New York: Routledge), 142–43, qtd. in Stone and Kuznick, 490–91.
(79) Michael Elliott and James Carney, "First Stop, Iraq," *Time*, 31 March 2003.
(80) Stone and Kuznick, 492.
(81) Anca Carrington, *Iraq: Issues, Historical Background, Bibliography* (Hauppauge, NY: Nova Publishers, 2003), 15–16.
(82) Drury, "Gurus of the Right," Canada Research for Social Justice, 2003.
(83) Drury, "Gurus of the Right."
(84) Wroe, "History's Pallbearer." *Guardian*, 11 May 2002; Norman Podhoretz, "Bellow at 85, Roth at 67," *Commentary*, 1 July 2000.
(85) Adam Bellow, "Our Father's Politics," 206.
(86) Keynes, "Dr Merchior: A Defeated Enemy," 10: 396.
(87) Keynes, "Dr Merchior: A Defeated Enemy" 10: 396.
(88) Keynes, "Dr Merchior: A Defeated Enemy" 10: 399, 403.
(89) Keynes, "Dr Merchior: A Defeated Enemy" 10: 406, 409, 413.
(90) Keynes, "Dr Merchior: A Defeated Enemy" 10: 413–14.
(91) Keynes, "Dr Merchior: A Defeated Enemy" 10: 414–15.
(92) Keynes, "Dr Merchior: A Defeated Enemy" 10: 416, 419.
(93) Keynes, "Dr Merchior: A Defeated Enemy" 10: 422–23.
(94) Keynes, "Dr Merchior: A Defeated Enemy" 10: 422–26.
(95) Keynes, "Dr Merchior: A Defeated Enemy" 10: 426–29.
(96) David Garnett, "Maynard Keynes as a Biographer," Milo Keynes, ed., *Essays on John Maynard Keynes*, 259.
(97) Keynes to his mother, 14 May 1919, Keynes, *The Collected Works of John Maynard Keynes*, 16: 458.
(98) *The Economic Consequences of Peace*, *The Collected Writings of John Maynard Keynes*, 2: 47, 82, 90–92.
(99) Gary Giddins, "For Whom the Bellow Tolls," *Village Voice*, 18 April 2000.
(100) Giddins, "For Whom the Bellow Tolls."

(101) David Streitfeld, *Washington Post*, 23 May 1999, qtd. in Atlas, *Bellow: A Biography*, 596.

(102) *Saul Bellow: Letters*, 545 46.

(103) Robert Fulford, "Saul Bellow, Allan Bloom and Abe Ravelstein," *Globe and Mail*, 2 November 1999.

(104) Rush and Molloy, New York *Daily News*, 26 January 2000, qtd. in Atlas, *Bellow: A Biography*, 596.

(105) Dinita Smith, "A Bellow Novel Eulogizes a Friendship," *New York Times*, 27 January 2000.

(106) D. T. Max, "With Friends Like Saul Bellow," *New York Times Magazine*, 16 April 2000.

(107) Atlas, *Bellow: A Biography*, 598.

(108) Atlas, *Bellow: A Biography*, 593–94.

(109) Norah Vincent, "Bloom-in' Hypocrisy!: The Moralist's Big Fibs." *Village Voice*, 9 May 2000.

(110) Vincent, "Bloom-in' Hypocrisy!"

(111) Vincent, "Bloom-in' Hypocrisy!"

(112) Vincent, "Bloom-in' Hypocrisy!"

(113) Jonathan Wilson, "Bloom's Day," *New York Times Book Review*, 23 April 2000.

(114) Max, "With Friends Like Saul Bellow."

(115) Jonathan Wilson, "Bloom's Day."

(116) Atlas, *Bellow: A Biography*, 598.

エピローグ

(1) Alvin Toffler, *The Culture Consumers: A Study of Art and Affluence in America* (New York: St. Martin's Press, 1964), 15.

(2) Nicolette Jones, "The Order of Merit," *Sunday Times* (London), 13 March 1994, qtd. in Atlas, *Bellow: A Biography*, 570.

(3) Vulliamy and Thorpe, "Bellow's Betrayal Blots His Copybook," *Observer*, 23 April 2000.

(4) Ian McEwan, "Master of the Universe," *Guardian*, 7 April 2005.

(5) Malcolm Bradbury, "Being There," *Sunday Times* (London), 11 September 1994, qtd. in Atlas, *Bellow: A Biography*, 570.

(6) Michael Elliott and James Carney, "First Stop, Iraq," *Time*, 31 March 2003.

(7) Elliott and Carney, "First Stop, Iraq," *Time*.

(8) Elliott and Carney, "First Stop, Iraq," *Time*.

(9) Elliott and Carney, "First Stop, Iraq," *Time*.

(10) ウォルフォウィッツのイラク戦争に対する関与については、Bill Keller, "The Sunshine Warrior," *New York Times Magazine*, 22 September 2002 および Andrew J. Basevich, "A Letter to Paul Wolfowitz," *Harper's Magazine*, March 2013 を参照。

(11) Stone and Kuznick, 500.

(12) Klein, *The Shock Doctrine*, 355.

(13) Thomas Powers, "Secret Intelligence and War on Terror," *New York Review of Books*, 16 December 2004,

qtd. in Stone and Kuznick, 497–98.

(14) Stone and Kuznick, 488.

(15) Stone and Kuznick, 486–87.

(16) Stone and Kuznick, 506–507.

(17) Richard A. Clarke, *Against All Enemies: Inside America's War on Terror* (New York: Simon and Schuster, 2004), 32, qtd. in Stone and Kuznick, 501–502.

(18) Stone and Kuznick, 513, 503.

(19) Elaina Sciolino and Patrick E. Tyler, "A National Challenge: Saddam Hussein," *New York Times*, 12 October 2001, qtd. in Stone and Kuznick, 513.

(20) Laurie Mylroie, *Study of Revenge: Saddam Hussein's Unfinished War against America* (Washington, DC: AEI, 2000), cited in Stone and Kuznick, 514.

(21) Jack Fairweather and Anton La Guardia, "Chalabi Stands by Faulty Intelligence That Toppled Saddam's Regime," *Daily Telegraph* (London), 19 February 2004, qtd. in Stone and Kuznick, 514–15; Stone and Kuznick, 514–18.

(22) Stone and Kuznick, 518.

(23) Stone and Kuznick, 517, 520–21.

(24) Stone and Kuznick, 521.

(25) Stone and Kuznick, 524.

(26) Harlan K. Ullman and James Wade, *Shock and Awe: Achieving Rapid Dominance* (Washington DC: NDU Press, 1996), cited in Stone and Kuznick, 524–25.

(27) Lloyd C. Gardner, *The Long Road to Baghdad: A History of U. S. Foreign Policy from the 1970s to the Present* (New York: New Press, 2008), 170, qtd. in Stone and Kuznick, 526.

(28) Alain Frachon et Daniel Vernet, "Le stratège et le philosophe," *Le Monde*, 15 avril 2003.

(29) Frachon et Vernet, "Le stratège et le philosophe," *Le Monde*.

(30) James Atlas, "The Nation: Leo-Cons; A Classicist's Legacy: New Empire Builders," *New York Times*, 4 May 2003.

(31) Atlas, "The Nation: Leo-Cons; A Classicist's Legacy: New Empire Builders," *New York Times*.

(32) William Pfaff, "The Long Reach of Leo Strauss," *International Herald Tribune*, 15 May 2003.

(33) Catherine and Michael Zuckert, *The Truth about Leo Strauss: Political Philosophy and American Democracy* (Chicago: University of Chicago Press, 2006), 2.

(34) Ben Brantley, "Theater Review: Prowling for Laughs from Today's Foreign Policy," *New York Times*, 15 March 2004.

(35) Anne Norton, *Leo Strauss and the Politics of American Empire* (New Haven: Yale University Press, 2004); Stephen B. Smith, *Reading Leo Strauss: Politics, Philosophy, Judaism* (Chicago: University of Chicago Press, 2006); Zuckert, *The Truth about Leo Strauss*

(2006); Thomas Pangle, *Leo Strauss: An Introduction to His Thought and Intellectual Legacy* (Baltimore: Johns Hopkins University Press, 2007), cited in Xenos, *Cloaked in Virtue*, xiv.

(36) Norton, *Leo Strauss and the Politics of American Empire*, 58, qtd. in Xenos, *Cloaked in Virtue*, 12.

(37) Zuckert, *The Truth about Leo Strauss*, 267.

(38) Zuckert, *The Truth about Leo Strauss*, 267.

(39) Nicholas Xenos, *Cloaked in Virtue: Unveiling Leo Strauss and the Rhetoric of American Foreign Policy* (New York: Routledge, 2008).

(40) Francis Fukuyama, *After the Neocons: America at the Crossroads* (London: Profile Books, 2006), 34–38, 45–46.

(41) Fukuyama, *After the Neocons*, viii-ix.

(42) Irving Kristol, "The Philosopher's Hidden Truth," *Commentary*, 1 October 1952.

(43) Rachel Abrams, "Irving Kristol on Leo Strauss," *Weekly Standard*, 18 September 2009.

(44) Xenos, *Cloaked in Virtue*, xvii, 2–5.

(45) Xenos, *Cloaked in Virtue*, 5.

(46) Pfaff, "The Long Reach of Leo Strauss," *International Herald Tribune*, 15 May 2003.

(47) Lampert, *Leo Strauss and Nietzsche*, 147–54.

(48) Mike Allen and Edward Walsh, "Presidential Rival Feast on Jokes, Jabs," *Washington Post*, 20 October 2000, qtd. in Stone and Kuznick, 545.

(49) Stone and Kuznick, 493–94.

(50) Allan Greenspan, *The Age of Turbulence: Adventures in a New World* (New York: Penguin, 2007), 463, qtd. in Stone and Kuznick, 526–27.

(51) Klein, *The Shock Doctrine*, 416.

(52) Klein, *The Shock Doctrine*, 373, 379–80.

(53) Klein, *The Shock Doctrine*, 346–47.

(54) Klein, *The Shock Doctrine*, 349–50, 346–47, 379–86, 457–59.

(55) Renana Brook, "The Character Myth," *Nation*, 29 December 2003.

(56) Zbigniew Brzezinski, "Terrorized by 'War on Terror,'" *Washington Post*, 25 March 2007, qtd. in Stone and Kuznick, 544–45.

(57) Stone and Kuznick, 545–46.

(58) Backhouse and Bateman, 1.

(59) Stone and Kuznick, 547–48.

(60) Bloom, *The Closing of the American Mind*, 143–44.

(61) Saul Bellow to Leslie Fiedler, *Saul Bellow: Letters*, 165.

(62) Saul Bellow, "Him with His Foot in His Mouth," *Collected Stories*, ed. James Wood (New York: Viking, 2001), 379.

(63) Moynahan, "The Way Up from the Bottom," *New York Times Book Review*, 20 September 1964.

(64) 詳細については Robert M. Hutchins, *The Higher Learning in America* (New Haven: Yale University Press, 1936) を

参照。

(65) Leader, *The Life of Saul Bellow*, 180.

(66) Marvin Theodore Herrick, *The Poetics of Aristotle in England* (New Haven: Yale University Press, 1930), 129-32.

(67) (筆禍を慮っての) 奴隷制度の「消極的な」認知、男女の優劣に関する見解等。

(68) 詳細については Richard E. Rubenstein, *Aristotle's Children: His Christians, Muslims, and Jews Rediscovered Ancient Wisdom and Illuminated Dark Ages* (New York: Harcourt, 2003) を参照。

(69) Leader, *The Life of Saul Bellow*, 253-54; Atlas, *Bellow: A Biography*, 92.

(70) Atlas, *Bellow: A Biography*, 39.

(71) Leader, *The Life of Saul Bellow*, 253-54.

(72) Atlas, *Bellow: A Biography*, 92; Leader, *The Life of Saul Bellow*, 253-54.

(73) H. Rackam, introduction, *Aristotle: Politics* (Cambridge, MA: Harvard University Press, 1990), xvi-xvii.

(74) Elder Olson, introduction, *Aristotle's "Poetics" and English Literature: A Collection of Critical Essays* (Chicago: University of Chicago Press, 1965), x-xvii. 一九九二年に『詩学』の注釈書を出版した Michael Davis [*Aristotle's Poetics: The Poetry of Philosophy* (Lanham, MD: Rowman & Littlefield, 1992)] も、『詩学』を『ニコマコス倫理学』や『政治学』の観点から見直す立場を採っている [introduction, xv-xvi]。

(75) Keynes, "A Tract on Monetary Reform," *Collected Writings of John Meynard Keynes*, 4: 65.

(76) ディオゲネス・ラエルティオスによると、アリストテレスは、晩年、戦死した義父に捧げた碑文により、「不敬罪」に問われた。義父を神々に喩えたというのが表向きの罪状だが、実際には「徳」としての勇気をファム・ファタルになぞらえたことが不興を買ったものと考えられる。

(77) Robert M. Hutchins, *The Great Conversation*, vol. 1 of *The Great Books of the Western World*, eds. Philip W. Goetz et al., 54 vols. (Chicago: Encyclopedia Britannica, 1952), xiv.

(78) Hutchins, *The Great Conversation*, 44, 42.

(79) Hutchins, *The Great Conversation*, xxv.

(80) Hutchins, *The Great Conversation*, 43.

(81) Saul Bellow to Alfred Kazin, 28 January 1965, *Saul Bellow: Letters*, 250.

(82) Saul Bellow, "Writers on Writing," *New York Times*, 11 October 1999.

(83) Norman Manea, "Some Thoughts on Saul Bellow," *Saul Bellow: Settling My Accounts Before I Go Away*, 19.

あとがき

近年政府が出す公的情報の改竄・隠蔽・捏造等が複数の省庁にまたがって多発し、民主制の根幹を揺るがしている。さらにこのたび自衛隊イラク派遣日報問題が発覚し、シビリアンコントロール（「文民統制」——正確には民主制によって選ばれた代表者による軍部の統制）の危機が浮上した。日本の政治・経済的「信用」の失墜を憂慮する声は、現在、世論や内外のメディアのみならず、財界や海外投資家からも上がっており、それが事態の深刻さを物語っている。

いかなる経緯で我々は現在のような状況に立ち至ってしまったのか？　これからの日本は、そして世界はどうなるのか？　もし未来図が悲観的だとすれば、それを変える手立てはあるのか？

本書はこのような問題に取り組む試みの一つとして、ニューディールからリーマンショックに至るアメリカ民主主義の盛衰を見直すものである。

今日の世界情勢は、突然理由もなく出来上がったわけではない。少なくとも何らかの因果関係に基づき、半世紀以上かけてそれは進行してきたのである。前世紀の歴史を振り返ると、アメリカで生起したことが数ヵ月・数年から数十年遅れで日本に到達していることが確認できるであろう。タキトゥスいわく、人はすべからく過去の事例に学ぶ。この意味で、二〇世紀後半のアメリカの歴史を振り返るのは、決して無駄ではあるまい。（たとえば目下話題が再燃中のイラク戦争に関しても、本文中で言及したように、その理不尽性と不毛性が各種資料によってすでに証明されている。)

現在が「鉄の時代」だとすれば、果たして「黄金時代」は存在したのか?——答えは「然り」。第二次大戦後、世界の多くの資本主義国で、国民の大多数にとっても、多くの企業にとっても、そして国全体にとっても「善き時代」が確かに存在した。それがいつの間にかアメリカ合衆国憲法の権利章典に謳われた自由・平等・幸福の追求という天賦の人権が空洞化されると同時に世界各地の紛争も激化するようになり、巨大企業と国全体の経済指標のみが上がり、一般国民が平和と繁栄から取り残される結果となったのである。

ではこの間何が世界を動かしてきたのか?——ケインズの有名な指摘(『雇用・利子および貨幣の一般理論』[一九三六])によると、世界を支配しているのは、もっぱら経済学者と政治学者の思想だけであり、この二つは、内容の正否を問わず、一般に考えられているよりはるかに強力に作用しているという。経済学が世界を左右するのは、政治の力関係が持てる富の割合に大きく左右され、富の分配方法を方向付けるのが経済学だからである。

この法則をアメリカ史に当てはめてみると、二〇世紀の中葉にかけて民主主義が優勢となったのは、人権や労働条件の改善を求める左派の運動が盛んであったことはもとより(本書における左派・右派の定義は「左翼は平等を、右翼は不平等を求める」とするアラン・ブルームに従う)、本書第5章で扱った富の分配の格差を是正する「ケインズ革命」がハーバード大学の若手研究員を中心に起こり、行政への大きな影響力を持つに至ったからということになる。(「ケインズ革命」は速やかながら極めて穏やかに進行したために、一般にあまり知られていない)。

また二〇世紀末から千年紀の変わり目にかけて四半世紀以上右翼の隆盛が続き、国民の自然権が著しく制限され、格差が広がり、民主主義が本来の役割を果たさなくなったのは、経済学において反民主的・格差奨励型の「新自由主義」が、政治学において新保守主義（ネオコンサーバティズム、略称「ネオコン」）がそれぞれ主流となり、しかも、知識人や一般国民の間に『ル・モンド』紙のいう「知的真空状態」が発生したために、それに対する実効的な抵抗を行わなかった当然の帰結ということになる。

たとえばハイエクやフリードマンの「新自由主義」が、全国民の「自由」よりも〔富を持てる〕百万人に一人の「自由」の方が社会にとって重要であり（ここから「規制緩和」〔＝規制撤廃〕が施行された）、「被雇用者が目的を達成する方法は、他人の命令に従うことである」（ハイエク『自由の条件』）と主張した時、何人の国民がこの意味を真剣に捉えていたであろうか。またネオコンサーバティズムが、才能に従って富を分配した結果、「選ばれた少数者」（企業資本主義下で栄えるブルジョア）が「大多数の劣れる者」を支配するのは最も「平等な」システムであると主張した時、何人の知識人がこれに理路整然と立ち向かったであろうか。

一九八〇年代以降「保守派ルネサンス」とも呼ばれる現象が訪れ、民主主義が衰退した背景には、アメリカのニューライトが経済・政治思想における「知的水準」を目覚ましく向上させたのに対して、これに太刀打ちすべきニューレフトの理論形成過程に、前出の「知的真空状態」が生じたことも否めない。経済学と政治学が世界を支配するというのに、ニューレフトは、この二つに対する知識を深める努力を怠っていた（あるいは誤った方向にエネルギーを傾注していた）のである。

本書では、アメリカ民主主義衰退の原因を、政治・経済・文化におけるニーチェ思想の観点から究明する。周知のように、ニーチェは右翼の側だけでなく、左翼の側にも積極的に取り込まれ、一九六〇年代後半から八〇年代に至る左右抗争は、本書でも取り上げたように、「左右ニーチェ争奪戦」の様相を呈している。

ドイツ人ニーチェの思想がアメリカにいかにして渡来したのか？　それはなぜ広まったのか？　不平等を説くニーチェ思想がなぜ左翼の間にも広く支持されるに至ったのか？　そもそもニーチェはいかなる経緯であのような思想に到達したのか？　さらに、ニーチェ思想（の特殊な解釈）に従って今日のような事態が生じたのであれば、これを打開する方法はあるのか？　本書ではこうした問題も検討する。

結論から言うと、ニューライトは、元来非民主的・非理性的なニーチェに論拠を求めて成功し、ニューレフトは、元来反民主的・非理性的なニーチェに論拠を求めたために道を踏み誤った。

本書第4章で詳述したように、ニューレフトは、ニーチェの非理性性（狂気）と「生［性］の哲学」を応用したポストモダンの諸子百家の各種理論に従って体制の打破を試みるが、その過程で論理的思考力（理性）と西洋文化・思想の伝統を権力側の押し付けとして棄却したために、「知的真空状態」に陥り、実効的な議論の手段を喪失したのである。

片やニューライトは、この間隙を突いて、ニーチェの反民主主義をプラトン哲学にまで遡って体制側の「権力への意志」を「正当化」し、それを「裏付ける」数多の思想を西洋政治・哲学史全体から博引傍証することで無敵の政治思想体系を構築した。そして民主主義と平等を求めるニューレフトが信奉するポストモダンの諸派が、反民主主義者のニーチェを出自とする点で矛盾しており、したがってニューレフトの主張が無効であると「証明」したのである。『アメリカン・マインドの終焉』（一九八七）の著者アラン・ブルーム（一九三〇-九二）と、『歴史の終わりと最後の人間』（一九九二）を書いた弟子のフランシス・フクヤマ（一九五二-）がその双璧に当たる。

西洋の伝統を打ち捨てたニューレフトが遅ればせながら反論を試みても、総知識量の歴然たる差を前に、赤子の手を捻るごとく軽くいなされたのであった。

さて、以上の思想背景と、ニューディールからリーマンショックに至る現実のアメリカ史の動向との関係をいかに論じるべきか。本書では、時系列に概要を並べる方式を採っていない。それは意匠を重んじる筆者の個人的信条に反するし、重要な事件や項目について、読者の脳裡に鮮明な印象を残すとも思えない。これまでの自著の様式に従って、全体を包括する揺るぎのない視点に加えて、詳論とまではいかなくても、起伏に富んだ抄論を展開したい……しかし、「魔女の寄せ鍋」さながら摑みどころのない歴代のアメリカ政府の諸政策を、どう一本の糸で繋げるというのか？

この「無理難題」を解く方法は、「苦節十年」の試行錯誤の間に偶然訪れた。

リーマンショックの最中に『原初バブルと《メサイア》伝説』（二〇〇九）を脱稿した頃、人文書院の井上裕美氏から、「ぜひ『第三帝国のR・シュトラウス』（二〇〇四）のような本を一つ」という依頼をいただいた。同書は、ナチスと闘った帝国音楽局総裁の実話である。

ナチスに「抵抗した」別の芸術家として、トーマス・マンの名が直ちに思い浮かんだ。第一次世界大戦まではニーチェの影響の下に反民主的国家主義者であったが、ナチスの台頭と共に民主主義者へと転じ、講演「リヒャルト・ワーグナーの苦悩と偉大」（一九三三）によってワーグナーを侮辱したかどで、祖国を追われてアメリカで長く活動する。（ちなみに本書第5章で論じたように、ニーチェ思想はワーグナー音楽に発している。）その回心の過程はマンの随筆「『ドン・キホーテ』と共に海を渡る」（一九三四）の中に描かれている。企画会議も通り、意気揚々と三・四章ばかり書き進めたが、何分見通しが甘すぎた。

その後トーマス・マンとニーチェの全集を読み進むにつれて、マンがナチズムの醸成に少なからず「貢献」していたこと、民主主義者に転じながらニーチェ思想の影響を生涯脱却できなかったこと、さらにファシズム的気風を亡命と共にアメリカに持ち込んだことなどを検証する資料が続々と出てくるではないか。結局トーマス・マンは、『ドン・キホーテ』と共に海を渡ったのではなく、「ツァラトゥストラ」と共に海を渡っていたのである。それでも『ツァラトゥストラと共に海を渡る――ハンザ文士トーマス・マンの新世界交易』というタイトルが一瞬浮かんだが、内容が諷刺一辺倒では非建設的なので、二〇一三年、志半ばにして当初の計画を潔く断念した。

しかしながら、トーマス・マンのアメリカへの影響が依然として脳裡を離れず、ある日偶然手にしたアラン・ブルームのベストセラー『アメリカン・マインドの終焉』(一九八七)を読んでみると、「ジャーマン・コネクション」の節でアメリカン・ニーチェのオン・パレード、しかもトーマス・マンの『ヴェニスに死す』を、プラトンと関連付けて微に入り細を穿って紹介している。ブルームといえば、本書序章で紹介したように、ネオコンの政治理論の「大黒柱」にしてサッチャー・レーガンの「御用学者」ともいうべき大物政治哲学者であり、その主張や論調は、第一次世界大戦の戦意高揚のために書かれたトーマス・マンの『非政治的人間の考察』と酷似しており、エロティシズムに対する耽溺ぶりに至るまで瓜二つである。トーマス・マンとニーチェに関する数年間の膨大なメモのごく一部が、本書第4章「ツァラトゥストラと共に海を渡る」で生かされることになった。

さらに、『アメリカン・マインドの終焉』の「緒言」を読んで、ノーベル賞作家のソール・ベロー(一九一五―二〇〇五)が、ブルームの著作を推薦するという名目で、その内容を真っ向から否定しているのが妙に気に掛かった。ベローは元来人文主義の作家であったが、ブルームと十数年におよぶ緊密な交友関係のために、晩年はネオコン作家に転じたと今でも一般に見做されている。

このソール・ベローが、ブルームの死後八年を経過した二〇〇〇年に、暴露小説『ラヴェルスタイン』を出版して、騒然たる反響を引き起こした。『アメリカン・マインドの終焉』の中で同性愛者の人権運動を批判していたブルーム［ラヴェルスタイン］が実は隠れ同性愛者で死因はＨＩＶと仄めかしたのである。報道によると、ネオコンから「裏切り」との轟々たる批判が出て、ベローは一部書き直しを強いられたという。また、ラヴェルスタイン［ブルーム］が政界、マスコミ、軍部に送り込んだ数世代に及ぶ弟子のネットワークを有する「影の政府の黒幕」で、弟子の一人が主導して湾岸戦争を遂行中という一文もあり、『ラヴェルスタイン』は、二〇〇三年のイラク戦争時に、それを予見していた作品として、メディアや政治学で再度脚光を浴びることになった。

ブルームの著書を貶め、その死後に暴露小説を書くのなら、ソール・ベローは、なぜそもそも友人として付き合ったのか。ベローはマーティン・エイミス宛ての手紙の中で「卑劣な民主主義の実体を、ジャーナリズムや大衆に向かって説明する責任を一身に背負って」書いたと告白している。スパイ小説家のル・カレが、元上司で友人の元英国諜報員ジョン・ビンガム（一九八八年没）をモデルにして多くの作品の主人公として有名なジョージ・スマイリーを作り上げたのと、同じ動機であった。

かくして本書では、ソール・ベローがアラン・ブルームとその背後にある大きな力と闘うために、ブルームとの交友に至った経緯を掘り起こし、ブルームの師レオ・シュトラウスの思想体系、ネオコンの人物関係と歴代大統領政権の内政・外政と経済の動向を絡めながら、アメリカン・ライトの攻勢を、いわゆる「インサイダー」の視点から、大河小説風に展開していく。

ベローは、人文主義の「残存率」が比較的高いヨーロッパでは、二〇世紀を代表する本格的作家として確たる定評を得ているが、残念ながら日本では比較的知名度が低く、本国アメリカでもユダヤ系マイノリティ作家として片付けられがちであり、本人はこの分類に強い抵抗を示している。一九四〇年代にデビューし、五〇年代に主流となり、六〇年代に大ブームを巻き起こし、七〇年代にノーベル賞に輝き、八〇年代になっても活躍し、二〇〇〇年に『ラヴェルスタイン』で一大センセーションを引き起こしたベローの変わらぬテーマは、同時代のアメリカ社会全体であり、それを抽象的に描くのではなく、全階層の数々の印象的な人物を通して活写したと言われている。しかも作家としては異例の博識で、図書館という図書館の本はすべて読破したという伝説も囁かれ、思想史全体を網羅した「哲学者」でもある。ニューディールから七〇年に及ぶアメリカの政治・経済・文化・思想を託すのに、これ以上の人物はいないだろう。

さらに、本書の構想過程で、ミレニアム問題小説『ラヴェルスタイン』を、ソール・ベローとトーマス・マンという米独ノーベル賞作家の思想対決として位置付けることになった。本文中で詳述したように、ベローは人間性の向上を通して読者を救うために小説を書いたと公言し、トーマス・マンは「悪魔契約」によって読者を堕落させるために小説を書いたと公言している。第一次世界大戦を煽り、ナチズムを醸成し、第二次世界大戦の「戦犯」とさえ見做されたトーマス・マンから決定的な影響を受けたネオコンの代表的思想家アラン・ブルームを主人公にした『ラヴェルスタイン』の出版は、ベローにとって、ミレニアムに善と悪が対決する「最終戦」だったのである。その勝敗の行方やいかに？

最初に出版した『ベン・ジョンソンとセルバンテス』（一九九五）以来、著者の一貫したテーマは、芸術家（詩人・音楽家）の社会的責任である。

ジョンソンとセルバンテスは英西それぞれの王権の失政を批判し、『第三帝国のR・シュトラウス』のリヒャルト・シュトラウス（くれぐれもレオ・シュトラウスと混同されないことを願う）は帝国音楽局総裁でありながら、ナチスの人種政策に逆らってユダヤ人との共作による新作オペラの制作を断行し、『原初バブルと《メサイア》伝説』のヘンデルは、バブルと共に消えた十八世紀英国の政治的「黄金時代」

の後、来るべき大英帝国の行く末をも見通すかのように、一般大衆の芸術的感性の保持に尽力した。詳しくは本書第3章とエピローグに譲るとして、（現在は薬にしたくもないが）古来芸術家は公的な存在として国民の教育を通して公共の福利・文明の保持に寄与するものと見做されていた（といっても道学者のようなお堅い内容である必要は決してない）。『詩学』がアリストテレスの『政治学』続編として位置付けられていると言えば理解していただけるだろうか。文学畑出身の著者が音楽家を二人も手掛けたのは、音楽が文学を題材にすることが多く、作曲家が非凡な音楽的才能はもとより非凡な文学的知識と読解力と社会的感覚を持たなければ精緻な傑作を残すのは不可能であるとのアリストテレス的信念から、音楽研究の文野に不足しがちなこの部分を補足するためであった。

次はヴェルディとイタリアのリソルジメントでも、と考えてはいたのだが、そろそろ文学にも渡りを付けておかなければ音楽史家になってしまう――というわけでもないだろうが、十七世紀の英国とスペイン帝国、大英帝国、第三帝国ときて、気が付けば「大米帝国」（一九八〇年代以降、アメリカは「帝国」を自称するようになった）まで扱うようになってしまった。

そもそもアメリカに明確なイデオロギーなど存在するのか？　アメリカの政治史など、行き当たりばったりの出たとこ勝負で出来ているのではないか？　また、それに抵抗する骨のある芸術家が存在したとしても、スローガンを並べただけの極めて単純なものではないのか？――著者の不見識と偏見は、約十年間の試行錯誤で悉く覆されたことを告白しておく。アメリカは唯一の超大国となっただけでなく、旧ヨーロッパ世界を凌駕する政治思想と芸術家をも生み出していたのである。

本書の表紙では、人民のために奴隷解放を説いたリンカーンと、売名（権力への意志）のために奴隷制度の復活を説いたニーチェを天秤に掛けている。（イラストは『ベン・ジョンソンとセルバンテス』の英語版以来、四回連続山田茉莉による。）ニーチェの圧倒的優位の帰結が今日の社会情勢だというのが本書の主旨であるが、今や「リンカーン」という言葉は、フォード社の車種かナンバープレートの記号にしか用いられなくなってしまったとベローも嘆いている。猫も杓子も自分を売りに出してフォロワー（従者、家来）の数を競うツァラトゥストラ的ゲームに熱中している昨今、ベローのいう「新たな奴隷制度」の廃止は至難の業であるのかもしれない。

フランシス・ベーコンによると、重い価値を持つ人物は、時代と共に埋もれるが、軽い価値しか持たない人物は、時流に乗って後世にまで運ばれるという。

これまで著者は、時流と共に真価を忘れ去られてきた巨匠の「発掘」に取り組んできた。本書エピローグ「全国民よ、エリートたれ！」の「エリート」とは、アメリカの「ケインズ革命」の例にも見られるように、その時々に最も重要でなおかつ自分の能力の範囲内にある事項を淡々と実行に移す人々のことである。そして、これは、自分の本質（アイデンティティではなくエンティティ）さえ見失わなければ、誰にでも可能なことなのである。

これまで上梓した三冊の単著並びにそれ以外の論文は、幸い「少数の具眼の士」——ベローのいう「本物の読者」——に恵まれてきた。深い理解を示していただいた日英米独西伊の学者、研究者、一般の人々に、改めて謝意を表したい。

最後に、本書の刊行がひとえに井上氏の並々ならぬ忍耐力と慈心に負うことを特筆しておく。

二〇一八年四月

山田由美子

129–46.
Whitman, Alden. "For Bellow, Novel is a Mirror of Society." *New York Times Book Review*. 25 November 1975.
Wilford, Hugh. *The Mighty Wurlitzer: How CIA Played America*. Cambridge, MA: Harvard University Press, 2008.
Wilson, Jonathan. "Bloom's Day." *New York Times Book Review*, 23 April 2000.
Wroe, Nicholas. "History's Pallbearer." *Guardian*, 11 May 2002.
Wrong, Dennis H. "The Paperbacking of 'The American Mind.'" *New York Times*, 17 April 1988.
Xenos, Nicholas. *Cloaked in Virtue: Unveiling Leo Strauss and the Rhetoric of American Foreign Policy*. New York: Routledge, 2008.
山田由美子 『ベン・ジョンソンとセルバンテス――騎士道物語と人文主義文学』 世界思想社 1994 (Yamada, Yumiko. *Ben Jonson and Cervantes: Tilting against Chivalric Romances*. Tokyo: Maruzen, 2000.)
———.『第三帝国のR・シュトラウス――音楽家の〈喜劇的〉闘争』 世界思想社 2004
———.『原初バブルと《メサイア》伝説――ヘンデルと幻の黄金時代』 世界思想社 2009
Zuckert, Catherine and Michael. *The Truth about Leo Strauss: Political Philosophy and American Democracy*. Chicago: University of Chicago Press, 2006.
Zweig, Stefan. *The World of Yesterday*. Trans. Harry Zone. 1943. Lincoln: University of Nebraska Press, 1964.(『昨日の世界』 原田義人訳 『ツヴァイク全集』 第19・20巻 みすず書房)

———. "Leo Strauss: The Outlines of a Life." *The Cambridge Companion to Leo Straus*, 13–40.
Staples, Brent. "Mr. Bellow Writes On, Wrestling with the Ghost of Edward Shils," Editorial. *New York Times*, 22 April 2000.
Star, Alexander. "What Friedrich Nietzsche Did to America?: *American Nietzsche* by Jennifer Ratner-Rosenhagen." *New York Times*, 13 January 2012.
Stone, Oliver and Peter Kuznick. *The Untold History of the United States*. New York: Simon and Schuster, 2012.（『オリバー・ストーンが語る もうひとつのアメリカ史』金子浩・柴田裕之・夏目大訳　早川書房、全3巻、1988）
Strauss, Leo. "Note on the Plan of Nietzsche's *Beyond Good and Evil*." Appendix to Lampert, *Leo Strauss and Nietzsche*, 187–206.
Strong, Roy. *Art and Power: Renaissance Festivals 1450–1650*. 1973. Woodbridge, Suffolk: Boydell, 1984
Swedish Academy. "The Nobel Prize of Literature 1976: Saul Bellow." Press Release. 21 October 1976. www.nobelprize.org/nobel_prizes/literature/laureates/1976/press.html
Taylor, Benjamin. Chronology. Saul Bellow, *Saul Bellow: Letters*, xvii-xxxvi.
Toffler, Alvin. *The Culture Consumers: A Study of Art and Affluence in America*. New York: St. Martin's Press, 1964.（『文化の消費者』　岡村二郎監訳　勁草書房 1997）
Tower, Robert. "A Novel of Politics, Wit and Sorrow." *New York Times Book Review*, 10 January 1982.
Vincent, Norah. "Bloom-in' Hypocrisy!: The Moralist's Big Fibs." *Village Voice*, 9 May 2000.
Voltaire, Francois Marie Arouet de. *La correspondance de Voltaire*. Ed. Théodore Besterman. 1953–65. La Pléiade. 13 vols. Paris: Gallimard, 1977–93.（『ヴォルテール書簡集　1704-1778』　高橋安光編訳　法政大学出版局　2008）
———. *Dictionnaire philosophique*. Eds. Raymond Naves and Julien Benda. Paris: Garnier, 1954.（『哲学書簡・哲学辞典』　中川信・高橋安光訳　中央公論新社 2005）
———. *Lettres philosophiques, ou, Lettres anglaises avec le texte complet des remarques sur les Pensées de Pascal*. Ed. Raymond Naves. Paris: Edition Garnier frères, 1951.（『哲学書簡』　林達夫訳　岩波書店　1951）
Vulliamy, Ed and Vanessa Thorpe. "Bellow's Betrayal Blots His Copybook." *Observer*, 23 April 2000.
Wapshott, Nicholas. *Keynes Hayek: The Clash That Defined Modern Economics*. New York: W. W. Norton, 2011.（『ケインズかハイエクか——資本主義を動かした世紀の対決』　久保恵美子訳　新潮社　2012）
Wessell, Eva, "Magic and Reflections: Thomas Mann's Magic Mountain and His War Essays." Lehnert and Wessell, eds., *A Companion to the Works of Thomas Mann*.

1999.
———. *Lysis, Symposium, Gorgias*. Ed. and trans. W. R. M. Lamb. Loeb Classical Library. 1925. Cambridge, MA: Harvard University Press, 1983.
———. *Republic*. Ed. and trans. Paul Shorey. Loeb Classical Library. 2 vols. 1930. Cambridge, MA: Harvard University Press, 1982.
(『プラトン全集』全 15 巻　田中美知太郎・藤沢令夫編　岩波書店　1974-76)
Podhoretz, Norman. "Bellow at 85, Roth at 67." *Commentary*, 1 July 2000.
Pryce-Jones, David. "Saul Bellow Interview: 'My Agonies over Writing." *Telegraph Magazine*, 3 October 1975.
Rackam, H., Introduction. Aristotle, *Aristotle: Politics*. Loeb Classical Library. 1932. Cambridge, MA: Harvard University Press, 1990. xi-xxvii.
Ratner-Rosenhagen, Jennifer, *American Nietzsche: A History of an Icon and His Ideas*. Chicago: University of Chicago Press, 2012.
Reagan, Ronald. "Remarks at a Luncheon for Recipients of the Medal of Freedom." 10 November 1988. Gerhard Peters and John T. Woolley, *The American Presidency Project*. www.presidency.ucsb.edu/ws/?pid=35149.
Robin, Corey. "Nietzsche's Marginal Children: On Friedrich Hayek." *Nation*, 27 May 2013. http://the nation.com/article/174219/nietzsces-marginal-children-friedrich hayek.
Rothstein, Mervyn. "Bellow on Love, Art and Identity." *New York Times Book Review*, 3 June 1987.
Rubenstein, Richard E. *Aristotle's Children: His Christians, Muslims, and Jews Rediscovered Ancient Wisdom and Illuminated Dark Ages*. New York: Harcourt, 2003.(『中世の覚醒——アリストテレス再発見から知の革命へ』　小沢千重子訳　紀伊國屋書店　2008)
Russell, Bertland. "The Ancestry of Fascism." *In Praise of Idleness*. 1935. London: Routledge, 1996. 53-71.(『怠惰への讃歌』　堀秀彦・柿村峻共訳　角川書店　1958)
———. *History of Western Philosophy*. 1946. London: Routledge, 2009.
Salomon, Willis. "Biography, Elegy, and the Politics of Saul Bellow." Cronin and Trepanier, eds., *A Political Companion to Saul Bellow*, 167-84.
Samazeuilh, Gustave, ed. Avant-propos. *Richard Strauss et Romain Rolland: Correspondance; Frangments de Journal*. Paris: Albin Michel, 1951.
Schopenhauer, Arthur. *Die Welt als Wille und Vorstellung*. Köln: Anaconda 2009.(『意志と表象としての世界』　西尾幹二訳・解説　中央公論社　1980)
Skidelsky, Robert. *Keynes: The Return of the Master*. New York: Public Affairs, 2009.(『なにがケインズを復活させたのか？』　山岡洋一訳　日本経済新聞社　2010)
Smith, Dinita. "A Bellow Novel Eulogizes a Friendship" *New York Times*, 27 January 2000.
Smith, Steven B., ed. *The Cambridge Companion to Leo Strauss*. Cambridge: Cambridge University Press, 2009.

Press, 2006.
Macaulay, Thomas Bebington. *Macaulay's Life of Samuel Johnson, Together with His Essay on Johnson*. Ed. Huber Gray Buehler. New York: Longman, 1896.
Mancing, Howard. *The Cervantes Encyclopedia*. 2 vols. Westport, CT: Greenwood Press, 2004.
Mars-Jones, Adam. "Life and Soul." *Observer*, 23 April 2000.
Manea, Norman. *Saul Bellow: Settling My Accounts Before I Go Away: A Words & Images Interview*. New York: Sheep Meadow, 2013.
———. "Some Thoughts on Saul Bellow." *Saul Bellow: Settling My Accounts Before I Go Away: A Words & Images Interview*. 9–20.
Mann, Thomas. *Gesammelte Werke*. 13 vols. Frankfurt am Main: S. Fischer, 1974. (『トーマス・マン全集』全 12 巻　森川俊夫他訳　新潮社　1971–72)
———. *Thomas Mann Briefe*. Ed. Erica Mann. 3 vols. 1965. Frankfurt am Main: Fischer Tachenbuch, 1979.
Max, D. T. "With Friends like Saul Bellow." *New York Times Magazine*, 16 April 2000.
Mayer, Hans. *Richard Wagner*. Reinbeck bei Hamburg: Rowohlt Taschenbuch, 1959. (『リヒャルト・ワーグナー』　天野晶吉訳　芸術現代社　1983)
McEwan, Ian. "Master of the Universe." *Guardian*, 7 April 2005.
Montes, Leonidas. "Friedman's Two Visits to Chile in Context." Workshop. 15th Annual Summer Institute for the History of Economic Thought, Center for the History of Political Economy at Duke University, 17 April 2015. https://hope.econ.duke.edu/Past Workshops.
Moss, Stephen. "*Ravelstein* by Saul Bellow." *Guardian*, 11 May 2000
Moynahan, Julian. "The Way Up from the Bottom: *Herzog* by Saul Bellow." *New York Times Book Review*. 20 September 1964.
Neurohr, Jean F. *Der Mythos vom Dritten Reich: Zur Geistesgeschichte des Nationalsocialismus*. Stuttgart: Buchhandlung Nachfolger, 1957. (『第三帝国の神話――ナチズムの精神史』　山崎章甫・村田宇兵衛訳　未来社　2008)
Newman, Judie. "Troskyism in the Early Work of Saul Bellow." Cronin and Trepanier, eds., *A Political Companion to Saul Bellow*, 9–28.
Nietzsche, Friedrich Wilhelm. *Sämtliche Werke: Kritische Studienausgabe*. Eds. Giorgio Colli and Mazzino Montinari. 15 vols. 1967–77. München: dtv, 1980. (『ニーチェ全集』　浅井真男 , 西尾幹二他訳　白水社　1982–85)
Olson, Elder. Introduction. *Aristotle's "Poetics" and English Literature: A Collection of Critical Essays*. Ed. Elder Olson. Chicago: University of Chicago Press, 1965.
"Paul Wolfowitz." *University of Chicago Magazine* 95. 5 (June 2003).
Pfaff, William. "The Long Reach of Leo Strauss." *International Herald Tribune*, 15 May 2003.
Plato. *Euthyphro, Apology, Crito, Phaedo, Phaedrus*. Ed. and trans. Harold North Fowler. Loeb Classical Library. 1914. Cambridge, MA: Harvard University Press,

Hodgson, Godfrey. "Irving Kristol Obituary." *Guardian*, 20 September 2009.
Hutchins, Robert M. *The Great Conversation*. Vol. 1 of *The Great Books of the Western World*. Eds. Philip W. Goetz et al. 54 vols. Chicago: Encyclopedia Britannica, 1952.
———. *The Higher Learning in America*. New Haven: Yale University Press, 1936.
Kakutani, Michiko. "A Talk with Saul Bellow: On His Work and Himself." *New York Times Book Review*, 13 December 1981.
Kater, Michael H. *The Twisted Muse: Musicians and Their Music in The Third Reich*. Oxford: Oxford University Press, 1997.（『第三帝国と音楽家たち——歪められた音楽』 明石政紀訳 アルファベータ 2003）
Kazin, Alfred. "Saving My Soul at the Plaza" *New York Review of Books*, 31 March 1983.
Keller, Bill. "The Sunshine Warrior," *New York Times Magazine*, 22 September 2002.
Kennedy, Paul. *The Rise and Fall of the Great Powers: Economic Change and Military Conflict from 1500 to 2000*. New York: Vintage Books, 1987.（『大国の興亡——1500年から2000年までの経済の変遷と軍事闘争』 全2巻 鈴木主税訳 草思社 1988）
Keynes, John Maynard. *The Collected Writings of John Maynard Keynes*. Eds. Austin Robinson and Donald Moggridge. 30 vols. London: Macmillan, 1971–89).（『ケインズ全集』全30巻［刊行中］東洋経済新報社 1997-）
Keynes, Milo, ed. *Essays on John Maynard Keynes*. Cambridge: Cambridge University Press, 1975.
菊盛英夫 『ルターとドイツ精神——そのヤーヌスの顔をめぐって』 岩波書店 1977
Kimball, Roger. "The Groves of Ignorance." *New York Times*, 5 April 1987.
Klein, Naomi. *The Shock Doctrine; The Rise of Disaster Capitalism*. Toronto: Alfred A. Knopf Canada, 2007.（『ショック・ドクトリン——惨事便乗型資本主義の正体を暴く』 幾島幸子・村上由見子訳 岩波書店 2011）
Kraemer, L. Joel. "The Medieval Arabic Enlightenment." Smith, ed., *The Cambridge Companion to Leo Strauss*, 137–70.
Kristol, Irving. "The Philosopher's Hidden Truth," *Commentary*, 1 October 1952.
Kurzke, Hermann. *Thomas Mann: Das Leben als Kunstwerk*. 1999. Frankfurt am Main: Fischer Taschenbuch, 2001.
"Irving Kristol." Obituary. *Telegraph*, 20 September 2009.
Lampert, Laurence. *Leo Strauss and Nietzsche*. Chicago and London: University of Chicago Press, 1996.
Lang, Paul Henry. *Critic at the Opera*. New York: W. W. Norton, 1971.
Leader, Zachary. *The Life of Saul Bellow: To Fame and Fortune 1915–1964*. New York: Alfred A. Knopf, 2015.
Lehnert, Herbert and Eva Wessell, eds. *A Companion to the Works of Thomas Mann*. 2004. Rochester, NY: Camden House, 2009.
Lepenies, Wolf. *The Seduction of Culture in Germany*. Princeton: Princeton University

November 1999.
Galbraith, John Kenneth. "How Keynes Came to America." Milo Keynes, ed., *Essays on John Maynard Keynes*, 122–41.
Garnett, David. "Introduction to Two Memoirs." Keynes, *The Collected Writings*, 10: 387–88.
———. "Maynard Keynes as a Biographer." Milo Keynes, ed., *Essays on John Maynard Keynes*, 254–59.
Garrison, Jim. *On the Trail of the Assassins*. 1988; London: Penguin Books, 1992.（『ＪＦＫ――ケネディ殺人犯を追え』 岩瀬孝雄訳　早川書房　1992）
Gay, Peter. *Weimar Culture: The Outsider as Insider*. New York: Harper & Row, 1968.（『ワイマール文化』 亀嶋庸一訳　みすず書房　1999）
Gewen, Barry. "Irving Kristol, Godfather of Modern Conservatism, Dies at 89." *New York Times*, 18 September 2009.
Giddins, Gary. "For Whom the Bellow Tolls." *Village Voice*, 18 April 2000.
Gilman, Richard. "Humboldt's Gift." *New York Times Book Review*, 17 August 1975.
Goldstein, William. "The Story behind the Bestseller: Allan Bloom's 'Closing of the American Mind.'" *Publisher's Weekly*, 3 July 1987.
Gordon, Andrew. "Herzog's Divorce Grief." Eugene Hollahan, ed., *Saul Bellow and the Struggle at the Center*. New York: AMS Press, 1996. 57–76.
———. "*Mr. Sammler's Planet*: Saul Bellow's 1968 Speech at San Francisco State University." Cronin and Trepanier, eds., *A Political Companion to Saul Bellow*, 153–66.
Grant, James. *The Forgotten Depression 1921: The Crash That Cured Itself*. New York: Simon and Schuster, 2015.
Halberstam, David. *The Next Century*. New York: William Morrow, 1991.（『ネクスト・センチュリー』 浅野輔訳　TBS ブリタニカ　1991）
Harpprecht, Klaus. *Thomas Mann: Eine Biographie*. 2 vols. Reinbeck bei Hamburg: Rowohlt, 1995.（『トーマス・マン物語』 岡田浩平訳　全３巻　三元社　2005–2008）
Hartman, Andrew. *A War for the Soul of America: A History of the Culture Wars*. Chicago: University of Chicago Press, 2015.
Hayek, F. A. *The Constitution of Liberty: The Definitive Edition*. Vol. 17 of *The Collected Works of F. A. Hayek*. Ed. Ronald Hamowy. 1960. Chicago: University of Chicago Press, 2011.（『自由の条件』 気賀健三・古賀勝次郎訳 『ハイエク全集』第５・６・７巻　春秋社　1986–87）
Heller, Erich. *Thomas Mann: Der Ironische Deutsche*. Frankfurt am Main: Suhrkamp, 1959.（『トーマス・マン――反語的ドイツ人』 前田敬作・山口知三訳　筑摩書房　1975）
Herrick, Marvin Theodore. *The Poetics of Aristotle in England*. New Haven: Yale University Press, 1930.
Hitchens, Christopher. "The Egg-Head's Egger-On." *London Review of Books*, 27 April 2000.

Library. London: Heinemann, 1942.

Copping, Jasper, Ben Farmer and Hayley Dixon. "John le Carré on the Inspiration for George Smiley." *Telegraph*, 4 March 2014

Cronin, Gloria L. and Lee Trepanier, eds. *A Political Companion to Saul Bellow*. Lexington: University Press of Kentucky, 2013.

Dallek, Robert. *Flawed Giant: Lyndon Johnson and His Times, 1961-1973*. New York: Oxford University Press, 1998.

Davidson, Paul. *John Maynard Keynes*. London: Macmillan, 2007.（『ケインズ』　小谷野俊夫訳　一灯舎　2014）

Davis, Michael. Introduction. *Aristotle's Poetics: The Poetry of Philosophy*. Lanham, MD: Rowman & Littlefield, 1992.

DePalma, Anthony. "Allan Bloom, Critic of Universities, Is Dead at 62." *New York Times*, 8 October 1992.

Diogenes Laertius. *Lives of Eminent Philosophers*. Ed. and trans. R. D. Hicks. Loeb Classical Library. 1925. Cambridge, MA: Harvard University Press, 1999.

Drury, Shadia. "Gurus of the Right." Canada Research for Social Justice, 2003. http://phil.uregina.ca/CRC/ggurus.html.

———. *Leo Strauss and the American Right*. 1997. New York: St. Martin's Press, 1999.

Eger, Manfred. *"Wenn ich Wagnern den Krieg mache": Der Fall Nietzsche und das Menschliche, Allzumenschliche*. Wien: Paul Neff, 1991.（『ニーチェとワーグナー』　武石みどり訳　音楽之友社　1992）

Eisenhower, Dwight D. "Memorandum Concerning the Commission of National Goals," 7 February 1960. Gerhard Peters and John T. Woolley, *The American Presidency Project*. www.presidentcy.ucsb.edu/ws/?pd=11951.

———. "Text of Eisenhower's Farewell Address," *New York Times*, 18 January 1961.

Elliott, Michael and James Carney. "First Stop, Iraq." *Time*, 31 March 2003.

Flood, Alison. "John le Carré Warns of Threat Posed by Secret Services to Democracy." *Guardian*, 5 March 2014.

Frachon, Alain et Daniel Vernet. "Le stratège et le philosophe." *Le Monde*, 15 avril 2003.

Friedman, Milton. "The Nobel Prize in Economics, 1976." Remarks at the Income Distribution Conference, Stanford University, 29 January 1977. http://miltonfriedman.hoover.org/friedman_images/Collections/2016c21/Stanford_01_29_1977.pdf.

Friedman, Murray. *The Neoconservative Revolution: Jewish Intellectuals and the Shaping of Public Policy*. Cambridge: Cambridge University Press, 2006.

Fukuyama, Francis. *After the Neocons: America at the Crossroads*. London: Profile Books, 2006.

———. *The End of History and the Last Man*. New York: Free Press, 1992.（『歴史の終わり』　渡辺昇一訳　全３巻　三笠書房　1992）

Fulford, Robert. "Saul Bellow, Allan Bloom and Abe Ravelstein." *Globe and Mail*, 2

———. "A Second Half Life" Interview with Keith Botsford. *Bostonia* (January-February 1991). Rpt. in *It All Adds Up*, 314–27.

———. "White House and Artists." *The Noble Savage* 5 (1962). Rpt. in *It All Adds Up*, 69–72.

———. "Writers, Intellectuals, Politics: Mainly Reminiscence." *National Interest* (Spring, 1993). Rpt. in *It All Adds Up*, 98–116.

———. "Writers on Writing." *New York Times*, 11 October 1999.

Bernstein, Adam. "Editor Irving Kristol, 89; Architect of Neoconservatism." *Washington Post*, 19 September 2009.

Bernstein, Richard. "Ideas and Trends; Academia's Liberals Defend Their Carnival of Canons against Bloom's 'Killer B's.'" *New York Times*, 25 September 1988.

Bloom, Allan. *The Closing of the American Mind: How Higher Education Has Failed Democracy and Impoverished the Souls of Today's Students*. 1987. London: Penguin Books, 1988.（『アメリカン・マインドの終焉』 菅野盾樹訳 みすず書房 1988）

———. *Giants and Dwarfs: Essays 1960–1990*. New York: Simon & Schuster, 1990.

———. "Leo Strauss: September 20, 1899-October 18, 1973." *Political Theory* 2. 4 (November 1974): 372–92. Rpt. in *Giants and Dwarfs*, 235–54.

———. "Western Civ." Address. Harvard University, 7 December, 1988. *Giants and Dwarfs*, 9–31.

Botsford, Keith. "Obituary: Professor Allan Bloom." *Independent*, 12 October 1992.

Bradbury, Malcolm. Introduction. *Herzog*. By Saul Bellow. London: Penguin Books, 2001. v-xxi.

———. *My Strange Quest for Mensonge, Structuralism's Hidden Hero*. London: André Deutsch, 1987.（『超哲学者マンソンジュ氏』 柴田元幸訳 平凡社 1991）

———. *Saul Bellow*. London: Methuen, 1982.

Brantley, Ben. "Theater Review; Prowling for Laughs from Today's Foreign Policy." *New York Times*, 15 March 2004.

Brook, Renana. "The Character Myth." *Nation*, 29 December 2003.

Caldwell, Bruce and Leonidas Montes. "Friedrich Hayek and His Visits to Chile." *The Review of Austrian Economics* 28. 3 (2015): 261–309. *LSE Research Online* (August 2015). http://eprints.ise.ac.uk.

Carey, George W. "Neoconservatism and the Power of Ideology." *First Principles: ISI Web Magazine*, 1 August 2007. www.firstprinciplesjournal.com/articles.aspx?article=161.

Carrington, Anca. *Iraq: Issues, Historical Background, Bibliography*. Hauppauge, NY: Nova Publishers, 2003.

Cervantes, Miguel de. *El ingenioso hidalgo don Quijote de la Mancha*. Ed. Luis Andrés Murillo. 2 vols. Madrid: Castalia, 1982.

Cicero, Marcus Tullius. *De Oratore*. Ed. and trans. H. Rackham. 2 vols. Loeb Classical

80–87.
———. "In the Days of Mr. Roosevelt." *Esquire* (December 1983). Rpt. in *It All Adds Up*, 17–29.
———. *It All Adds Up: From the Dim Past to the Uncertain Future: A Nonfiction Collection*. New York: Viking Penguin, 1994.
———. "The Jefferson Lecture I." Washington, D.C., 30 March 1977. *It All Adds Up*, 117–37.
———. "The Jefferson Lecture II." Chicago, 1 April 1977. *It All Adds Up*, 137–52.
———. "A Matter of the Soul." *Opera News*, 11 (January 1975). Rpt. in *It All Adds Up*, 73–79.
———. *Mosby's Memoirs and Other Stories*. New York: Viking Press, 1968.（『モズビーの思い出』 徳永暢三訳　新潮社　1970）
———. "Nobel Lecture" (1976 a). Svenska Akademien. www.nobelprize.org/nobel_prizes/literature/laureates.
———. "Nobel Lecture" (1976 b). Rpt. in *It All Adds Up*, 88–97.
———. "*Paris Review* Interview." With Gordon Lloyd Harper. *Paris Review*, 36 (Winter 1966): 48–73.
———. *Ravelstein*. London: Penguin Books, 2000.（『ラヴェルスタイン』 鈴木元子訳　彩流社　2018）
———. *Saul Bellow: Letters*. Ed. Benjamin Taylor. New York: Viking, 2010.
———. *Saul Bellow: Novels 1944–1953: Dangling Man; The Victim; The Adventures of Augie March*. Ed. James Wood. Library of America. New York: Literary Classics of the United States, 2003.（『宙ぶらりんの男』　太田稔訳　新潮文庫　1971　／『犠牲者』 大橋吉之輔・後藤昭次訳　白水社　1979　／『オーギー・マーチの冒険』 渋谷雄三郎訳 早川書房　1981）
———. *Saul Bellow: Novels 1956–1964: Seize the Day; Henderson the Rain King; Herzog*. Ed. James Wood. Library of America. New York: Literary Classics of the United States, 2007.（『この日をつかめ』 大浦暁生訳　新潮社　1971　／『雨の王ヘンダソン』 佐伯彰一訳　中央公論社　1988　／『ハーツォグ』宇野利泰訳　早川書房　1970）
———. *Saul Bellow: Novels 1970–1982: Mr. Sammler's Planet; Humboldt's Gift; The Dean's December*. Ed. James Wood. Library of America. New York: Literary Classics of the United States, 2010.（『サムラー氏の惑星』 橋本福夫訳 新潮社　1974　／『フンボルトの贈り物』 大井浩二訳　講談社 1977　／『学生部長の十二月』 渋谷雄三郎訳　早川書房　1983）
———. *Saul Bellow: Novels 1984–2000: What Kind of Day Did You Have?; More Die of Heartbreak; A Theft; The Bellarosa Connection; The Actual; Ravelstein*. Ed. James Wood. Library of America. New York: Literary Classics of the United States, 2014.（『盗み』 宇野利泰訳　早川書房　1990　／『ベラローザ・コネクション』 宇野利泰訳　早川書房　1992　／『埋み火』 真野明裕訳　角川春樹事務所　1998）

参考文献

Abrams, Rachel. "Irving Kristol on Leo Strauss." *Weekly Standard*, 18 September 2009.

Andreas-Salomé, Lou. *Friedrich Nietzsche in Seinen Werken*. Wien: C. Reissner, 1894.（『ニーチェ――人と作品』 原佑訳 以文社 1974）

Aristotle. *The "Art" of Rhetoric*. Ed. and trans. J. H. Freese. Loeb Classical Library. 1926. Cambridge, MA: Harvard University Press, 1982.

———. *Nicomachean Ethics*. Ed. and trans. H. Rackham. Loeb Classical Library. 1926. Cambridge, MA: Harvard University Press, 1990.

———. *On the Soul, Parva Naturalia, On Breath*. Ed. and trans. W. S. Hett. Loeb Classical Library. 1936. Cambridge, MA: Harvard University Press, 1985.

———. *The Poetics &c*, Ed. and trans. W. Hamilton Fyfe. Loeb Classical Library. 1927. Cambridge, MA: Harvard University Press, 1991.

———. *Politics*. Ed. and trans. H. Rackham. Loeb Classical Library. 1932. Cambridge, MA: Harvard University Press, 1990.
（『アリストテレス全集』全 17 巻 出隆監修 山本光雄編 岩波書店 1968-73）

Apple, R. W., Jr. "Raid on Iraq: U. S. and Allied Planes Hit Iraq, Bombing Missile Sites in Reply to Hussein's Defiance." *New York Times*, 13 January 1993.

Aschheim, Steven E. *The Nietzsche Legacy in Germany: 1890-1990*. Berkeley: University of California Press, 1992.

Atlas, James. *Bellow: A Biography*. New York: Random House, 2000.

———. "The Nation: Leo-Cons; A Classicist's Legacy: New Empire Builders." *New York Times*, 4 May 2003.

Basevich, Andrew J. "A Letter to Paul Wolfowitz." *Harper's Magazine*, March 2013.

Bellow, Adam. "Our Father's Politics." Interview. Cronin and Trepanier, eds., *A Political Companion to Saul Bellow*, 199-211.

Bellow, Gregory. "Our Father's Politics." Interview. Cronin and Trepanier, eds., *A Political Companion to Saul Bellow*, 187-99.

———. *Saul Bellow's Heart: A Son's Memoir*. London: Bloomsbury, 2013.

Bellow, Saul. "Allan Bloom." Eulogy at Allan Bloom's Funeral Service, 9 October 1992. *It All Adds Up*, 276-79.

———. *Collected Stories*. Ed. James Wood. New York: Viking, 2001.（『ソール・ベロー短編集』 繁尾久訳 角川書店 1974）

———. Foreword. *The Closing of the American Mind*. By Bloom. 11-18.

———. "A Half Life." Interview with Keith Botsford. *Bostonia* (November-December 1990). Rpt. in *It All Adds Up*, 287-313.

———. "An Interview with Myself." *Ontario Review* 4 (1975). Rpt. in *It All Adds Up*,

著者略歴

山田由美子（やまだ・ゆみこ）
1974年　大阪市立大学文学研究科修士課程英文学専攻修了
博士（文学）（大阪市立大学）
大阪市立大学助教授（1990-1999）
神戸女学院大学教授（1999-2013）
ロンドン大学客員研究員（1995）
大阪市立大学経済学研究科客員研究員（2007-2008）
専門　西洋文化・社会・思想史
著書　『ベン・ジョンソンとセルバンテス』（世界思想社、1995）
［英語版：*Ben Jonson and Cervantes*（Maruzen, 2000）］
『第三帝国のR・シュトラウス』（世界思想社、2004）
『原初バブルと《メサイア》伝説』（世界思想社、2009）
共著　『ドン・キホーテ讃歌』（行路社、1997）
Hot Questrists after the English Renaissance（AMS, 2000）
Shakespeare and the Mediterranean（University of Delaware Press, 2004）
Cervantes in the English-Speaking World（Edition Reichenberger, 2005）
Cervantes y su mundo II（Edition Reichenberger, 2005）
他　19冊

アメリカ民主主義の衰退とニーチェ思想
ツァラトゥストラの経済的帰結

二〇一八年六月二〇日　初版第一刷印刷
二〇一八年六月三〇日　初版第一刷発行

著者　山田由美子
発行者　渡辺博史
発行所　人文書院
〒六一二-八四四七
京都市伏見区竹田西内畑町九
電話〇七五・六〇三・一三四四
振替〇一〇〇〇-八-一一〇三

装幀　田端恵　㈱META
印刷所　モリモト印刷株式会社

落丁・乱丁本は小社送料負担にてお取り替えいたします

ISBN978-4-409-04110-9 C1010